회복력 시대

회복력 시대

재야생화되는 지구에서 생존을 다시 상상하다

제러미 리프킨

안진환 옮김

THE AGE OF RESILIENCE

REIMAGINING EXISTENCE ON A REWILDING EARTH

JEREMY RIFKIN

민음사

캐럴 L. 그루네발트에게 이 책을 바칩니다.
우리 인간에게 목소리를 내도록 도운 데 고마워하며.

3

우리가 어떻게 여기에: 지구상의 진화에 대한 재고

4

회복력 시대: 산업 시대의 종말

바이러스가 계속 출현하고 기후는 따뜻해지고 있으며 지구는 야생으로 돌아가는 중이다. 우리는 오랜 세월 자연계를 인간 종에 적응시킬 수 있다고 생각했다. 그런데 이제 우리가 예측할 수 없는 자연계에 적응해야 하는 굴욕적인 운명을 직면하고 있다. 인간 종은 현재 주변에서 벌어지는 대혼란에 대책이 없는 상태다.

모든 설명에 따르면 인간의 역사는 고작 20만 년으로, 지구상에서 가장 어린 포유류 종이다. 그 시간 중 대부분(95퍼센트 이상)을 우리는 동료 영장류나 포유류와 비슷하게 육지에서 생활하고 계절 변화에 적응하면서 지구의 몸체에 흔적을 조금만 남기는 수렵 채집자로 살았다.[1] 그런데 무엇이 바뀌었는가? 우리는 어떻게 자연을 거의 무릎 꿇리는 약탈자가 되었다가 이제 우리를 내쫓기 위해 포효하며 돌아온 자연에게 쫓기는 신세가 되었는가?

잠시 뒤로 물러나 우리 종의 특별한 운명에 관한, 이제는 닳고 닳은 내 러티브를 살펴보자. 1794년 프랑스혁명의 암흑기에 철학자 니콜라 드 콩도르세(Nicolas de Condorcet)는 대역죄로 단두대에 끌려가기를 기다리던 중에 원대한 전망을 제시했다. 그가 이렇게 썼다.

"인간 능력의 향상에는 한계가 없다. …… 인간의 완전성은 절대적으로 무한하다. …… 이 완전성은 방해하는 모든 힘의 통제를 넘어 진보할 것이며 한계는 자연이 우리를 둔 지구가 지속되는 시간뿐이다."[2]

콩도르세의 이 보증 선언은 그 뒤 진보의 시대라고 불리는 인류의 행보에 존재론적 토대가 되었다. 오늘날 우리의 미래에 대한 콩도르세의 전망은 순진할 뿐만 아니라 우습게까지 느껴진다. 진보는 우리 종이 지구를 공유하는 여타 생물과 다른 부류라는 고대 믿음의 최신 구현일 뿐이다. 우리는 호모 사피엔스가 최초의 미생물로 거슬러 올라가는 조상 집단에서 진화했다는 것을 마지못해 인정하면서도 인간이 여타 생물과는 다르다고 생각하고 싶어 한다.

현대에 이르러 우리가 신학계의 많은 부분을 제쳐 놓았지만, 아담과 하와에게 그들과 그들의 후손들이 "바다의 물고기와 공중의 새를 다스리며 온 땅의 가축과 땅에 기어 다니는 모든 것을 다스리게 할 것"이라던 신의 약속만은 부여잡고 있다.[3] 신학적 함축은 없지만 여전히 진지하게 받아들여지는 이 약속이 바로 우리 지구 생태계의 붕괴를 이끈 셈이다.

여기에서 고려해야 할 변화가 있다면, 우리가 결코 지배권을 갖지 않았으며 자연의 섭리는 우리 생각보다 훨씬 더 강력하다는 사실을 깨닫기 시작했다는 것이다. 우리 종은 이제 지구상의 생명체에 대한 큰 그림에서 훨씬 작고 덜 중요해 보인다.

오늘날 세계 전역의 거의 모든 사람이 두려워한다. 홍수, 가뭄, 산불, 허리케인 등 경제와 생태계를 사정없이 파괴하는 끔찍한 대학살이 인간 종 탓에 지구 전역으로 퍼졌다는 냉혹한 진실을 깨닫고 있기 때문이다. 우리가 그동안 의존해 온 수단으로 쉽게 정복되지 않는 자연의 물리력이, 즉 우리보다 막강한 이 행성의 힘이 불길한 반향을 일으키기 시작했음을 감지할 수 있기 때문이다. 우리는 실로 인간 종과 동료 생물들이 빠져나올 수 없는 환경의 심연에 점점 더 가까워지고 있다는 사실을 깨닫기 시작했다.

그리고 이제 인간이 일으킨 기후변화가 우리를 지구상의 여섯 번째 대멸종으로 이끌고 있다는 경고가 주변부에서 주류 쪽으로 이동했다. 여기저기서 비상벨이 울리고 있다. 정부 지도자들과 재계, 금융계, 학계, 일반 대중 전반이 우리가 그동안 삶의 기준으로 삼으며 존재의 의미를 해석하고 생존과 안전의 단순한 실상을 이해하는 지침으로 생각해 온 기존의 날조된 원칙에 의문을 제기하기 시작했다.

진보의 시대는 사실상 이미 끝났고 적절한 사후 평가만을 기다리고 있다. 이제 모든 곳에서 더욱 결연한 목소리로 점점 크게 울려 퍼지는 새로운 내러티브는 우리 인간 종이 우리의 세계관에서부터 경제에 대한 이해, 거버넌스의 유형, 시간과 공간에 대한 개념, 인간의 가장 기본적인 욕구, 지구라는 행성과의 관계에 이르기까지 그야말로 모든 것에 대해 다시 생각해야 한다는 것이다.

그러나 지금까지 나온 이야기는 기껏해야 시작 단계고 최악의 경우 막연한 수준일 뿐이다. 우리 삶의 모든 측면을 재고한다는 것은 실제로 어떤 의미인가? 단서가 있다. 그토록 다양한 방식으로 제기되는 질문은 결국 다가오는 대혼란에 우리가 어떻게 '적응'해야 하는가로 귀결된다. 우리의 식탁 주변에서 그리고 우리가 일하고 놀며 살아가는 지역사회에서 수시로 제기되는 질문이 바로 그것이다.

그리고 곳곳에서 '회복력(resilience)'이라는 단어가 상황을 정의하는 새로운 후렴구로 흘러나오고 있다. 이것이 지금 우리가 눈앞에 닥친 위험한 미래의 우리 자신을 정의하는 방법이다. 진보의 시대는 이제 회복력의 시대에 자리를 내주고 있다. 우리 인간 종의 본질과 지구상 위치를 재고하는 것은 이제 자연이 교실이 되는 새로운 여정의 시작을 나타낸다.

진보의 시대에서 회복력의 시대로 이행하는 거대한 변혁은 이미 우리 종이 주변의 세상을 인식하는 방식에서 방대한 철학적, 심리적 재조정을 촉발하고 있다. 그 이행의 근간은 우리의 시간적, 공간적 지향이 전면적으로 바뀌는 것을 뜻한다.

진보의 시대 전체를 이끈 시간적 지향의 근본은 '효율성'이다. 즉 천연자원의 착취와 소비와 폐기를 최적화하고, 그렇게 해서 자연 자체가 고갈돼도 사회의 물질적 풍요를 점점 더 빨리 증진한다는 임무다. 우리 개인의 시간적 지향과 우리 사회의 시간적 박동이 효율성이라는 원칙을 중심에 두고 있었다. 바로 이것이 우리를 지구의 지배적인 종으로 그리고 지금은 자연계의 파멸로 이끌었다.

한때 신성시하던 효율성의 가치에 도전하는 목소리가 최근 학계뿐만 아니라 기업 이사회와 정부에서까지 사상 처음으로 높아지고 있다. 사회의 시간적 여유를 겁박하는 효율성이라는 철칙이 말 그대로 우리를 죽이고 있다는 목소리다. 그렇다면 우리는 미래를 어떻게 재고해야 하는가?

진보의 시대가 효율성에 발맞춰 행진했다면, 회복력 시대에 시간의 안무는 적응성에 발을 맞춘다. 효율성에서 적응성으로 넘어가는 시간의 변환은 자연계에 대한 분리와 착취에서 지구를 움직이는 수많은 환경적 힘과 함께 되돌아가는 쪽으로 인간 종을 안내하는 재진입 카드로서, 점점 더 예측할 수 없는 행성에서 인간의 작용을 재배치한다.

이런 조정은 이미 우리의 경제생활과 사회생활이 어떻게 수행되고 측정되고 평가되어야 하는지에 대한 여타 뿌리 깊은 가정에도 영향을 미치고 있다. 효율성에서 적응성으로의 이행은 생산성에서 재생성으로, 성장에서 번영으로, 소유권에서 접근권으로, 판매자-구매자 시장에서 공급자-사용자 네트워크로, 선형 프로세스에서 인공두뇌 프로세스로, 수직 통합형 규모의 경제에서 수평 통합형 규모의 경제로, 중앙 집중형 가치사슬에서 분산형 가치사슬로, 거대 복합기업에서 유동적인 공유로 블록체인을 형성하고 민첩한 첨단기술 중소기업으로, 지식재산권에서 오픈소스 지식 공유로, 제로섬게임에서 네트워크 효과로, 세계화에서 세방화(glocalization: 세계화와 지방화의 장점을 같이 발전시키는 것이다.—옮긴이)로, 소비자주권주의에서 환경책임주의로, 국내총생산(GDP)에서 삶의 질 지수(QLI)로, 부정적인 외부 효과에서 순환성으로, 지정학에서 생명권 정치학으로의 전환을 포함한 경제 및 사회의 전면적 변화와 함께 일어난다.

아날로그 관료제에서 지구 전체를 감싸는 디지털 플랫폼으로 세상을 옮기는 작금의 3차 산업혁명은 수권과 대륙권, 대기권, 생물권 등 지구의 고유한 인프라에 우리 종을 다시 포함하고 있다. 이 새로운 인프라는 우리의 집단적 인간성을 산업 시대 너머로 이끌고 있다. 최근 경제 패러다임에서는 인류가 21세기 후반부 이후 회복력 시대로 더욱 깊이 접어들면서 산업 시대의 심장인 '금융자본'이 '생태자본'을 기반으로 하는 새로운 경제 질서에 밀려날 가능성이 크다.

당연히, 새로운 시간성은 공간적 지향의 근본적인 재설정과 함께 움직인다. 진보의 시대에 공간은 외부의 영향을 받는 천연자원과 같은 말이 되었고, 거버넌스는 자연을 재산으로 관리한다는 뜻으로 쓰였다. 회복력 시대에 공간은 지구의 진화 과정과 패턴, 흐름을 설정하기 위해 상호작용하는 행성의 여러 권역으로 구성된다.

우리는 또한 우리 자신과 동료 생물들의 삶이 과정과 패턴과 흐름으로 존재한다는 것을 이해하기 시작했다. 우리가 서로와 자연계에 작용하는 자율적 존재라는 개념은 과학 탐구의 최첨단에서 새로운 세대의 물리학자와 화학자, 생물학자 들이 재고하고 있다. 이들은 인간의 본성에 대한 다른 이야기를 파헤치기 시작했고, 그 과정에서 인간의 자율적 자아에 대한 믿음에 도전하고 있다.

모든 생물이 지구 권역의 확장체다. 대륙권의 미네랄과 영양소, 수권의 물, 대기권의 산소가 원자와 분자의 형태로 우리를 통해 끊임없이 순환하며 우리의 DNA가 규정한 대로 세포와 조직, 기관 등에 거주한다. 그러면서 우리가 사는 동안 다양한 간격으로 교체를 지속할 뿐이다. 놀랍겠지만, 우리 몸을 구성하는 조직과 기관은 대개 우리의 일생 동안 계속 교체된다. 예를 들면, 사람의 골격 거의 전부가 약 10년마다 교체된다. 인간의 간은 대략 300~500일마다 바뀐다. 위장을 감싸고 있는 세포는 5일 만에 바뀌고, 장의 파네스 세포는 20일마다 교체된다.[4] 엄격하게 육체적인 관점에서라면 성인도 10세 정도거나 그 이하일 수 있다.[5]

그럼에도 우리 몸은 우리만의 것이 아니다. 박테리아와 바이러스, 원생생물, 고세균, 균류 등 다양한 생명체와 공유하고 있다는 얘기다. 실제로 인체의 세포 절반 이상과 우리를 구성하는 DNA 대부분은 우리가 아니라 우리 몸의 구석구석에 존재하는 나머지 생물에 속한다. 요점은 지구의 종과 생태계가 우리 몸의 가장자리에만 있지 않고 끊임없이 우리 몸 안팎으로 흐른다는 것이다. 우리 각자는 반투막이다. 우리는 문자 그대로 그리고 비유적으로 행성 그 자체다. 우리 종이 자연과 어떻게든 분리되어 있다는, 소중히 여겨 온 개념을 산산이 부숴야 한다는 뜻이다.

자연의 흐름과 우리의 불가분적 관계는 훨씬 더 미묘하고 친밀하다. 다른 모든 종과 마찬가지로 우리는 신체 내부 리듬을 지구의 자전과 공전에서 비롯한 24시간, 태음, 계절, 365일 등의 주기 리듬에 지속적으로 적응시키는 수많은 생체시계로 구성되어 있다. 최근 우리는 모든 세포와 조직, 기관을 종횡으로 통과하고 지구에 스며드는 내인성, 외인성 전자기장이 우리의 유전자와 세포가 정렬하고 형태를 갖추고 기능을 유지하도록 돕는 패턴을 확립하는 데 중요한 구실을 한다는 사실을 배우고 있다.

우리 몸의 근막까지도 지구 그 자체다. 우리의 시간성에 대한 재고와 마찬가지로, 종으로서 인간의 확장된 공간성에 대한 우리의 새로운 이해는 인간성의 본질, 동료 생물과 맺는 관계, 지구상 위치를 다시 평가하게 한다.

이로써 거버넌스의 본질과 우리가 스스로를 사회적 유기체로 보는 방식에 대해 신선한 사고가 부상하고 있다. 회복력 시대에 거버넌스는 천연자원에 대한 주권에서 지역 생태계에 대한 책임으로 전환된다. 생태 지역 거버넌스는 대륙권과 수권과 대기권을 포함하는 19킬로미터의 지구 생물권, 즉 생명이 펼쳐지는 지구의 권역에 적응하고 그것을 관리하는 책임을 지는 지역 공동체와 함께 훨씬 더 확산될 것이다.

우리가 문명과 자연화 사이의 벽을 허무는 이토록 다른 세상에서, 오랫동안 가장 공정하고 포괄적인 통치 모델로 높이 평가된 대의민주주의는 인간 종 모두에게 필요한 직접적인 자연 접촉과 점점 더 멀어지는 것으로 인식되고 있다. 사실 젊은 세대가 자신의 생태 지역 거버넌스에 적극적으로 참여하면서 '대의민주주의'는 이미 '분산형 동료 시민 정치(peerocracy)'에 조금씩 자리를 내주기 시작했다.

소수의 선출직 공무원 집단이 자신의 이익을 대변하도록 투표하는 것밖에 거버넌스에 대한 책임이 없는 기존의 부지런하고 효율적인 시민 구경꾼들은, 도래한 새 시대에 자신의 생태 지역을 관리하는 데 적극적으로 헌신하는 동료 시민(peer)이 이끄는 시민 의회에 어느 정도 자리를 내준다. 이미 국민국가가 전통적으로 민형사사건에서 동료 시민의 유죄나 무죄를 판단하도록 시민 배심원 제도를 확립했다는 선례가 있다.

이것은 우리 인간 종이 진보의 시대에서 회복력 시대로 역사의 중심축을 옮기면서 고개 들기 시작한 국면의 아주 작은 부분일 뿐이다. 우리가 생존하고 번성하려면 적응해야 하는 불가해한 방식으로 진화하고 있는 대단히 활기찬 행성에서 우리 자신의 주체성에 대해 다시 생각함에 따라 다른 국면이 계속 나타날 것이다.

아담과 하와가 마침내 직립하고 아프리카 대지구대를 벗어나 탁 트인 사바나로 과감하게 첫발을 내딛고 대륙을 가로질러 이동한 이래 우리는 과연 어떤 길을 걸어 왔는가?

우리 인간 종은 일상생활 이상의 것을 찾아 세상을 떠도는 위대한 나그네다. 우리 안의 깊은 곳에서 가만히 있지 못하는 무언가가 요동치기 때문인데, 이것은 다른 어떤 생물에게도 없는 감정이다. 우리는 이렇게, 인식 여부와 상관없이 우리 존재의 의미를 끊임없이 찾고 있다. 이것이 우리를 움직인다.

그러나 이 여정의 어딘가에서 우리가 길을 잃고 말았다. 지구에 있는 대부분의 시간 동안 인간 종은 여타 모든 종과 마찬가지로 주변에서 펼쳐지는 더 큰 자연의 힘에 지속적으로 적응할 수단을 찾았다. 그러던 중 지금으로부터 1만 년 전쯤 마지막 빙하기가 물러가고 지금까지 이어지는 홀로세에 온대 기후가 시작되면서 우리가 새로 독창적인 행보를 택해 자연을 인간 종에 적응시키는 노력을 펼쳐 나갔다. 5000년 전 수자원 중심 농경 제국의 부상과 좀 더 가까운 중세 말과 근대의 원시 산업혁명 및 산업혁명의 부상 등 문명이라는 것과 함께 우리 여정에서 자연계에 대한 지배 강화가 두드러졌다. 그리고 이제 우리의 성공은, 성공이라고 할 수 있을지는 몰라도 놀라운 통계 수치로 드러난다. 지구 전체 바이오 매스의 1퍼센트가 안 되는 호모 사피엔스가 2005년 기준 광합성에 따른 순1차생산량의 24퍼센트를 썼고, 이 추세가 이어진다면 2050년쯤에는 44퍼센트나 써서 다른 생명체의 몫은 56퍼센트만 남을 것으로 보인다.[6] 이것은 분명 지지할 수 없는 상황이다. 인류는 집단적으로 생물의 아웃라이어(다른 대상과 뚜렷이 구분될 만큼 평균치에서 크게 벗어나는 표본이다. ─옮긴이)가 되었으며 이제 인류세(Anthropocene)를 초래해 우리의 동료 생물들을 거대한 지질학적 묘지로 데려가고 있다.[7]

아이러니하게도 우리 인간 종은 동료 생물들과 다르게 야누스의 얼굴을 하고 있다. 자연계를 약탈하고 망치는 종이면서 치유자도 될 수 있기 때문이다. 우리는 신경 회로에 공감 충동이라는 특별한 자질이 연결된 축복받은 종이다. 공감 충동은 유연하고 무한한 확장성을 자랑한다. 이 희귀하고 소중한 속성은 진화하고 후퇴하고 다시 부상하기를 거듭했다. 새로운 고지에 이를 때마다 미끄러지기도 하지만 다시 고개를 들고 올라온다. 최근 젊은 세대가 공감 충동의 적용 범위를 넓히고 인간 종을 넘어 우리 진화 가족의 일부인 동료 생명체를 모두 포함하기 시작했다. 생물학자들이 생명애(biophilia) 의식이라고 부르는 이것은 새로운 길을 향한 희망적인 신호가 아닐 수 없다.

인류학자들은 우리가 지구상에서 적응력이 가장 뛰어난 종이라고 말한다. 문제는 우리가 인간 종과 우리의 생물학적 대가족을 다시 번성시킬 겸손과 배려와 비판적 사고로 우리를 이끌어 줄 자연의 품으로 다시 동화되어 들어가는 데 이런 본성을 이용할지 여부다. 자연을 인간 종에 적응시키기보다 인간 종을 자연에 다시 적응시키는 대전환은 자연의 비밀을 왜곡하고 지구를 우리 종의 독점적 소비를 위한 자원이자 상품으로 보는 데 중점을 둔 전통적인 베이컨주의식 과학 탐구 방식의 폐기를 요구할 것이다. 그 대신 우리는 차세대 과학자들이 복합 적응형 사회·생태 시스템 사고라고 부르는 근본적으로 새로운 과학 패러다임을 수용해야 할 것이다. 과학에 대한 이 새로운 접근 방식은 자연을 '자원'이 아닌 '생명의 원천'으로 보며 궁극적으로 궤적을 미리 알 수 없을 만큼 복잡한 자기 조직, 자기 진화 체계로 지구를 인식한다. 그래서 강제적인 선취가 아니라 예측의 과학과 조심성 깊은 적응이 필요하다.

야생으로 돌아가는 지구가 우리의 집단적 패기를 시험할 것이다. 우리가 회복력 시대인 오늘날 시작한 이 여정이 우리를 새로운 에덴동산으로 이끌기를 바라지만, 이번에는 우리가 지구라는 집의 주인이 아니고 동료 생물들과 같은 처지에서 집을 공유한다는 생각으로 움직여야 할 것이다.

효율성 대
엔트로피:
현대성의 변증법

1

마스크, 인공호흡기, 화장지:
적응성이 효율성보다 중요한 이유

진보의 시대에 우리가 자신을 정의한 방식의 정신을 포착한, 재계의 거의 모든 사람이 아는 글이 있다. 근대 경제학을 창시한 애덤 스미스 (Adam Smith)가 『국부론(*The Wealth of Nations*)』에 썼으며 오늘날 불멸의 명문으로 통하는 이 글은, 지난 두 세기 동안 내내 인간 본성의 정수를 정확히 꿰뚫은 것으로 여겨졌다.

사람은 모두 자신이 장악할 수 있는 어떤 자본이든 가장 유리하게 이용할 방법을 찾기 위해 끊임없이 노력한다. 그가 염두에 두는 것은 사실 그 자신의 이익이지, 사회의 이익은 아니다. 그러나 자신의 이익에 대해 자세히 검토하다 보면 자연적으로 또는 오히려 필연적으로 사회에 가장 유리한 쪽으로 자본을 이용하게 된다. ⋯⋯ 그는 자신의 이익만을 생각하는데, 그러는 가운데 다른 많은 경우와 마찬가지로 보이지 않는 손에 이끌려 생각하지 않던 결과를 촉진한다. …… 그는 이렇게 자신의 이익을 추구함으로써, 실제로 사회의 이익을 증진하려고 할 때보다 종종 더 '효과적으로' 그것을 증진한다.[1]

스미스는 '효과적으로'를 '효율적으로'와 사실상 같은 말로 여겼으며 그것이 바로 '호모 이코노미쿠스(Homo Economicus, 경제적 인간)'가 추구하고 사회가 지향하는 목표다.

2021년 5월 14일,《뉴욕타임스(The New York Times)》가 "자동차, 토스터, 심지어 세탁기도 이것 없이는 작동 불가. 세계적 부족 현상 심각"[2]이라는 매우 우려 섞인 제목으로 경제학자 앨릭스 윌리엄스(Alex T. Williams)가 쓴 글을 실었다.

기사는 우리가 지난 2세기 동안 상업 생활 구조의 토대로 삼은 경제적 질서를 무너뜨리기에 충분한 혼란과 폭발이 자본주의 체제의 심장부에서 일어나는 조짐을 조명한다. 아울러, 그것을 대체할 가능성이 큰 체제에 대해 희미한 힌트도 담았다.

기사의 첫머리는 '세계적 반도체 공급망의 부족'을 차분하게 지적한다. 다들 알다시피 반도체는 디지털 세상을 구성하는 수많은 공정과 제품에 들어가는 마이크로칩이다. 그리고 반도체 산업의 시장은 세계적으로 5000억 달러 규모다. 문제가 얼마나 심각한지 이해하기 위해《포춘(Fortune)》500대 기업 가운데 포드자동차 단 한 곳만 살펴보자. 포드는 현재 차량의 제조 및 작동에 쓰는 반도체의 부족으로 다음 해 이익 추정치에서 25억 달러가 줄어들 것이라고 발표했다.[3] 이런 손실 규모를 의료 기기에서 송전 시스템에 이르기까지 반도체에 의존하는 전 세계 경제로 확대해 보면 위기의 심각성이 이해된다.

조 바이든(Joe Biden) 미국 대통령은 막후에서 조용히 포드와 구글의 경영진과 고위급 회의를 열어 대부분 해외에서 제조되는 반도체의 부족으로 일어날 수 있는 경제적 파장과 국가 안보의 위험을 평가했다. 버라이즌, 퀄컴, 인텔, 엔비디아 등의 경영진은 업계의 연합체를 구성해 반도체 연구개발을 위한 연방정부의 긴급 자금 지원과 미국 내 반도체 제조 시설 설립 기금의 승인을 촉구했다. 이 연합체는 반도체 부족 현상과 미국 경제를 멈출 수 있는 안보 위험을 이유로 자신들이 제안한 연방정부의 인프라 계획 출범에 500억 달러라는 막대한 금액이 배정되기를 바란다.

그러나 문제는 세계 공급망의 단기적 추이를 넘어 확장된다. 기사가 더 나아가 위기의 본질을 정의하는 단어 두 가지를 언급하며 자본주의 자체의 근본적인 모순, 즉 '효율성'과 '회복력'의 상충 관계를 더 깊이 있게 예고한다.

복합 반도체를 생산하기 위해 거대한 제조 시설을 건설하는 데 들어가는 막대한 금액은 이윤을 줄이는 결과를 낳는다. 가장 효율적인 소수의 기업은, 비상시 운용에 필요할 수도 있지만 큰 비용이 필요한 완충장치와 여타 반복 및 중복을 시스템에서 제거하는 '린(lean) 물류·공급망'과 '린 제조 공정'에 투자하고 정상에 올랐다. 완충장치와 반복 및 중복의 예는 잉여 재고를 저장하는 것과 즉시 가동할 수 있는 백업 제조 시설을 예비하는 것, 어디에서든 차질이 생기면 신속하게 배치할 수 있는 보조 인력을 보유하는 것, 물류 시스템의 중단과 속도 저하를 막기 위해 대체 공급망 옵션을 유지하는 것 등이다.

이런 것들을 위한 추가 비용은 운영의 효율성을 떨어뜨리고 순익을 갉아먹는다. 그래서 경영진과 주주들은 이런 백업을 피하고 싶어 하고, 현재 반도체 세계시장에는 업계를 지배하는 소수의 거대 기업만 남았다. 이런 시장의 리더들이 린 물류·제조 공정을 통해 운영 전반에서 비용을 절감해 경쟁에서 살아남고 점점 더 '효율적'으로 되었지만, '회복력'은 떨어지고 예기치 않은 사건에 취약해지는 대가를 치르게 되었다. 윌리엄스가 이 명백한 함정을 지적하며 "자연재해로 가동이 중단될 경우 자체 백업으로 칩을 공급할 수 없다면, 아무리 효율성이 높고 아무리 린 방식이 완벽한 공장이라 한들 무슨 소용이 있는가"를 묻는다.[4] 요점은 효율성이 높아지면 회복력은 떨어진다는 것이다.

반도체 부족은 자연적, 인위적 혼란이 커지면서 대중이 경제의 회복력을 의심하게 된 첫 번째 사건이 아니다. 자본주의 체제의 균열은 예기치 않게 2020년 봄에 처음 감지되었다. 치명적인 코로나19 바이러스의 빠른 확산에 충격을 받은 국가들이 말 그대로 허를 찔렸다. 의료 시설이 전염병에 대비되지 않은 데다 전염병에 노출된 자국민을 보호하지 못하고 가족에게 필수품을 제공할 수단도 찾지 못하는 상황이 전개되었기 때문이다.

경제에 몰아닥칠 불바람은 뜻밖에도 2020년 3월, 빌 클린턴(Bill Clinton) 행정부에서 백악관의 고위직에 있던 윌리엄 갤스턴(William Galston)이 《월스트리트저널(The Wall Street Journal)》에 기고한 칼럼이 촉발했다. "효율성이 유일한 경제적 미덕은 아니다." 그가 칼럼을 이렇게 시작하며 코로나19 감염병의 경제적 영향에 대해 숙고했다고 밝혔다. 팬데믹의 여파가 걱정스러운 한편 괄목할 만한 또 다른 놀라움이 있었다는 것이다. 미국은 팬데믹에 따른 욕구를 충족시킬 준비가 전혀 되어 있지 않았다. 밤마다 뉴스에서 주지사와 의료 전문가, 일반 대중이 N95 마스크를 비롯해 개인 보호 장비, 인공호흡기 등이 대체 어디에 있는지를 물었다. 또 항균 비누와 화장지 등 생필품은 왜 부족한지 의아해했다.

갤스턴은 100년에 한 번 있을 법한 보건 위기가 진행되는 동안 미국 대중의 가장 기본적인 욕구도 충족되지 못하는 상황을 지켜보면서 세계경제 시스템이 크게 잘못되었다는 사실을 깨달았다. 그는 대중매체가 외면해 온 의문, 즉 현대 자본주의를 뒷받침하는 더럽고 작은 비밀을 들추는 의문을 던졌다. "수십 년 동안 미국 재계의 사고방식을 지배한 가차 없는 효율성 추구가 세계경제 시스템을 충격에 더욱 취약하게 만든 것이 아닌가?"[5] 그는 세계화의 성공 자체가 노동비용을 절감하고 환경보호 협약을 포기하면서 효율적인 규모의 경제를 가장 잘 창출할 만한 지역으로 생활에 꼭 필요한 재화와 서비스의 생산을 분산하는 데 달려 있다고 지적했다. 그렇게 생산된 제품이 컨테이너선과 화물기를 통해 미국과 여타 국가로 운송되는 것이다.

갤스턴은 세계화가 불러온 효율성이 "상충 관계"에 있으며 "불가피함"을 이해하는 한편 "효율성이 증가하면서 회복력은 감소하는" 필연적인 결과가 따랐다고 지적했다. 그는 재계 사람들에게 "경쟁 우위의 핵심 원천으로 남아 있는 효율성 향상을 끊임없이 추구한다는 원칙에 따라 시장의 개별 행위자가 내리는 결정은 회복력이라는 공익을 적절히 공급하지 못하는 상황을 낳을 것"이라고 경고하며 글을 맺었다.[6] 재계에서는 듣기 어려운 메시지였다. 결국 그는 오랫동안 세계 최고라고 치켜세워진 자본주의 체제에서 효율성의 이렇게 확실한 단점에 주의를 집중하기를 촉구함으로써 현대사회가 작동하는 시스템의 아킬레스건을 밟은 셈이다.

갤스턴의 칼럼이 유일한 경고라면 크게 주목받지 못한 채 지나갔을 수도 있다. 하지만 몇 주밖에 지나지 않은 4월 20일, 공화당을 이끄는 보수 정치인 마코 루비오(Marco Rubio) 상원의원이 《뉴욕타임스》에 실은 논평에서 자본주의 체제의 핵심을 겨냥하는 두 번째 정면공격으로 동조했다. 「미국 경제는 더 큰 회복력이 필요하다(We Need a More Resilient American Economy)」라는 기고에서 그는 훨씬 더 공격적인 태도로 "지난 수십 년 동안 보수파든 진보파든 미국 정계와 재계의 지도자들은 회복력보다 경제적 효율성, 중산층 육성보다 재정적 이익, 공공의 이익보다 개인의 풍요를 소중히 여기는 사회구조를 선택했다"고 적시했다.[7]

루비오는 제조 기반을 개발도상국으로 이전하고 금융과 서비스 기반 경제를 구축하는 데 기존 경험을 활용한 미국 재계에 비난을 퍼부었다. 그는 그것이 "역사상 가장 효율적이라고 할 만한 경제 엔진을 창출했지만 회복력의 결핍을 불러왔다"면서 "그 때문에 위기 상황에 엄청난 충격을 겪을 수 있다"고 지적했다. 이어서, 그는 더 심오하고 철학적인 어조로 국가가 "지나친 개인주의 기풍"에서 비롯되는 결과를 파악해야 한다고 제안하면서 미국을 세계의 등대로 만든 회복력의 정신을 부활할 필요가 있음을 시사했다.[8]

미국이 일찍이 보유하고 있던 회복력의 뿌리를 희생하면서 사랑하게 된 효율성의 폐해는 사실 갤스턴과 루비오의 비판이 나오기 전부터 거품을 일으키며 수면으로 솟구치고 있었다. 다만 코로나19 팬데믹의 초기 몇 달 동안 슈퍼마켓과 약국의 텅 빈 진열대를 볼 때까지 대부분의 미국인이 그것을 체감하지 못했을 뿐이다.

코로나19 유행 전에도 자본주의 기득권층의 깊숙한 내부에서 우려의 목소리가 흘러나오고 있었다. 2019년 1월 《하버드 비즈니스 리뷰(Harvard Business Review)》가 논란의 여지가 있는 「효율성의 큰 대가(The High Price of Efficiency)」라는 제목으로 장문의 평론을 실었다. 토론토대학교의 로트먼 경영대학원 학장이던 로저 마틴(Roger Martin)이 쓴 이 평론은 다음과 같은 난제와 함께 소개된 시리즈 중 한 편이다. "애덤 스미스를 필두로 경제학자들은 낭비를 줄이는 것이 경영진의 금과옥조라고 굳게 믿었다. 그러나 효율성 추구의 부정적인 영향으로 보상의 빛이 바랜다면?"[9] 마틴은 재계에서 보기 드문 몇몇 사람들과 마찬가지로 자신이 몸담은 학계의 250년 역사상 처음으로 학문의 지배적 공리에 도전하기 위해 앞으로 나선 셈이다. 그는 효율성을 최우선으로 하는 것이 신고전주의 경제학과 최근 신자유주의 경제학의 중심이라는 사실을 회의적인 사람들이 인식하지 못할까 봐 오해를 바로잡기 위해 노력했다.

효율성의 가치가 무시되거나 경시된 적은 결코 없다. 그것은 교역의 효율성 제고를 목표로 삼은 세계무역기구(WTO) 같은 다자간 기구들이 구체적으로 명시하고 있다. 그것은 무역 및 해외 직접 투자의 자유화, 효율적인 과세, 규제 완화, 민영화, 투명한 자본시장, 균형 예산, 낭비 근절 정부 등의 표어로 워싱턴 컨센서스(미국식 시장경제체제의 대외 확산 전략을 일컫는다. ― 옮긴이)에 굳건히 자리 잡고 있다. 또한 지구상 모든 경영대학원의 강의실에서 선전되고 있다.[10]

마틴은 자본주의의 효율성 집착을 비판하는 또 다른 길을 택한다. 그는 사업 기회를 수반하는 기술혁신이 시작될 때 초기의 선두 주자들이 모든 잠재적 가치사슬에 걸쳐 효율성을 높이고 그것을 수직 통합해 규모의 경제를 창출함으로써 부상하는 시장 잠재력에 대한 통제권을 신속하게 강화한다고 주장했다. 하지만 선두 주자이자 시장의 리더가 되는 일은 정상을 향해 돌진하는 과정에서 예상치 못한 부정적인 외부 효과가 따른다는 것이 그의 주장이다.

마틴은 전 세계의 아몬드 시장을 사실상 극소수의 회사가 통제하는 상황을 예로 든다. 해당 산업이 성장 단계에 있던 시절 캘리포니아의 센트럴밸리가 '아몬드 재배의 최적지'로 여겨졌고, 현재 전 세계 아몬드 생산량의 80퍼센트 이상이 이 지역 것이다.[11]

하지만 불행히도 이상적인 기후 조건을 이유로 아몬드 생산을 한 곳에 집중한 것이 예상치 못한 환경적 기폭제를 직면하게 했다. 우선 캘리포니아의 아몬드 꽃은 수분 기간이 매우 짧기 때문에 대규모 수분이 원활하게 이뤄지게 하려면 미국 전역에서 이 지역으로 벌집을 운송해야 한다. 그러나 최근 몇 년 사이에 꿀벌이 떼죽음을 당해 개체수가 급감하고 있다. 2018~2019년 겨울만 봐도 미국의 상업적 양봉장 가운데 3분의 1 이상이 초토화되었다. 사상 초유의 기록이다.[12] 꿀벌 팬데믹의 환경적 원인에 대해 여러 이론이 있지만, 여기서는 아몬드 산업의 단일재배가 초기에는 효율적이었지만 외부 효과에 더 취약하고 회복력이 떨어지는 것으로 입증되었다는 사실에 주목하고 넘어가면 충분하다.

마틴이 언급하지 못한 것은 아몬드 나무가 물을 탐욕스럽게 소비한다는 사실이다. 아몬드 한 알을 생산하는 데 물이 4리터 가까이 필요할 정도다. 아몬드 나무 전체를 생각하면 해마다 캘리포니아에서 농업용수 중 거의 10퍼센트가 센트럴밸리에 있는 아몬드 나무의 갈증을 해소하는 데 들어가는 것이다. 이는 로스앤젤레스와 샌프란시스코의 전체 인구가 매년 소비하는 물보다 많은 양이다.[13]

설상가상으로 기후변화 탓에, 한때 비옥하던 센트럴밸리가 가뭄에 시달리는 지역으로 바뀌고 있다. 아몬드 과수원을 하기에 아주 효율적인 장소라는 조건 자체가 위협받는 셈이다. 전 세계 아몬드 소비량의 80퍼센트를 한 지역에서 생산한 단기적 효율성은 업계가 고려하지 못한 환경적 위협에 맞닥뜨렸다. 고도의 상업으로 여겨지던 것이 회복력이 없는 것으로 판명되었다.[14] 교훈은 어떤 사업에서든 단일재배, 즉 한 바구

니에 모든 아몬드를 담는 것이 효율적이기는 해도 미래의 알 수 없는 위협에 대한 회복력이 부족하다는 것이다.

산업자본주의에 대한 고찰

효율성이 일시적 가치라면 회복력은 특정한 조건이다. 효율성을 높이면 종종 회복력이 약화되는 것이 사실인데, 이를 해소할 수단이 되는 시간적 가치는 효율성이 아니라 적응성이다. 우리는 지난 반세기 동안 지구가 자기조직화 시스템 같은 구실을 하며 그 안에서 모든 유형의 생명체가 매 순간 행성의 에너지 흐름 및 변화와 각 권역의 진화에 지속적으로 적응한다는 사실을 깨달았다. 적응성은 자연에서 '조화를 이룬다'는 개념, 즉 동양의 신학 및 철학의 특성과 상당히 비슷하다.

효율성의 핵심은 마찰, 즉 경제활동의 속도와 최적화를 늦출 수 있는 중복과 반복을 제거하는 데 있다. 하지만 회복력의 핵심은 적어도 본질적으로는 중복성과 다양성이다. 예컨대 특정 작물 품종의 단일재배가 완숙까지 성장 속도 면에서는 더 효율적이겠지만, 병충해를 입는다면 돌이킬 수 없는 손실로 이어질 수 있다.

자본주의 이론과 실천의 운영 수단으로 오랫동안 신봉된 효율성이 경제와 사회의 위험을 키우며 그에 따르는 취약성에 대한 책임이 크다는 사실 그리고 그 모든 것이 우리의 집단적 회복력을 약화한다는 사실에 대한 재계와 경영대학원의 갑작스러운 인식은 좀 뜬금없어 보였다. 하지만 이제 그 깨달음과 함께 우리가 앞으로 어떻게 해야 하는지에 대해 의기양양한 재평가가 있다.

만약 우리가 효율성에 대한 집착을 거두기 시작했다면, 그 쌍둥이 격인 생산성을 비롯해 우리 경제가 생존을 위해 의존하는 여타 중요한 개념에 대해선 무엇을 어떻게 해야 하는가? 효율성은 시간적 가치지만 생산성은 투입물, 특히 기술과 그것이 동반하는 혁신적인 비즈니스 실무에 따른 투입물을 통해 만들어진 산출물의 단순한 비율이다. 효율성과 생산성은 둘 다 단선적인 과정으로 생산과 시장 거래에 시간적 제한이 있으며 상품이 교환되고 서비스가 제공되는 순간을 넘어 확장될 수 있는 부작용에 대해서는 거의 주의를 기울이거나 설명하지 않는다. 하지만 물론 기업은 효율성과 생산성의 증대에서 비롯한 매우 부정적인 외부 효과를 부인함으로써 이윤을 늘릴 수 있다.

생물학적 시스템은 매우 다르게 운영된다. 효율성보다는 적응성이 생물학적 시스템의 시간적 특징이며 생산성보다는 재생성이 성능의 척도다. 생태계에서 적응성과 재생성은 모든 생물학적 유기체와 불가분의 관계에 있다. 생물학에서 다루는 세포의 자가포식 과정을 생각해 보자.

1945년생인 오스미 요시노리(大隅良典)는 일본의 세포생물학자로 평생을 자가포식 연구에 바쳤다. 자가포식을 뜻하는 영어 오토퍼지(autophagy)는 '자신을 먹는다'는 뜻의 그리스어에서 왔다. 자가포식은 세포의 폐기물 처리 방식으로, '세포 쓰레기가 자가포식소체라는 자루 모양의 막에 포착되고 봉인되어 리소좀이라는 또 다른 구조로 운반되는' 과정이 핵심이다. 생물학자들은 오랫동안 리소좀을 단순히 '세포 쓰레기통'으로 여겨 인간 사회가 쓰레기 폐기장이나 매립지에 대해 생각하는 것처럼 별 의미가 없다고 믿었다.[15] 그러나 오스미가 마침내 자가포식이 유기체의 재활용 방법이라는 것을 알아냈다. 다시 말해, 세포 조각의 구성 요소를 모으고 여전히 유용한 부분을 분리해서 에너지나 새로운 세포를 만들어 낸다. 오스미는 이 현상을 밝혀낸 공로로 2016년 노벨 생리의학상을 받았다.[16]

우리가 경제생활에 대한 이해를 재구성하는 데 도움이 되는 자가포식은, 살아 있는 유기체에 깊숙이 박혀 있는 과정 또는 양식의 많은 예 중하나일 뿐이다. 최근 몇 년 사이에 추출에서 생산, 저장, 유통, 소비에 이르는 경제 과정의 모든 단계에 경제 용어로 재활용을 의미하는 '순환성'의 과정을 포함해서 생물학적 시스템의 재생 방식을 모방하는 것이 경제의 거의 모든 부문에서 유행이 되었다. 폐기물을 최소화하거나 재생을 통해 계속 다시 쓰는 선순환 체계를 확보해서 현재와 미래 세대의 환경비용을 가능한 한 줄이려는 노력이다.

효율성 대 적응성, 생산성 대 재생성에 대한 이 모든 이야기가 코로나19 팬데믹과 더불어 전 세계를 놀라게 한 공급망과 물류, 완충재고의 붕괴에서 비롯된 일시적인 행동화일 뿐인가? 그렇지 않으면, 심오한 자연의 무언가가 뿌리를 내리고 있는가? 내가 와튼스쿨의 학생이던 1960년대와 와튼의 경영자 교육, 특히 최고경영자과정에서 가르친 1995년에서 2010년 사이에 효율성과 진보의 단점에 대한 질문으로 토론이 넘어가거나 적응성과 회복력에 초점을 맞춘 대안 경제 이야기로 열렬한 토의가 벌어진 경우는 단 한 번도 없다.

그동안 달라진 것이 있다면, 그것은 바로 갈수록 심해지는 위기의 연속이다. 고작 지난 20년 사이에 우리가 목격한 것들이 있다. 2001년 9월 11일 세계무역센터에 대한 테러와 세계 곳곳에서 급격히 늘어난 테러 조직과 그들의 움직임, 2008년에 세계를 덮친 금융위기와 그 뒤를 이은 경제 침체, 금융계와 재계의 글로벌 엘리트들이 부상한 반면에 세계 전역의 노동자는 갈수록 가난해지면서 심해진 소득 격차, 독재 지배가 동반한 극우파와 포퓰리스트 및 파시스트의 정치활동과 정당의 득세와 민주적 거버넌스에 대한 믿음의 상실 등이다. 그러나 인류 문명의 안정을 위협하는 이 모든 위기도 점점 더 짧은 간격으로 발생하는 팬데믹과 우리 종과 동료 생명체를 지구상의 여섯 번째 멸종으로 몰아가는 지구 기후의 급격한 온난화라는 두 가지 실존적 위기에 비하면 하찮을 뿐이다.

우리 종이 규모와 범위 면에서 거의 전례 없는 위기에 마지막으로 직면한 것은 지금으로부터 7세기 전인 중세 후기 유럽에서다. 그 위기는 1348년에 시작된 뒤 수백 년 동안 유럽과 아시아의 일부 지역에서 계속 재발하며 약 7500만 명에서 2억 명의 목숨을 앗아 간 것으로 추정되는 흑사병이다.[17] 그에 따른 사회적 혼란과 정치적 파장은 가톨릭교회의 통치 및 세계관에 대한 대중의 환멸을 불러일으켰다. 교회의 내러티브는 그 전 1000년이 넘는 세월 동안 신자들에게 위안을 주며 서구 문명이 갈 길을 제시했다. 그리스도와 교회의 구원과 영생에 대한 약속은 서구에 널리 퍼진 강력한 서사였는데, 결국 맨눈에 보이지도 않을 만큼 작은 페스트균에 대적할 수 없는 나약한 것으로 드러났다.

혼란 속에서 새롭고 포괄적인 세계관과 그에 따른 내러티브가 새로운 유형의 거버넌스와 경제 및 사회생활을 조직하는 방식과 더불어 등장했다. 문명의 이 새로운 질서는 유럽과 미국과 나머지 세계를 진보의 시대라고 느슨하게 정의된 주제 아래 현시대로 이끌었다.

진보의 시대는 많은 사람들에게 민주적 거버넌스의 부상과 개인의 자유 확대, 수명 연장, 인권 신장 등을 포함해 많은 것을 의미했다. 그런데 이 새로운 내러티브의 핵심은 결국 시장에 기초한 자본주의 경제에 과학과 기술을 활용해서 인류의 물질적 안녕을 향상하는 것이다.

중세에서 현대를 향한 패러다임 전환의 중심에는 인간 조건의 완성이라는 약속이 있다. 그러나 이번에는 그 실현에 대한 책임이 과학의 경이와 수학의 정확성, 생활의 편리를 돕는 새로운 실용 기술, 사회의 경제적 안녕을 증진하는 자본주의 시장의 유혹 등에 달렸다. 이 세 가지 지표 위에 진보의 시대가 자리 잡았다. 그리고 그 결합 요소는 모든 개인과 공동체, 경제, 사회 전반의 시간적, 공간적 지향을 특히 현대적으로 구성하는 방법이다. 그 말이 토의나 질문도 없이 널리 쓰였는데도 지상낙원 건설이라는 희망 속에 시간을 아끼고 공간을 차지하는 티켓으로서 어디에서나 지지받았다.

효율성이 그렇게 현대성의 시간적 동력이 되었다. 효율성은 시간뿐만 아니라 공간의 이용을 재정립했다. 그 이용에는 효율성이 시간을 절약하고, 축적하고, 구매하고, 연장하며 이렇게 연장된 시간을 개인은 물론이고 사회에까지 임대한다는 전제가 함축적으로 담겼다. 사람들은 개인이나 기관 또는 공동체가 효율적일수록 미래의 지평을 확장해 '어느 정도' 불멸에 점점 더 가까워진다고 확신하게 되었다. 현대 과학과 어느 때보다 더 정교해진 기술, 시장 자본주의는 성부와 성자와 성령을 대체할 새롭고 강력한 삼위일체로 부상했다. 결국 효율성은 오랫동안 보편적인 원동력이던 하느님을 대신해 진보의 시대에 새로운 신성(神性)이 되었다.

2

테일러주의와 열역학법칙

영화광이라면 20세기의 위대한 코미디언인 찰리 채플린(Charlie Chaplin)의 상징적인 영화 두 편, 「위대한 독재자(*The Great Dictator*)」와 「모던타임스(*Modern Times*)」를 잘 알 것이다. 하지만 채플린이 「위대한 독재자」에서 아돌프 히틀러(Adolf Hitler)를 풍자했다는 것을 아는 영화 애호가도 「모던타임스」가 20세기에 중대한 영향을 미친 유명인을 풍자했다는 사실은 모를 수 있다. 영화에서 (작은 부랑자) 채플린은 공장 조립라인 노동자로 점점 빨라지는 공정에서 너트를 기계 부품에 조이는 일을 하는데, 경영진이 설정한 속도를 따라잡기 위해 필사적으로 노력하다 결국 기어에 끼여 공장 전체를 혼란에 빠뜨린다.[1] 여기서 그가 풍자한 인물이 바로 효율성이라는 복음을 창시한 프레더릭 테일러(Frederick W. Taylor)다.

테일러는 1856년에 필라델피아의 부유한 퀘이커교도 가정에서 태어났다. 그리고 뉴햄프셔주 엑서터에 있는 명문 필립스엑서터아카데미에

다녔다. 그가 기계공학 학위를 받은 뒤 몇몇 회사에 다니며 다양한 관리 업무를 맡아봤는데, 그중 가장 유명한 회사가 베들레헴철강이었다. 그는 나중에 다트머스대학교의 턱비즈니스스쿨 교수로 있었으며 1906년에 미국 기계공학협회의 회장이 되었다. 1911년에는 효율성을 현대 문명의 핵심으로 각인하는 성경 구실을 할 『과학 경영론(*The Principles of Scientific Management*)』을 펴냈다.

테일러는 경영진이 생산과정의 모든 단계에서 모든 노동자의 거의 모든 움직임을 통제하게 하는 분업 시스템을 고안했다. 나중에 테일러주의로 알려지는 이 시스템은 공장에서 작업의 실행, 관리, 계획을 분리하고 그 작업을 더 단순한 부분으로 나눠 각각이 생산과정의 효율성을 높이는 데 협력하도록 편성한다는 가장 중요한 원칙 하나에 기반을 두었다.

공정에 대한 각 작업자의 기여를 단순하고 반복적인 작업 하나로 좁히고 그것에 대해 상세한 지침을 붙인 뒤 감독자에게는 스톱워치를 이용해 작업자의 모든 동작과 그것을 하는 데 걸린 시간을 분석하는 훈련을 받게 했다. 작업자의 반응시간을 늦출 수도 있는 불필요한 동작을 없애기 위해서였다. 이런 식으로 각 작업자의 동작을 조정해서 반응시간과 정확도를 높였다. 목표는 작업을 완료하는 데 가장 알맞은 조건에서 최상의 작업 시간을 결정하고, 이를 효율성 향상의 표준으로 만드는 것이었다. 성능을 떨어트릴 수 있는 몸동작의 가장 사소한 변화도 수정 대상이 되고, 작업에서 몇 초라는 시간이 제거되기도 했다.

이렇게 작업자가 자신이 쓰는 기계와 구별되지 않는 작업환경을 확보하기 위해 작업자의 성과가 표준화되고 특이한 행동방식은 어떤 것이든 제거되었다. 공장의 작업 현장에서 모든 요소가 효율성 개선이라는 기준에 따라 지속적으로 성능을 측정하고 비용편익분석으로 가치를 계산하는 대상, 즉 과학적으로 관리되는 거대한 기계의 구성 요소로 여겨졌다.

효율성이라는 복음

밝혀진 바와 같이 공장의 작업 현장은 20세기 초반 수십 년 동안 사회적 환경 전반에 걸쳐 전개되는 효율성 운동의 발판에 불과했다. 테일러의 내러티브가 탁월했던 이유는 원래 기계의 성능에 관한 공학 용어인 효율성이라는 말을 쓰면서도 그것을 과학에 연결해 삶의 모든 측면에 적용할 수 있다고 강조함으로써 교육받은 중산층이 뚜렷이 인식할 만한 타당성을 확보한 데 있었다. 당시는 기계의 시대다. 전화와 발전기, 전기 조명, 자동차, 비행기, 고층 건물, 라디오, 영화, 자동화된 조립라인, 가전 제품 등 새로운 발명품이 엄청난 속도로 시장에 도입되고 있었다.

20세기 전반 미국을 비롯해 여러 나라의 무수한 가족들이 현대 과학과 새로운 상업적 효율성 덕에 가능해진 유토피아를 체험하기 위해 1893년 시카고 컬럼비아박람회에서 1939년 뉴욕 만국박람회에 이르기까지 선진 도시의 각종 전시회, 박람회를 줄지어 찾아다녔다. 그런 곳의 모든 전시물은 대중이 만들고 살아갈 미래로 그들을 끌어들이도록 설계되었다.

대중에게 이 새로운 세계관을 주입하기에 가정보다 나은 곳이 있겠는가? 인기 잡지들이 여성들에게 "효율성 운동에 진보적으로 동참할 것"을 촉구하는 기사로 도배되었다. 기사는 여성들의 착한 본성에 호소하는 한편 질책하는 데 주저하지 않았다. 중산층 어머니들에게 가정이 "시민 생산을 위한 위대한 공장의 일부"임을 상기시키며 직장에서 "소극적인 작업 행태"를 버리라고 충고했다.[2] 미국의 가정경제학자인 크리스틴 프레더릭(Christine Frederick)은 당시 인기가 높던 《레이디스홈저널(Ladies Home Journal)》에 주부들이 가정경제를 과학적인 사고에 따라 효율적으로 운영해야 한다고 강조하는 칼럼을 실었다.

그녀가 이렇게 토로했다. "그 오랜 세월 내가 빨래 하나에만도 잘못된 동작을 80가지나 적용했다는 사실을 깨달았다. 분류하고 닦고 치우는 일에서 잘못하는 것은 포함하지 않고 말이다."[3] 프레더릭은 미국 주부들에게 설거지의 정석을 소개하면서 그것을 토대로 저마다 "어떤 동작이 효율적이고 어떤 동작이 불필요하며 비효율적인지" 찾아보라고 권했다.[4]

가사 활동을 관리하고 감독하기 위해 곳곳에 '가사 실험장'이 세워졌다. 집안일 각각에 대한 최적의 동작과 시간 단위를 확정하기 위한 연구가 진행되었으며 그 결과를 토대로 주부들에게 '가사 공학의 원리'를 교육하기 위한 데이터베이스가 제공되었다.[5] 효율성 십자군은 이렇게 순조로운 행보를 이어 나갔다. "가정은 기계화되고 체계화되어야 했으며" 효율성의 리듬에 최적화되어야 했다.[6]

가정이 테일러주의를 사회 전반에 도입하는 출발점이었다면, 학교 시스템은 효율성 의제의 교사이자 안내자이자 중재자이자 집행자가 되었다. 학교를 공장의 이미지로 재창조하고 아이들을 작은 테일러 추종자(Taylorite)로 만들어 '내일의 세상'에서 그들을 기다리는 기회와 도전에 대해 준비시키는 데 과학 경영의 원칙이 활용되었다.

대중매체는 과학 경영 원칙을 통해 효율성과 생산성을 향상하고 경제적 풍요를 창출하는 것이 주요 임무인 신흥 산업 시스템에 부응하도록 학생들을 준비시키는 데 필요한 직업적 요구 사항과 발맞추지 못하는 구식 교육 방식에 대한 히스테리를 부추겼다. 《새터데이이브닝포스트

(*The Saturday Evening Post*)》는 「우리의 중세 고등학교: 20세기 아이들을 12세기에 대비해 가르치는가(*Our Medieval High Schools: Shall We Educate Children for the Twelfth or Twentieth Century*)?」라는 칼럼으로 맹렬히 공격했다. 칼럼의 필자는 비전문가들이 기존 교육을 "신사 교육"으로 보는 행태를 비웃으며 "그런 교육이 이 세상, 특히 비즈니스 세상에서는 아무런 소용이 없다"고 일갈했다.[7] 또 다른 테일러 추종자는 "많은 학교의 경영관리 자체에 사무실이나 상점에서는 용인될 수 없는 비효율이 만연하다"고 꼬집었다.[8]

그 뒤를 이어 전국의 교육자들이 도전에 나섰다. 각지의 교육감들이 과학 경영이라는 노선에 따라 공립학교의 책무를 전면적으로 재조직하라고 촉구하며 포문을 열었다. 최우선 과제는 교사가 개별화한 학습법을 적용하지 못하도록 하는 것이었다. 테일러 추종자들은 학습 내용을 표준화하고 각 교사가 내용을 전달하는 방법에 대한 지침을 제공하기 위해 교과과정과 교수법, 시험 방안 등을 교육감과 산하 교육위원회에 맡겨야 한다고 주장했다.

새로운 교육 방안에서 교육감은 회사의 경영자와 유사했고, 교사는 학생들에게 교수법에 대한 자세한 지침을 토대로 표준화된 특정 과제만 수행하는 공장노동자와 유사했다. 지식은 암기한 뒤 시험에서 다시 뽑아 내기 쉽도록 소화할 수 있는 사실의 작은 조각으로 쪼개져야 했다.

표준화된 시험과 점수로 성적을 매기는 것이 표준이 되었다. 사물의 '이유'에 대해 숙고하던 오래된 지적 전통은 밀려나고 그 자리를 거의 복음처럼 수용한, '방법'에 대한 최적화가 채웠다. 이렇게 효율성이 성과를 결정하는 주요 기준이 되었다. 과제는 엄격한 기한 내에 완료해야 했다. 지식은 (공유와 교류를 배제하는) 사일로형 학문 분야로 세분화되었다. 즉 학습을 해당 분야에 할당된 개별 과업에만 국한되도록 설계했다. 학교 시스템의 성과는 공교육 당국이 표준화한 시험에서 진급 커트라인 이상의 점수를 받은 학생의 수로 판단되고, 나중에는 SAT나 ACT 같은 국가 고사에서 학생들이 받은 점수로 평가되었다.

교육에 대한 이 테일러식 접근 방식은 지난 100여 년 동안 가물에 콩 나듯이 조금씩 수정되었다. 20세기 교육은 학생들이 테일러주의 사고방식을 갖추고 상공계에서 효율적으로 일할 수 있도록 준비시키는 데 거의 전념했다.

2001년 미 연방정부의 낙오 학생 방지법(No Child Left Behind Act)은 테일러의 도구 상자에서 바로 꺼낸 것과 다름없다. 이 법의 핵심적인 특징이 학생에게 부담이 큰 표준화된 시험과 교사의 교수법에 대한 자세한 지침이다. 그에 따라 표준화된 채점으로 쉽게 단순화할 수 없는 교과과정은 교실에서 밀려나고 말았다.

워싱턴대학교 교육 프로그램을 맡은 웨인 우(Wayne Au) 교수는《교육과정연구(Journal of Curriculum Studies)》에 기고한 칼럼 「신테일러주의 아래의 교육: 고부담 시험과 21세기 교과과정의 표준화(Teaching Under the New Taylorism: High-Stakes Testing and Standardization of the 21st Century Curriculum)」에서 오늘날 미국 학교에서 계속 따르는 테일러주의 방식의 영향을 이렇게 설명했다.

그래서 미국의 고부담 시험을 위해 학습하는 지식은 주로 시험용 암기에 필요한 단절된 사실이나 연산, 절차 또는 데이터의 모음으로 변형되고 있다. …… 결과적으로 학생들은 점점 더 낮은 수준의 사고와 관련된 지식을 배우며 그런 지식도 종종 시험의 맥락에서만 단편적인 덩어리로 배운다. 이런 식으로 고부담 시험은 학교 교사의 수업에서 지식 자체가 구조화되는 방식을 사실상 제한하고 있다.[9]

20세기 초 효율성 운동은 천연자원의 보존에 관한 논쟁에서 그 중요성이 가장 크게 부각되고 대중의 오해가 가장 커지는 것으로 보였다. 당대의 주요 환경운동가들은 심미적 목적에서 야생의 자연미를 보존하고 미국의 토종 동식물이 점점 더 산업화하는 환경과 더불어 번성할 수 있는 쪽으로 생태계를 보전하길 바라는 경우가 많았다.

하지만 직능단체들과 산업계는 보전을 효율성 의제로 삼는 것과 관련해 시어도어 루스벨트(Theodore Roosevelt) 대통령 행정부와 같은 기조를 유지했다. 그들은 천연자원이 세계를 지배하는 최고의 산업 강국으로 급상승하는 데 막중한 구실을 하는 주요 자산이라고 주장했다. 그들은 또한 천연자원이라는 보물 창고를 너무 급속히 소유하고 수용하며 착취하려는 것은 황금알을 낳는 거위를 죽이는 행태와 같다고 경고하며 미국의 산업과 경제를 전체적으로 발전시키기 위해 국가의 자연유산을 더 효율적으로 이용할 것을 촉구했다. 아울러, 자원 이용에 관한 문제는 기술적인 면이 있기 때문에 국가의 자연 재산을 효율적으로 관리하는 방법을 가장 잘 아는 전문가의 손에 감독 권한을 맡겨야 한다고 했다.

환경사가인 새뮤얼 헤이스(Samuel P. Hays)는 보전 운동의 핵심을 이렇게 요약했다. "효율성 복음의 사도들은 미학을 실용주의에 종속시켰다. 자연경관과 유적지의 보존이 그들의 계획에서 산업 생산성의 향상에 종속되는 것으로 남았다."[10]

혹시 지난 세기에 국가의 공유지 사용에 대한 접근 방식이 바뀌었다고 생각하는 사람이 있다면, 다음 사항을 고려해 보라. 현재 공공 토지의 90퍼센트는 "석유나 가스 시추업자가 이용할 수 있고 겨우 10퍼센트만 보존을 비롯해 휴양이나 야생을 포함한 여타 가치에 초점을 두고 이용된다"는 것이다.[11] 더욱이 미국 내무부가 최근 조사한 연방 토지 사용 내용을 보면, 미국에서 채굴되는 석탄의 42퍼센트에다 원유의 22퍼센트와 천연가스의 15퍼센트가 연방정부의 토지에서 나오며 이것이 미국 이산화탄소 배출량의 23.7퍼센트를 차지한다.[12]

20세기 초반의 효율성 내러티브는 공정, 성 평등 및 인종 평등, 참정권 박탈, 도덕, 심지어 자연계에 대한 인류의 책임 등을 둘러싼 근본적인 문제를 회피하는 데 편리한 도구가 되었다. 효율성은 중립적인 힘으로 극찬을 받았다. 찰스 다윈(Charles Darwin)이 신의 목적에 대한 어떤 논의든 무력화하면서 종의 선택 과정이 적자의 생존을 보장한다는 주장으로 자연의 책을 다시 썼듯이, 과학 경영의 원칙은 효율성이 이해관계의 갈등 및 경쟁 소음을 능가한다는 그 나름의 논거와 함께 출현했다. 효율성에 대한 도전은 꿰뚫을 수 없는 과학의 법칙과 자연계의 작동 원리에 맞서는 것이었다. 우리가 얼마나 잘못된 생각을 했나?

잘못 읽은 세상의 이치: 위대한 사상이 우리를 어떻게 타락시켰나

산업화 시대에 전 세계 표토의 3분의 1이 황폐해졌다. 과학자들은 지구상의 인류를 먹여 살릴 수 있는 표토가 60년 분량밖에 남지 않았다고 말한다.[13] 표토 1인치를 다시 채우는 데 500년이 넘게 걸린다.[14] 과학자들은 또한 기후변화가 대멸종을 촉발해 앞으로 80년 안에 기존 모든 종의 50퍼센트까지 잃을 수 있다고 경고한다.[15]

한편 지구의 산소는 지난 20억 년 중에 유례를 찾아볼 수 없을 만큼 빠르게 소멸하고 있다. 지구 산소의 절반을 생산하는 해양 식물성 플랑크톤이 현재 지구온난화에 따른 해양 온도의 상승으로 위협받고 있다. 새로운 연구에 따르면, 이른 경우 2100년에 식물성 플랑크톤의 손실에 따라 전 지구적 규모로 해양 산소가 고갈될 것으로 보인다.[16] 이와 마찬가지로 끔찍하게도, 온난화 배출물이 일으키는 지구 기온의 상승으로 홍수와 허리케인·가뭄·산불의 강도가 빠르게 증가하며 생태계가 불안정해지는 동시에 지구에서 사람이 살 수 없는 지역이 넓어지고 있다. 2070년이면 지구의 19퍼센트 정도가 '거의 거주할 수 없는 뜨거운 지역'으로 변할 것이다.[17]

우리 종이 끼치는 영향은 실로 믿기 어려울 만큼 충격적이다. 100년 전에는 지구 표면의 약 85퍼센트가 여전히 야생 지역으로 특징지어졌지만, 오늘날에는 인간이 일으킨 변형을 겪지 않은 육지가 23퍼센트 미만이며 앞으로 수십 년 안에 이 마지막 야생 지역도 인간의 손때를 탈 것으로 보인다. 지구상에 생명체가 나타나고 35억 년 만에 벌어지는 상황이다.[18]

어떻게 이런 일이 일어날 수 있었을까? 왜 우리는 이런 사태가 다가오는 것을 보지 못했을까? 이 주제에 대해 많은 의견이 난무한다. 그러나 논쟁의 여지가 없는 진실은 책임의 상당 부분이 경제적 이익을 증진하고 인류의 안녕을 보장하기에 최적의 조건이라는 명목하에 세계경제의 작동 방식에 대한 내러티브를 제공한 과학계와 경제학계와 재계에 있다는 것이다.

종종 그 이야기는 최초의 근대 철학자로 여겨지는 프랑스의 수학자이자 과학자, 르네 데카르트(René Descartes)에서 시작된다. 1596년 프랑스 투렌의 소도시 라에에서 부유한 귀족의 아들로 태어난 데카르트는 학창 시절부터 수학과 물리학에서 탁월한 재능을 드러냈다. 젊었을 때 그는 자연에 대한 인간의 힘을 확장하는 새 기계의 발명에 경탄했으며 그것들이 훨씬 더 큰 그림인 기계적 우주, 즉 기계의 법칙에 따라 작동하는 이성적 우주의 일부임에 틀림없다는 의견을 피력했다. 아울러, 그런 법칙들이 계속 발견되며 인류의 운명을 개선하는 데 이용될 것이라고 주장했다.

거우 스물세 살이던 1619년 11월 10일 밤, 데카르트가 잠자리에서 세 가지 꿈을 잇달아 꾸었는데 그 꿈에 성령이 나타나 그가 접해 보지 못한 새로운 철학을 계시해 주었다고 한다. 꿈에서 깬 그는 훗날 해석기하학으로 알려지는 원리와 수학을 철학에 적용하는 개념을 완전히 이해할 수 있었다. 그는 이렇게 생각했다. "숫자든 도형이든 별이든 소리든 또는 그 어떤 사물이든 그 대상에 상관없이 측정 문제가 생길 수 있다. 결국 나는 질서와 측정에 관한 문제를 일으키는 원리를 전체적으로 설명할 수 있는 과학이 있어야 한다는 것을 알았다. 나는 그것이 바로 보편수학이라고 생각했다. …… 그리고 그 영역은 모든 주제에서 진정한 결과를 끌어내는 데까지 확장되어야 한다."[19]

데카르트는 제한받지 않으며 수학으로 무장한 인간의 사고가 (우주에서 신이 하듯) 여기 지구에서 존재에 대해 질서 있고 예측 가능하며 스스로 영속하는 기계적 유사체를 창조할 수 있다고 믿게 되었다. 그는 "나에게 확장과 운동을 주면 우주를 건설할 것"이라고 말했다. 아마도 인간이 내뱉은 문장 중 가장 대담할 것이다.[20] 그럼에도 이 논리가 특히 당대의 지식인들 사이에서 전폭적으로 수용되었다.

기계적 우주에 대한 데카르트의 묘사는 비유나 은유로 의도된 것이 아니다. 그것은 말 그대로 기계적 우주를 의미했다. 데카르트는 기억, 상상, 열정 같은 인간의 감정을 "균형추와 바퀴의 배열에 따른" 기능으로 설명하고 우리의 동료 생명체들을 "영혼 없는 오토마타(automata, 자동장치)"로 규정했다.[21] 데카르트가 1649년에 영국 철학자 헨리 모어(Henry More)에게 보낸 편지에 이렇게 썼다. "기술이 자연을 모방하며 인간이 생각 없이 움직이는 다양한 오토마타를 만들 수 있기 때문에, 자연은 인공 오토마타보다 훨씬 더 훌륭한 오토마타를 생산해야 합니다. 이 자연의 오토마타가 바로 동물입니다."[22]

그런데 데카르트는 기계적 우주론에서 넘을 수 없는 걸림돌을 마주했다. 그때까지 발명된 모든 기계가 작동할 때 중력에 직면한다는 것이었다. 데카르트는 기계의 구성 요소는 설명할 수 있어도 외부 중력이 기계에 어떤 영향을 미치는지에 대한 답은 할 수 없었다. 그 답은 또 다른 68년과 젊은 대학생의 사색을 기다려야 나올 터였다.

1664년, 데카르트의 열렬한 지지자인 스물두 살 청년 아이작 뉴턴(Isaac Newton)이 케임브리지대학교 트리니티칼리지에서 장학금을 받고 3년째 수학 중이었다. 당시 흑사병이 런던을 강타해 시민의 25퍼센트에 해당하는 10만 명의 목숨을 앗아 간 뒤 빠르게 지방 전역으로 퍼져 나가고 있었다. 이에 케임브리지대학교가 문을 닫고 학생들을 집으로 보내자 격리에 들어가게 했다. 뉴턴은 시골 울즈소프에 있는 가족의 저택으로 가서 거의 2년 동안 격리 생활을 했다.

그 시간 동안 그가 운동과 만유인력의 법칙 그리고 미적분학의 창출을 놓고 연구를 이어 갔다. 나중에 역사가들은 이 격리 기간을 '경이의 해'라고 불렀다.[23] 1667년 가을에 통찰력으로 가득 찬 공책을 들고 케임브리지대학교로 돌아간 뉴턴은 1669년에 수학 교수가 되었다. 1687년 왕립학회에서 펴낸 그의 걸작 『프린키피아(Principia Mathematica)』는 영국을 바로 이어 프랑스와 나머지 유럽 지역에서 하룻밤 사이에 큰 반향을 일으켰다.[24]

뉴턴은 중력을 설명하는 수학 공식을 밝혀냈다. 그는 자연현상이 "지금까지 알려지지 않은 어떤 원인에 따라 물체의 입자가 서로 이끌려 규칙적인 형태로 엉겨 뭉치거나 서로 밀어내 물러나게 하는 특정한 힘에 모두 의존할 수 있다"고 주장했다.[25] 뉴턴은 행성이 특정한 방식으로 움직이는 이유와 사과가 특정한 방식으로 나무에서 떨어지는 이유를 법칙

하나로 설명할 수 있다고 상정했다. 그의 만유인력 법칙은 "질량이 있는 모든 두 물체 사이의 인력은 두 질량의 곱에 정비례하고 두 질점 간 거리의 제곱에 반비례한다"고 명시한다.[26]

뉴턴은 세 가지 운동 법칙도 제시했다. 하나, 외력이 작용하지 않는 한 정지한 물체는 정지 상태로 유지되고 운동 중인 물체는 직선 운동을 유지한다.(관성의 법칙) 둘, 물체의 가속도는 가해진 힘에 정비례한다.(가속도의 법칙) 셋, 모든 힘에는 그에 상응하는 반작용이 따른다.(작용 반작용의 법칙) 뉴턴의 이 세 법칙은 우주의 모든 힘이 상호작용하고 '평형'으로 되돌아가는 방식을 다룬다.

스미스는 뉴턴의 평형 이론과 물리학의 체계화를 지지하며 그의 연구 성과를 "인간이 이룬 것 중 가장 위대한 발견"이라고 평했다.[27] 스미스는 심지어 "보이지 않는 손"이라는 말로 시장에서 수요와 공급이 작용하는 과정을 설명하면서 적어도 표면적으로는 뉴턴이 작용 반작용의 법칙을 설명한 방식과 매우 유사한 방법을 썼다. 스미스와 250년에 걸쳐 그의 뒤를 이은 경제학자들은 자율 시장에서도 수요와 공급이 재화와 서비스의 가격에 대해 지속적으로 반응하고 조정하는 방식으로 움직여 결국 합의와 거래, (뉴턴이 말한 것과 같은) 평형 쪽으로 회귀를 끌어낸다고 주장했다.

뉴턴에게 물질과 운동의 우주는 질서 정연하고 계산할 수 있으며 자발성이나 예측 불가능성의 여지는 없었다. 한마디로 질이 없는 양의 세계였다. 뉴턴은 단순히 연역적 추론에 그치지 않고 수학적 증명으로 자신의 통찰력을 뒷받침했다. 그럼으로써 수학을 세상을 이해하고 착취하기 위한 과학으로 만든 것이다. 뉴턴은 계몽주의 시대를 수학화했고, 수학은 이어서 (뒤따르는) 진보의 시대를 위한 발판을 제공했다.

또한 뉴턴의 세 가지 운동 법칙에는 시간의 화살이 없다는 사실도 주목할 만하다. 뉴턴의 우주에서는 모든 과정이 시간 가역적이다. 그러나 실제 자연계뿐만 아니라 경제에서 그 어떤 사건도 시간 가역적일 수 없다. 하지만 여러 세대에 걸쳐 경제학자들이 뉴턴의 탈시간적 도식을 경제활동 모델링의 도구로 수용해 잘못된 길을 걸으며 현실과 멀어지게 되었다.

스미스와 초기 경제학자들만이 우주의 작동 원리에 대한 뉴턴의 명제와 자신들의 관심사 간 유사점을 제시한 것은 아니다. 뉴턴의 이론은 당시 영국에서 특히 국교회인 성공회와 정부가 열광적으로 수용했다. 이들이 모두 급변하는 경제와 사회에서 일어나는 불안과 혼란을 깊이 우려하고 있던 터라 더욱 그랬다. 영국 왕실은 질서 있고 예측 가능하며 자율적인 우주에 대한 뉴턴의 설명에서 교회와 정부, 학계가 교육받은 엘리트의 충성을 얻어 내기 위해 이용할 수 있는 모델을 보았다. 그들을 통해 대중을 교육하고 길들이는 동시에 갈수록 국가 권위에 도전하는 반군주주의자와 반교회 지식인 등 다루기 힘든 무리를 침묵시키는 데 뉴턴주의를 이용할 수 있다고 본 것이다. 그래서 나온 암묵적인 (종종 명시적이기도 했던) 메시지는 영국 정부에 대한 반대는 자연의 질서에 대한 정면충돌이기 때문에 무익하다는 것이다. 예측 가능하고 질서 정연하며 자율적인 세계가 자연의 질서고, 영국 왕실이 그런 세상에 대한 지상의 수호자라는 뜻이다.

열역학법칙: 게임의 법칙

경제학 전문가들은 자본주의 경제의 작동을 설명하기 위해 뉴턴의 도식과 그 시간 가역성에 의존하는 것이 좋은 선택은 아니라는 것을 모르지 않았다.

경제학자들은 알고 있었다. 19세기 후반부에 매우 광범위하고 포괄적이며 논쟁의 여지가 없어서 다른 모든 과학 법칙에 대해 포괄적인 틀을 제공할 수 있는 일련의 새로운 과학 법칙이 발견되었다. 이 과학 법칙은 물질과 운동에 대한 뉴턴의 법칙은 물론이고 다윈의 생명 진화론, 심지어 앨버트 아인슈타인(Albert Einstein)의 상대성이론에 대한 틀까지 줄수 있었다. 우주가 어떻게 구성되는지에 대한 새로운 과학 원리는 열역학 제1법칙과 제2법칙이다.

처음 발표되고 한 세기쯤 뒤에 아인슈타인은 열역학법칙의 절대적인 중요성을 명백히 인정했다. 동료 과학자들이 도전할 수 없는 인정이었다. 아인슈타인은 열역학법칙과 관련해 이렇게 썼다. "이론은 그 전제가 단순할수록 더욱 인상적이며 더 많은 것이 관련되고, 적용할 수 있는 영역도 확장된다. …… (열역학법칙은) 기본 개념의 적용 범위 내에서 결단코 전복되지 않을 것이라고 내가 확신하는, 보편적인 내용을 갖춘 유일한 물리 이론이다."[28]

물질과 운동에 관한 뉴턴의 법칙은 시간의 경과와 펼쳐지는 사건의 비가역성을 설명하지 못한다는 단점이 있지만, 열역학법칙은 모두 시간의 흐름에 관한 것이다. 흔히 보존의 법칙이라고 하는 열역학 제1법칙은 우주의 모든 에너지가 일정하며 빅뱅으로 우주가 탄생한 이래 변함이 없다고 말한다. 즉 에너지는 생성되거나 소멸될 수 없다는 것이다. 우주의 총에너지는 시간이 끝날 때까지 그대로 남아 있을 것이다. 우주의 총에너지가 일정해도 에너지의 형태는 늘 변하는데, 사용할 수 있는 형태에서 사용할 수 없는 형태로, 한 방향으로만 바뀐다. 여기에서 열역학 제2법칙이 등장한다. 이 법칙은 에너지가 항상 뜨거운 것에서 차가운 것으로, 응집된 것에서 분산된 것으로, 질서에서 무질서로 흐르며 돌이킬 수 없는 시간의 경과를 나타낸다고 말한다.

예를 들어, 석탄 한 덩이를 태우면 에너지가 모두 남아 있어도 더는 응집되지 않고 분산된 형태가 된다. 에너지가 이산화탄소와 이산화황, 질소산화물 등으로 바뀌어 대기 중에 분산된다는 얘기다. 총에너지가 남아 있지만 다시 석탄 덩어리로 구성되지는 않는다. 독일의 과학자 루돌프 클라우지우스(Rudolf Clausius)는 이렇게 에너지가 분산되어 남지만 대부분 쓸 수 없게 되는 상황을 가리키기 위해 1865년에 '엔트로피'라는 말을 만들어 냈다.[29]

어떤 사람들은 태양이 지구를 뒤덮는 보편적 에너지원이며 광합성을 통해 적어도 (수십억 년 뒤) 태양이 다 타 버릴 때까지는 계속 충분한 에너지를 줄 것이라고 주장한다. 사실이다. 하지만 금속성 광석과 희토류, 심지어 암석에 박혀 있는 모든 광물에 이르기까지 지구가 거대 충돌로 생성되고 냉각되어 행성의 물질을 형성한 이래 존재한 물질들이 있다. 에너지 형태를 띤 이런 물질은 고정되어 있으며 유한하다. 먼지 몇 톤에서 소행성에 이르기까지 운석이 매년 유성우로 대기에 유입되지만, 과학자들은 매일 지구에 떨어지는 운석 물질의 총중량이 48.5톤 정도밖에 안 돼 큰 차이를 만들기에는 너무 적다고 추정한다.[30]

우리가 아는 우주에는 세 가지 시스템이 있다. 외부 세계와 에너지와 물질 형태의 유한 에너지를 모두 교환하는 개방형 시스템, 외부 세계와 에너지를 교환하지만 물질은 교환하지 않는 폐쇄형 시스템, 에너지든 물질이든 외부 세계와 전혀 교환하지 않는 고립형 시스템 등이다. 태양계와 관련해 지구는 폐쇄형 시스템이다. 우리는 태양 에너지의 지속적인 흐름을 향유하지만 외부 세계와 물질 형태의 유한 에너지는 거의 교환하지 않는다.

예를 들어, 화석연료로 돌아가 보자. 지표면 아래나 해저 깊숙이 묻혀 있는 석탄과 석유, 천연가스 등은 3억 5000만 년 전 석탄기에 죽은 생명체의 유해이며 유한 에너지다. 비슷한 동식물이 존재하는 먼 미래의 또 다른 지질시대에 이들의 시신이 석탄이나 석유나 가스로 변할 수 있다는 것이 이론상으로는 가능해도 실현 가능성은 매우 낮다. 기술 주도 사회에서 LED 스크린과 스마트폰, 태블릿, 배터리, 전기 자동차 모터를 포함해 광범위한 제품에 내장되며 점점 더 가치 있는 자원으로 부상 중인 희토류에 대해서도 같은 말을 할 수 있다. 여기서 유한 에너지가 무엇을 의미하는지에 대해 간략한 설명이 필요할 것 같다. 컬럼비아대학교 물리학 교수로 끈 이론(String Theory: '진동하는 끈'을 만물의 최소 단위로 보는 물리 이론이다.—옮긴이)의 대가인 브라이언 그린(Brian Greene)이 《뉴욕타임스》에 실은 논평에서 이렇게 적시했다. "질량과 에너지는 별개가 아니다. 이것들은 다르게 보이는 형태로 포장되었으나 기본적으로 동일하다. 아인슈타인은 단단한 얼음이 녹아서 액체가 되듯 질량이 더 친숙한 운동에너지로 변환될 수 있는 고정된 형태의 에너지라는 것을 보여 주었다. ······ 아주 먼 미래에는 본질적으로 모든 물질이 에너지로 되돌아가 있을 것이다."[31]

기존 경제학의 치명적인 결함은 시간이 가역적이라는 뉴턴식 평형 세계관에 여전히 묶여 있다는 것이다. 판매자와 구매자 간 상품이나 서비스, 재산 거래 등 모든 경제적 교환을 시간을 초월한 진공 상태에 가둠으로써 경제학자와 재계는 시간이 지남에 따라 생길 수 있는 부작용을 편리하게 무시할 수 있다. 부작용은 천연자원의 추출에 따라 또는 자원이 상품이나 서비스로 전환되는 다양한 단계에서 교차하거나 동반하거나 어떤 식으로든 영향을 미치는 다양한 상호작용에 따라 생길 수 있다. 그리고 이런 전환 과정의 모든 단계에서 부작용의 파급효과가 생기고 시장 거래의 요소에 포함되지 않은 다른 현상에 영향을 미칠 수 있다.

1920년대에야 경제학자들이 파급효과에 대한 질문을 다루기 시작했다. 헨리 시지윅(Henry Sidgwick)과 아서 세실 피구(Arthur C. Pigou)는 이런 예상치 못한 영향의 개념을 '긍정적인' 또는 '부정적인' 외부 효과로 공식화해서 유명하다.[32] 이들이 말한 외부 효과는 시장 거래에서 인식되지 않은 영향이 이익이나 비용을 크게 발생시키는 것을 의미했다. 비용편익분석에서 고려되지 않은 어딘가에서 또는 특정한 다른 시간에 이익이나 비용이 발생하는 것이다. 그러나 지금까지 경제학자들은 외부 효과를 시장경제학에 제한된 부수 조건으로 또는 미미한 관련성이 있는 것으로 다뤘다. 하지만 제품이나 서비스의 여정에서 경제활동의 전체 경로를 살펴보면 특정 제품이나 서비스를 교환하고 소비하는 순간에 얻는 단기 이익의 실제적 장기 비용을 결정하는 데 경제학 분야가 얼마나 미약한지 이해할 수 있다.

따라서 뉴턴의 평형 이론이 여전히 경제학을 지배한다면 어떻게 될까? 경제 방정식에서 시간을 제거하면 경제학자들은 당연히 점점 더 신비한 수학적 모델을 써서 그 나름의 술수를 발휘할 수 있다. 그 해악은 굳이 말로 표현할 필요가 없을 것이다. 게다가 열역학법칙은 에너지 흐름과 엔트로피 과정만 다루기 때문에 틀림없이 화학자와 물리학자의 큰 관심을 끌겠지만, 지구 생명체의 생물학을 설명하는 것과는 무관하다는 오래된 믿음이 있었다. 경제학자들은 다음과 같은 일치된 견해를 견지했다. "이런 법칙은 에너지가 기계의 가동을 위해 쓰일 때 적용될 뿐이고 그럼으로써 엔지니어들이 에너지 입출력 비율을 더 잘 계산해 효율성을 향상할 수 있도록 돕는 것이다."

따라서 이런 법칙은 물리학자와 화학자가 주장하는 것만큼 보편적이지는 않다고 생각했다. 그리고 생명은 엔트로피 그물에 얽매여서는 안된다고 생각했다. 어쨌든 진화론은 각각 더 복잡하고 질서 정연하며 새로운 생명체로 넘쳐나는 세상에 대해 말하고 있지 않은가?

이 마지막 저항의 벽은 오스트리아의 물리학자이자 노벨상 수상자인 에르빈 슈뢰딩거(Erwin Schrödinger)가 1944년에 물리학이나 화학과 생물학이 동일한 열역학법칙에 지배된다고 설명하면서 무너졌다. 그는 "유기체가 먹는 것은 부(負)의 엔트로피(negative entropy)로서…… 유기체가 외부 환경으로부터 끊임없이 질서를 빨아들이는 것"이라고 주장했다.[33] 모든 생명체가 음식물을 섭취하고 폐기물을 배출하면서 지구에서 이용할 수 있는 에너지를 고갈시키고 엔트로피 청구서를 늘린다는 설명이다. 우리가 가용 에너지의 소비를 중단한다면 우리는 죽고 나머지는 먼지가 되는 것이 최종 엔트로피 청구서다. 모든 인간과 다른 모든 피조물이 마지막 호흡 뒤에야 비로소 평형 상태에 도달할 수 있다.

우리는 우리 각자를 죽음과 떨어진 비평형 상태로 유지하는 데 필요한 지구의 자연 기부가 얼마나 되는지에 대해 한발 물러서서 생각하는 경우가 거의 없다. 화학자 G. 타일러 밀러(G. Tyler Miller)는 우리가 저마다 비평형 상태를 유지하도록 우리 몸을 통해 흘러야 하는 가용 에너지의 양을 충분히 이해하는 데 도움이 되도록 단순화한 먹이사슬에 대해 말했다. 그의 먹이사슬은 풀을 먹는 메뚜기, 메뚜기를 먹는 개구리, 개구리를 먹는 송어, 송어를 먹는 인간으로 구성된다. 한 사람을 1년 동안 부양하려면 송어 300마리가 필요하며, 송어 300마리는 개구리 9만 마리를 잡아먹어야 하고, 이 개구리들은 메뚜기 2700만 마리를 잡아먹어야 하며, 이 메뚜기들에게는 풀 1000톤이 필요하다.[34]

왜 먹이사슬의 상위 계층에서 그토록 많은 자연의 부가 이용되고 소비되어야 하는가? 예를 들어, 사자가 영양을 쫓아 죽이고 삼키듯 먹이를 삼키는 과정 중 "에너지의 약 80~90퍼센트가 단순히 각 단계에서 환경에 돌아가는 열의 형태로 낭비되고 손실된다. 다시 말해, 에너지의

10~20퍼센트만이 (먹이사슬) 상위 계층의 종으로 전달될 수 있는 살아 있는 조직에 저장되는 것이다."[35] 문화사가 엘리아스 카네티(Elias Canetti)는 우리 자신의 생존에 내재하는 음울한 유령을 포착하고 "우리는 저마다 시체 밭의 왕"이라고 평했다.[36]

안타깝게도, 평형 패러다임과 엮인 경제학은 가용 에너지에 대한 모든 착취가 단기적 이익을 주지만 (생산물 자체에 들어간 에너지의 손실을 포함해) 장기적으로 더 큰 엔트로피 손실을 대가로 치르게 한다는 비평형 열역학을 다룰 준비가 되어 있지 않다. 경제학자들은 특정 생산물의 수명 주기에서 생길 수 있으며 쉽게 인식할 수 있는 몇 가지 긍정적이거나 부정적인 외부 효과를 고려하려고 노력한다. 하지만 결국 이런 노력은 모든 경제적 교환이 가능한 모든 방향으로 퍼져 다른 현상에 영향을 미치는 긴 엔트로피 꼬리를 보유한다는 현실과 마주칠 측은한 시도일 뿐이다.

열역학법칙은 국가의 성장과 부를 측정하는 GDP 같은 지표가 얼마나 터무니없는지를 냉혹하게 일깨운다. GDP는 경제활동의 순간적 교환 가치만을 측정한다. 분명히 판매 시점의 제품 및 서비스 가치는 가치사슬의 각 단계에 수반되는 지구의 에너지 매장량과 여타 천연자원의 고갈 그리고 엔트로피 폐기물이라는 측면에서 비용을 설명하지 않는다.

경제학자들이 처음부터 아예 궤도에서 벗어난 것은 아니다. 중농주의자라고 불리던 최초의 경제철학자들이 18세기 중반에 주로 프랑스에서 부상했는데, 이들은 모든 경제활동이 자연의 창고에서 그 가치를 도출한다고 주장했다. 스미스와 데이비드 리카도(David Ricardo)와 토머스 맬서스(Thomas Malthus)를 비롯해 더 규범적인 경제학자들도 같은 생각을 했고, 모든 부가 자연에서 나온다고 믿는 중농주의자만큼은 아니라도 모든 경제활동의 근원으로서 자연의 중요성을 인식했다.

중농주의자들의 명성이 단명한 데는 역사적 상황이 크게 작용했다.

이들의 전성기는 18세기 후반에 석탄을 이용한 증기 기술의 발전과 직물을 비롯한 여러 제품의 공장 생산으로 막 부상하던 근대 산업자본주의의 선봉 격인 초기 농경 산업혁명의 절정기와 일치했다. 산업혁명으로 제조업이 전면에 등장하면서 농업은 최전선에서 후퇴해 부차적인 산업에 가까워지고 사람들의 관심은 부를 창출하는 자본과 노동의 중요성에 쏠렸다. 이와 더불어 자연은 다시 단순한 원료 투입의 원천으로 격하되었다. 특히 방대하고 광활한 신대륙이 발견되면서 천연자원이 훨씬 더 풍부해졌기 때문에 자연을 상대적으로 저렴하게 이용할 수 있었고, 갈수록 자연은 부의 실질적인 생산자가 아니라 생산의 한 요소로 인식되기 시작했다.

제임스 와트(James Watt)는 스미스가 『국부론』을 펴낸 1776년에 처음으로 석탄을 이용하는 증기기관 두 기를 설치했다.[37] 이때부터 18세기 말까지 증기기관은 유럽과 아메리카 전역에서 대단히 중요한 장치로 기능했다. 증기기관이 자본 형성의 중요한 요소로 자리한 반면, 그것에 동력을 제공하는 석탄은 상대적으로 저렴했기 때문에 생산에서 그다지 중요하지 않은 요소로 여겨졌다.

당대의 여느 사상가들과 마찬가지로 스미스는 증기기관 발명이 안겨준 효율성에 경외감을 느꼈고, 모든 기계가 최적의 성능을 확보하기 위해 동시에 작동해야 하는 개별 부품으로 구성된다는 점에 특히 깊은 인상을 받았다. 그는 생산과정에서 이와 비슷하게 작용하는 원리를 발견하고, 이를 노동 분업이라고 설명했다. 『국부론』을 통해 그가 핀 공장에서 핀 생산공정을 열여덟 가지 개별 작업으로 나누고 그것을 모두 다른 작업자가 수행해 일괄 생산의 효율성을 크게 향상하는 예를 들었다.

대량생산은 효율성의 또 다른 큰 도약으로서, 산업자본주의를 경제생활의 최전선으로 내세웠다. 일라이 휘트니(Eli Whitney)는 상대적으로 숙련이 덜 된 노동자도 쉽게 조립하고 교체할 수 있도록 표준화된 부품을 대량생산한다는 아이디어를 머스킷 생산과정에 적용했다. 이런 식으로 분업과 대량생산이 새로운 산업 효율성의 핵심이 되었다.

산업 생산의 도래와 함께 경제학자들은 자본을 키우고 노동 효율성을 높이는 데 초점을 맞추면서 이 두 가지를 생산성과 이윤 창출의 핵심 요소로 보았다. 새로운 자본주의 산업 시스템과 그 작동 방식을 설명하는 경제학자는 자연의 부를 덜 고려하고 자본과 노동을 통해 효율성을 증진하고 생산성과 수익을 향상하는 데 더 많은 관심을 쏟으면서 중농주의자들의 초기 전망과 멀어졌다. 하지만 문제가 있었다. 초기 경제학자들이, 보이지 않는 손은 한계효용 체감의 법칙이라는 것을 고려하지 못했음을 알게 되었다.

고전 경제학의 초기에 안 로베르 자크 튀르고(Anne Robert Jacques Turgot)가 공급 측면에서 한계수익 체감의 법칙을 처음 발견했다. 그는 생산자가 최적 가동률에 도달할 가능성에 직면한 뒤에는 개별 생산요소들의 수익 단위당 이윤이 줄기 마련이라고 주장했다. 그리고 한 세기가 지난 1870년대에 새로운 신고전주의 경제학자들, 즉 윌리엄 스탠리 제번스(William Stanley Jevons)·카를 멩거(Carl Menger)·레옹 발라(Léon Walras) 등이 수요 측면에서 이와 비슷한 과정을 발견하고 이것을 소비의 한계효용 체감의 법칙이라고 설명했다.

이 원리는 재화나 서비스의 첫 번째 소비가 두 번째보다 더 큰 효용(또는 만족)을 내고 소비가 더해질 때마다 효용이나 만족이 줄어든다고 말한다. 예를 들어, 소비자가 첫 번째 아이스크림콘에 대해서는 처음 누릴 즐거움 때문에 상대적으로 많은 비용을 기꺼이 치르려고 하지만 그다음 아이스크림콘에 대해서는 만족이나 즐거움이 줄기 때문에 더 적은 비용을 내려고 할 가능성이 크다.

생산의 한계수익 체감과 소비의 한계효용 체감을 결합하면 교환 가격이 합의되고 결정된다. 가격 상승은 구매자의 소비를 줄이는 동시에 공급자의 생산을 늘리고, 가격 하락은 이와 상반된 결과를 가져온다. 두 경우 모두 시장에서 적절한 교환을 촉진하고 시스템을 평형 상태로 되돌린다.

소비의 한계효용 체감에 대한 새로운 강조가 경제학계에 엄청난 영향을 미쳤다. 스미스·리카도·존 스튜어트 밀(John Stuart Mill) 같은 고전 경제학자들은 노동비용이 교환가치를 확립하는 차별적 요소라고 보았지만, 신고전주의 경제학자들은 교환가치를 결정하는 데 소비자가 수행하는 구실로 초점을 옮겼다. 이것은 자본을 대는 사주(社主)에 비해 제품이나 서비스를 생산하는 노동자에게 생산 이윤 중 어느 정도나 가야 하는지에 대한 논쟁을 냉각시키고, 적어도 새로운 신고전주의 경제학 세대의 눈에는 시장의 교환 과정을 형평성 문제가 없는 상태로 만들었다.

한계효용 체감의 법칙은 신고전주의 경제학자들이 자신의 학문을 수학화하고 진정한 과학으로 만들려는 열망으로 뉴턴주의 대열에 합류하는 데 필요한 것을 제공했다. 제번스와 같은 시대 인물인 프랜시스 Y. 에지워스(Francis Ysidro Edgeworth)와 필립 H. 윅스티드(Philip Henry Wicksteed)는 한발 더 나아가 '무차별곡선, 계약곡선, 라그랑주 승수, 생산계수'의 형식으로 적절한 수학적 계산법을 고안했으며 이것들이 오늘날에도 쓰이고 있다.[38]

경제학의 수학화를 둘러싼 열정에 따라 신고전주의 경제학자들은 작용하는 힘과 반작용하는 힘, 끌어당기고 밀어내고 항상 평형으로 돌아가는 힘으로 구성된 기계적 우주론에 끈질기게 매달렸다. 제번스의 말을 들어 보자.

"물체의 인력이 그 물체의 질량에만 달린 것이 아니라 주변 물체들의 질량과 상대적 위치 및 거리에 달린 것처럼, 효용은 원하는 존재와 그 존재가 원하는 대상 사이에서 인력과 같은 구실을 한다."[39]

공정하게 말해, 제번스는 끌어당기고 밀어내고 항상 평형으로 돌아가는 힘의 평형 이론과 함께 모든 판매가 환경을 변화시키고 아무리 작은 변화라도 일련의 새로운 관계를 강제하는 역동적인 시장에 대해 잘 알고 있었다. 그는 자신의 책 『정치경제학 이론(Theory of Political Economy)』의 서문에 이렇게 썼다. "산업의 진정한 조건은 끊임없는 운동과 변화다."[40] 그는 역동적인 시장에 대한 연구가 어렵다는 점을 인정하며 "내가 감히 다룰 수 있는 교환 행위는 순전히 통계에 관한 문제뿐"이라고 토로했다. 이런 한탄은 더욱 놀랍다.

"이렇게 다뤄지는 경제 이론은 통계역학과 매우 유사하며 (경제적) 교환의 법칙은 가상 속도의 원리에 따라 결정되는 지렛대의 평형 법칙과 유사하게 보인다. 그러나 나는 경제라는 과학의 역동적 부문들이 계속 개발되어야 한다고 생각하는데, 이에 대해 전혀 감을 잡을 수 없다."[41]

제번스는 뉴턴의 물리학과 평형 상태의 기계적 우주에 대한 자신의 열렬한 믿음이 끊임없이 진화하는 경제 시장의 현실과 맞아떨어지지 않는다는 것을 깨닫고, 자신의 경제 이론이 '흡사한 유추'에 불과하다는 것을 마지못해 인정했다. 그럼에도 그는 시시각각 스스로 진화하는 역동적인 경제 시장과 정적인 평형 상태의 기계적 우주를 조화시키고 싶어 했다. 불가능한 과업이었다.

경제학자들은 우주의 작동 방식뿐만 아니라 지구 생명체의 진화와 경제의 작동 방식을 정의하는 데 열역학법칙의 절대적인 중요성에 대해 침묵을 지켰다. 그러나 물리학과 화학, 생물학 분야의 세계적인 과학자들은 열역학법칙을 존재의 본질에 관한 이야기의 가장 중심에 두는 것의 중요성을 계속 강조해 경제학계가 현실 직시와 더욱 멀어졌다.

과학계의 저명인사 중 열역학 제1법칙과 제2법칙이 우주의 작용을 지배하는 가장 중요한 틀이라고 설명한 사람이 아인슈타인만은 아니다. 1911년, 노벨 화학상을 받은 프레더릭 소디(Frederick Soddy)가 저서『물질과 에너지(*Matter and Energy*)』에서 열역학법칙을 맹목적으로 무시하고 경제 활동에 대한 뉴턴 중심의 평형 이론에는 덮어놓고 집착하는 경제학자들의 행태가 경제 관행의 실질적인 토대에 반할 뿐만 아니라 문명과 자연계를 모두 위험에 빠뜨리는 치명적인 경로가 될 수 있다고 경고했다. 그는 경제학계 동료들에게 "결국 정치체제의 흥망성쇠, 국가의 자유나 속박, 상업과 산업의 움직임, 부와 빈곤의 기원, 인류의 물리적 복지를 통제하는 것"이 바로 열역학법칙임을 상기시켰다.[42]

　화학과 생물학의 흩어지기구조(dissipative structure: 열평형 상태가 아닐 때 임의의 운동에 따라 흩어져 없어지는, 즉 소산하는 에너지를 이용하는 물리적 체계로서 자연계의 다양한 현상을 설명한다. ─ 옮긴이)와 열역학 및 비평형 열역학법칙에 관한 연구로 노벨 화학상을 받은 벨기에의 화학자 일리야 프리고진(Ilya Prigogine)도 경제학자들에게 뉴턴식 평형 모델을 피하도록 호소하는 데 평생을 바쳤다. 그는 1982년 인도 자와할랄네루대학교에서 태너 강의 중에 평생 화학 분야에서 연구하며 배운 것을 회상하며 이렇게 말했다. "생물학과 물리학에서처럼 화학의 모든 것도 열역학법칙을 따르는 되돌릴 수 없는 과정에 해당한다."[43] 그렇다면 어떻게 경제학은 우주를 지배하는 이 기본 법칙의 영역 밖에 존재할 수 있을까?

　프리고진은 경제학계의 견해를 암시하면서 열역학법칙을 이렇게 설명했다.

　"(이는) 물질이 더는 기계적 세계관에서 묘사하는 것처럼 수동적이지 않고 자발적인 활동과 관련된다는 새로운 관점으로 이어진다. 이 변화가 매우 심오해서, 이제 우리가 자연에 대한 인간의 새로운 의견 교환에 대해 말할 수 있다고 믿는다."[44]

그리고 이렇게 제안했다.

물질의 불변하는 영구적 기질이라는 개념은 산산조각 났다. …… (열역학)
은 물질이 연속적인 생성 상태에서처럼 활동적이라는 개념으로 이어진다. 이
구상은 물리학의 고전적인 설명, 즉 힘이나 장의 변화에 대한 설명에서 크게
벗어난다. 이것은 뉴턴이 열어 준 왕도를 떠나는 중요한 발걸음이다. …… 그
러나 나는 역학과 열역학의 통합이 시간의 흐름에 따른 물리적 체계에 대해
근본적으로 새로운 설명의 길을 열어 준다고 믿는다. …… 우리는 이제 시간
을 환상으로 치부하고 거부하려는 유혹을 극복하고 있다. 그와 달리…… 시
간은 반드시 포함되어야 한다.[45]

프리고진은 "이 모든 이론적 구성에서 공통점은, 바로 우리가 자연을
다루는 데 한계가 있음을 나타낸다는 것"이라고 결론지었다.[46]

경제학자들은 동의하지 않았다. 그들은 경제적 과정을 규제하지만 않
으면 기업가의 창의성 말고는 그 어떤 한계도 없이 자본가와 노동자, 소
비자가 공유할 부를 점점 더 많이 창출할 것이라고 가정했다.

그렇다면 시간을 초월한 기계적 우주론에 얽매여 자연을 이용하는 데
몰두하고 '천연자원'을 잠깐의 난장판으로 옮기는 효율성을 높이기 위
해 새로운 기술적 수단을 찾는 데 집착하며 늘 비용편익분석과 수익 증
대에 동의하는 경제체제하에서 우리가 살아온 결과는 무엇인가? 열역학
용어로 말하자면, 산업자본주의의 250년 통치 동안 거둔 단기적인 경제
적 이익은 영겁의 시간 동안 부정적인 외부 효과와 흔적을 남길 장기적
엔트로피 청구서와 비교할 때 극히 미미하고 덧없을 뿐이다. 이것을 이
해한다면 우리가 부의 구성 요소에 대한 우리의 개념을 어떻게 재고해
야 하는가?

3

현실 세계: 자연의 자본

실제로 인간 삶의 모든 과정이 의존하고 경제체제의 존립 기반이 되는 '진정한 부'는 경제학자와 재계 리더들 사이에서 별로 고려되지 않았고, 여기서 부정적인 외부 효과가 시작되었다.

순1차생산, 즉 식물 바이오매스 생산은 식생이 광합성을 하면서 흡수한 모든 이산화탄소에서 호흡으로 손실된 이산화탄소를 뺀 것이다. 모든 부를 만들어 내는 순1차생산은 종의 생존에 꼭 필요한 먹이사슬을 지탱하는 원천이다. 인류는 지난 20만 년 동안 지구의 순1차생산물에 의존해 살아왔다. 하지만 산업화가 진행된 지난 2세기 동안 우리 종은 지구의 순1차생산 증가량을 모아 단기 생산의 부로 바꿨고, 그럼으로써 인구와 수명을 크게 늘렸다.

산업혁명이 시작될 때 지구에 사는 인간은 약 7억 명이었다. 2000년 무렵 지구에는 60억 명 이상이 살면서 전 세계 육생 순1차생산량의 24퍼센트를 전용했다.[2] 현재 예측으로는 인구가 증가함에 따라 2050년까지 인간이 순1차생산량의 44퍼센트 이상을 전유하고, 남은 56퍼센트만 지구에 서식하는 여타 종들과 공유할 것이다.[3]

그러나 자연의 기초 자본인 토양 없이는 순1차생산 자체가 불가능하다. 토양이 없으면 식물도, 광합성도 없다. 토양은 매우 복잡한 미세 환경이다. 그것의 모재(母材)인 암석은 오랜 기간에 걸쳐 주로 비와 바람, 기온, 중력, 지진, 화산활동 등을 통해 물리적 풍화와 자연침식을 겪는다. 충분한 시간이 지나면 암석이 더 작은 입자로 분해되어 결국 모래와 퇴적물이 되고, 모래와 퇴적물은 지의류와 섞여 더 작은 입자로 분해된다. 곰팡이와 박테리아, 땅을 파고 사는 곤충, 동물 등도 암석이 토양으로 분해되는 것을 돕는다. 분해된 암석의 미네랄은 토양의 주요성분이 된다.

이렇게 조성된 토양에서 식물이 자란다. 동물은 식물을 먹고 배설물을 토양에 제공하며 벌레와 박테리아는 식물 쓰레기와 동물 배설물을 분해해서 토양의 기반을 보충한다. 평균적으로 토양은 미네랄이 45퍼센트, 물과 공기가 각각 25퍼센트, 유기물이 5퍼센트 등이다. 토양의 유형은 미국에 있는 것만 해도 7만 가지가 넘는다.[4]

위대한 유산: 농업의 녹색혁명

지구의 표토가 사라지는 이유 중 일부는 식물유전학과 산업농이 추구한 새로운 효율성과 직접적인 관련이 있다. 이런 추구 때문에 빠르게 성장하는 다수확품종(HYV)과 단일재배 관행, 독성이 강한 농약과 살충제의 사용, 새로운 관개 관행, 일모작 토지에 삼모작 도입 등이 생겨났다.

이 모든 것이 1960년대부터 1980년대 중반까지 인도와 중국, 동남아뿐만 아니라 아프리카, 유럽, 미국 등 거의 전 세계에서 농업 생산량을 극적으로 늘렸다.

이것은 훗날 개발도상국의 기아를 줄인 공로로 노벨 평화상을 받은 노먼 볼로그(Norman Borlaug) 박사의 아이디어이며 '녹색혁명'이라고 불렸다. 하지만 할 말 다 하고 해 볼 거 다 해 본 뒤 볼로그 박사가 우리에게 남긴 것은 많은 지역에서 심각한 식량 생산량 부족 현상을 극복하기 위해 복원하기에는 너무 늦어 버렸을 만큼 황폐해진 토양이다.

어쩌다 이렇게 됐을까? 증가하는 기아 문제를 해결하기 위해 인도를 필두로 모든 동남아에서 그리고 나중에는 아프리카와 여타 개발도상국에서 농업 생산의 효율성을 극적으로 증가시키려는 야심 찬 계획이 수립되었다. 상호 보완하는 여러 요소들이 농업 생산 및 산출량의 큰 도약을 이루게 한다는 계획이었다.

첫 번째 요소는 단위면적당 더 많은 수확량을 확보하기 위해 차세대 HYV를 심는 것이었다. 종자는 볼로그 박사가 개발했으며 1954년부터 포드재단과 록펠러재단에서 자금을 지원했다. 개발도상국에서 생산되는 쌀과 밀, 옥수수, 대두, 감자 등과 같은 기본 작물의 종자였다. 수확량이 많은 종자가 석유화학 비료에 더 잘 반응했지만, 제대로 익으려면 대규모 관개가 필요했다. 수확량이 많은 식물 품종은 많은 질병에 저항력을 보유했고, 같은 식물의 재래종보다 빨리 성장했다.

목표는 세계 최빈국에서 증가하는 기아 인구를 먹일 수 있도록 더 많은 이익과 더 많은 식량으로 이어지는 효율성 증진을 위해 재배 시간을 갈수록 줄이는 농업 생산에 알맞게 하는 것이었다. 하지만 불행하게도 HYV 종자에 내장된 효율성은 막대한 환경비용을 낳아 아시아를 비롯해 여러 지역의 농업지대를 더욱 가난하게 만들고 토양을 심각하게 악화시켰다.

일단 HYV 종자는 값이 비싸서 개발도상국의 가난한 농부들이 쉽게 접근할 수 없었다. 높은 초기 자본 비용은 수직 통합형 농업 회사가 광대한 휴경지를 손에 넣고 통제하는 한편 농부들에게서 작은 토지를 사들여 더 큰 농경지로 통합하도록 부추겼다. 석유화학 비료를 대규모로 써야 했기 때문에 고비용 부담은 더욱 커졌다. 생산량 증대는 작물의 빠른 성장을 보장하기 위한, 새롭고 정교한 관개 시스템을 수반했다. 토양의 수분이 증가하면서 곤충이 많이 생기고, 그에 따라 살충제와 제초제의 사용이 늘었다. 농업 생산의 가속화는 트랙터와 탈곡기, 경운기 등에 대한 지출을 늘리게 했으며 잉여분을 보관할 대규모 저장 시설의 건립과 곡물을 더 빨리 시장으로 옮기기 위한 물류의 개선을 촉구했다.

아시아의 녹색혁명 초기 15년 동안 쌀 수확량은 연간 2.1퍼센트에서 2.9퍼센트까지 증가했다.[5] 이 기간에 농지가 확대되면서 쌀 수확량이 증가했다. 그러나 1980년대 초에 이르자 수확량이 계속 줄고 녹색혁명이 정체를 넘어 심지어 후퇴하기 시작했다는 것이 분명해졌다. 무언가 잘못되었다.

이제 역효과를 짚어 보자. 빠르게 자라는 HYV의 효율성이 높아지자 그 전에 전통적으로 1년에 한 작물만 재배하고 나머지 기간에는 휴경해서 토양의 영양분이 다시 생기도록 하던 농부들이 연간 두세 가지 작물을 재배할 수 있었다. 이렇게 쉼 없는 재배 방식을 도입하면서 1년 내내 관개한 결과, 경작지가 물에 잠기고 많은 토양이 유출되었다.

인도만 봐도 해마다 표토 60억 톤이 유출되는 것으로 추산되었다.[6] 유출된 토종 토양을 대체하기 위해 석유화학 비료를 더 많이 투입해야 했고, 범람한 곳에 몰려드는 곤충 탓에 살충제가 더 많이 필요해졌다. 설상가상으로 트랙터를 이용해 땅을 갈고 콤바인을 이용해 세 자례 수확하는 것이 토양 미생물을 손상해 비옥도를 떨어트렸다. 이렇게 다중 상호 작용이 부른 파괴는 수천 년에 걸쳐 진화한 토양 시스템의 화학적, 생물학적 특성을 크게 훼손했다.

이에 대한 진단과 평가가 시작되자, 빨리 자라는 HYV 종자와 광범위한 관개망을 통해 성장을 촉진한 효율성이 토양의 영양소 고갈을 불러왔다는 것이 분명해지면서 '영양분 제거(nutrient stripping)'라는 말이 생겼다. 새로운 농경 관행에 이 말을 붙임에 따라 녹색혁명의 확대 및 강화에 전환점이 생기고, 개발도상국뿐만 아니라 선진국에서도 농업 생산의 미래에 접근하는 방법을 재고하기 시작했다.

1980년대에 나온 수확량 데이터는 전 세계에서 실패한 실험을 보여 주기 시작했다. 한때 농작물의 수확량과 농가 수입의 효율성을 크게 높이는 동시에 굶주린 세계에 값싼 식량을 제공할 농업과학의 위대한 진전으로 예고되며 찬사를 받은 녹색혁명이 비틀거렸다. 동남아시아와 태평양 연안의 주요 쌀 생산지인 필리핀의 루손, 태국, 인도네시아의 서부 자바에서 나온 데이터는 1980년에서 1989년 사이에 이런 변화가 생겼음을 여실히 드러냈다.

생산량 증가율이 투입물 증가율보다 낮았다. 중부루손에서 비료가 21퍼센트, 종자가 34퍼센트 더 쓰인 10년 동안 수확량의 증가율은 13퍼센트다. 같은 기간 센트럴플레인에서는 수확량이 6.5퍼센트 증가했는데, 비료는 24퍼센트 그리고 살충제는 53퍼센트 더 들었다. 서부자바에서도 수확량이 23퍼센트 증가할 때 비료 사용량이 65퍼센트, 살충제 사용량이 69퍼센트 증가했다.

이런 일이 아시아 개발도상국의 쌀 생산 부문에서만 벌어졌을까? 농업 관행의 변화가 전 세계의 모든 주요 농업 생산지에서 당시에도 발생했고, 지금도 일어나고 있다.

미국의 참여과학자모임(Union of Concerned Scientists)은 미국의 옥수수 생산 지대에 초점을 맞추고 거기서 발생한 폐해를 「산업농의 간접비용(*The Hidden Cost of Industrial Agriculture*)」이라는 보고서로 발표했다. 동일한 HYV 종자와 그에 따른 관개, 석유화학 비료와 살충제의 많은 투입량, 대규모 단일재배 등이 미국의 농장 지대와 경제의 생존을 위협하는 대규모 토양 손실과 유사한 부정적 외부 효과를 불러왔다는 내용이다.[7]

세계 농업의 현황에 대한 많은 보고서가 지적하듯 참여과학자모임은 과학에 기초한 효율성 증진 및 확대에 그 책임을 돌린다.

20세기 중반부터 산업농이 기술적 기적처럼 대중에게 알려졌다. 우리는 그 효율성 덕분에 식량 생산이 급증하는 세계 인구와 보조를 맞출 수 있고, 그 규모의 경제 덕분에 농업이 수익성 있는 사업으로 유지될 것이라고 들었다. 그러나 이런 이야기에서 중요한 것이 너무 자주 빠졌는데, 바로 가격표다. 사실 산업화한 식량 및 농업 시스템은 많은 비용을 수반하고, 이 비용은 모두 납세자와 농촌 지역사회와 농부 자신 그리고 여타 경제 부문과 미래 세대가 부담해야 한다. 이런 '외부 요소'까지 계산에 넣으면, 이 시스템이 우리에게 필요한 식량을 생산하기에 비용 효율적이고 건강에 좋으며 지속 가능한 방법이 아니라는 것을 알 수 있다.[8]

한때 인류의 큰 희망이던 녹색혁명을 지구 표토 고갈의 위험 요인이자 전례 없는 규모의 전 세계적 기아라는 부정적 전망으로 바꾼 일련의 의도하지 않은 과실은 이른바 '누적 효과'에서 비롯했다고 할 수 있다. 녹색혁명을 구성하는 요소들이 서로 영향을 미쳐 연속적인 양성 피드백

고리(어떤 반응의 결과가 그것을 낳은 자극을 촉진하는 과정이 순환하는 경우다. — 옮긴이)에서 매번 예상 못 한 부정적 외부 효과를 새로 만들어 누적한 것이 특히 눈에 띈다.

좋든 싫든 우리는 저마다 거대한 생물권 교실에 갇혀 아무리 하찮은 것이라도 우리의 모든 행동이 자연계에서 모종의 변화를 요구한다는 교훈을 배우며 살아간다. 어느 누구도 독립적일 수 없는 우리는 그저 우리를 둘러싼 세계에서 얻어 내며 공생하는 관계에 참여하는 주체일 뿐이다. 우리가 하는 모든 일의 효율성이 높아질수록 우리의 생태 발자국과 엔트로피 청구서가 늘어난다. 유일한 문제는 우리가 얼마나 가볍게 걸음을 옮기느냐 하는 점이다.

우리가 효율적이 될수록 부정적인 외부 효과와 양성 피드백 고리가 확실해진다. 우리 중 대부분은 시장에서 판매자와 구매자 간 재화나 서비스의 교환이 두 당사자에게만 영향을 미치고, 그 과정에서 부정적인 외부 효과를 일으킬 만큼 뚜렷한 엔트로피 효과는 거의 또는 전혀 없다는 지나치게 단순한 개념을 믿었다. 이를 순진하다고만 할 수는 없다.

물론 우리의 다양한 교환 행위에서 긍정적인 외부 효과는 생길 수 없다는 뜻이 아니다. 하지만 열역학법칙과 비평형 열역학법칙은 엄격한 감독이자 주인이다. 긍정적인 외부 효과도 엔트로피 꼬리와 함께 나타나고, 행보를 이어 가는 동안 어딘가에서 부정적인 외부 효과를 만든다.

신데믹 시대

분명히 우리가 메시지를 받기 시작했다. 열역학법칙이 지배하는 세상에서 산다는 것의 의미에 대한 새로운 인식을 포착한 단어가 등장했다.

바로 '신데믹(syndemics)'으로, 1980년대 중반 코네티컷대학교의 의료인류학자인 메릴 싱어(Merrill Singer)가 두 가지 이상의 전염병이 겹쳐서 발생해 양성 피드백을 창출하고 부정적인 외부 효과를 급증시키는 현상을 설명하려고 고안한 말이다. 2017년, 세계에서 가장 오래된 동료 심사 의학 저널로 꼽히는《랜싯(The Lancet)》은 훨씬 더 폭넓고 상세한 방식으로 이 단어에 대해 설명하는 일련의 보고서를 실으면서 단어의 신빙성을 높였다.《랜싯》은 이어서 2019년에는「비만, 영양 결핍, 기후변화의 글로벌 신데믹(The Global Syndemic of Obesity, Undernutrition, and Climate Change)」이라는 연구 보고서를 발표했다.[9]

《랜싯》은 문명을 둘러싸고 발생한 이 3대 글로벌 팬데믹 각각이 서로 어떻게 영향을 미쳐 우리를 녹색혁명과 유사한 악순환으로 몰아가고 있는지를 분석했다. 흥미롭게도 녹색혁명의 부정적 외부 효과가 새로운 슈퍼 신데믹의 전개에 실제로 주요한 구실을 했다.

《랜싯》은 이렇게 주장했다. "비만과 영양 결핍과 기후변화가 결합해서 신데믹, 즉 전염병의 시너지 효과를 일으킨다. 이것들이 같은 시간대에 같은 장소에서 발생해 상호작용하며 복잡한 후유증을 일으키고 근원적인 사회적 원인을 공유하기 때문이다."[10] 반세기 전에는 거의 알려지지도 않은 미미한 문제였던 비만이 폭발적으로 증가해 적어도 코로나19가 발생하기 전까지는 인류의 건강을 위협하는 가장 심각한 요인이었다. 2015년, 세계의 20억 인구가 비만으로 분류되었다. 이 질병으로 매년 400만 명이 사망하고, 1억 2000만 년에 해당하는 질병 보정 수명(건강 수명)의 손실이 발생한다.[11] 이와 마찬가지로 놀라운 사실은 비만 관련 비용이 전 세계 GDP의 2.8퍼센트로 추정된다는 것이다.[12] 여기에 비만에 따른 심혈관 질환과 폐 질환, 당뇨병 등을 더하면 그 비용이 상상을 초월할 것이나.

이 질병의 급속한 확산은 1950년대 석유화학 기반 농경으로 전환, 1960년대 녹색혁명과 HYV 작물 도입, 1990년대 후반 유전자조작 작물의 출현으로 거슬러 올라간다.《랜싯》보고서에 따르면, 석유화학 농업은 모든 온실가스 배출량의 23퍼센트 이상에 대한 책임이 있으며 운송·물류·폐기물 관리 등 후속 부문을 포함할 경우 식량과 농업은 전체 지구온난화 배출량의 29퍼센트를 차지한다.[13]

더욱이 지구온난화 배출로 기온이 섭씨 1도 오를 때마다 공기의 수분 보유 능력이 약 7퍼센트 증가해서 집중호우를 비롯해 극단적인 일기 현상을 발생시킨다. 전례 없는 인명·재산 손실과 생태계 파괴가 따르는 혹한이나 폭설, 파괴적인 봄철 홍수, 장기간의 여름철 가뭄, 끔찍한 산불, 치명적인 3~5등급 태풍 등이다.[14]

마지막 빙하기가 끝나고 1만 1700년 동안 상당한 수준으로 예측할 수 있는 물순환과 발맞춰 발전한 지구의 생물군계는 현재의 물순환을 주도하는 폭주형 지수곡선을 따라잡지 못하면서 실시간으로 붕괴하고 있다.[15]

또한 거의 고려되지 않았지만 석유화학 농업의 영향이 엄청난 부정적 외부 효과를 더한다. 악화하는 토양 기반에 석유화학 비료와 농약 및 살충제를 쓰는 것이 건강한 식물 성장에 꼭 필요한 영양소를 파괴하고 있다. 바로 이 지점에서 신데믹이 촉발된다. 작물의 영양가 감소는 거의 80억 인구가 먹는 다양한 식품으로 번진다. 이것은 우리 종이 평생의 건강한 신체 기능에 필요한 영양소를 충분히 섭취하지 못한다는 뜻이다. 유엔 식량농업기구(FAO)는 "건강한 토양이 건강한 식품 생산의 기초"라는 표어로 이 상황을 설명하고 있다.[16]

산업농과 여타 산업 부문은 최우선으로 삼는 목표가 같다. 즉 가치사슬 전반에서 효율성을 높인다는 목표다. 단일재배, 재배 기간 단축을 위한 석유화학 물질의 대량 사용, 저영양·고가공 식품의 생산과 판매 등이 해당한다. 가공의 수준을 높이는 이유는 전 세계로 운송하고 오랫동안 저장할 만큼 유통기한이 긴 제품을 확보하는 데 있다. 가공식품은 '지방이나 감미료, 탄수화물을 많이 함유한 고칼로리' 제품으로서 전 세계 수십억 인구가 소비하며 비만의 유행을 촉발하고 심장병과 당뇨병같이 생명을 위협하는 질병의 증가를 초래한다.[17]

세계 곳곳의 식단 변화는 비만 관련 질병으로 수십억 명을 위협하며 사람들의 건강과 안녕에 막대한 영향을 미쳤다. 이런 상황의 원인은 가치사슬 전반에서 효율성 제고와 수익 개선에 전념하는 다국적기업 몇몇이 통제하는 세계 식품 업계의 합리화 증진에서 찾아야 한다. 매사추세츠주 터프츠대학교 프리드먼영양학·정책대학원의 식품정책·국제경영학 명예교수인 제임스 틸로츤(James Tillotson)은 이렇게 지적하며 문제를 요약했다. "업계 전체가 권력 체제를 형성하고 농업의 효율성을 높이기 위해 움직인다."[18]

에너지 밀도가 높고 영양소가 부족한 고가공식품은 비교적 저렴해서, 주로 비만인 부모 때문에 종종 체질상 비만이 되기 쉬운 자녀가 있는 저소득·중산층 가정에서 구매하고 소비한다.

서식스대학교 경제학 교수인 피터 돌턴(Peter Dolton) 박사가 학술지 《경제학과 인간생물학(Economics and Human Biology)》에 발표한 연구 보고서는 이렇게 진단했다. "세대 간 전파는 생물학적 과정으로서…… 환경적 과정도 공유한다. …… 우리는 가족과 그것에 관련된 유전자 구성의 결합 결과가 아동의 예상 체질량지수(BMI) 가운데 35~40퍼센트 정도를 설명한다는 사실을 발견했다."[19] 비만을 다음 세대에 전달하는 유전소질이 식품 가공 산업에는 마케팅의 꿈과 같다. 그들의 제품에 강력한 소비자 기반을 보장하기 때문이다. 하지만 불행히도 여기에는 각 세대를 부정적 외부 효과의 유전에서 비롯한 건강 악화에 빠뜨린다는 대가가 따른다.

식품 산업은 '패스트푸드'를 도입하면서 효율성 제고에 박차를 가하고 여러 세대의 소비자들을 영양가 낮은 가공식품 식단에 길들였다. 좋게 말해 '편한' 음식과 음료에 액상 과당이나 설탕, 지방까지 많이 더함으로써 각 세대는 평생 위협적인 건강 문제와 값비싼 의료비를 불러오는 식단에 중독되었다. 패스트푸드 문화는 합리화와 효율성에 기초한 과정을 음식 준비와 소비의 핵심으로 가져오는 한편 살은 더 찌우고 영양가는 덜한 식단에 대중을 중독시켰다.

가공식품 중심으로 식단을 구성한 퀵서비스 레스토랑은 신선한 과일과 야채를 거의 제공하지 않았다. 모두 효율성 중심으로 설계했기 때문이다. 신선한 과일과 채소는 가공식품보다 유통기한이 짧지 않은가? 과일과 채소는 때맞춰 쓰는 데 추가 물류가 필요하지만 가공식품은 유통기한이 길어서 그다지 주의하지 않아도 된다.

미국 농무부(USDA)는 "하루 평균 에너지 섭취 총량에서 외부 음식이 차지하는 비중이 1977~1978년에 17퍼센트였다가 2011~2012년에 34퍼센트로 증가했으며 이 변화의 가장 큰 원인이 퀵서비스 레스토랑의 식품 소비"라고 밝혔다.[20] USDA는 집 밖의 음식은 상대적으로 "포화지방과 나트륨은 많이, 칼슘과 철과 섬유질은 적게 포함되어 있다"고 결론지었다.[21] 그럼에도 대중에게는 효율적인 식사가 즐거운 경험으로 홍보되었다.

비만과 영양 결핍, 기후변화의 신데믹에 대한 《랜싯》의 연구가 언뜻 보기에 관련이 없을 듯한 다른 많은 부정적 외부 효과는 (어렴풋이 암시하긴 해도) 다루지 않았다. 최근 몇 달 동안 과학계와 의료계는 코로나19 팬데믹과 비만, 영양 결핍, 기후변화의 신데믹 사이에서 모종의 관계를 발견하고 경각심을 갖게 되었다. 코로나19 자료에 따르면, 바이러스에 감염되어 사망할 위험이 가장 큰 사람들은 만성 비만 환자로서 당뇨병이나 심장병, 폐 질환으로 고통받는 인구에 속한다. 이들은 녹색혁명과 그 뒤를 이은 생명공학 농경 혁명 시기에 세계의 식품 산업계가 탄생시키고 구애한 바로 그 글로벌 코호트(cohort: 나이나 행동 양식 등 통계상 원인이 되는 요소를 공유하는 동질 집단이다.—옮긴이)다.

부정적인 외부 효과는 대개 예측하기 어렵다는 문제가 있다. 항생제와 비만, 코로나19 팬데믹 사이의 관계를 생각해 보라. 항생제는 20세기에 수백만 명의 생명을 구한 놀라운 약물이다. 내 여동생과 나는 미국에서 페니실린 치료를 처음 받은 아기들에 속했다. 1945년 1월에 쌍둥이로 태어난 우리는 몸무게가 1.14킬로그램도 안 되는 초미숙아라서 살아남지 못할 것으로 예상되었다. 우리는 페니실린 덕분에 목숨을 구했다.

항생제는 2차세계대전 이후 미국을 필두로 거의 전 세계에서 대규모로 쓰였다. 오늘날 세균 감염을 치료하는 데 쓰는 항생제는 100가지가 넘는다. 의료계를 걱정시키는 것은 이런 항생제 가운데 다수가 남용되어 더는 효과가 없다는 사실이다. 박테리아가 성공적으로 돌연변이를 일으켜 약물에 내성을 갖게 된 것이다.

미국 질병통제예방센터(CDC)에 따르면, 항생제가 필요하지 않은 감염에 대한 항생제 처방 또는 그저 주의 예방 차원의 항생제 처방이 미국에서만 한 해에 4700만 건이다.[22] 수의과와 농업 분야에서도 이와 비슷한 항생제 과다 처방이 있다. CDC는 "미국에서 항생제 내성 감염이 해마다 280만 건 넘게 발생한다"고 보고했다.[23] 전 세계적으로 해마다 70만 명 정도가 약물 내성 질병으로 사망한다.[24]

세계은행은 약물 내성 박테리아 감염이 다음 팬데믹일 것이며 "전 세계 경제에 2008년 금융위기와 같은 수준의 해를 끼칠 수 있다"고 경고한다.[25] 2016년에 발표된 「약물 내성 감염: 우리 경제의 미래에 대한 위협(*Drug Resistant Infections: A Threat to Our Economic Future*)」이라는 연구는 항생제 내성에 따른 입원과 사망이 증가해 2050년 무렵 선진국에서는 GDP의 3.8퍼센트, 저소득국가에서는 GDP의 5퍼센트 이상이 줄어들 것이라고 보고한다.[26] 전 세계 교역의 가치는 3.8퍼센트 떨어지고, 의료비는 연간 1조 2000억 달러에 이를 수 있다.[27]

코로나19와 관련해 의료 기관을 가장 긴장시키는 것은 폐 질환이다. 미국 국립보건원(NIH)의 앤서니 파우치(Anthony Fauci) 박사에 따르면, 1918~1920년 스페인독감 팬데믹 때도 대부분의 사인은 바이러스 자체가 아니라 2차 세균성 폐렴 감염이었다.[28] 여기서 우려할 사항은 코로나19 감염병이 일으킨 폐 질환을 치료하기 위해 항생제 사용이 급증하고 있으며 이것이 내성균의 돌연변이를 가속화해 기존 항생제 무기고를 무용지물로 만들 수 있다는 것이다. 인류에게 재앙 같은 결과가 벌어질지도 모른다.

비용편익을 분석할 때 인과관계를 제한적으로 보는 우리의 지나치게 단순한 개념상 겉보기에는 해로울 게 없는 듯해도 장기적으로 상호작용하며 서로 연결되는 부정적 외부 효과의 폭풍을 촉발할 수 있다.

화석연료 시대 사람들

진보의 시대는 최근까지 숨겨져 있던 심오한 서사를 가리키는 데 부정확한 이름일 뿐이다. 현대는 화석연료의 시대라고 해도 과언이 아니다. 우리 종이 지구 역사의 이 순간을 이겨 내고 살아남을 경우 미래 세대는 지질 기록에 남아 있는 탄소발자국으로만 우리를 알게 될 것이다.

우리가 먼 조상을 석기시대, 청동기시대, 철기시대 사람으로 규정하듯 아주 먼 미래의 세대는 우리를 탄소 시대 사람으로 볼 것이다.

우리가 일반적으로 차량에 동력을 공급하고 가정과 직장에 난방을 하고 전력을 생산하고 합성 비료와 살충제에 쓰이는 에너지와 연결하는 화석연료가 사실은 우리 경제에 중요한 소재를 생산하는 데 필요한 연료도 제공한다. 예컨대 강철 생산의 에너지로도 쓰인다는 뜻이다. 화석연료의 쓰임은 건축자재와 플라스틱, 포장 용품, 의약품, 식품첨가물과 방부제, 윤활유, 합성 고무, 합성 의류, 화장품, 세제, 가구, 전자기기를 포함해 무수히 많은 제품에서 보인다.

우리 경제활동은 대개 화석연료로 구성되거나 화석연료를 통해 변형되거나 옮겨진다. 우리의 몸과 가정, 사업체, 사무실, 공장에 들어가는 것 중 상당 부분이 화석연료로 구성되거나 화석연료를 매개로 삼는다.

석유화학 농업과 녹색혁명, 생명공학 농업이 불러오는 부정적 외부 효과와 신데믹은 파괴적인 데다 일회성으로 끝나지 않는다. 세계경제의 모든 산업과 부문이 비슷한 이야기를 들려준다. 부정적 외부 효과의 정도는 달라도 종류는 비슷하다는 뜻이다.

글로벌 패션 산업을 생각해 보자. 환경에 영향을 미치는 지구온난화 배출과 여타 부정적인 외부 요인에 대한 책임이 있는 큰 오염원에 대한 논의에서 글로벌 패션 산업은 최근까지 별다른 주목을 받지 않았다. 하지만 이제는 그렇지 않다. 이 산업이 전체 지구온난화 배출량의 10퍼센트를 차지하는 것으로 드러났는데, 이 양은 모든 국제 항공과 해상 운송을 합친 것보다 많다. 아울러, 두 번째로 큰 수자원 오염원이기도 하다.[29]

패션 산업의 어마어마한 탄소발자국과 물발자국은 전적으로 생산 효율성의 증대 및 영리한 광고, 마케팅 캠페인과 관련된다. 지난 시즌에 산 제품은 버리고 새 제품을 사서 유행에 뒤시지 말라고 매 시즌 소비자를 설득하는 캠페인 말이다. 효율성 향상은 대부분 생산공정의 일부를 환경기준이 느슨하거나 아예 없는 개발도상국에 아웃소싱한 데서 온다. 그런 곳의 노동자들은 안전하지 않은 공장에서 겨우 연명할 정도의 임금을 받으며 (디킨스 소설에 나오는) 열악한 조건하에 일한다.

이런 식으로 증가한 효율성은 의류 생산 비용을 크게 줄이고 소비자 구매를 증가시켰다. 2020년 유럽연합에서 일반 소비자의 의류와 신발 구매량은 늘었지만 지출액은 10년 전보다 적었다. 미국에서 평균적인 소비자는 5.5일마다 의류를 구매한다.[30] 당연히 의류의 사용 연한도 15년 전에 비해 36퍼센트나 줄었다.[31] 패션 업계는 "인구통계와 생활양식이 현재와 같이 유지된다면 전 세계 의류 소비량이 2019년 6200만 미터톤에서 10년 후 1억 200만 미터톤으로 증가할 것"이라고 예상한다.[32]

늘어난 구매와 줄어든 사용 시간은 심한 낭비로 이어진다. 패션 업계는 해마다 9200만 톤씩 발생하는 폐기물에 대한 책임이 있고, 일부 추정으로는 직물의 25~30퍼센트가 의류 제조 과정에 낭비된다.[33] 유럽연합에서만 해도 시즌마다 나오는 의류 재고 가운데 3분의 1 이상이 팔리지 않고 결국 버려진다. 제조 과정에서 손상되어 버리는 섬유를 추가하면 해마다 지구 환경으로 배출되는 모든 혼합 폐기물 중 22퍼센트가 패션 산업에서 나오는 셈이다. (소비된 섬유 폐기물에서 15퍼센트 미만이 재활용된다.)[34]

또한 섬유 제조업체가 제조 공정에서 2500여 가지 화학물질을 쓰는데, 한 연구에서 그중 10퍼센트가 "인체에 해로울 가능성이 높다"고 밝혀졌다. 마지막으로, 패션 산업에서 쓰는 연간 44조 리터 규모의 관개용수는 전체 관개용수의 약 3퍼센트에 해당한다.[35]

산업 시대에 거의 내내 화석연료가 매우 저렴했기 때문에 사람들은 효율성을 높이는 데 화석연료가 얼마나 중요한지에 대해 거의 주의를 기울이지 않았다. 앞서 말한 것처럼 경제학자들은 엔지니어를 제외하고 효율성을 결정하는 주요 투입 요소로 시간·자본·노동과 함께 에너지를 포함했지만, 기업들은 일반적으로 생산성을 결정할 때 에너지를 무시했다. 그만큼 저렴했기 때문이다. 그들은 효율성 제고에서 자본과 노동의 비용편익에만 거의 전적으로 초점을 맞추었다.

돌이켜 보면 특히 경제학자들의 순진함이 인상적이다. 산업 시대의 인적 자본 중 대부분이 어떤 식으로든 모든 노동자의 생존과 건강을 유지하는 화석연료를 통해 만들어진 재고자산이라는 것을 가볍게라도 인정하는 글을 찾아보기 힘들다.

우리 문명 자체가 화석연료와 얽혀 있다는 사실은 21세기 첫 10년 동안 세계시장에서 유가가 급등한 덕에 비로소 명백해졌다. 1960년대에는 석유가 배럴당 고작 3달러에 팔렸다. 유가는 1973년에 석유수출국기구(OPEC)가 석유 금수 조치를 시행한 때부터 단속적으로 상승하기 시작했다. 21세기의 첫 10년 동안 유가가 계속 치솟아 2008년 7월에는 사상 최고치인 배럴당 147달러나 됐다.

석유가 배럴당 100달러를 넘어서자 세계경제가 미끄러지기 시작했다. 우리가 생산하는 많은 것들이 화석연료로 만들어지고 움직이기 때문이었다. 유가가 배럴당 147달러에 이르자 세계경제 전체가 서서히 멈추기 시작했다. 거의 모든 재화와 서비스의 가격이 본질적으로 화석연료와 연결되기 때문이었다.

2008년 7월, 화석연료에 기초한 산업 시대가 막을 내리기 시작했다. 이것은 기존 경제의 지각을 뒤흔든 엄청난 사건으로서 사회는 거기서 결코 완전히 회복되지 못했다. (거대한 폰지 사기와 비슷한) 서브프라임 모기지론이라는 늪에 빠져든 금융시장의 붕괴는 이 사건의 여파다. 철저한 화석연료 경제가 경제생활의 모든 부문을 정지하자 모기지 가격 조작이라는 가상 경제를 유지할 수 없게 되었다.

세계 경제계와 정부 그리고 확실히 우리의 경제학자들은, 비할 데 없는 물질적 부를 창출한 효율성과 생산성의 가파른 상승이 옛날 지질시대의 소산인 화석연료의 발굴과 변환이 없었다면 상상조차 못 했을 것이라는 사실을 아직 제대로 이해하지 못하고 있다. 석탄기 매장지를 한정된 에너지의 저장고로 활성화하고 200년도 안 되는 기간에 그것을 남용해서 진보의 시대를 창출한 역사의 이면은 어떤가? 지구 생명체의 미래를 위협하는 지구온난화 배출의 형태로 엔트로피 청구서가 남았을 뿐이다.

효율성을 중심에 두고 부정적인 외부 효과의 열역학적 함의에 대한 인정을 완강히 거부하는 시장 평형 이론과 합리화 과정의 단점을 감안할 때, 오늘 우리에게는 경제 그리고 더 중요한 인간 행위의 본질에 대한 전면적 재고가 필요하다. 이를 위해 우리는 시간과 공간이라는 개념을 인식하는 방식부터 제대로 이해해야 한다.

인정하건대, 시간과 공간에 대한 우리의 오랜 관념은 우리가 처한 위기와 동떨어진 것처럼 보인다. 하지만 인간 의식의 이런 원초적 좌표를 이해하게 된 방식을 재평가하는 것이 우리의 집단적 인간성을 합리성과 효율성의 독(에둘러서 말하면 진보의 시대)에서 해방하는 데, 그리고 다가오는 회복력 시대에 더 잘 어울리며 적응하고 공감하는 삶의 방식을 찾는 데 꼭 필요하다. 시간과 공간 속 우리 존재 자체를 재고하는 것은 예측할 수 없으며 재야생화되는 지구에서 우리 종이 진로를 바꾸고 번영하는 법을 배울 마지막 최고의 기회일지도 모른다.

지구의 자산화와
노동력의 빈곤화

4

대혼란: 지구의 시간과 공간에 대한 인클로저

1844년 5월 24일, 미 의회 의원들이 이례적인 사건을 목격하기 위해 모였다. 몇 년 전, 미국 의회는 자국의 발명가 새뮤얼 모스(Samuel F. B. Morse)가 추진 중인 특정한 장치의 개발에 대한 자금 지원을 합의했다. 그는 전류를 이용해서 60킬로미터 넘게 떨어진 곳에 있는 종이테이프에 암호화한 신호를 보내는 기계, 즉 전기 전신기를 완성할 수 있다고 약속했다. 그렇게 멀리 떨어진 곳과 몇 초 만에 암호통신을 한다는 것이 그전에는 상상조차 어려웠을 약속이다.[1]

모스는 미 국회의사당에서 64킬로미터 떨어진 볼티모어의 기차역에서 대기하던 그의 조수 앨프리드 베일(Alfred Veil)에게 응답을 요청하는 메시지를 보냈다. 몇 초 뒤 응답이 의사당으로 왔다. 당시 전달된 첫 번째 메시지는 "신이 무엇을 이루었는가(What Hath God Wrought)?"라는 짧은 문장이다. 공간적 거리가 사실상 소멸하고 시간의 흐름이 거의 동시성으로 압축되며 전자 시대의 개막을 알린 순간이다. 이 메시지는 성경 민수기에 나오는 구절로, 그 순간을 적절하게 포착한 표현 이상의 의미가 있다.

성경에 하느님이 "빛이 있으라"는 명령으로 세상을 존재케 하니 시간의 경과가 전혀 없이 "빛이 있었다"고 기록되어 있다. 효율성의 완성인 셈이다. 모스가 이룬 거의 동시적인 통신은, 그 전까지 전능한 신만 보유했을 것 같은 효율성을 떠올리게 하며 의회 의원들의 경외감을 자아냈다.

우리가 이 역사적 분기점에 도달한 경위와 시간 및 공간에 관한 개념의 근본적인 변화에 대한 이야기는 14세기 중세 유럽에서 비롯해 나중에 현대를 정의하게 되는 두 가지 발전과 더불어 천진스럽게 시작된다. 첫 번째는 기계식 시계가 발명되고 베네딕트회 수도사들이 일상적인 전례에서 엄격한 시간 계획을 세운 것이다. 두 번째는 이탈리아 르네상스 시대의 예술가들이 미술에서 선형 원근법을 개발한 것이다.

기계식 시계와 미술의 선형 원근법: 역사를 바꾼 뜻밖의 결과

베네딕트회는 몬테카시노의 베네딕트(Benedict)가 529년에 창시한 가톨릭 공동생활 수도회다. 고된 육체노동과 엄격한 종교적 규칙에 전념한 베네딕트회의 가장 중요한 규칙은 "게으름은 영혼의 적"이라는 것이다. 이들은 끊임없는 육체노동이 일종의 회개이며 영원한 구원에 이르는 길이라고 믿었다. 성 베네딕트는 수사들에게 "우리가 지옥의 고통을 피하고 영생을 얻으려면 아직 시간이 있을 때 우리에게 영원히 이익이 되는 일을 서둘러 행하지 않으면 안 됩니다." 하고 주의를 주었다.[2]

베네딕트회는 시간의 흐름을 '희소한 자원'으로 인식한 최초의 집단이고, 시간이 하나님께 속한 것이기 때문에 그들로서는 최대한 활용하며 하느님께 경의를 표해야 했다. 이를 위해 매 순간을 조직화한 활동에 최대한 활용해야 했다. 기도하고, 일하고, 먹고, 읽고, 목욕하고, 잠자는 시간이 정해졌다.[3]

모든 수사가 정해진 일과와 활동을 조화롭게 준수하도록 하기 위해 베네딕트회는 로마가 몰락한 뒤로 사실상 버려진 로마 시간을 다시 도입했다. 말 그대로 모든 활동에 하루 중 적절한 시간이 할당되었으며, 모든 사람이 시간을 지켜 움직일 수 있도록 각 활동을 알리는 종도 도입했다. 수사들이 예배를 드리도록 여덟 차례 정시과(定時課)에 호출하는 종이 가장 중요했다. 하지만 이발이나 매트리스 충전, 사혈같이 평범한 활동에도 주(週)나 계절에 따라 특정한 시간대가 정해졌다. 우연에 맡기고 남겨 두는 시간이 아예 없을 정도였다.

베네딕트회는 현재 '일과'라고 부르는 것으로 시간을 합리화한, 역사상 최초의 코호트일 것이다. 그래서 이들은 종종 "서구 문명 최초의 '전문직 종사자'"로 여겨진다.[4] 각 구성원에게 특정 기능이 부여된, 고도의 상관관계가 있는 루틴의 이런 집단적 동기화를 후대 역사가들이 간과하지 않았다. 사회학자 에비에이터 제루바블(Eviatar Zerubavel)은 베네딕트회가 "인간의 진취성에 기계의 규칙적이며 집단적인 박동과 리듬을 부여하는 데 도움을 주었다"고 평했다.[5]

그런데 시간 엄수에 대한 광적인 열정이 있는 베네딕트회가 종치기를 항상 믿을 수 있는 것은 아니라는 문제에 직면했다. 그래서 1300년 무렵 이들이 찾은 답이 기계식 시계의 발명이다. 이것은 탈진기라는 장치로 작동되는 자동화된 기계, 즉 에너지 방출과 기어의 움직임을 제어해 '떨어지는 추의 힘을 규칙적으로 차단하는' 구조로 만들어진 기계다.[6] 이 새로운 장치를 통해 수사들은 시간의 길이를 표준화하고 일상을 정확하게 계획하는 동시에 자신의 노력을 더욱 신뢰도 높게 관리하고 감독할 수 있었다.

이 경이로운 기술은 너무 비범해서 수도원을 넘어 도시 공동체로 곧 소문이 퍼졌고, 각 도시에서 시계가 모든 광장의 중심이자 일상적인 상업과 사회생활의 조정자가 되었다. 이와 함께 상업 생활을 비롯해 생활 일반이 점점 더 효율적으로 변해 정확성뿐만 아니라 정밀성도 요구하게 되었다. 1577년에 분침이 도입되고, 바로 이어서 초침이 더해졌다.[7] 이때부터 시간을 보정하는 것이 집착 또는 취미가 되었다. 산업화 시대와 시장 자본주의가 도래하면서 "시간은 돈이다!"가 새로운 구호가 되었다. 한때 구경거리이자 사치품이던 시계가 1790년대에는 모든 가정이 갖출 만큼 저렴한 필수품이 되었고 심지어 노동자들이 회중시계를 갖고 다니기 시작했다.

조너선 스위프트(Jonathan Swift)의 『걸리버 여행기(*Gulliver's Travels*)』를 보면, 소인국 릴리펏의 현자들이 족쇄를 채워 둔 외계 거인이 계속 자기 주머니에 손을 넣어 풍차처럼 끊임없이 소리를 내는 반짝이는 물체를 꺼내 "그 엔진을 그의 귀에 대고 있다"고 황제에게 보고한다. 그들은 이렇게 추측했다. "미지의 동물이거나 그가 숭배하는 신입니다. 우리는 신으로 보는 것이 더 타당하다고 생각합니다. 그가 우리에게 그것을 참고하지 않고는 거의 아무 일도 하지 않는다고 확언했기 때문입니다."[8]

시계는 대중이 일출과 정오, 일몰로 측정되던 자연의 시간에서 벗어나 (공장 현장 같은 곳에서) 일정한 박동을 보여 주는 기계적 시간 쪽으로 가도록 꾸준히 방향을 잡아 주었다. 정확하고 주의 깊게 동시에 움직여야 하는 공장 생산 시스템에 적응하는 것은 극도로 효율적인 문명으로 가는 길의 이정표였다.

여기서 한 가지 짚고 넘어가야 할 것이 있다. 베네딕트회는 자신들의 발명을 통해 중세 기독교 국가의 신학적 세계관을 궁극적으로 약화하고 더 효율적인 세속 생활을 촉진하는 데 기여할 뜻이 없었다는 사실이다. 그 뒤 시간 자체는 지구의 리듬에 구애받지 않고 평행우주에서 작동하는 표준적인 측정 단위로 인식되기 시작했다. 경제 발전이라는 이름으로 전체 자연계에 대한 이용과 소비의 효율성을 증가시킨다는 기계론적 전망에 이바지하게 되었다. 그리고 그 영향이 현시대의 다가오는 수십 년 동안 큰 피해를 일으킬 것이다.

한 세기도 지나지 않아 피렌체의 건축가이자 예술가인 필리포 브루넬레스키(Filippo Brunelleschi)가 유럽인으로서는 처음으로 선형 원근법을 그림에 적용했다. 다른 예술가들이 빠르게 그의 뒤를 따랐고, 미술의 선형 원근법은 인류가 공간을 인식하는 방식을 바꾸는 도구가 된다. 공간적 지향을 바꾼 상상은 과학적 방법의 탄생과 공간의 수학화에 영감을 주고 현대적 지도를 제작하는 데 도구와 기법을 제공한다. 인류가 지구에 울타리를 치고 사유화할 수 있게 된 것이다.

봉건 유럽에서는 장소가 중요했다. 빈 공간이라는 개념은 상상조차 할 수 없었다. 기독교 국가들의 세계에서 독실한 신자는 하느님 나라의 모든 장소가 하느님이 창조한 오름차순으로 점유되어 있다고 생각했다. '땅 위를 기어 다니는' 가장 낮은 단계의 피조물로부터 인간, 천사를 거쳐 가장 높은 주님에 이르는 사다리 형식으로 본 것이다. 하느님의 나라는 어떤 공간적 공백도 없는 충만 자체였다. 하느님이 자신의 창조물에 미래의 어느 날 채워야 할 공백을 남겨 두었을 이유가 없지 않은가? 하버드대학교의 역사·지리학 교수인 앨프리드 크로즈비(Alfred W. Crosby)는 "공백 가능성을 거부한 사람들에게 공허는 그 어떤 진정성이나 자율성을 가질 수 없었다"는 지적으로 이를 가장 잘 표현했다.[9]

아담과 하와의 후예들은 위대한 존재 사슬을 구성하는 사다리의 높은 곳에 자리 잡고 천사 바로 밑에서 항상 하늘을 향해 시선의 초점을 맞추었다. 천국과 영생에 대한 기대를 안고 살아가는 그들로서는 일시적으로 체류하는 타락한 세상에서 지평선을 내다볼 이유가 거의 없었다.

유럽을 방문하는 미국 관광객들은 종종 중세 대성당을 보자마자 실망한다. 멀리서 대성당의 장엄한 상단부를 포착한 그들이 공간을 지배하는 압도적인 건축물을 '감상할' 것으로 기대하지만, 가까이 가 보면 시야를 가로막는 중세와 현대의 주거지가 빽빽이 동심원을 그리며 에워싼 중심부에 박혀 있는 모습에 실망한다는 얘기다. 사람들의 주거지가 왜 이렇게 자리 잡았을까? 봉건 유럽에서는 성문 너머 텅 빈 지평선과 주변의 들판에 위험이 도사리고 있었기 때문이다. 하느님의 품과 같은 대성당에 가까이 자리 잡는 데서 집단적 안전을 꾀한 것이다. 성당의 인상적인 문을 들어서면 사람들의 시선은 곧바로 아치형 천장과 영생이 기다리는 하늘로 향한다.

대성당의 벽을 장식하는 그림과 태피스트리는 신의 창조를 묘사하는데, 모든 생명체가 하늘을 향해 올라가는 모습을 보여 준다. 방문객의 눈에는 환상적이고 유치하게 느껴진다. 아름답기는 해도 깊이가 없다. 원근법을 무시했기 때문이다. '현실적'으로 보이지 않는다는 얘기다.

브루넬레스키는 피렌체에서 세례당을 선형 원근법으로 묘사해 건설 중이던 대성당 정문에서 교회의 규약을 떼어 놓았다. 선형 원근법은 모든 선이 눈높이에서 지평에 수렴되는 '소실점'을 써서 3차원의 환상을 투영했다.[10] 브루넬레스키의 붓놀림이 세계사의 위대한 혁명적 전환 중 하나를 촉발했다. 우리 인류가 우주를 그리고 우주와의 관계를 인식하는 방식을 바꿔 놓은 것이다. 그 뒤 미켈란젤로(Buonarroti Michelangelo)와 레오나르도 다빈치(Leonardo da Vinci), 라파엘로(Raffaello Sanzio), 도나텔로

(Donatello) 등이 원근법을 이용해 걸작을 남기기 시작했다.

이탈리아의 마사치오(Masaccio)는 원근법과 이에 따른 규칙의 사용 면에서 르네상스 화가 중 처음으로 완숙의 경지를 보여 주었다. 그의 그림은 양감이 살아 있으며 서식지와 풍경이 육안으로 인식하는 것과 같은 거리로 멀어진다. 미술사가들은 이 새로운 예술 양식을 '사실주의'라고 불렀다.

이 단순한 예술적 조작으로 풀려난 엄청난 힘을 상상해 보라. 그 전에는 교육받지 못한 문맹 대중이 대성당을 장식한 그림을 통해서 존재의 실체에 대해 배웠다. 이들에게는 성당이 유일한 교실이었다. 신자들은 그리스도의 재림과 승천하는 영원한 구원을 간절히 기다리며 옹기종기 모여 사는 인류, 즉 신도 공동체를 묘사한 그림을 보고 오랫동안 위안을 받았다. 그런 사람들이 이제 지평을 바라보도록 시각을 조정해 주는 그림을 보게 되었다. 상당 부분이 채워지지 않은 채 변형될 준비가 되어 있는 지평 말이다.

미술 분야에서 일어난 원근법 도입의 가장 변혁적인 측면은 아마도 그것이 인간 의식의 전환에 이르는 방식을 주도했다는 데 있을 것이다. 이를 통해 후대 사람들은 관찰자의 '보는 눈'으로 세상을 생각하는 준비를 했다. 시선에 들어오는 모든 것이 평가와 크기 조정, 포획, 수용, 사유화의 잠재적 '대상'이 되었다.

초연한 관찰자로서 세상을 바라보는 것은 주변의 소란에서 벗어나 관조자 구실을 맡는 것이다. 르네상스 시대의 많은 걸작이 창밖 너머에 존재하는 것을 내다보는 외로운 관찰자를 묘사한 것은 우연이 아니다. 자율적 자아라는 바로 그 개념이 이탈리아와 훗날 북유럽의 르네상스에서 날개를 펼쳤다.

선형 원근법을 그림에 적용한 초기 예술가 중 다수는 건축가이기도 했다. 이들은 원근법 지식을 활용해서 건축 도면을 만들었다. 이들의 작품에 담긴 교훈은 사영기하학의 발전과 함께 수학 분야로 이어졌다.

근대과학의 아버지인 갈릴레오(Galileo Galilei)가 미술가와 건축가에게 원근법의 수학에 관해 배운 것을 바탕으로 모든 과학적 탐구를 수행했다. 1564년에 피렌체 근처에서 태어난 갈릴레오는 수학 공부를 시작하면서 예술의 원근법을 배웠다. 당연히 당시 이탈리아와 독일의 수학자들은 학문을 발전시키기 위해 원근법을 쓰는 기술에 몰두했다. 결국 두 분야 모두 핵심은 측정과 계산이 아니던가. 근대과학이 태동하던 이 비옥한 시기에 예술가와 건축가, 수학자 사이에 정기적 상호작용이 있었으며 이들이 모두 원근법과 기하학 연구에서 배운 교훈을 활용했다.

갈릴레오도 한때 화가의 꿈을 키우며 메디치 가문의 공식 화가가 되기를 열망했다. 그가 데카르트와 마찬가지로 수학을 과학에 도입해 과학적 탐구를 관찰할 수 있는 현상에 대한 수학적 측정으로 변형했으며 그 영향이 오늘날에도 여전히 미치고 있다. 갈릴레오는 1623년에 펴낸 책『시금저울(Il Saggiatore)』에 이렇게 썼다.

철학은 우리 ('시선') 앞에 끊임없이 열리는 이 거대한 우주라는 책에 기록된다. 그러나 그 안에 있는 글자를 읽고 언어를 이해하는 법부터 배우지 않으면 이 책을 이해할 수 없다. 이 책은 수학의 언어로 쓰이며 삼각형과 원을 비롯한 기하학의 도형이 글자다. 이런 글자가 없으면 인간으로서는 이 책의 단어 하나라도 이해할 수가 없다. 우리는 어두운 미로에서 방황할 것이다.[11]

베를린자유대학교의 환경정책연구소장 필리프 레페니스(Philipp Lepenies)는 갈릴레오가 과학적 관찰에 '시선'이라는 단어를 쓴 것이 예술에 선형 원근법이 널리 적용된 것과 관련 있다고 말한다. 과학자는 예술가와 마찬가지로 자신의 관찰 대상을 응시하며 수학이라는 측정 수단을 통해 연구 중인 현상을 객관화하고 파악하는 초연한 관찰자다.[12]

초연하고 합리적이라는 뜻으로 해석되는 '객관성'은 500년이 넘는 역사 속에 과학이라는 소수만의 세계는 물론이고 대중문화에 대한 지배적 영향력을 유지해 왔고, 이와 함께 우리 모두가 자아를 확보하기 위해 세상을 응시하고 대상화하며 무단 이용하는 자율적 행위자라는 개념이 우세해졌다.

예술 분야에서 선형 원근법을 향한 선회가 더 사실적으로 그림을 그리고, 기하학과 수학을 발전시키고, 세상 모든 현상의 진실을 알아내는 최고의 표준이 될 과학적 방법을 향상하는 것만은 아니었다. 더 심오한 차원에서, 시각의 고양은 청각의 평가절하를 대가로 치렀다. '백문이 불여일견'이라는 개념이 익숙한 오늘날 우리는 앞선 시기의 문화에서 실체를 확인하는 데 구전을 더 중요하게 여겼다는 사실을 상상하기조차 어렵다. 구전 문화가 지배하던 봉건 유럽에서는 도제식으로 학습하고 지식은 구전되었다. 예를 들면, 계약도 대부분 구두 합의로 이루어졌다.

시각은 어느 정도 거리를 두고 형성되는 반면에 청각은 가깝고 친밀하다. 그리고 소리는 에워싸는 성격이 있다. 구전 문화는 국지적이다. 20세기까지만 해도 전통 사회를 방문한 여행자들은 사람들이 서로 가깝게 자리하고 모두 동시에 이야기하는 모습을 목도하곤 했다. 서양인 관찰자에게 이런 모습은 종종 서로의 공간과 개성을 존중하지 않으며 침해하는 것처럼 보였다. 그들은 구전 문화가 의사소통에 공간적 제한이 있다는 단순한 이유로 상당히 참여적이며 공동체적이라는 점을 놓쳤다.

조용한 의사소통: 사회화에 대한 새로운 접근 방식

예술에서 일정과 시계로 포획된 시간과 관점이 공간에 대한 인클로저(근세 초 유럽에서 영주나 지주가 목축업이나 농업을 대규모로 하기 위해 공유지에 울타리를 치고 소유권을 주장하기까지 하면서 사유지를 확장한 현상이다. ─옮긴이) 과정을 재촉했다면, 인쇄술의 발명은 19세기 후반 전화의 발명과 20세기 후반 인터넷의 발명과 마찬가지로 시간과 공간을 모두 가두는 데서 변혁적인 힘을 발휘했다. 인쇄기는 유럽을 필두로 전 세계에서 대중의 문해력을 향상하는 데 중요한 구실을 했다. 그 덕에 시간적으로나 공간적으로 멀리 떨어져 있는 수백만 명의 사람들이 글을 통해 조용히 소통하게 되었다.

읽기를 통한 학습은 구전 문화에 비해 고독한 이지적 경험이다. 독서는 기본적으로 혼자 한다. 말로 하는 의사소통은 순간적이지만 인쇄된 글은 영구적이라서 우리가 단어와 생각을 잡아 저장했다가 언제든 다시 볼 수 있다. 기억에 의존하는 구전 문화에서 의사소통은 회상 능력의 한계라는 문제가 있다. 이것이 구전 문화가 기억 저장을 암기법과 라임에 의존한 이유다.

인쇄물은 특히 성찰을 통한 인성 함양과 관련해 기존에 없던 새로운 방식을 활용하게 했다. 독자는 정보에 대해 곰곰이 생각하거나 읽던 장으로 돌아가 되새길 수 있었고, 그럼으로써 상상을 통해 완전히 새로운 사고방식을 전개할 수도 있었다.

인쇄물은 개별 저작이라는 개념도 만들어 냈다. 자신의 글을 저작권 형식의 재산으로 주장할 수 있는 능력 말이다. 문장이 재산이라고 주장하는 것이 역사시대 초기에는 터무니없었다. 근대 전의 철학자들은 자신의 사색을 '독창적 사고'로 생각하기보다는 종종 꿈이나 경외감을 촉발한 순간을 통해 하늘에서 그들에게 전한 '계시'로 여겼다. 이와 다르게 저작이라는 것은 자율적 자아에 대한 믿음, 즉 각 개인이 다른 사람들과 고유한 의사소통을 한다는 믿음을 강화했다.

상업 생활도 인쇄물을 통해 비슷한 이행을 겪었다. 봉건시대의 부기는 주로 구두계약에 의존했다. 공간적 범위의 제한은 상거래 중개인들이 일반적으로 직접 아는 사람과 지역적으로 활동한다는 것을 의미했다. 손으로 쓴 부기는 신뢰도가 떨어졌기 때문에, 원장에 기록된 숫자와 단어가 참이라는 것을 보장하기 위해 당사자들 앞에서 큰 소리로 읽는 것이 관행이었다. 오래전 구전 문화에서는 '듣기'를 뜻하며 몇 세기 동안 살아남아 오늘날 '회계감사(audit)'가 된 단어도 있다. 밀라노의 암브로시오는 누가복음 주해에서 "보는 것은 종종 속임을 당하지만 듣는 것은 보증이 된다"고 주의를 준다.[13] 하지만 오늘날 우리는 기록된 글을 복음으로 믿게 되었다.

책은 시간 자체를 포착하고 격리한다. 책에는 영속성의 기운이 따라붙는다. 전자 시대인 오늘날에도 사람들은 대개 책을 찢거나 쓰레기통에 버리는 행위에 기겁하기 마련이다. 19세기에 사진이 시간에 얼어붙은 것처럼 시간은 책 속 공간에 얼어붙었다. 인쇄된 단어가 가져온 의식의 변화는 과학자와 경제학자 들이 각자의 분야에서 시간을 동결하고 공간을 차지하는 방식을 조정하게 되었다.

오늘날 우리가 과학적 관점이나 경제적 관점 또는 심리적 관점이라는 말을 질리도록 듣다 보니 잠재적으로 '관점'이라는 단어에 진실과 실제를 '상상'하는 유일한 방법, 즉 사물을 보는 유일한 방식이 부여된 것으로 인식한다. 사실과 진실에 대한 구전 감각이 근대의 전개 과정에 주변부로 밀려났다.

인쇄 혁명은 대양을 가로지르는 거대한 탐험의 물결 및 인클로저 대상으로 삼을 새로운 공간의 발견을 가능하게 하는 데 중요한 구실을 했다. 해양 교역로의 발견과 해안선 및 육지에 대한 설명을 인쇄된 지도로 표준화할 수 있었으며, 뱃사람들이 이것을 이용해 더 정교하게 항해할 수 있었다. 표준화한 지도가 16세기부터 해양 여행과 새로운 땅의 식민지화, 상업 무역 등의 시간 효율을 극적으로 높였다.

인쇄는 또한 새로운 국가 개념을 발전시켰다. 시민을 확장된 사회적 가족으로 묶는 공용어가 없었다면 국민국가를 상상조차 할 수 없었을 것이다. 프랑스혁명 직전에는 우리가 현재 프랑스라고 부르는 지역의 인구 중 50퍼센트 미만이 프랑스어를 사용했다는 문제를 생각해 보라.[14] 1861년, 이탈리아가 통일되었을 때 인구의 2.5퍼센트만이 표준 이탈리아어를 썼다.[15] 피에몬테 수장이 이렇게 천명했다고 한다. "우리가 이탈리아를 만들었다. 이제 이탈리아 사람을 만들어야 한다."[16]

문제의 해결사로 인쇄업자들이 나섰다. 이들은 책을 대량생산해서 효율성과 판매 및 수익을 늘리려고 열망했지만, 문자 그대로 수백 가지 토착어와 방언이 장애가 되었으며 책의 대량 인쇄를 보증하기에는 시장이 너무 작았다. 이런 상황을 개선하고 효율적인 마케팅 수단을 확립하기 위해 인쇄업자들은 한 지역에서 쓰는 다양한 관용구 요소들을 결합하기 시작한 데 이어 가장 지배적인 단일 토착어로 문법을 표준화해 그것을 초창기 국민국가가 공식어로 채택하도록 이끌었다.

공용어의 채택은 공유할 국가 정체성을 형성하는 부가적 가치도 안겨주었다. 개개인이 서로를 국가에 대한 충성심으로 무장한 시민들의 확대가족으로 경험하기 시작했다. 각 국민국가에서 다수의 구어와 문어를 단 한 가지 모국어로 줄인 것은 상업과 사회생활, 통치의 효율도 크게 증가시켰다.

인쇄 혁명에 이어 에너지와 이동성에서도 강력한 혁명이 일어났다. 농경과 목축, 도시 개발을 위한 공간을 확대하는 과정에 유럽 전역의 삼림이 극적으로 줄어들면서 대륙 전역에 걸쳐 에너지 위기가 발생했다. 숲은 어쨌든 산업혁명 전 유럽 사회에서 에너지와 건축자재의 주요 원천이 아니었나? 영국인은 석탄 채굴에서 대안을 찾았다. 문제는, 특정 깊이에 이르면 물이 차는 탄광이 많아서 석탄을 지상으로 가져오는 과정에 배수라는 방해 요소가 있었다.

1698년에 토머스 세이버리(Thomas Savery)는 탄광 깊은 곳에서 물을 제거하는 증기 펌프를 발명하고 특허를 내며 유럽에 해결책을 제시했다. 하지만 석탄을 지면까지 올리고도 또 다른 문제가 있었다. 나무보다 훨씬 더 무겁고 부피가 크며 (특히 비 오는 날) 비포장도로로 운반하기가 어려웠는데, 기마 팀을 고용하기에는 비용 부담이 너무 컸다. 해답은 1776년에 와트의 증기기관 특허와 함께 왔다. 1780년대 면화 산업의 생산공정에 처음 사용된 석탄 연소 증기기관은 곧 다른 산업으로 확산했으며 1804년 영국의 철로에 증기기관차가 처음 배치된 이래 위력을 발휘했다.[17]

증기기관차의 속도 자체가 영국 대중을 매료했다. 1830년대 증기기관차는 시속 95킬로미터가 넘는 숨 막히는 속도로 철로를 달렸다. 1845년이 되자 "한 해 동안 연인원 4800만 명이 영국의 철도를 이용했다."[18] 증기기관차는 시간 장벽을 없애고 이동 거리를 단축하며 교통과 물류 분야에서 강력하고 새로운 역학을 창출하고 있었다. 그 초효율성은 전 세계에 엄청난 반향을 불러일으키며 그 전에는 상상도 못 한 규모로 육상 교역의 기반을 닦았다.

기관차는 또한 계절 변화에 거의 영향을 받지 않으면서 1년 내내 운행할 수 있었다. 배송 속도 면에서도 운하 바지선이 한 번 움직이는 시간에 여러 차례 왕복하는 증기기관차는 같은 비용으로 바지선의 세 배에 이르는 화물을 처리할 수 있었다. 이 모든 것을 통해 시간과 공간의 속도와 효율성 면에서 역사의 속도가 빨라졌다.

1830년대부터 증기선이 외해에서 운영되었는데, 그 비용이 범선보다 15~20퍼센트 저렴했다. 1900년 무렵에는 증기선이 전 세계 화물의 75퍼센트를 운반했다. 유럽의 이민자 수백만 명을 미국 해안에 실어 나르기도 했다. 게임의 이름은 효율성이었다. 이 모든 것을 석탄기의 매장지에서 캐낸 석탄이 가능하게 했다.

새로운 유형의 의사소통과 새로운 에너지원, 새로운 이동과 물류 방식의 결합이 불러온 시간과 공간의 압축은 경제활동과 사회생활, 거버넌스를 움직이고 소통시키며 적어도 유럽과 미국에서는 1890년대까지 효율성을 사회의 지배적인 주제 자리에 올려놓았다.

시간의 표준화

옥에 티가 하나 있었다. 모든 지역이 저마다 입맛대로 시간을 설정해 철도운송과 물류에 악몽을 불러일으켰다. 1870년에 워싱턴 DC에서 샌프란시스코까지 철도로 여행하는 승객이 여정에 따라 현지 시간에 시계를 맞추려면 200번 넘게 시간을 다시 설정해야 했다.[19] 이런 현지 시간대를 그대로 유지하게 두면, 증기기관차 및 증기선과 더불어 찾아온 물류 및 교역의 잠재적 효율성을 영원히 잃어버릴 것이 자명했다. 따라서 증기기관차와 증기선이 신흥 산업 시대에 제공한 효율성과 그에 따른 생산성을 촉진하기 위해 운송과 물류의 합리화를 도모해야 한다는 분명한 요구가 곳곳에서 들끓었다.

국가와 대륙, 세계에 상업과 무역을 위해 시장을 창출하려면 시간과 공간 체계의 변화가 필요했고 대담한 해결책이 제안되었다. 바로 전 세계에 시간대를 설정해 시간을 탈사회화하고 탈지역화하는 것이었다.

영국과 미국 정부가 철도 서비스를 수용하기 위해 국가를 표준 시간대로 나누는 데 앞장섰고, 1880년대에 들어 다른 나라들이 단일 세계시의 구현을 요구했다. 1884년 10월, 국제자오선회의가 런던 근처 그리니치의 천문대를 세계시 구현을 위한 경도 0의 기준으로 삼는다고 결정했다. 파리 천문대를 기준으로 만들려는 프랑스 정부가 이 결정에 반대하고, 관련된 다툼을 수십 년 동안 이어 갔다.

하지만 1912년 파리에서 여러 나라가 참석한 회의를 통해 그리니치 본초자오선이 공식화되었다. 이렇게 그리니치가 경도 0으로 표시되고, 세계시 체제에 참여한 나라들이 모두 현지 시간을 포기하는 데 동의했다. 단번에 지역의 시간성과 지구의 리듬에서 분리된 시간은 새롭게 세계화한 경제에서 상업과 물류와 교역에 기여하게 되었다.

시간과 공간의 추상화와 합리화 그리고 압축은 석유·천연가스 매장지의 연이은 발견과 전기의 도입, 전화의 발명, 자동차와 항공 시대의 도래, 라디오·텔레비전·컴퓨터·인터넷·인공지능(AI)·알고리즘 거버넌스·GPS 상호 연결성 등의 출현과 더불어 20세기와 21세기까지 이어졌다. 그렇게 인류가 시간과 공간과 존재의 본질을 인식하는 방식에 장기적인 영향을 미쳤으며 미치고 있다.

시간과 공간을 재구성하면서 인류는 지구의 거대한 권역은 물론이고 화학과 물리학, 생물학을 구성하는 지구의 여타 작용까지 인클로저의 대상으로 삼고 부분적으로 사유화하고 이용하는 데 성공했다. 우리 종은 그렇게 지구에 존재한 그 짧은 기간에 유례없는 효율성이 주도하는 쾌락주의적 열정으로 모든 것을 사로잡고 약탈하고 소비했다. 불행히도, 이 역사는 근현대에 관한 대부분의 설명에서 배제되었으며 그래서 이제라도 세상에 알릴 가치가 있다.

5

궁극의 약탈: 지구의 권역, 유전자풀, 전자기 스펙트럼의 상품화

봉건사회에서 재산은 오늘날 우리가 이해하는 것과 달랐다. 지구가 하느님의 창조물이며 아담과 하와의 후손들에게 맡겨졌다는 견해를 교회가 견지했다. 그에 따르면 하느님은 저 높은 천국에서부터 교회를 맡은 하느님의 사도에 이르고 거기에서 다시 왕과 군주, 영주, 농노에 이르는 의무와 책임의 내림차순 계층 구조에서 당신의 양들에게 당신이 소유한 것 중 일부를 사용할 권리를 부여한다. 이런 구도에서는 재산 관계보다 점유 관계가 우위일 수밖에 없었다. 오늘날 우리가 생각하는 방식으로 재산을 소유한 사람은 없고, 모두 주님이 내림차순으로 물려주신 창조물의 일부에 대해 점유권을 행사할 뿐이었다. 토지 매매는 봉건 유럽에서 중요한 구실을 하지 않았다.

지구 권역의 자산화

18세기에 봉건적 점유 관계가 무너지기 시작하면서 초기 자본주의 체제가 펼쳐짐에 따라 사적 소유권이라는 현대적 개념이 부상했다. 영국 철학자 존 로크(John Locke)는 1690년에 펴낸 『시민 정부에 관한 두 가지 논고(Two Treatises on Civil Government)』에서 재산에 대한 전면적 재고의 철학적 토대를 제공했다.

로크는 사유재산권이 빼앗을 수 없는 자연권이라고 주장하면서 하느님이 에덴동산의 아담과 그의 모든 후손에게 하느님의 지상 왕국과 거기 사는 모든 피조물은 물론이고 지구가 낳는 풍성한 과실에 대한 지배권을 약속했다고 확언했다. 그가 이렇게 썼다.

(하느님께서) 인류에게 공동의 세상을 주셨을 때 사람도 노동을 하라고 명하셨고, 사람의 형편이 궁핍해서 노동이 필요해졌다. 하느님과 그분의 이성은 그(인류)에게 땅을 정복하라고 명하셨다. 즉 살기 위해 그것을 개간하라고 인간에게 명하시고, 그 안에 온전히 그의 것인 노동을 두셨다. 하느님의 명령에 순종한 인간은 땅의 특정 부분을 정복하고 경작하고 씨를 뿌림으로써 거기에 다른 사람은 권리를 가질 수 없고 해를 끼치지 않고는 그에게서 빼앗을 수도 없는 자기 재산이라는 무언가를 더했다.[1]

인간이 가치 있는 재산으로 탈바꿈하기 전까지 자연은 쓰레기라고 보는 로크의 분류는 한층 더 불안하다.

"노력으로 토지를 독차지하는 자는 인류의 공유 자산을 줄이는 것이 아니라 늘리는 것이다. 인간의 삶을 지원하기 위해 인클로저 경삭지 1에이커에서 생산하는 식량이, 경작지와 똑같이 비옥하지만 경작하지 않고 놀리는 공유 황무지 1에이커에서 생산되는 것보다 열 배나 더 많다. …… 토지에 가장 큰 가치를 부여하는 것은 노동이기 때문에, 노동이 없으면 토지의 가치가 거의 없다."[2]

로크는 지구의 공유지에 대한 지배를 신의 위대한 존재 사슬을 토대로 함께 지는 의무에서 인류 공동체의 방해 없이 지구의 일부를 소유할 수 있는 각 개인의 권리로 바꿨다.

수권과 암석권, 대기권, 생물권 등 주요 권역 간 교류는 지구의 생명력에 영향을 미친다. 가장 큰 관심을 끄는 생물권은 대지와 심해에서 대기권 상층부에 이르는 19킬로미터가 해당하는데, 그 안에서 수권·암석권·대기권이 상호작용을 통해 생명체가 번성하도록 돕는다.

진보의 시대에 우리 종은 생명체가 출현하고 진화하는 지구의 기초를 구성하는 이 중요한 권역들을 손에 넣고 효율성이라는 명분으로 상업적 착취를 위해 조작할 수 있는 자산으로 만들어 버렸다. 그 결과, 오늘날 우리는 '되로 주고 말로 받는' 상황에 직면하고 있다. 암석권과 수권에 대한 파괴의 역사를 간략하게 짚어 보자. 암석권과 수권은 둘 다 지구상의 생명체를 유지하는 데 중요한 구실을 한다.

암석권: 우리가 걷는 땅

암석권은 지구의 단단한 부분으로서 상부 맨틀과 지각을 포함한다. 암석권의 표면에는 토양이 있으며 이를 따로 토양권이라고 한다. 지구 육지의 대부분을 덮고 있는 토양의 두께는 몇 센티미터에서 몇 미터까지 다양하다. 암석권의 이 아주 얄팍한 판을 종종 임계 영역이라고 하는 데는 이유가 있다. 미국의 국립과학재단(NSF)이 이렇게 지적한다.

"토양권은 바위·표토·물·공기와 생명이 있는 유기체가 상호작용하는, 살아 있고 호흡하며 끊임없이 진화하는 경계층이다. 이 복잡한 상호작용은 자연 서식지에 질서를 부여하며 우리의 식량과 물의 질을 포함해 생명을 유지하는 데 필요한 자원의 유용성을 결정한다."[3]

토양은 식물을 고정하고 성장시키며 물을 정화한다. 토양에는 필수 미네랄뿐만 아니라 생명이 가득 차 있다. 작은 생태계라고 할 수 있을 정도다. 컬럼비아대학교의 지구연구소는 1에이커의 토양에 대략 "지렁이 410킬로그램과 곰팡이 1090킬로그램, 박테리아 680킬로그램, 원생동물 600킬로그램, 절지동물과 조류(藻類) 400킬로그램에다 작은 포유동물까지 있을 수 있으며…… 토양 알갱이 하나에 10억 개의 박테리아가 있을 수 있는데, 그중 5퍼센트만 발견되었다"고 설명한다.[4]

오랫동안 우리가 당연히 있는 것으로 보던 토양에 과학계가 갑자기 이토록 많은 관심을 기울이는 이유가 뭘까? 19세기 후반 농업의 기계 혁명과 20세기 화학 농경, 21세기 유전자조작 농경의 출현으로 모든 대륙의 토양 기반에 막대한 피해가 생겼기 때문이다. 국제토양참조및정보센터(ISRIC)는 "역사상 처음으로, 침식에 따른 표토 손실 속도가 토양 형성 속도를 넘어섰으며…… 토양은 큰 위협에 처한 천연자원"[5]이라고 경고한다. 그 영향은 광범위하다. 앞서 말했듯이, 토양 형성 과정은 느리게 진행된다. 자연이 표토 1인치를 만드는 데 500년이 넘게 걸린다.

그러나 토양을 황폐화하는 것은 첨단 초고효율 석유화학 농법만이 아니다. 토양 감소의 또 다른 원인은 가축 방목이다. 지구에서 얼음이 없는 땅의 26퍼센트는 가축, 소가 대부분이지만 양과 염소 등 다른 종도 포함하는 동물들이 차지한다.[6] 광범위한 소 방목은 지구의 토양 기반에 심각한 해를 입혔다. 유엔 식량농업기구는 소 방목 때문에 "지하수 유용성과 토양 비옥도, 생물 다양성에 해로운 영향이 발생하고 있다"고 경고하며

"세계 초원의 20퍼센트가 황폐해지고 있다"고 지적한다.[7]

인간의 식단이 점점 더 쇠고기를 비롯한 육류 중심으로 고착됨에 따라 단위면적당 동물 방목이 늘어나고 있기 때문에 이런 경향은 더욱 가속화할 것이다. 이것으로 충분하지 않다면, 소가 메탄을 방출한다는 사실을 상기하자. 메탄은 이산화탄소보다 열을 가두는 데 25배 더 강력한 지구온난화 가스다. (소가 대부분인) 가축이 모든 온실가스 배출 중 14퍼센트를 차지한다.[8]

만약 소를 비롯해 가축의 수가 계속 증가한다면, 그것만으로도 지구에 남아 있는 귀중한 토양 중 많은 부분이 유실되면서 상황이 나빠질 가능성이 크다. 하지만 여기서 끝나지 않는다. 세계경제포럼(WEF)의 2020년 연구에 따르면, 지구 표면의 95퍼센트가 "인간의 손에 변경되었다."[9] 삼림 벌채와 인간 정착, 광업, 운송 및 도로 체계도 토양 손실의 주요 원인이다.

토양 침식의 원인이 되는 나머지 범주 중 가장 큰 해를 끼치는 것은 삼림 벌채다. 참여과학자모임에 따르면 삼림 벌채의 주요 동인이 쇠고기와 콩, 야자유, 목재 등 네 가지 상품이다.[10]

아마존 열대우림의 넓은 지역과 전 세계의 여타 열대우림이 소 방목을 위해 불태워지고 있다는 것은 비밀이 아니다. 그러나 가축과 연관된 요인에는 눈에 보이는 것 이상이 있다. 열대우림의 개간은 대부분 콩 재배를 위한 것인데, 세계 콩 생산량의 70퍼센트가 소를 비롯해 가축을 먹이는 데 쓰인다는 사실을 대중은 모른다.[11] 야자유는 가공식품에 널리 쓰는 성분이 되었다. 이 모든 것을 하나로 묶는 것이 시장 효율성이다. 지구에 남아 있는 표토의 상당 부분이 손실됨에 따라 분명히 엔트로피 청구서가 날아올 것이다. 현재 속도로 진행된다면 오늘날 유아의 생애 중에 그렇게 될 가능성이 크다.

불행히도 엔트로피 청구서는 표토의 감소에서 멈추지 않는다. 암석권이 지각 상부에서 나무 꼭대기 너머까지 확장된다. 소 방목, 콩·야자 같은 작물의 재배 공간 마련, 목재 공급을 위한 삼림 벌채 등으로 (이산화탄소, 메탄, 아산화질소 배출에 따른 기후 온난화와 더불어) 현재 전 세계의 모든 숲이 사라지고 있다. 이것은 기후 과학자들을 극심한 공포에 빠뜨리는 상황이다.

산림, 특히 열대우림은 토양과 마찬가지로 탄소흡수원이다. 둘 다 대기에서 이산화탄소를 포착해 저장한다. 이제 위험한 역전 현상이 시작되었다. 2020년《네이처(Nature)》가 발표한, 세계 최고의 과학 기관 100곳이 참여해 30년 이상 수행한 새로운 연구에 따르면 현재 열대우림은 1990년대보다 탄소를 3분의 1 덜 흡수하고 있다. 온난화와 가뭄, 특히 삼림 벌채가 그 원인이다. 주요 저자 중 한 명인 리즈대학교의 지리학 교수 사이먼 루이스(Simon Lewis)에 따르면, 전형적인 열대우림이 2060년대에는 탄소원이 될 수도 있을 것으로 예상된다.[12]

이 보고서는 열대우림이 1990년대에는 인간 활동에 따른 이산화탄소 배출량의 17퍼센트 정도를 흡수했는데 지난 10년 동안 대기의 이산화탄소 중 6퍼센트만 거둬들였다는 사실에 주목한다.[13] 삼림의 대기 중 이산화탄소 흡수율 감소는 지구온난화를 심화하는 동시에 양성 피드백 고리로 작용해 점점 더 많은 나무를 죽인다. 루이스는 세계의 탄소흡수원이던 열대우림이 이산화탄소 배출원이 되는 속도가 "가장 비관적인 기후 모델보다 수십 년 앞서 있다"고 말한다.[14]

또한 지구의 토양에 포함된 탄소 2조 3000억 톤이 대기에 잠겨 있는 이산화탄소 약 7900억 톤과 비교된다. 토양이 계속 악화하는 한편 감소하는 삼림이 대기의 이산화탄소를 갈수록 적게 흡수하면서 현재 저장하고 있는 탄소까지 방출한다면 폭주형 피드백 고리가 형성될 테고, 그러

면 지구의 온도는 유엔 정부간기후변화협의체(IPCC)의 예상보다 훨씬 더 높아질 것이다.[15]

여기서 지구 토양의 기반과 산림을 고갈시키는 데 가장 큰 책임이 있는 산업들의 연간 수익을 살펴보면서 세계경제가 거둔 그 단기적인 이득이 과연 지구 암석권의 장기적 손상과 비교해 가치가 있는지 비용-편익분석을 해 보자. 2018년 전 세계 축우 산업의 수익은 3850억 달러였다.[16] 임업은 2020년에 5350억 달러의 수익을 올렸고,[17] 대두 산업은 2020년에 420억 달러, 야자유 산업은 2019년에 610억 달러,[18] 광업은 2019년에 6920억 달러의 수익을 기록했다.[19] 이를 모두 합치면 약 1조 7000억 달러다. 이 수치를 지구 토양의 소실 그리고 죽어 가는 행성에 남은 숲의 쇠락과 비교해 보라. 진정 그만한 가치가 있다고 생각하는가?

수권: 물의 사유화

수권은 바다와 호수, 강, 지하 대수층은 물론이고 대기 중의 구름과 안개 등 지구상의 모든 물을 포함한다. 우리의 수렵 채집 조상은 19만 년이 넘도록 물을 공동 자원으로 여겼다. 약 1만 년 전 농업과 목축업이 시작되면서 강이나 호수를 따라 물 접근권을 둘러싸고 분쟁이 증가했지만, 일반적으로 수자원은 여전히 공유의 대상이었다. 전 세계적으로 인구에 비해 물의 매장량이 충분했기 때문이다. 하지만 79억 명 넘게 사는 오늘날 지구에서 수리권을 놓고 벌이는 싸움은 본질적인 문제가 되었으며, 기후변화와 지구의 방대한 지역에서 진행되는 사막화 때문에 악화 일로로 치닫고 있다.

반면에, 바다는 전 세계적으로 대개 모든 사람이 항해하거나 낚시할 수 있는 개방된 영역으로 여겨졌다. 바다를 통한 교역의 통제권을 둘러싸고 전투나 전쟁을 벌인 기록이 있지만, 바다의 일부를 인클로저 대상으로 삼고 그에 대한 주권을 주장하는 것은 비교적 새로운 현상이다.

지구의 공유 해양을 둘러싼 큰 싸움은 1400년대에 스페인과 포르투갈이 처음으로 벌였다. 두 나라 모두 당시 해양 강국이었다. 이들은 저마다 대서양과 인도양, 태평양 전체에 대한 주권을 주장했다. 조금도 과장 없이 말해, 주제넘은 주장이 아닐 수 없었다. 1494년에 조인된 토르데시야스 조약에서 이들은 세계의 바다를 "북극에서 남극까지 카보베르데 섬의 서쪽 1500킬로미터를 지나는 선으로 양분해" 배타적 주권 공간으로 정했다.[20] 이렇게 스페인은 멕시코만과 태평양을 포함해 이 분계선 서쪽 전체에 대한 독점 관할권을, 포르투갈은 대서양과 인도양을 포함해 동쪽 전체에 대한 통제권을 확보했다.

17세기에 들어 영국과 프랑스를 비롯해 여타 유럽 강대국들이 저마다 공해에 대한 주권을 주장함에 따라 스페인과 포르투갈의 깔끔한 합의와 배치는 산산이 부서졌다. 바다는 쟁취할 가치가 있는 대상이었다. 영국의 탐험가 월터 롤리 경(Sir Walter Raleigh)이 그 중요성을 포착해 "누구든지 바다를 지배하는 사람은 무역을 지배하고, 누구든지 세계의 무역을 지배하는 사람은 세계의 부를 지배해 결국 세계를 지배할 것"이라고 말했다.[21]

한 국가가 바다의 주권을 확보한다는 각본은 실현 가능성이 희박한 것으로 드러나자, 각 나라들이 연안 해역에서 뻗어 나가 바다를 조금씩 갉아먹기 시작했다. 이탈리아인들은 해안선에서 바다 쪽으로 160킬로미터까지 주권을 주장했는데, 이는 당시 배가 이틀 동안 항해할 수 있는 거리를 측정해서 정한 것이다. 다른 국가들은 열린 바다에서 눈에 보이는 수평선까지에 대한 주권을 확보하려고 했다. 망원경으로 볼 수 있는 곳까지 주권을 확장하자고 야심 차게 제안한 나라도 있다. 네덜란드는 바다로 발사한 대포알이 닿을 수 있는 곳까지 주권을 확장하고 싶어 했다. 나폴레옹 시대까지 대포의 최장 사거리는 5킬로미터 정도였다. 이 새로운 경계가 2차세계대전 직전까지 표준으로 통했다.

2차세계대전이 끝난 뒤 세계를 지배하는 초강대국이 된 미국이 대륙붕 해저에 존재하는 모든 가스 및 석유 매장지와 광물에 대한 관할권을 주장했다. 1960년대 후반, 연안에서 약 19킬로미터 떨어진 바다까지 주권을 주장하는 나라가 많았다.[22]

1982년에는 유엔에서 전 세계 국가들이 참여한 협약으로 해양법을 제정하고 각 국가에 연안 19킬로미터에 대한 주권을 부여했을 뿐만 아니라 연안에서 최대 200해리를 배타적경제수역(EEZ)으로 지정해 각 국가가 해양과 해저 및 하층토의 생물과 무생물 자원에 대한 '탐사, 개발, 보존, 관리'를 위해 주권을 행사할 수 있게 했다.[23] 결국 바다와 맞닿은 나라들이 이 특별한 선물 덕에 세계 해양 지역의 약 35퍼센트를 인클로저 대상으로 삼았고, 여기에 상업적으로 이용할 수 있는 어류의 90퍼센트와 대륙붕을 따라 분포된 석유와 가스 매장량의 87퍼센트가 포함되었다.[24]

최근 수십 년의 가장 큰 보상은 바다와 대양의 바닥에 있는 석유와 가스가 안겨 준 막대한 부다. 해저는 구리와 망가니즈, 코발트, 알루미늄, 주석, 우라늄, 리튬, 붕소 등 귀중한 광물과 금속의 저장고이기도 하다. 지구상의 마지막 공유지와 물의 행성을 지배하는 수권의 많은 부분에 대한 인클로저로, 현재까지 전체 해저의 57퍼센트를 각 나라들이 배타적으로 차지했다.[25] 여기서 우리는 지구의 70퍼센트 이상이 바다인 것을 떠올릴 필요가 있다.

석유와 가스를 해저에서 수면 위로 끌어 올리는 것은 큰 사업이기 때문에, 운 좋게 이 '비옥한 들판'으로 주권을 확장한 나라들은 엄청난 부를 축적할 수 있었다. 노르웨이같이 상대적으로 작은 나라도 북해 깊은 곳에서 화석연료를 채취할 수 있는 권리를 얻어 세계 최고의 산유국에 속하게 되었다. 서쪽 해안과 멕시코만을 따라 연안 유전 플랫폼을 보유한 미국도 선두 산유국 중 하나다.

남획으로 어획량이 바닥나기 전까지, 그러니까 적어도 최근까지는 원양어업도 수익성이 높은 사업이었다. 중국과 타이완, 일본, 한국, 스페인 등 다섯 나라가 공해 어획량의 64퍼센트를 차지해 2014년 수익이 총 76억 달러나 되었다.[26]

디지털 기술과 위성 감시 시스템, 해저 매핑, 수중 음파 탐지기, 레이더, GPS 장치 등을 이용해 심해 어장의 위치를 파악하면서 어업이 심해의 '광업'으로 변했다. 거물급 회사는 축구장 길이에 무게가 1만 4000톤 이상 나가는 거대 트롤선을 배치한다. 트롤선은 어획물을 선상에서 처리하고 가공하고 포장할 만큼 거대한 수상 공장과 같다. 냉동 생선을 1800만 인분까지 보관할 수 있는 트롤선은 "점보제트기 열두 대를 삼킬 수 있는" 큰 그물로 해저를 훑는데, 25톤짜리 바위를 옆으로 밀어낼 만큼 강력하다. 트롤선은 "물속 130킬로미터 정도까지 들어가는 긴 낚싯줄이나 무려 60킬로미터가 넘는 저인망"을 둘 수 있다.[27] 첨단 어업의 이런 초효율성 때문에 전 세계 어류 자원이 상당히 고갈되어, 현재 어업 수익의 3분의 1 정도는 이 산업을 유지하기 위해 정부가 지원하는 보조금에서 나온다.[28]

지구 생명체의 기본 물질인 담수도 인클로저를 통해 사유화되고 있다. 과거의 인클로저 현상과 합리화, 시간과 공간의 사유화를 고려할 때 물이 위험한 자원으로 재조정되고 인클로저와 유사하게 사유화를 통해 글로벌 기업의 영리에 이용될 수밖에 없었을 것이다. 기업은 자신들이 이 중요한 자원을 유지하고 인류에 보급하기에 가장 좋은 자리에 있다고 주장한다.

　담수원의 사유화는 1980년대 초 영국과 미국에서 각기 정권을 잡은 마거릿 대처(Margaret Thatcher)와 로널드 레이건(Ronald Reagan)의 정치적 합의 뒤에 본격화되었다. 양국 정부가 공공 도로 체계와 철도, 우편 서비스, 항구, 공항, 공영 텔레비전 네트워크, 전력망, 감옥, 공립학교 시스템 등과 같은 자산의 임대권이나 소유권을 민간 부문에 양도하는 편에 섰다. 그들은 정부 관료가 혁신에 더디고 대중의 요구에 반응하지 않으며 무엇보다도 매우 비효율적이라고 주장하는, 당시 유행하던 '신자유주의적 통합'이라는 개념을 수용했다. 그 논리적 근거는 민간 부문에 공공 재화 및 서비스를 맡겨야 가장 효율적인 운영 관행이 확립되고 최상의 시장가격이 형성되며 모든 것이 소비자에게 유리해지도록 시장의 힘이 작용한다는 것이었다.

　주목해야 할 것은, 당시 정부의 공공 서비스 관리가 비효율적이거나 시민의 요구에 부응하지 못한다는 증거가 거의 없었다는 사실이다. 적어도 고도로 산업화한 국가에서는 기차가 정시에 운행되고 우편 서비스가 차질 없이 운영되며 도로 체계가 공고히 유지되고 공립학교에서 적절한 교육을 하고 공중 보건 서비스가 전문적으로 관리되었다. 그럼에도 신자유주의적 경제 의제를 지지하는 사람들은 정치 지도자의 귀를 사로잡는 데 이어 유엔과 경제협력개발기구(OECD), WTO, 세계은행 같은 글로벌 중재기관들을 설득하는 데 성공해 전 세계적으로 공공 서비스를 해체하고 민영화하는 정책을 도입하도록 그리고 대부분 세계 최대의 다국적기업들에게 넘겨주도록 만들었다.

　WTO는 물을 거래할 수 있는 상품이라고 선언하며 그것을 '상품'이나 '서비스' 또는 '투자 대상'으로 분류했고, 민간 부문이 시장에서 물 사업에 참여하는 것을 막으려는 정부를 제한하는 조항을 채택했다. 특히 개발도상국에서 공공 상수 체계의 민영화를 지지하는 주요 기관이 된 세계은행은 (세계은행의) 대출을 확보하려는 국가들에게 대출 대가로 담수 및 위생 시스템의 민영화를 촉진하는 법안을 제정하도록 강제했다. 세계은행을 비롯한 대출 기관들은 각국 정부에서 수자원 인프라를 민간 기업에 일정 기간 임대할 수 있는 공공 민간 파트너십(PPP)이라는 것을 장려했다.

세계은행, WTO, OECD 같은 국제기구들은 민간 기업이 공공 인프라와 서비스의 운영을 맡으면 그것들에 대한 지속적 개선이나 가격 인하 욕구를 거의 느낄 수 없다는 사실을 인식하지 못했다. 소비자가 공급자를 선택하고 자신의 충성을 경쟁자, 즉 더 나은 가격과 개선된 서비스를 제공할 수 있는 경쟁업체에 이전할 수 있는 자유시장과 달리 도로망이나 공항 등과 같은 공공 인프라는 당연히 독점사업이다. 소비자는 그것을 이용하는 것 외에 대안이 없다.

장기 임대를 통한 공공 민간 파트너십은 기업이 '자산 수탈'에 관심을 가지도록 유도한다. 다시 말해, 소비자에게 대안이 아예 또는 거의 없다는 사실에 기대어 인프라나 서비스의 개선은 도외시한 채 이윤 추구에만 관심을 쏟게 할 수 있다는 뜻이다. 인프라 서비스를 관리하는 공공 기관과 달리 민간 기업은 소비자 기반이 균일하고 변동이 없어도 이익 면에서는 꾸준한 개선을 보여야 한다. 즉 잠재시장이 종종 처음부터 이용의 대상이 된다는 뜻이다. 결국 비용 절감과 이익 창출을 위해 지속적인 자산 수탈에 매달릴 수밖에 없게 된다. 이런 상황이 상수와 위생 시스템의 경우 특히 쉽사리 전개된다. 가난한 지역사회는 민간 기업이 어떤 조건을 부과하든 수용할 수밖에 없기 때문이다. 이와 관련해, 보이지 않는 손이 최상의 가격을 보장하기 위해 어떻게 작용하는지에 대한 연구는 거의 없다.

수자원의 사유화가 진행되고 얼마 안 돼 세계은행은 각국 정부에 대한 관대한 대출을 통해 그리고 설립 목적에 민영화 계획에 대한 투자를 포함한 공공 부문 담당 자회사인 산업금융공사(IFC)를 통해 공공 민간 파트너십을 장려했다.

수자원 사유화의 단점에 대한 증거가 쌓이고 있었는데도 세계은행은 관련 사업의 민영화에 자금을 계속 지원했다. 예를 들면, 2004~2008년에 "세계은행의 상수 서비스 및 위생 프로젝트의 52퍼센트(총 59억 달러 규모의 78개 프로젝트)는 특정 형태의 민영화에 관한 것이었으며 그중 64퍼센트는 특정 형태의 원가 보상에 관한 것"이었다.[29] 그럼에도 세계은행과 국제통화기금(IMF), OECD 같은 국제기구와 국가기관의 책임자들은 여전히 시장의 효율성과 힘에 대한 맹신을 고수한다.

민영화 과정은 아직 기세가 꺾이지 않았다. 현재 글로벌 기업 열 곳이 물 시장을 지배하고 있으며 상위 3대 기업인 수에즈와 베올리아와 RWE AG가 100여 국에서 상수 및 위생 서비스를 제공하고 있다.[30] 이 거대 글로벌 기업들은 각국 정부에서 제공하는 관대한 인센티브와 보조금 혜택을 누리며 민영화 의제를 추진하는 한편 비용편익 보고서와 분기별 사업보고서에 정식으로 기록된 효율성 증가라는 명목으로 물 서비스의 품질을 떨어트리는 리스크를 감수하면서 가격은 높게 매겨 막대한 이익을 긁어모으고 있다.

상수도 체계의 민영화는 급성장하는 물 시장의 일부일 뿐이다. 글로벌 기업들은 생수 판매 시장이 성장하는 정황도 놓치지 않았다. 1970년대에는 세계시장에서 연간 10억 리터의 물이 판매되었다. 40년 후인 2017년 생수 판매량은 3910억 리터로 급증했으며 2020년 생수 시장은 3000억 달러의 매출을 올린 것으로 추정되었다. 코카콜라와 펩시콜라

같은 기업의 생수 부문 판매고를 보면, 2016년에 청량음료 부문을 제치기 시작했다.[31]

담수와 이에 수반하는 위생 서비스의 민영화가 시작된 지 30년이 된 2019년, 세계보건기구(WHO)와 유니세프는 보고서를 통해 전 세계적으로 22억 명이 안전하게 관리되는 음용수를 여전히 공급받지 못하고 있으며 42억 명은 안전하게 관리되는 위생 서비스를 못 받고 있다고 밝혔다. 이 보고서에 따르면, 30억 명이 기본적인 손 씻기조차 못 했다.[32]

물과 위생 서비스에 대해 불충분한 접근 기회는 개발도상국만의 문제가 아니다. 미국의 상수 서비스에 관한 연구에 따르면, 일반적으로 기업 소유 시설이 "상수 서비스에 대해 지방정부 시설보다 59퍼센트 높은 비용을 부과하고 하수 서비스에 대해선 지방정부 시설보다 63퍼센트 높은 비용을 청구한다."[33] 이 연구는 또한 민간 기업과 맺은 계약을 종료한 지방자치단체 열여덟 곳을 검토한 결과, "공공 운영 상하수도 서비스가 민간 운영 서비스보다 평균 21퍼센트 저렴"하다는 사실을 발견했다. 더욱이 민영화는 "수자원 관련 사업에 대한 비용을 50퍼센트에서 150퍼센트까지 증가시킬 수 있다." 민간 기업은 손실을 최소화하기 위해 "조잡한 건축자재를 쓰고 유지 관리 지연과 인력 감축 등을 통해 자산 수탈로 비용을 절감하며 이 모든 것이 열악하고 믿을 수 없는 서비스로 이어진다." 보고서의 결론은 간단하다. "상수 및 위생 서비스를 제공하는 다국적기업은 주로 서비스의 이용자가 아니라 주주에게 책임을 지는 방식으로 운영된다."[34]

우리가 상수와 위생 서비스를 이용할 권리는 기후변화가 심해지면서 더욱 불확실한 미래에 직면할 것이다. 지구의 일부 지역은 물 순환의 극적인 변화로 생태계가 붕괴해 살 수 없는 곳이 될 것이며, 그에 따라 역사상 전례 없는 대량 이주가 발생할 것이다. 이렇게 거주지를 옮겨야 하는 사람들은 생명을 유지하기에 충분한 물에 대한 접근권을 확보하기 위해 회복력 관행을 도입해서 믿을 수 있는 수자원 체제를 보호하는 방법을 철저하게 찾아야 할 것이다.

유전자풀의 상품화

최근에는 생명의 청사진을 구성하는 다양한 유전자풀조차 효율성이라는 명분하에 상품화 열풍에 휩싸이고 있다. 과학계와 생명과학 산업, 생명공학 기업, 제약 산업, 영농 기업, 의료계가 모두 제각기 자연계의 가장 은밀한 내부에 대한 인클로저를 위해 유전자 지도의 다양한 측면과 특성에 대해 권리를 주장한다. 상업적 목적을 위해 생명계의 유전자 프로그램을 재구성하려는 '유전자 열풍'은 야생을 길들이는 마지막 단계에 해당한다.

1972년, 제너럴일렉트릭에 고용된 미생물학자 아난다 모한 차크라바티(Ananda Mohan Chakrabarty)가 바다에 유출된 기름을 먹도록 설계된 유전자조작 미생물에 대한 특허를 미국 특허청(PTO)에 출원했다. PTO는 의회법에 따라 특허 출원이 가능한 특별 지위를 부여받은 무성생식 식물을 제외하고 여타 모든 생명체가 자연의 산물이라서 특허의 대상이 될수 없다면서 승인을 거절했다.

차크라바티는 이 결정에 불복해 항소했고, 상급법원 판사들이 3 대 2라는 팽팽한 표결로 하급법원의 결정을 기각했다. 판사들 다수는 "미생물이 살아 있다는 사실은 법적인 의미가 없으며 미생물은 말이나 꿀벌, 라즈베리나 장미보다는 반응물이나 시약, 촉매 등과 같은 무생물 화학 성분에 더 가깝다"고 주장했다.[35]

PTO는 이 사건을 미국 대법원에 상고했고, 이때 우리 조직인 국민경제위원회(People's Business Commission)가 논쟁에 합류했다. 국민경제위원회는 "만약 그 특허를 미국 대법원이 승인하면 앞으로 (고등이든 하등이든) 가공된 생명은 생명보다 못한 것으로, 즉 일반 화학물질로 분류되고 미래에 모든 형태의 생명과 그 구성 요소에 대해 특허를 출원할 길이 열릴 것"이라고 주장하는 법정 조언자 소견서를 제출했다.[36]

하지만 1980년에 미국 대법원이 5 대 4라는 근소한 차이로 차크라바티에게 유리한 판결을 내리면서 최초의 유전자조작 생명체에 대한 특허가 승인되었다. 대법원장 워런 버거(Warren Burger)는 우리가 제출한 소견서에 대해 말하면서 당시 상황이 "끔찍한 일의 섬뜩한 행진"이라고 평했다.[37] 대법원 판결이 나오고 몇 달도 지나지 않아 생명공학 스타트업 제넨테크가 주식 100만 주를 발행하며 기업공개(IPO)를 단행했는데, 첫 거래일에 이 회사의 주가가 공모가의 두 배로 뛰었다. 월가 역사상 전례 없는 위업이었다. 회사가 아직 단 하나의 제품도 출시하지 않은 상태였다.[38]

생명에 대한 특허는 허용되지 않는다고 주장하던 PTO는 1987년에 태도를 바꿔, 동물을 포함한 모든 유전자조작 다세포생물을 잠재적 특허 대상으로 결정하며 생명공학 세기의 개막을 알렸다. 대중의 우려를 인식한 PTO 책임자 도널드 퀴그(Donald J. Quigg)는 지구상의 모든 유전자변형종에 특허를 부여할 수 있지만, 노예제를 금지하는 미국 수정헌법 13조가 있기 때문에 인간은 제외된다는 성명을 발표했다.[39] 하지만 인간 배아와 태아, 유전자, 세포주, 조직, 기관은 (전체 인간에 대해서가 아닌) 유전자변형이 있는 경우 잠재적으로 특허를 받을 수 있다.[40]

새로운 PTO 지침이 나오고 1년 뒤 PTO는 암에 걸리기 쉬운 인간 유전자가 포함된 유전자조작 생쥐, 즉 포유동물에 대한 특허를 처음으로 승인했다. 그리고 얼마 있다 스코틀랜드 연구 팀이 그 유명한 복제 양 돌리를 복제하는 데 쓴 방법에 대해 미국의 특허를 받았다.[41] 그 뒤로, 변형된 인간 유전자와 세포주를 포함해 유전자조작종과 동물의 변형된 구성 요소와 변형 방법 모두에 대해 세계 곳곳의 특허청에서 도합 수천 가지 특허를 부여했다.

몬산토와 W. R. 그레이스, 바이엘, 신젠타 등 세계적 영농·생명과학 기업들이 유전자조작 종자에 대한 특허를 확보하고 인간의 생명을 유지하는 기본 식량원에 대한 통제권을 확보하기 시작하자 식물유전학자와 농부 들이 특히 격분했다. 수천 년 동안 추수기면 농부들이 다음 계절에 심을 새 씨앗을 모았지만, 유전자조작종으로는 그렇게 할 수 없었다. 그 뒤 수십 년 동안 모든 대륙의 무수한 농부들이 생명과학 기업들의 지속적인 감시를 받았고, 다음 해 농경에 차세대 유전자조작종을 사용하는 것이 적발되면 회사의 특허 및 관련 권리를 침해한 혐의로 기소되거나 소송에 걸렸다.[42]

소수의 예외를 제외하고 생물학자들은 생명에 관한 상업적 특허를 적극적으로 지지했다. 1980년대 후반 터프츠대학교의 도시와 환경 정책·계획과 교수인 셸던 크림스키(Sheldon Krimsky)가 연구한 바에 따르면, 미국 의회와 행정부에 과학 정책에 관해 조언하는 권위 있는 기관인 국립과학아카데미(NAS) 소속 생명공학자 중 37퍼센트가 '업계'에 몸담고 있었다.[43]

농장 협회와 공중 보건 당국, 대학 연구소, 일반 대중이 유전자변형 생명에 특허를 부여하는 것에 대한 반대 여론을 수십 년에 걸쳐 키우자 미국 대법원은 유방암과 난소암 치료에 관련된 유전자 두 가지에 대해 특허를 받은 미리어드제네틱스를 상대로 제기된 소송에서 아주 조금 후퇴하는 내용의 판결을 내렸다. 유전자 자체는 단순히 확인되었다는 이유만으로 특허의 대상이 될 수 없지만, 여성을 검진하는 데 사용되는 합성

DNA는 자연에서 발생하지 않기 때문에 특허를 낼 수 있다고 결정한 것이다. 이는 결국 우리 종의 유전적 구성에 대한 상업적 착취의 문을 계속 활짝 열어 주는 판결이었다.[44]

생명공학 회사들은 유전공학이 건강한 식물과 동물을 키우는 효율적인 수단을 추구하므로 선한 힘이라고 주장한다. 점점 더 많은 과학자들이 인간 개체군에서 해로운 유전자를 제거하고 심지어 신체적, 정신적 건강을 개선하는 강화 유전자를 추가하는 것까지 지지한다.

하지만 생명공학 산업이 선전하는 단기적 효율성 향상은 필연적으로 더 심각한 부정적인 외부 효과를 수반하며 그 목록의 맨 위에는 대학 연구소에 조성되는 섬뜩한 분위기가 있다. 거대 제약 회사와 생명과학 기업, 글로벌 영농 기업은 생명공학 연구의 상당 부분에 자금을 지원하고 심지어 관련된 과학자들에게 회사 주식을 할당해 대학 연구소를 장악하고 거기에 비밀의 장막을 창출한다.[45]

대학원생과 준석사과정 학생 그리고 이들의 교수 들은 종종 생명공학 회사로부터 기밀 유지 계약 체결을 요구받기 때문에 해당 연구가 동료들과 공유되지 않도록 주의를 기울여야 한다. 또한 연구자들은 동료 심사를 거치는 과학 저널에 시의적절하게 연구 결과를 싣는 것이 금지되기 때문에 과학자와 학생들 사이에서 자료가 공유되지 않는다. 그래서 많은 신세대 과학자들이 기업의 자금을 지원받는 생명공학 연구를 받아들이지 말자는 대응책을 수립하기 시작했다. 글로벌 기업들이 도모하는 단기적 재정 이익 때문에 과학 연구와 자료의 자유롭고 공개적인 교환이 억압되면 안 된다는 주장이다.

크리스퍼(CRISPR)라는 이름으로 통하는 새로운 유전자 접합 기술의 출현만큼 효율성의 기치가 노골적으로 휘날린 경우는 없다. 크리스퍼는 "분자생물학 역사상 가장 쓰임이 다양한 유전체 공학 도구"로 선전되었다.[46] 2020년 노벨 화학상은 이를 개발한 두 발명가, 독일 막스플랑크연구소 병원체 과학부의 에마뉘엘 샤르팡티에(Emmanuelle Charpentier)와 미국 UC버클리의 제니퍼 다우드나(Jennifer Doudna)에게 수여되었다. 두 과학자는 크리스퍼라는 박테리아 면역 메커니즘을 "밀에서 모기, 인간에 이르는 모든 생물의 유전체를 간단하고 저렴하게 편집할 수 있는 도구"로 변형했다.[47] '유전자 가위'로 작용하는 이 값싸고 놀랍도록 효율적인 도구는 의약과 농산물, 병충해 방제 등 여러 분야에 걸쳐 새로운 생명공학 산업의 탄생을 알렸다.

차머스공과대학교의 화학생물학자인 페르닐라 위퉁스태프세드(Pernilla Wittung-Stafshede)는 이 믿을 수 없을 만큼 효율적인 도구의 장래성을 보장하면서 "원하는 부위에서 DNA를 자를 수 있는 능력이 생명과학에 혁명을 일으키고 있다"고 평가했다.[48] 그러나 오랜 세월에 걸쳐 진화하고 적응해 온 각 생물 종의 복잡하고 미묘한 유전적 관계를 거의 이해하지 못한 채, 이른바 해로운 형질을 제거하기 위해 식물과 동물과 인간의 생식계열에서 유전자를 절단해 내는 효율성의 급격한 증가는 아직 밝혀지지 않은 부정적인 외부 효과를 내포할 수밖에 없다. 이런 부정적 외부 효과는 제약, 농업, 의료, 생명과학 산업에서 발생하는 수익과 그 어떤 단기적 효율성의 향상보다 더 대단할 가능성이 크다.

적절한 예를 살펴보자. 1978년에 내가 테드 하워드(Ted Howard)와 함께 『누가 신 노릇을 해야 할까(Who Should Play God?)』라는 책을 썼다. 당시 발달 초기에 있던 생명공학 혁명의 약속과 위험에 관해 고찰한 책이다. 그때 이미 우리는 2020년에 두 과학자가 노벨 화학상을 받게 되는 바로 그 가위 기술을 언젠가 과학자들이 마음대로 사용할 것으로 내다봤다. 우리는 생식계열에서 이른바 단일 유전형질을 절단하는 것에 대해 경고했다. 이것은 만성질환을 비롯해 조기 사망까지 일으키는 유전자 특성이다.

예를 들어, 주로 아프리카계 미국인에게서 발견되는 겸상적혈구 열성 형질은 조기 질병 발생의 잠재적 지표다. 그러나 동일한 특성이 말라리아를 예방하는 것으로도 밝혀졌다. 이와 비슷하게, 몸을 쇠약하게 하며 생명을 위협하는 낭포성 섬유증의 열성 형질도 콜레라에 대한 저항성과 상관관계가 있는 것으로 밝혀졌다. 사실 우리는 인간 유전체에 이런 형질을 비롯해 여러 열성 형질이 존재하는 이유와 오랜 세월에 걸쳐 인간 유전체에 그것들을 존재하게 한 진화적 이점이 무엇인지에 대한 지식이 거의 없다.

1970년대 후반, 내가 모처의 초대로 생식계열 유전공학 문제를 놓고 하버드대학교의 저명한 생물학 교수 버나드 데이비스(Bernard Davis)와 공개 토론을 벌였다. 나는 그에게 만약 유전자 접합 도구를 쓸 수 있게 되면 인간 생식계열의 모든 열성 유전형질을 제거할 것인지 물었고 그의 대답은 단호한 "예스"였다. 그러나 나는 이런 열성 형질 중 일부가 진화의 역사 동안 계속 인간 유전체에 존재한 데는 그만한 이유가 있을 수 있다고 강조했다. 그것들을 제거하면 우리가 식물과 동물에게 한 것처럼 우리 인간 종을 무심코 단일재배할 수 있으며, 그럼으로써 우리의 열성 형질이 방어할 수도 있던 환경의 새로운 잠재적 공격에 더 취약하고 회복력이 떨어지게 돼 건강뿐만 아니라 생존에 해로운 영향을 입을 수 있다는 논지였다.

사실 체세포 유전체 편집, 즉 장애를 일으키거나 치명적일 수 있는 형질을 출생 후에 제거하는 편이 훨씬 더 효과적일 수 있다. 그렇게 하면 그 형질의 생식계열 이동에 영향을 미치지 않고, 아직 존재하지 않는 세대에 선택권을 열어 주며 그 유전자가 있는 사람들에게는 건강한 삶을 보장해 줄 수 있기 때문이다. 불행하게도, 이 유보적이고 대안적인 선택은 생명공학 산업에서 건성으로 다루어졌을 뿐이다.

크리스퍼를 이용해 인간의 생식계열에 개입하는 것과 관련된 윤리적 난제는 2018년 11월에 중국 과학자가 수정된 유전자를 지닌 쌍둥이 소녀의 탄생을 발표한 뒤 표면화되었다. 이것은 태아를 대상으로 한 첫 번째 생식계열 유전자조작이다. 허젠쿠이(贺建奎)라는 그 과학자는 많은 배아에서 HIV에 대한 내성을 부여하는 핵심 유전자를 수정한 뒤 이를 어머니의 자궁에 이식했다고 보고했다.[49]

과학자들은 이 발표에 경악하는 한편 흥분했다. 그 전에는 용인될 수 없다고 여겨진 많은 돌파구와 마찬가지로, 일단 레드라인이 무너지자 대다수의 과학자와 생명과학 기업 들이 재빨리 상황에 편승해 허젠쿠이가 실험에 앞서 적절한 심사 규칙을 준수했는지 여부에 관한 절차상의 문제만 제기했다. 그런 실험을 수행하는 것 자체의 깊은 윤리적, 생태학적 의미는 제쳐 놓고 말이다.

생명공학 산업계는 크리스퍼 개발을 예고하는 한편 그 새로운 강화 의료 기술의 성공을 보장하기 위해 필요하다며 적절한 절차 마련을 촉구했다. 유전체 편집 기술의 상업적 전망에 대한 연구는 크리스퍼에 대한 생명공학 산업계의 빠른 수용을 지적하면서 2015~2016년에만 "유전체 편집 바이오 사업에 대한 투자가 다섯 배 증가"했다고 밝혔다. 새로운 유전자 편집 도구가 "글로벌 생명공학 혁명을 촉발한다"는 명확한 표시였다. 보고서의 저자들은 "개인 맞춤형 의약품과 유전자변형 작물, 환경적으로 지속 가능한 바이오 연료에 대한 수요가 증가함에 따라 전 세계적으로 바이오 사업의 변화가 계속될 것"이라고 확신했다.[50]

상업적 이익집단이 재빠르게 먼저 문턱을 넘어섰지만, 많은 과학자들이 인간의 건강과 관련해 상업적인 이익만큼이나 인도주의적인 우려라는 동기에 따라 특정 유전형질 제거가 우리 종과 여타 종의 미래 세대에 미칠 수 있는 위험을 이해하고 있다는 점 또한 인정해야 한다. 그러나 장기적으로 이들은 유전자 편집의 효율성을 높이는 크리스퍼의 능력을 도저히 무시할 수 없는 매혹적인 도구로 보고, 미래의 부정적인 외부 효과에 대한 불안감이 있어도 우리 종의 향상을 위해 인간 유전체를 (완벽하게는 아니라도) 개선하는 쪽으로 이 기술을 쓰길 열망한다.

크리스퍼 유전자 편집에 잠재한 부정적 영향을 설명하는 학술지 기사에서 연구자들은 이 새로운 도구가 인간 유전체의 재설계 과정을 얼마나 효율적으로 만드는지를 계속 강조한다. 마치 효율성 자체가 가장 중요하고 도덕적으로 꼭 필요한 것처럼 말이다.

예를 들면, 예일의학전문대학원 응급의학과 캐럴린 브로카우스키(Carolyn Brokowski)와 버지니아대학교 생물학 및 분자유전학 교수 마자르 아들리(Mazhar Adli)가 "크리스퍼 윤리학: 강력한 도구의 적용을 위한 도덕적 고려 사항"이라는 주제로 공동 집필해 《분자생물학저널(*Journal of Molecular Biology*)》에 실은 기사가 대표적이다. 이 분야의 글을 쓴 많은 과학자나 의사 들처럼 이들도 도덕과 효율성을 동일시하는 노선을 취했다.

이들은 "생물학적 시스템의 기술적 한계와 복잡성을 감안할 때 편집된 유기체의 미래에 대해 정확하게 예측하고 잠재적인 위험과 이점을 측정하는 것이 불가능하지는 않아도 어려울 수 있다"고 설명한다. 그러고 나서 "기술이 전례 없이 빠르게 진화한다"는 현실로 돌아가 "더 효율적이고 섬세한 크리스퍼 도구가 개발됨에 따라 이런 우려 중 많은 부분이 해소될 수 있다"고 결론 내린다. 결국 표면적으로 효율성이 미지의 잠재적 위험성을 능가한다는 기본적 태도를 바꾸지 않은 셈이다. 이는 기울어 가는 진보의 시대에 여전히 효율성이 가장 높은 도덕적 근거로 남아 있다는 분명한 신호다.[51]

1989년 2월 14일, 갈수록 더욱 커지는 기술 효율성으로 지구의 자원을 둘러싸고 수용하고 사유화하고 소비하기 위한 시간과 공간에 대한 합리화가 정점에 이르렀다. 바로 이날 미국 정부는 사상 최초의 지구상 위치 측정 시스템(GPS) 위성을 궤도에 진입시켰다.

1995년 7월 17일에 완전한 작동 능력에 도달한 GPS는 2만 킬로미터 상공에서 지구를 도는 위성 33개로 구성된다. 각 위성은 전자기 스펙트럼의 마이크로파 부분에서 전파를 통해 운반되는 GPS 신호를 보낸다. 콜로라도주 콜로라도 스프링스의 슈리버 공군 기지에 본부가 있는 이 체계는 전 세계의 감시국 열여섯 곳에 분산된 군인과 민간인 8000명이 관리 감독한다.[52] GPS는 지금까지 고안된 것 중 가장 큰 감시 체계의 핵심으로서 인류 대부분의 존립 자체가 달린, 일상생활의 거의 모든 면을 관리하고 조정한다.

각 GPS 위성에 장착된 원자시계는 다른 GPS 위성의 원자시계와 나노초 단위로 동기화되며 이 모든 시계는 워싱턴 DC에 있는 미 해군 천문대의 마스터 시계가 보호한다. D. C. 그레그 밀너(Greg Milner)의 책 『핀포인트: GPS는 기술과 문화와 사람의 마음을 어떻게 바꾸는가(*Pinpoint: How GPS is Changing Technology, Culture, and Our Minds*)』는 우리가 휴대전화나 여타 디지털 장치를 쓰는 경우와 같이 전 세계 곳곳에서 GPS 체계가 작동하는 방식을 평이하게 설명한다.

그 위성들은 각 위성이 있던 위치와 앞으로 있을 위치에 대한 정보가 담긴 무선 신호와 그 신호가 위성을 떠난 정확한 시간을 끊임없이 내보낸다. 그 신호는 2만 킬로미터를 여행해 지구에 도달하는데, 지구의 전리층을 통과할 때 특히 호되게 두들겨 맞는 것과 같은 과정을 거친다. 그래서 67밀리초(1밀리초는 1000분의 1초다. ― 옮긴이) 뒤 우리에게 도달하면 훨씬 희미한 상태가 된다. 지구상의 거의 모든 지점이 항상 적어도 GPS 위성 네 개의 가시권에 들어간다. 수신기는 각 신호의 출발지와 도착 시간을 포착해 전화의 위도와 경도를 계산하고 지도의 한 지점으로 표현할 수 있다. 수신기도 정확한 시간을 제시할 수 있다. 위성 네 개로 4차원적 공간과 시간이 정확히 계산되는 것이다.[53]

GPS 위치 측정과 내비게이션 시스템은 뉴턴이 상상한 '기계 같은 우주' 또는 어두운 면에서 제러미 벤담(Jeremy Bentham)이 고안한 보편적 '팬옵티콘'('다 본다'는 뜻으로, 죄수를 효과적으로 감시하기 위해 설계한 원형 감옥이다. ― 옮긴이)이 구현된 것과 같다고 할 수 있다. GPS의 원자시계와 그것이 지구 표면으로 보내는 신호는 마치 글로벌 두뇌와 신경계처럼 작용하며 적시에 공간을 가로질러 우리의 경제활동과 사회생활과 거버넌스를 조정한다. 밀너는 인간의 환경 전반에 걸친 시공간적 관계의 조직체로서 GPS의 중요성을 설명한다.

우리는 GPS를 이용해 범죄 용의자나 성범죄자, 야생동물, 치매 환자, 말안 듣는 아이의 움직임을 추적한다. GPS는 비행기를 지상으로 안내하고 항해 중인 배에 방향을 알려 준다. 우리는 GPS가 장착된 시계를 착용하고, 골프나 낚시를 위해 전문 GPS 스포츠 애플리케이션을 구매하며, GPS를 이용해 석유 매장지를 찾는다. GPS는 오늘날 우리가 일용하는 식량을 상당히 늘리는 데 도움이 되고 있고, 그 자체가 세계에서 가장 정확한 시계이며 다른 시계들을 통합하는 시계이기도 하다. 세계 곳곳에 존재하는 복잡한 시스템의 구성 요소와 노드는 종종 GPS 시간과 연결된 시간 동기화가 필요하다.

GPS 시간 기록은 그 모든 다국적 복잡성에서 전력망을 조정하고 밀리초 차이가 수십억 달러에 영향을 미칠 수 있는 금융거래 네트워크에서 수십억 건의 거래를 처리하고 휴대전화 대화를 송신탑에서 송신탑으로 전달하는 데 도움을 준다. GPS는 날씨를 예측하는 데 도움이 된다. GPS는 토지를 측량하고 다리와 터널을 건설하는 데 도움이 된다. GPS는 화산에서 솟아오르는 화산재 기둥과 땅속의 물이 얼마나 많은지 말해 주며 바다가 지구의 질량중심을 재분배하는 데 어떻게 도움이 되는지 알려 준다.[54]

현재 지구상에는 GPS를 비롯한 위성항법 시스템으로부터 신호를 수신하는 장치가 64억 개 가까이 존재한다.[55] 2019년에 글로벌 위성항법 시스템의 시장 규모가 1612억 7000만 달러였고, 2027년에는 두 배 이상 증가한 3867억 8000만 달러가 될 것으로 보인다.[56]

유럽연합은 2011년에 GPS와 같은 갈릴레오 위치 측정 시스템을 출범시켰다. 러시아는 지구 주위를 도는 글로나스 위치 측정 시스템을, 중국은 바이두 위성항법 시스템을 보유하고 있다.

긍정적으로 생각하면 GPS는 잠재적으로 인류 가족 전체를 동료 생물 및 암석권, 수권, 대기권, 생물권과 연결해 인류가 역동적인 지구의 본질적인 내부 작용에 재합류하도록 조정할 수 있다. 어떤 면에서 GPS는 우리 행성에서 일어나는 활동의 최고 연출가이자 조정자다.

부정적인 측면을 보면, 시간적·공간적 관계에 대한 GPS의 연출이 우리가 지구의 작용 및 리듬과 한때 친밀하던 관계에서 우리 종을 분리하는 동시에 우리의 개인적·집단적 행위와 관련된 감각을 초기 상태로 되돌린다는 증거가 늘고 있다. 예를 들면, 우리의 일상을 관리하는 데 GPS 두뇌와 신경계에 의존하는 정도가 커지면서 공간 관계를 그려 내고 신체 리듬을 주변 환경과 맞추는 우리의 인지능력이 떨어지고 있다는 사실을 밝힌 임상연구가 갈수록 많아졌다.

2019년 6월에 노엄 바딘(Noam Bardin)이 워싱턴 DC에 있는 내 사무실에 찾아왔다. 노엄은 웨이즈라는 인기 높은 GPS 안내 추적 시스템을 개발하고 같은 이름의 회사를 만들었는데, 이때는 CEO 자리에서 물러나 있었다. 노엄과 나는 수백만 명의 운전자가 목적지까지 가장 빠른 경로를 택해 기름을 절약하고 이산화탄소 배출량을 줄이도록 돕는 GPS 안내 시스템의 장단점에 대해 몇 시간 동안 이야기를 나누었다.

나는 대화 중에 우리 부부가 웨이즈 내비게이션 앱의 열렬한 애용자라고 말했다. 하지만 경각심을 가져야 했던 사적인 경험담도 들려주었다. 우리에게는 서로 자주 방문해서 만나는 절친한 부부가 있다. 몇 년전 그들이 워싱턴 DC 교외로 이사했는데, 바로 이 무렵 우리가 웨이즈를 쓰기 시작했다. 그들의 집을 찾아가는 길이 복잡했기 때문이다. 몇 달뒤 어느 날 우리가 그들을 만나러 출발했는데 얼마 못 가 웨이즈 앱을 설치한 휴대전화가 집에 있다는 것을 알았다. 우리가 어디에 있는지, 목적지에는 어떻게 가야 할지 전혀 알 수 없었다. 창문 밖을 봐도 도로와 주택, 상점 등 익숙한 듯한 표지를 전혀 확인할 수 없었다.

친구 부부가 우리 집에서 차로 25분 거리에 살았는데도 우리 머릿속에는 친구 집에 가는 길의 지도가 없었다. 우리는 불현듯 웨이즈가 여행을 훨씬 효율적으로 만든 대신 물리적 환경을 인식하고 그려 내는 능력에서 우리의 주체성은 잃어버리게 했다는 사실을 깨달았다. 우리는 마치 유아처럼 발달 초기로 돌아가 있었다. 공간 속 움직임에 대한 감각이 웨이즈와 GPS 공간 및 시간 안내의 보호와 관리하에 들어가 버린 것이다.

이 현상을 가리키는 말이 있다. 바로 '발달상의 지형적 방향 상실(DTD)'이다. 이것은 개인이 "주변 공간에 대한 정신적 표상을 형성하지 못하는" 드문 장애다.[57] 이 장애가 있는 사람은 정상적인 회상 능력이 있으면서도 "주변의 배치와 그 안에서 참고할 수 있는 개체(즉 랜드마크) 그리고 가장 중요한 것으로 그런 개체 간 공간적 관계에 대한 정보를 포함하는 환경에 대한 공간적 표상"을 창출할 수가 없다.[58] 한마디로 방향을 읽고 길을 찾는 기술이 아예 없는 사람이다. 현재까지 이 장애에 대한 치료법은 없다. 분명히 말해서, 이런 사람은 침실에서 주방으로 가는 길을 언제든 못 찾을 수도 있다.

아주 약한 '후천적' DTD일 뿐인 우리의 경험은 분명히 꽤나 일반적이다. 인지과학 분야의 연구자들은 이동 방향뿐만 아니라 여타 일반적인 공간을 인식하고 그려 내는 활동에 대해 GPS 두뇌와 신경계에 의존하는 정도가 높아지는 문제를 숙고하기 시작했다. 과학자들은 우리 뇌에서 공간 탐색을 맡은 부분이 더는 쓰이지 않아서 위축되고 있다고 믿는다. 다시 강조하지만, 삶의 다른 많은 길과 마찬가지로 점점 더 기술적으로 매개되고 디지털로 연결되고 GPS 안내가 우리를 편하게 하고 더 효율적인 결정을 내릴 수 있게 돕는 세상에서, 우리는 인지능력이 위축되는 위험을 무릅쓴다.

이런 주체성 상실을 심각한 영향은 없는 단순한 이야깃거리로 여기지 않도록, 'GPS에 따른 사망'이라는 새로운 현상을 생각해 보라. GPS를 이용하는 운전자가 장치에 너무 의존하고 실제로 창밖을 보면서 교차점 검하기를 등한시하다 때로 절벽에서 떨어지거나 강이나 호수로 들어가거나 벽을 들이받는다. 모든 감각의 주체성을 GPS에 맡겨 버린 탓이다.

우리는 GPS를 세계에서 가장 정확한 시계로 생각하게 되었지만, 밀너는 GPS를 "세계에서 가장 강력한 스톱워치, 시간을 관리하는 완벽한 방법"이라고 설명하는 것이 더 정확하다고 지적한다.[59] 시간을 나타내는 숫자만 보이는 디지털시계가 원둘레를 따라 움직이는 시곗바늘을 보여 주는 아날로그시계를 대체하기 시작한 때가 1980년대다. 당시 나는 학생들 앞에 설 때면 원을 그리는 시곗바늘의 움직임이 하루 24시간 주기의 지구 자전을 암시하는 반면, 디지털시계는 착용자에게 지나온 과거와 다가갈 미래는 없이 고립된 현재 순간만을 알려 주는 타이머에 가깝다는 점을 상기시키곤 했다. 디지털 시간은 공간에 고정되어 있다.

GPS 디지털 시간 조정도 이와 비슷한 방식으로 작동한다. 이것이 시간 조정의 원리다. (테일러를 떠올려 보라.) 그리고 이것의 가장 중요한 적용은 오늘날 물질계와 가상 세계에서 부상하며 사회 전체를 변화시키기 시작한 스마트 디지털 인프라의 핵심 요소들에 대한 시간 조정과 동기화다. 그 존재를 일부 회랑에서는 열광으로, 다른 회랑에서는 불안으로 주시하고 있다. 이 두 가지 태도는 우리가 진보의 시대를 뒤로하고 회복력 시대로 넘어가는 미래의 수 세기 동안 우리의 집단적 경제생활과 사회생활, 거버넌스와 관련해 의사소통하고 힘을 부여하고 움직이는 방식의 근본적인 변화와 더불어 우리를 기다릴 수 있는 여러 경로를 이해하는 데 중요하다.

인간 두뇌의 재배선

가상 세계에서 주체의 상실은 20년 넘게 논란거리다. 대부분의 논란은 사이버공간에서 자라 최초의 디지털 원주민이 된 두 세대, 즉 밀레니얼세대와 Z세대가 그 전 세대와 다르게 생각하는지에 집중되어 있다. 관점에 대해서만 이야기하는 것이 아니다. 그들 삶의 많은 부분을 차지하며 인지 발달에 절대적으로 필요한 것이 된 몰입형 신세계가 실제로 그들 뇌의 배선 방식을 바꿨는지 여부도 중요하다. 만약 그렇다면 우리 종이 미래를 탐색하는 방식에 어떤 영향을 미칠 것인가?

　가상 세계에 장시간 몰입하는 것이 인간의 인지뿐만 아니라 뇌의 배선에까지 영향을 미칠 수 있다는 첫 번째 암시는 화면 접속에 집착하는 젊은 디지털 세대의 어휘력과 문해력이 급격히 떨어졌다는 기록에 있다. 인터넷은 기본적으로 "그림 하나에 1000 단어의 가치가 있다"는 시각적 매체라서 디지털 세대는 희귀어를 접할 기회가 점점 더 줄어들고 있다. 물론 인터넷상에 모든 주요 언어의 거의 모든 단어가 있지만, 검색과 멀티태스킹과 다른 게시물로 빠른 링크 등을 통한 효율성을 강조하는 탓에 단어와 전체 단락에 대한 꼼꼼한 확인보다 훑어보기를 우선시하고 결과적으로 텍스트에 대한 주의력을 떨어트린다.

　문자메시지와 이메일 그리고 최근에는 인스타그램과 트위터 때문에 희귀어 사용과 의사소통은 더욱 줄어들고 약어와 이모티콘에 대한 의존도는 꾸준히 높아지고 있다. 따라서 모든 가상의 의사소통은 사용자의 짧은 주의 집중 시간에 부응하는 식으로 이뤄진다. 텍스트가 짧아지고 단순한 단어를 선택함에 따라, 특히 시각 자료가 함께 제공되는 경우에 사용자는 훨씬 더 축약된 어휘에 노출된다. 따라서 다른 사람과 효과적으로 의사소통하고 복잡한 사고를 표현하는 능력에서 주체성이 없어져 '길을 잃는다'. 웨이즈 사용자가 도로에서 방향감각을 잃는 상황과 다르지 않은 셈이다. 이와 대조적으로, 역사상 다른 모든 의사소통 혁명은 어휘의 범위와 용법을 확장하고 저장고를 늘려 인간이 더 미묘한 의사소통을 할 수 있는 방법을 제공했다.

　UCLA의 심리학 교수이자 아동디지털미디어센터 소장인 퍼트리샤 그린필드(Patricia Greenfield)는 2009년 《사이언스(Science)》지에 컴퓨터와 인터넷, 멀티태스킹, 비디오게임이 개인의 주체성에 미치는 영향에 대한 광범위한 보고서를 발표했다. 그녀는 학습 인터페이스와 새로운 디지털 의사소통 기술에 관한 연구 결과 50가지를 분석했다. 그리고 시각적 기술이 발전했지만, 특히 문학작품 같은 텍스트 읽기는 그에 상응하는 정도로 위축되었으며 이는 필경 비판적 사고의 저하로 이어졌을 가능성이 있다고 밝혔다.[60]

그린필드는 "더 많은 시각 매체가 사용되면서 학생들의 정보처리 능력은 향상했지만" 대부분의 시각 매체는 비판적 사고에 매우 중요한 숙고나 분석이나 상상을 허용하지 않는 실시간 매체라고 지적했다.[61] 텍스트는 줄고 시각적으로 더욱 단순화한 미디어에 더 빠르게 접근해서 얻는 효율성이 더 심오한 학습경험을 희생시킨다는 얘기다. 그린필드는 특히 "복잡한 문제를 해결하려면 지속적인 집중이 필요하다. …… 깊고 지속적인 사고가 필요한 작업을 수행하고 있다면 멀티태스킹은 해롭다"고 강조했다.[62]

10년 뒤 과학적 연구들이 시작되어 '인터넷 접속'으로 촉발된 수많은 효율성이 인간 두뇌의 다양한 부분에서 신경 배선을 변화시키고 알려지지 않은 결과를 초래해 개인의 주체성 상실에 영향을 미친다는 것을 보여 주었다. 하버드대학교와 옥스퍼드대학교, 킹스칼리지, 맨체스터대학교, 웨스턴시드니대학교의 글로벌 연구원 팀이 작성한 매머드급 보고서가 2019년 5월 《세계 정신의학(World Psychiatry)》지에 실렸다. 이 연구 결과에 따르면, 인간의 뇌는 가소성이 극도로 좋은 기관이라서 사용 방식에 따라 재배선될 수 있다.[63] 그리고 그것은 인간이 의사소통하는 데 쓰는 기술적 수단의 급격한 변화에 특히 민감하다. 이는 구두 의사소통에서 글씨, 인쇄, 전자, 디지털로 이어진 거대한 역사적 변화가 우리의 의사소통 방식뿐만 아니라 뇌의 작동 방식도 변화시켰음을 시사한다.

연구원들은 온라인 롤플레잉게임(RPG)으로 6주간 시로 소통하는 방식을 포함한 무작위 대조 실험에서 충동 조절 및 의사 결정과 관련된 뇌 영역인 안와전두피질 내 회백질이 유의미하게 줄었다는 사실도 발견했다.[64] 연구원들은 또한 미디어 멀티태스킹과 인터넷의 장기간 이용이 "산만한 상황에서 목표를 유지하는 것과 관련된 전두엽 영역의 회백질 감소"와 관계있다고 보고했다.

41개 연구에 대한 또 다른 메타분석은 멀티태스킹이 "전반적인 인지능력의 현저한 저하"와 관련 있음을 발견했다.[65] 인터넷 대 백과사전 정보 검색에 관한 연구에서는 "인터넷 검색 정보가 백과사전에서 습득한 정보에 비해 기억에 남는 시간이 짧고, 이는 온라인에서 정보를 수집하는 동안 진행되는 (뇌) 측두엽의 활성도 감소와 관계있다는 것이 자기공명영상으로 확인되었다." 이는 "온라인 정보 수집이 속도는 빠르지만, 정보를 장기 저장하는 데 필요한 뇌의 영역을 충분히 동원하지 못한다"고 추정할 수 있게 한다.[66] 인지능력이 뛰어난 고기능 분석 사상가들을 대상으로 한 다른 연구는, 그들이 인터넷 정보의 저장과 검색보다는 정보에 대한 자신의 기억에 더 많이 의존한다고 밝혔다.[67]

이렇게 인터넷 접속으로 얻는 효율성 증가와 인지 주체성 상실의 상충 관계를 보여 주는 보고서와 여타 보고서는 당연히 이유 있는 불안감을 조성하며 현재 및 미래 세대가 새로운 의사소통 매체를 이용하는 방법에 대해 포괄적으로 재고할 필요가 있음을 시사한다.

사이버공간의 가상 세계에서 많은 시간 동안 일하고 놀고 생활하는 데 따르는 새로운 초효율성은 디지털 세대의 주체성 감각을 발달 초기로 되돌리고 두뇌의 배선까지 바꿀 뿐만 아니라 그럼으로써 인류의 미래를 강탈하고 있다. 더 적은 시간과 에너지·노동·자본을 투여하고 미래의 모든 산출물을 최대한 활용하는 방식을 멈추지 않는 힘이 효율성이라는 사실을 기억하자. 효율성의 생명선은 시간의 흐름을 없애고 계속 전개되는 현재에 모든 미래를 최대한 활용하며 시간의 화살을 철저히 제거하는 것이다. 물론 사람들이 일상생활에서 효율성을 높이려고 노력할 때 이런 것을 염두에 두진 않는다. 오히려 효율성을 더 높이려는 끊임없는 욕구를 내재한 숨은 이유는, 소비하는 매 순간이 잃어버린 순간이 되어 인간이라면 피할 수 없는 죽음에 더욱 가까워진다는 두려움이다. 효율성은 더 많은 시간을 벌고 여기 지구에서 약간의 불멸성을 확보하려는 대응 계획이다.

오늘날 효율화 운동은 최종 국면에 접어든 것으로 보인다. '알고리즘 거버넌스'라는 것이 그 마지막 단계다. 재계와 정부는 사이버공간 전반에 걸쳐 과거 자료를 모두 수집하고 분석하는 데 갈수록 많은 상업적, 정치적 자산을 걸고 있다. 목표는 미래를 설명하고 예측하고 규정하고 심지어 선점하는 데 도움이 되는 알고리즘을 창출하는 것이다. 그리고 여기에는 아직 오지 않은 미래의 시장과 사회운동, 거버넌스 등에 관련된 사건을 제어하거나 영향이라도 미치려는 의도가 깔려 있다.

알고리즘 거버넌스:
알려진 아는 것, 알려진 모르는 것, 알려지지 않은 모르는 것

2002년 6월 6일, 벨기에 브뤼셀의 북대서양조약기구(NATO) 본부에서 도널드 럼즈펠드(Donald Rumsfeld) 미 국방장관이 전 세계 테러에 맞서는 전쟁을 지원하기 위한 NATO의 노력을 밝히는 기자회견을 열었다. NATO 회담에서 논의된 내용을 기자단에 설명한 럼즈펠드가 질문을 받기 위해 기자들에게 마이크를 넘겼다.

기자단의 첫 번째 질문은 이랬다. "테러리즘 및 대량 살상 무기와 관련해서 실제 상황은 눈에 보이는 사실보다 더 나쁘다는 말씀을 하셨습니다. 사람들이 일반적으로 이해하고 있는 것보다 더 나쁜 것이 무엇인지 말씀해 주시겠습니까?"

럼즈펠드가 대답했다.

우리는…… 첩보 및 정보 자료에 대한 분석을 많이 했습니다. …… 우리가 아는 것은 무엇이며 그것을 알게 된 시점은 언제인지 그리고 그것이 실제로 언제 존재했는지 등을 확인할 때까지 계속 더 깊이 조사했습니다. 그리고 나는 놀랍지도 않게…… 우리가 어떤 중요한 사건이 발생하고 2년 동안이나 또 어떤 경우에는 4년, 6년, 심지어 11년, 12년, 13년 동안이나 그것을 몰랐다는 사실을 발견했습니다. 자, 여기에 담긴 메시지가 무엇이겠습니까? 첫째, 알려진 '아는 것'이 있습니다. 우리가 아는 것으로 알고 있는 것 말입니다. 그리고 알려진 모르는 것이 있습니다. 우리가 현재 모른다고 알고 있는 것 말입니다. 그러나 알려지지 않은 모르는 것도 있습니다. 우리가 모른다는 것도 모르는 것 말입니다. 그래서 우리가 할 수 있는 최선을 다해 모든 정보를 취합하면 기본적으로 이것이 우리가 그 상황으로 보는 것이고, 사실 알려진 아는 것과 알려진 모르는 것 들일 뿐이라고 말할 수 있습니다. 그리고 해마다 우리는 알려지지 않은 모르는 것 가운데 몇 가지를 더 발견합니다.

알려지지 않은 모르는 것…… 수수께끼처럼 들리지만, 결코 수수께끼가 아닙니다. 매우 심각하고 중요한 문제라는 얘깁니다. 이를 표현하는 또 다른 방법이 있는데, 증거의 부재가 부재의 증거는 아니라는 것입니다. 어떤 것이 존재한다는 증거가 없다고 해서 그것이 존재하지 않는다는 증거가 되지는 않는다는 말입니다. 그럼에도 거의 언제나 위협을 평가할 때…… 우리는 퍼즐의 세 조각 모두가 아니라 첫 두 조각을 기반으로 삼을 수밖에 없습니다.[68]

정부 기관의 공식 기자회견장에서 당황하는 일이 별로 없는 기자단도 이때 들은 내용에 대해서는 '충격과 공포'를 경험하지 않을 수 없었다. 미국의 국방장관이 실성이라도 했나? 아니면 대학의 철학 세미나에서나 들을 수 있는 심오한 것을 말하나? 럼즈펠드의 이 발음 연습용 문구 같은 표현은 전 세계를 휩쓸었고, 그 의미와 관련해 지속적으로 코믹 릴리프(comic relief: 긴장 상태를 풀기 위한 숨 돌림이다. ─옮긴이)나 지적인 농담의 대상이 되었다. 공정하게 말해, 럼즈펠드가 (알고 보면 진부한) 그 표현을 처음 쓰지는 않았다. 알려진 모르는 것과 알려지지 않은 모르는 것은 이미 오래전부터 미 항공우주국(NASA) 본부와 그 주변에서 우주 비행 중 잘못될 만한 것을 논의할 때 흔히 쓰던 표현이다. 미국의 심리학자 조지프 러프트(Joseph Luft)와 해링턴 잉엄(Harrington Ingham)은 1950년대에 치료법 중 하나로 '알려지지 않은 모르는 것'이라는 말을 썼다. 이렇게 역사를 거슬러 올라가는 궤적이 긴 표현이다. 하지만 예상치 못한 9·11테러로 세계무역센터가 무너지고 2977명이 사망한 뒤, '알려지지 않은 모르는 것'이라는 표현이 갑자기 미국인을 비롯해 모든 세계인의 마음속에 소름 끼치는 현실로 다가왔다.

　　AI의 최고봉은 자료의 수집과 분석을 통해 알려진 모르는 것과 알려지지 않은 모르는 것의 실체를 밝히는 것이다. 다시 말해, 미래를 아는 신통력을 발휘할 수 있는 잠재력이 AI의 최대 성과다. 기술이 주도하는 고효율 사회의 영향 가운데 거의 고려되지 않는 것이, 어떻게 발생 속도가 치명적인 영향으로 상황이 아예 잘못될 위험을 증가시키는가다. 당연하게도, 다양한 분야의 학자와 재계의 리더와 정부의 관료 들이 미래의 위험을 완화하는 데 몰두하고 있다.

　　여기에 AI와 분석을 이용한다. 이 분야의 주요 작업은 대개 예측에 중점을 둔다. 상업 영역이 특히 대표적이다. 목표는 과거의 욕구와 성향을 기반으로 소비자가 인지하기도 전에 잠재적인 욕구를 예측하는 것이다. 음악과 영화 산업은 거의 20년 전부터 데이터 마이닝을 활용해 노래나 영화를 출시하기 전에 상업적 성공을 분석하고 예측해 왔다. 플래티넘 블루 뮤직 인텔리전스와 에파고긱스 같은 회사들이 바로 이런 예측 사업으로 성공했다. 상업 전반에서 기업들은 과거의 관심이나 구매가 출시 예정 제품이나 서비스와 가장 잘 들어맞는, 즉 최상의 가망 고객으로 구성된 특정 인구 집단에 도달하기 위해 광고와 마케팅에서 분석과 알고리즘을 이용해 같은 작업을 수행한다.

학자들 사이에서는 예측 분석 관행이 예술과 엔터테인먼트, 제품 및 서비스 등의 새로운 장르가 이 게임에 참여해 바람직한 것에 대한 기존 방식을 깨지 못하게 해서 미래로 가는 문을 좁히는 상황을 놓고 활발한 논쟁이 벌어지고 있다. 예측 분석은 종종 잠재적 참가자들을 과거의 선호와 성향에 기초한 생태계에 가둠으로써 그들의 주체성을 위축시킨다.

미시건대학교의 디지털 연구학 교수인 존 체니-리폴드(John Cheney-Lippold)는 대중의 주체성을 지휘하고 관리하고 강탈하려는 목적의 예측 분석에 관해 이렇게 설명했다.

"인공두뇌의 분류는 우리가 누구인지, 무엇을 원하는지, 어떤 사람이 되어야 하는지 등을 알려 준다. …… 그리고 궁극적으로 우리에게 전과는 사뭇 다르게 자유에 대해 생각하기를 요구한다. …… 우리는 온라인에서 우리가 누구인지 정의하는 데 사실상 통제력을 상실하고 있으며 구체적으로는 우리의 정체성을 구성하는 범주의 의미에 대한 소유권을 상실하고 있다."[69]

2017년에 퓨 리서치 센터가 한 설문 조사에서 사회 전반의 전문가들에게 연락해 '알고리즘의 장단점'에 대한 의견을 구했다. 그들은 수백만 명에 이르는 사람들이 자기 삶을 어떻게 정의하는지를 잘 이해하기 위해 자료를 수집하고 분석해서 알고리즘을 생성하는 데 이점이 많다고 인정하면서도 하나같이 거기 따를 수 있는 문제를 우려했는데, 대표적으로 중요한 사항을 추리면 세 가지 문제로 요약할 수 있다.

첫째, 알고리즘이 프로그래머와 데이터 세트의 편향을 반영한다. 둘째, 알고리즘 범주화가 분열을 심화한다. 셋째, 알고리즘은 기업의 자료 수집가가 형성하는 필터 버블(filter bubble: 인터넷 정보 제공자가 이용자에게 맞춤형 정보만 제공해서 생길 수 있는 한계나 편향성을 가리킨다.─옮긴이)과 사일로를 생성한다. 이는 사람들이 더 폭넓은 아이디어와 신뢰할 수 있는 정보에 노출되는 것을 제한하고 우연성을 제거한다.[70]

특히 흥미로운 것은 전문가들의 의견에서 효율성과 이익, 주체성의 상실이 언급된 횟수다. 퓨 리서치는 "알고리즘이 데이터 모델링 및 분석으로 생길 수 있는 사회적 영향에 대해서는 충분히 고려하지 않은 채 주로 효율성과 수익성을 최적화하기 위해 생성되고" 있다는 것에 대한 폭넓은 동의를 확인했다.[71] 응답자 중 상당수는 "알고리즘 생성 과정에서 인간이 '입력'으로 고려될 뿐, 생각하고 느끼고 변화하는 실제적 존재로 여겨지지 않는다"고 생각했다.[72] 한 응답자는 "알고리즘은 정확성이나 공정성보다 효율성을 중시하고, 시간이 지남에 따라 진화하면서도 처음에 그것을 발전시킨 우선순위를 고수할 것"이라며 문제의 깊숙한 부분까지 고찰했다.[73]

예측 분석이 수십억 명의 미래 주체성을 제한하지만, 선제적 분석에 비하면 다소 순한 편이다. 이제 초효율성이 시간 경과에 따라 전에 본 적 없는 규모의 위험으로 바뀌는 영역을 살펴보자.

9·11테러의 여파가 여전히 맹위를 떨치던 2002년 6월 1일, 미국의 육군사관학교 웨스트포인트의 졸업식에서 조지 W. 부시(George W. Bush) 미국 대통령이 생도 앞에 섰다. 대통령은 임관을 앞둔 이들의 경각심을 일깨웠다.

"만약 우리가 마냥 기다리기만 하면 위협이 완전히 실현될 것입니다. …… 우리는 적과 전투를 벌이고, 적의 계획을 방해하고, 거대한 위협이 나타나기 전에 통제해야 합니다. …… 우리의 안보를 위해 모든 미국인이 미래를 내다보고 단호한 태도를 가져야 하며 필요한 경우 선제적 조치를 취할 준비가 되어 있어야 합니다."[74]

당시 부시 대통령의 연설에 많은 관심을 기울인 언론인이 거의 없고, 일반인은 그보다 더 적었다. 하지만 이렇게 공식적인 '선제적 조치'의 도입이 군사전략과 외교정책의 근본적인 변화뿐만 아니라 경제적인 문제와 시민사회의 활동으로 빠르게 흘러 들어가 공공의 안녕과 사회정책에 영향을 미칠 거버넌스의 근본적인 변화까지 의미했다.

이날 부시 대통령은 미국에 이어 다른 국가와 국민을 알려지지 않은 미지의 영역으로 데려갔다. 알 수 없는 미래의 위험에 대처할 유일한 방법은 일어날 가능성이 있다고 '상상되는 사건'을 선제하는 것뿐이다. 가까운 미래 또는 먼 미래에 발생할 수 있는 사건에 현재 개입해서 그 발생 자체를 막는다는 것이다.

하지만 선제 논리는 그 자체에 상충하는 면이 있다. AI 분석가는 미래 시간대 어디에선가 일어날 수도 있는 상상된 해로운 사건에 관한 알려지지 않은 미지의 정체를 드러내기 위해 과거 데이터 영역을 검색하고 사건이 일어나기도 전에 현재의 대응을 착수시킨다. 그러나 과거 데이터는 아직 발생하지 않은 미래를 감지할 가능성이 적기에, 알려지지 않은 미지의 발견에 도움이 될 만한 일련의 적절한 정보를 제공하지 못한다. 둘째, 선제는 가상의 사건에 대해 취하는 행위의 형태라서 '그것'이 유일한 사건이 된다. 그리고 그럼으로써 선제공격은 무언가에 대한 반응이 되기 전에 실제 보복 대응을 일으키는 조건을 창출한다. 아이러니하게도 선제는 미래의 위험을 미리 제압한다는 미명하에 예방하고자 하던 바로 그 위험을 창출해 지금 여기에서 혼돈의 씨앗을 뿌린다.

9·11테러 이후, 빅데이터와 분석을 이용해 알려지지 않은 모르는 것을 발견하고 선제를 촉발하는 데 쓸 수 있는 알고리즘을 만드는 작업이 시작되었다. 특히 대도시들은 알려지지 않은 모르는 미래의 위험을 식별하기 위해 '예측형 보안 계산법'에 점점 더 의존하고 있다. 프로토콜은 상시(24/7) 알고리즘 감시체계를 확립하고 시민들의 성향과 활동, 이동 등에 대해 방대한 실시간 데이터를 제공한다. 그리고 데이터와 그에 따른 분석 정보로 (선제가 범죄 및 반사회적 활동을 저지하는 효율적인 수단이라는 추론하에) 잠재적 위험이 발생하기 전에 개입하고 선제적 조치를 취한다.

정부가 주도하는 감시와 선제는 주로 공공 안전에 대한 위협 및 위험으로 여겨지는 잠재적 범죄 활동과 사회운동을 목표로 삼는다. 하지만 사회학자들은 위험한 사람과 위협적인 활동에 대한 결정이 데이터를 수집하고 알고리즘 프로그램을 짜는 분석가 때문에 종종 편향된다는 점을 지적한다. 고정관념에 따라 주로 소수인종 및 소수민족과 빈곤 지역, 자유주의 및 좌파적 저항운동, 심지어 동물권 운동에 대한 감시를 목표로 삼을 수 있다.

선제적 거버넌스는 분석가들이 '미래 진단법(futuring)'이라고 부르는 것, 즉 일반적으로 도시의 선제 개입을 중심으로 조직된 새로운 유형의 '예측형 거버넌스'라는 기치 아래 부상하고 있다. 최근 몇 년 사이에 선제적 개입이 필요한 위험을 불러올 수 있는 상황에 대한 실시간 감시에 대중을 참여시키는 다양한 상용 앱이 산발적으로 도입되었다. 이 앱들은 범죄율이 높거나 조명이 취약한 지역, 버려진 건물이나 노숙자가 많은 거리를 걷거나 운전하는 사용자에게 이를 알리고 '안전하지 않은 동네'라고 조언한다. 앱 사용자는 이런 지역을 지나는 동안 받은 인상이나 관찰한 내용을 (데이터베이스에 추가할 수 있도록) 플랫폼에 문자로 보내라는 권유를 받는다.

몇 년 전 마이크로소프트가 내비게이션 중심 앱인 보행 경로 생성 체계에 대한 특허를 받았다.[75] '위험한' 동네를 우회하도록 보행자 경로를 다시 지정해 주는 앱이다. 이런 앱의 상당수가 대중, 특히 사회적 혜택을 가장 덜 받은 지역에 형성된 소수인종 공동체의 분노를 불러일으켰다. 결국 이런 플랫폼은 자발적으로 철수하거나 명백히 차별적인 부분을 제거하거나 은폐라도 하는 쪽으로 재설계 과정을 밟지 않을 수 없었다.

선제적 조치는 특히 시위나 폭동, 약탈 등을 포함하는 잠재적 폭력의 확산 위험을 제기하는, 알려지지 않은 모르는 것과 관련된다. 그 대상이 되는 집단과 그들이 차지하는 공간에는 경찰의 순찰 같은 감시체계의 강화나 잠재한 부정적 활동을 예방하기 위한 야간 통행금지 또는 특정 거리의 폐쇄와 같은 조치들이 배정된다.

정부와 일반 대중이 현재의 기회를 증진하는 것보다 미래의 위험을 선제하는 데 신뢰를 더 많이 품게 되었다는 사실은 감정적, 사회적 사고방식의 근본적인 변화를 나타낸다. 그러나 이런 거버넌스 변화의 정치적 영향이 민주적 법체계의 핵심을 파고드는 골치 아픈 문제를 제기한다. 오타와대학교 법학부의 윤리 및 기술 연구 의장인 이언 커(Ian Kerr)는 《스탠퍼드대학 법률 리뷰(Stanford University Law Review)》에 실은 글에서 이렇게 주장한다.

선제 전략의 보편화는 무죄 추정의 원칙을 포함해 우리의 가장 기본적인 법리 건전성 책무 중 일부에 도전이 될 수 있다. 빅데이터가 사회의 선제적 의사 결정이라는 보편화 전략을 가능하게 한다. 이런 전략 때문에 개인은 수집된 정보나 자신에 대한 추정과 관련해 의견을 피력하거나 이해의 폭을 넓히거나 참여하거나 대응할 수 없다. 빅데이터가 우리가 모르는 사이에 우리와 관련된 주요 결정에 활용되는 경우 사회의 선제적 의사 결정은 개인 정보 보호와 적법 절차의 가치에 뚜렷이 반대되는 것이 된다.[76]

선제는 다른 사람들의 미래를 확장된 잠금 상태로 유지하고 특정 인구가 자기 나름의 의제에 따라 주체적으로 행동하는 것을 막아 궁극적으로 권한 강탈의 수단으로 작용한다.

지난 세기에 뻗친 테일러주의의 막대하지만 비극적인 영향력은 의심할 여지가 없다. 복잡한 지구 시스템의 일부로 작용하는 거의 모든 것이 효율성과 이윤의 이름으로 몰수되고 상품화되고 생명 유지 장치에 투입되었다. 효율성의 복음은 우리가 아는 자본주의 체제의 붕괴를 이끌고 있다. 이제 그 부분에 대해 살펴보자.

6

자본주의의 딜레마: 효율성의 증가,
노동자의 감소, 소비자 부채의 증가

효율성이라는 복음을 전파한 사람들은 전문적인 통찰력을 다 갖추고도 과학 경영 원칙을 산업 생산에 적용하는 과정의 첫머리부터 명백히 드러난 모순을 보지 못했다. 테일러는 노동자들을 기계의 관리나 상거래의 요소에서 가장 간단한 작용조차 이해하지 못하는 멍청한 인력으로 치부했지만, 그들은 적어도 인건비를 줄이면서 갈수록 싼 제품의 대량생산을 재촉하는 방식의 결과는 이해했다. 세계 어디에서든 노동자들은, 더 적은 시간에 더 많은 것을 생산하는 것이 더 효율적이기는 해도 갈수록 더 적은 수의 노동자가 필요해진다는 것을 의미하며 이는 더 적은 노동인구와 더 많은 실업자로 이어진다는 사실을 깨달았다.

1920년대 중반 미국의 산업은 고도의 효율성을 자랑하며 잉여 인력은 해고하고 계속 일하는 직원에 대한 보상은 엄격하게 관리해 인건비를 절약하면서 갈수록 많은 제품을 갈수록 적은 비용으로 생산하고 있었다.

소비 위기

    노동자들의 우려는 사실무근이 아니었다. 과학 경영의 도취감과 효율성의 복음은 소비 위기에 정면으로 부딪쳤다. 노동인구가 줄어들고 직장을 잃지 않은 노동자들은 더 적은 급여를 받게 되면서 제조업체의 재고가 심하게 늘고 소매업체의 금전등록기가 닫히다시피 했기 때문이다. 헨리 포드(Henry Ford)는 현대식 조립라인의 효율성이 불러온 '소비 결핍'을 남보다 일찍 깨치고 "미국 기업들이 급여를 관대하게 인상하고 주당 노동시간을 줄여야 한다"는 전례 없는 개념을 동료 자본가들에게 제안했다. 그러지 않으면 "누가 우리 차를 사겠는가?"라는 고민이 그에게 있었다.[1]

    포드는 제안을 실행에 옮겨 하루 8시간 노동제를 자기 회사에 도입했다. 다른 대기업들도 마지못해 그의 뒤를 따랐다. 포드는 직원들의 임금도 인상했는데, 인건비를 줄이고 회사의 수익을 늘리기 위해 더 저렴하고 효율적인 기술을 도입하는 데 중점을 둔 효율성 복음에 얽매인 다른 기업 리더들이 이것만큼은 완강하게 반대했다.

    전미제조업협회(NAM)는 대중을 향해 "구매자 파업을 끝내 달라"고 호소했지만, 협회 회원들은 계속 "생산성이 떨어지고 유지할 가치가 없는" 노동자를 더 저렴하고 효율적인 기계로 교체했다. 1925년에 미 의회가 이 문제에 개입해 상원 교육노동위원회에서 고질적 실업에 대한 청문회를 열고, '기술 향상'이 실업의 주요 원인이라고 결론지었다. 상원 위원회 보고서에 따르면, 해고된 사람들이 전보다 오랫동안 실업 상태를 유지하고 재취업 때 전보다 적은 급여를 받는 것도 큰 문제였다.[2]

    한편 기업계는 노동운동의 증가하는 전투성을 진정하려고 마지못해 하루 8시간 노동 체제에 동참했지만, 임금 인상에는 주저하며 계속해서 인간 노동력을 그보다 효율적인 기계로 대체해 소비 수요를 더욱 약화했다. 그리고 그들은 노동자들이 구매에 나서도록 유인할 새로운 방법을 모색했다.

현대적 광고 산업이 (미래는 개의치 않는) 당장의 '좋은 삶'에 대한 전망을 제시하고 노동자들이 오랫동안 간직한 기독교적 가치인 검소한 생활(분수에 맞는 생활)에서 멀어지게 하기 위해 심리학 분야의 새로운 통찰력을 빌려서 본격적으로 등장한 것이 바로 이때다. 인기 잡지들이 순간의 아메리칸드림을 실현하며 살아가는 새로운 남녀상으로 지면을 도배하기 시작했다. 광고는 사람들의 자아를 전통적인 책임과 관계보다 물질적 소유와 주변 환경으로 재정의하는 작업을 맡았다. 개인의 '특징'은 '개성'보다 덜 본질적인 의미를 띠게 되고 후자는 점점 더 많은 소유물로 둘러싸이고 치장되었으며, 한때 최고 부자들만 누리던 생활 방식이 누구나 즐길 수 있는 것으로 인식되었다.

광고 업계는 사람들을 '불만스러운 소비자'로 만들어야 한다는 것을 깨달았다. 그래야 그들이 더 새롭고 더 좋고 더 나은 것을 원할 터였다. 오랫동안 포드자동차에 밀려 2인자로 머물렀던 제너럴모터스(GM)가 바로 이 새로운 광고 전략을 앞장서 수용해 우위를 차지하게 되었다. 포드는 모델 T를 대중에게 선보일 때 이렇게 말했다. "어떤 고객이든 자신이 원하는 색상의 자동차를 보유할 수 있습니다. 그것이 검정이라면 말입니다."[3] 이와 대조적으로 GM은 다양한 색상의 다양한 차량을 제공하며 해마다 모델을 바꿔 고객이 구형 차에 불만을 느끼고 최신형을 갈망하게 만들면 매출을 늘리고 포드를 추월할 수도 있다는 사실을 깨달았다. GM의 찰스 케터링(Charles Kettering)은 경제적 번영의 열쇠가 "불만족스러워하는 소비자를 유지하는 것"이라고 주장했다.[4]

재계는 변경 사항이 외형뿐이거나 미미하더라도 새로운 모델, 새로운 버전을 출시하는 것이 구매를 선동하는 최고의 방법임을 알게 되었다. 상업광고가 소비자의 구매를 재미없는 일에서 매혹적인 경험으로 변화시켰다. 기업들은 자사 제품이 소비자들의 마음속에 '새롭고 개선된' 상품으로 자리 잡게 하면서 소비를 '남에게 뒤지지 않으려 애쓰는' 게임, 가장 현대적인 최신식 일상을 도모하는 게임으로 바꿨다.

하지만 광고계는 소비 증진에 대한 합의를 완성하기 위해 두 번째 갈래가 필요했다. 그들이 당시 미국으로 몰려들던 새로운 이민자 가정에서 자발적인 먹잇감을 발견했다. 이민자 부모의 미국 태생 1세대 자녀들은 아메리칸드림의 실현을 열망했다. 광고 업계는 이들의 열망과 (이민자 부모의 검소한 생활 방식과 구식 관습에 대한) 당혹감을 이용해 매장 판매 의류와 노동 절약형 최신 가전제품으로 유인했다. 또한 영화와 라디오라는 새로운 매체를 이용해 한층 더 관능적이고 물질주의적인 문화를 선보이며 미국의 새로운 자손들이 소위 '소비 복음'의 일부가 되도록 준비시켰다.

1929년까지 이렇게 광고가 소비라는 개념 자체를 필수적인 것에서 쾌락주의적 갈망으로 완전히 바꿔 놓았다. 이해에 허버트 후버(Herbert Hoover) 대통령 정부 산하 '최근 경제 변화 위원회(Committee on the Recent Economic Changes)'는 영리한 광고 업계가 고작 몇 십 년 만에 일으킨 인간 심리의 변화에 대한 보고서를 발표했다. 내용은 이랬다.

"우리의 설문 조사는 오랫동안 이론상 사실로 여겨진 것, 즉 욕구는 만족할 줄 모른다는 것을 결정적으로 증명했다. 욕구 하나가 충족되면 다른 욕구가 생긴다. 결론은, 우리 앞에 경제적으로 무한한 분야가 열려 있다는 것이다. 새로운 욕구가 충족되는 만큼 빠르게 새로운 욕구가 생겨나기 때문이다. …… 광고와 여타 판촉 장치를 통해…… 측정할 수 있는 생산 견인력이 생겼다. …… 계속 활동을 증대할 수 있을 것 같다.

······ 우리의 상황은 운이 좋았고 추세는 주목할 만하다."[5]

길을 막는 유일한 것은 아메리칸드림에 합류할 자격을 얻는 방법이었다. 자본주의 체제가 신용거래라는 형태로 그것을 제공했다. 그것의 이름은 할부거래다. 19세기에 값비싼 품목인 가구를 할부로 신용 구매하는 경우가 증가했다. 싱어 재봉틀은 할부로 구매할 수 있는 최초의 가정용 기기 중 하나였다. 이 회사는 일찍이 1850년대에 이런 자금 조달 방식을 도입했다. 1920년대에는 할부 대출이 자리 잡기 시작했다. 할부거래 사다리의 꼭대기에 당시 가장 비싸고 귀한 소유물이던 자동차가 있었는데, 그 어떤 것보다 아메리칸드림 실현의 전형으로 여겨졌다. 1924년에 판매된 자동차의 75퍼센트가 할부 대출로 구입 자금이 마련된 경우였다.[6]

화려함과 좋은 삶에 대한 전망을 찬양하는 대중 광고는 사회평론가인 크리스토퍼 래쉬(Christopher Lasch)가 "나르시시즘 문화"[7]라고 부른 현상을 불러일으켰다. 새로운 시대는 할부거래를 통해 신용을 연장하고 대량 소비로 가는 길을 제공함으로써 줄어드는 임금과 불완전고용을 보상했고, 산업은 이에 힘입어 효율성의 복음에 다시 생명을 불어넣고 생산 속도를 높이며 기계류를 계속 돌려 수익을 창출할 수 있었다.

이런 소비 잔치는 1929년 주식시장의 폭락으로 막을 내렸다. 1930년대 대공황기 동안 할부 신용은 활기를 잃었다. 고용된 노동자의 수가 너무 적었기 때문이다. 하지만 그때에도 그들이 줄어든 급료를 꾸역꾸역 집에 가져왔다. 근검절약이 호기롭게 돌아왔다. 이번에는 미래를 위해 저축하는 게 아니라 거리로 내몰리지 않기 위해 아끼는 모양새였다.

소비 수요가 급감했는데도 미국 산업계는 대공황기 내내 저렴하고 효율적인 기술로 노동자를 대체했다. 1938년의 한 연구는 노동 인시(人時) 감소의 51퍼센트가 생산량 감소의 결과고, 무려 49퍼센트는 생산성 증

가와 노동력 대체가 원인이라는 것을 보여 주었다.[8]

효율적인 기술과 생산성 향상이 노동자 수 감소로 이어진다는 점을 고려할 때 사회는 둘 중 하나를 선택할 수밖에 없었다. 인력을 줄이거나 주당 노동시간을 줄이는 것이었다. 대부분의 기업은 전자를 계속 선호했지만, 노동자 수 감소는 곧 급료와 구매력의 감소를 의미했기 때문에 '누워서 침 뱉기'와 같았다. 아무리 할부거래를 한다고 해도 소비 여력이 부족한 상황에서는 매출이 늘 수 없었다. 결국 몇몇 기업이 이를 악물고 하루 6시간, 주당 30시간 노동제를 채택해 일을 나누고 사람들을 계속 고용하기로 했다. 소비가 활성화되고 경기가 살아나기를 기대하면서 말이다.

당시 주당 30시간 노동제로 전환한 미국의 주요 기업은 켈로그, 시어스, 로벅, 스탠더드오일, 허드슨모터스 등이었다. 켈로그는 한 걸음 더 나아가 남성 노동자의 최저임금을 일일 4달러로 인상해 매일 두 시간씩 일을 덜 하는 데 따르는 급료 손실을 메워 주었다.[9] 곧이어 주당 30시간 노동을 의무화하는 연방법이 미 하원을 통과했고 상원에서도 통과되기에 충분한 잠재적 표를 확보했지만, 프랭클린 루스벨트(Franklin D. Roosevelt) 대통령이 거부권을 행사하는 바람에 무산되었다.

고용주들이 진보된 기술로 노동자를 계속 교체함에 따라, 새로 집권한 루스벨트 정부는 사람들을 직장으로 복귀시키고 소비자 지출을 북돋우며 경제를 활성화하기 위해 세간의 이목을 끄는 일련의 정부 후원 및 자금 지원 프로그램을 출범시켰다. 바로 뉴딜 정책이다. 뉴딜의 개별 정책이 어느 정도 구원이 됐지만, 미국 산업의 생산 역량에 어울리는 수준으로 소비지출을 되살리기에는 충분하지 않았다. 결국 많은 업체가 도산하고 파산을 선언했다.

이 모든 과정에서 기술은 계속 작업장을 개조하고 생산능력을 향상했지만, 산업계는 재고를 정리하기에 충분한 수요를 여전히 찾을 수 없었다. 대담한 계획이 모두 뉴딜에 투입되었어도 미국은 2차세계대전에 참가하고 전시 생산에 경제를 동원할 때까지 불황의 늪에서 빠져나오지 못하고 있었다. 미국의 참전으로 미국인 수백만 명이 군대에 합류하면서 다른 수백만 명, 특히 여성들이 보수가 좋은 방위산업 분야에서 일하게 되었다.

전쟁 관련 산업 노동자들의 소득은 다시 증가했지만, 가격통제와 배급제 때문에 각 가정이 대공황 전에 누리던 것과 같은 수준으로 구매하고 소비할 수는 없었다. 모든 소비자 구매 중 7분의 1을 차지하는 수십여 가지 기본 재화가 배급 대상이라서 소비지출이 억제되었다.[10] 전쟁을 치르는 동안 광범위한 배급제로 일상생활 자체가 전반적으로 보류되면서 가계저축이 늘어났다. (쓰지 못한 채 억눌린) 미국 가정의 저축액은 전쟁이 끝나자마자 유용해졌다.

잃어버린 세월에 대한 만회를 갈망하던 돌아온 용사들이 1950년대 후반부터 새로운 주간 고속도로 체계의 출구를 따라 펼쳐지던 교외에서 연방주택국(FHA)의 부동산담보대출을 통해 주택을 구입하는 대열에 합류했다. 미국의 주간 고속도로 체계는 역사상 가장 비용이 큰 공공 건설 사업으로 기록되었다. 교외가 아메리칸드림을 다시 불러일으켰다. 이번 아메리칸드림은 '교외 가정생활'이라고 불리게 되는 현상을 따라 펼쳐졌다.

교외의 카멜롯

미국 산업계는 전쟁 때문에 동원되었을 때 보인 것과 같은 활력과 열정으로 교외 경제를 활성화했다. 교외에 사는 가족은 여전히 도시에 거주하는 가족보다 자동차를 한 대 이상 가질 가능성이 두 배 더 높았다.[11] 교외는 패스트푸드 체인점과 쇼핑몰, 테마파크 등의 도입으로 대중의 새로운 생활을 창출했다. 주간 고속도로가 미국인들에게 새로운 여행 유형, 즉 자동차 여행의 문을 열어 주었으며 이것이 다시 자동차 판매의 증가로 이어졌다. 미국인들이 자국의 광대한 자연과 다양한 문화를 즐기기 위해 길을 나서면서 모텔과 관광 명소가 여기저기 생겼다.

교외 생활과 함께 소비의 복음은 걷잡을 수 없는 해일이 되었다. 30년에 걸친 전국 주간 고속도로 인프라 건설과 함께 일자리가 빠르게 늘어나고 급여도 넉넉해졌다. 온갖 유형의 노동자들이 교외 건설을 위해 소집되었다. 그러나 수백만 명의 미국인이 누리는 새로운 번영도 텔레비전이라는 새로운 매체를 통해 광고가 자극하던, 만족할 줄 모르는 교외의 욕구를 따라잡기에는 충분하지 않았다. 1950년에는 미국인의 9퍼센트만이 TV를 가졌지만 1978년에는 91퍼센트의 가정에 TV가 있었다.[12] 대부분의 미국인이 TV라는 매체에 중독되었다. 닐슨의 시청률 보고서에 따르면 2009년 기준으로 평균적인 65세 미국인은 하루 평균 4시간, 주당 28시간 동안 TV를 시청해 평생 9년이나 되는 시간을 TV 앞에서 보낸 셈이다. 게다가 TV 광고는 200만 편 넘게 본 것으로 나타났다.[13]

TV는 무료 프로그램이 매력이었다. 각 지역의 TV 방송국과 네트워크는 광고로 수익을 올렸다. 매우 실제적인 의미에서 TV는 무엇보다 '모든 거실에 세일즈맨'을 두는 광고매체였으며 부차적으로 잠재 소비자를 끌어들이기 위한 미끼 구실을 하는 엔터테인먼트 매체였다. 이것은 효과가 있었다. 이 매체가 미국인 수백만 명을 TV 시청에 중독시키면서 물건과 경험을 더 많이 구매하는 데도 똑같이 중독되도록 조장했다. 소비의 복음이 제2의 삶을 누렸다.

교외의 꿈이 그리 길지 않게 펼쳐지는 동안, 집에 가져오는 급여가 증가했어도 구매 중독을 따라잡을 수는 없었다. 금융계는 신용카드와 리볼빙 신용 도입이라는 해결책을 가까스로 찾았다. 리볼빙 신용 시스템은 사실 백화점이 처음 도입했다. 고객이 구매 대금 중 미지불 잔액에 대해 이자를 내고 그 상환을 연기할 수 있는 시스템이다. 대형 백화점은 사실상 은행이 되었고, 종종 고객의 리볼빙 신용 계좌에 부과하는 이자로 판매 수익만큼 많은 이윤이 생겼다.[14]

1960년대에 접어들 무렵 은행과 대형 금융회사는 백화점들이 이용하던 리볼빙 신용 시스템에 주목하기 시작했다. 신용카드 발급에 대한 이들의 10년 전 실험은 대체로 성공적이지 않은 것으로 판명됐지만, 거대한 신용 시장의 가능성을 감지한 은행들이 두 번째 단계를 고려하고 있었다. 잠재적인 위험이 있지만, 그들은 교외 중산층 가정이 새로운 생활 방식에 자금을 대기 위해 부채에 기대면서도 일반적으로 시간이 지나면 원금을 갚는 데 성공하고 있다고 추론했다.

1958년에 뱅크오브아메리카가 뱅크아메리카 카드로 새로운 단계에 처음 뛰어들었다. 10년 뒤 이 카드는 비자로 이름을 바꿨다. 1966년에는 캘리포니아은행컨소시엄이 마스터카드를 도입했다. 신용카드는 1970년대에 본격적으로 확산했다. 신용카드가 많은 상품과 서비스에 적용되면서 현금과 수표를 빠르게 대체했다. 백화점과 달리 은행과 금융기관은 소비자 신용에 대규모 자금을 댈 만큼 넉넉한 주머니가 있었다. 신용카드가 이렇게 부채 시장의 판도를 바꿨다.

한도 없는 리볼빙 신용은 (은행이 아닌) 소비자가 대출 한도를 결정하게 함으로써 대출자와 차용인의 관계를 근본적으로 바꿨다. 소비자가 리볼빙 신용 한도를 높일수록 신용카드 회사에 더 많은 수익이 발생한다는 것을 깨달은 은행은 기꺼이 이런 방식에 합의했다. 주로 중산층인 잠재적 카드 사용자가 자격이 되는지 확인하기 위해 은행에서 배경 조사를 엄격히 하면 위험을 관리할 수 있는 것처럼 보였다.

하지만 바로 이 시기에 금융계가 도박에 나섰다. 그 전에는 대출이나 신용카드를 받을 자격이 없던 미국인 수백만 명에게 소비자 대출을 확대한 것이다. 이 새로운 일탈이 '서브프라임 대출'이라고 불렸다. 수익성을 높이기 위해 은행과 신용카드 회사들이 가난하거나 제대로 고용되지 않았거나 빈곤 지역 출신이거나 위험 요소를 판단할 신용 기록이 거의 또는 전혀 없어서 배제되던 미국인들 중 26퍼센트에게 신용카드를 제공했다. 이런 식으로 신용카드를 갖게 된 사람들은 '금융 정보 부족(thin file)' 고객으로 분류되었다.[15] 서브프라임 신용카드 대출에 위험이 내재했는데도 미국의 금융계와 산업계는 점점 더 많은 소비자 지출을 촉진하기로 결정했다.

노동의 종말

한편 2차 산업혁명 인프라를 완성하는 데 걸린 30년 세월과 그 과정에 수반된 고임금 일자리는 산업 전반에 조용히 펼쳐지고 있던 사뭇 다른 현상을 은폐했다. 그 현상은 블루칼라와 화이트칼라 모두에게 영향을 미치며 그들의 지위를 약화하고 있었다. 이와 더불어 전체 직업 범주가 사라지면서 경제와 사회의 미래에 대한 암울한 암시로 수백만 미국인의 생계를 위협하는 지경이 되었다.

고용의 새로운 구김살은 1943년 매사추세츠공과대학교의 수학자 노버트 위너(Norbert Wiener)가 기계가 생각하고 학습하고 피드백을 통해 행동방식을 조정하는 방법에 대해 기술적 설명을 제공하는 사이버네틱스

(cybernetics) 이론에 관한 논문을 《과학론(*Philosophy of Science*)》지에 발표하던 때로 거슬러 올라간다. 사이버네틱스에 대한 위너의 설명은 훗날 컴퓨터화 시대와 그 뒤 AI 시대를 여는 데 과학적, 기술적 틀이 되었다. 그는 "살아 있는 개인의 신체적 기능과 새로운 의사소통 체제 일부의 작용이 아주 닮았다"고 주장했다.[16]

위너는 더 효율적인 스마트 기계가 산업 및 상업 분야에 끼칠 심오한 영향을 알고 있었고, 그래서 이렇게 경고했다. "자동기계는 경제적으로 노예노동과 꼭 맞는 등가물이다. 노예노동과 경쟁하는 어떤 노동이든 노예노동의 경제적 조건을 받아들여야 한다."[17]

그의 선견지명이 담긴 예언은 곧 실현되었다. 1950년대 후반 1세대 수치제어 기술이 공장에 도입되어 산업 생산 자동화의 시작을 알렸다. 그 뒤 수십 년 동안 경제생활의 모든 측면에서 컴퓨터화와 자동화가 빠르게 전개되면서 비숙련 노동부터 제거한 다음 숙련 노동과 사무직 노동, 전문직 노동을 차례로 제거했다. 1990년대에 이르자 노동의 본질에서 일어난 혁명이 경제의 많은 부문에서 일자리를 없애기 시작했다는 것이 분명해졌다(내가 1995년에 펴낸 『노동의 종말(*The End of Work*)』을 참조하라).

그 뒤로 로봇공학과 컴퓨터화·AI의 발달에 따른 수백만 노동자의 대체는 효율성 복음의 속도를 극적으로 높였고, 모든 나라에서 벌어진 노동자의 실업과 빈곤화는 소비 위기를 심화했다. 이에 따라 각국이 구매를 독려하기 위해 소비자의 부채를 계속 늘려 주는 식으로 임시방편 처방을 내렸지만, 소비 위기가 극심한 탓에 이런 처방이 오히려 사회적 시한폭탄이 되었다. 1990년대 초 약 8퍼센트였던 가구당 평균 저축률이 그 뒤 몇 년 사이에 급락해 2000년에는 1퍼센트가 되었다.[18]

미래를 담보로

자동화 혁명이 절정이던 바로 이때 또 다른 파괴적 세력이 힘을 모으고 있었다. 1997년 주택 시장에 도입된 서브프라임 모기지가 바로 그것이다. 이 새로운 서브프라임 대출은 미국 경제와 사회를 험난한 길로 몰아넣으며 빠르게 다른 나라들로 퍼져 역대급 버블현상(실물경제의 활성도와 상관없이 물가·부동산 시장·주식시장이 과열되는데, 기업의 생산 활동보다는 투기나 사치성 소비에 돈이 쏠리는 특징이 있다. ─옮긴이)을 일으키다 2008년 늦여름에 결국 터지고 말았다. 월가와 금융계는 서브프라임 모기지 대출에 거대한 폰지 사기의 특징이 다 있다는 것을 부지불식간에 알았지만, 경제학자 존 메이너드 케인스(John Maynard Keynes)가 설파한 '야성적 충동(animal spirit)'에 사로잡혀 눈앞의 우려와 향후의 심판을 무시해 버렸다. 금융계와 월가, 주택 업계의 거의 모든 사람이 흐름에 편승해 한몫 잡는 데만 혈안이었다.

서브프라임 모기지는 계약금이나 보증금 같은 선금은 거의 요구하지 않는 대신 시간이 지날수록 이자율이 높아지는 구조라서, 그 전까지 수입과 신용 면에서 자격 미달이던 신규 구매자 수백만 명이 미끼를 물고 자기 능력을 넘어선 주택 구입에 나서게 할 수 있었다. 주택 시장에 붐이 인 것이다. 2000년부터 2006년까지만 봐도 서브프라임 모기지가 시장에서 차지하는 비율이 오랫동안 유지하던 8퍼센트 선을 벗어나 거의 20퍼센트가 되었다.[19] 투기가 성행했다. 거주가 아닌 투자를 위해 주택을 구입하는 개인 투자자 비율은 2006년에 20퍼센트였다가 단 1년 만인 2007년에는 35퍼센트로 증가했다.[20] 신규 주택 구매자도 투기자가 되어, 종종 주택을 구입한 뒤 더 많은 응찰자가 시장에 진입해서 부동산 가치가 상승하면 가치가 더 높은 다른 주택으로 갈아타고, 이렇게 마련한 새집의 가치가 높아지면 또 갈아타기를 반복하는 경우가 있었다. 미국의 일부 지역에서는 주택의 가치가 두 배로, 심지어 세 배로도 뛰었다.

이렇게 부풀던 부동산 거품이 2008년에 터졌다.[21] 주택 가격이 폭락했다. 폭주하던 주택 시장의 거품 꼭대기에 올라타 지출을 늘리고 부채의 늪에 깊이 빠져 있던 미국인 수백만 명은 심판의 날이 온다는 생각을 전혀 못 했고, 몇 년간 유예되던 기한이 다가온 모기지의 이자를 지불할 수 없는 처지가 되었다. 미국 전역에서 주택 압류 사태가 벌어졌다. 은행과 여타 대출 기관들은 파산에 직면했다. 리먼브라더스를 필두로 월가의 주요 기업 중 일부가 몰락했다. 수십억 달러에 이르는 서브프라임 모기지 채권과 대출을 보유하고 있던 AIG는 파산 위기에 몰렸다. 은행은 대출을 동결했고, 미국 경제는 대공황 이후 가장 심각한 경제 붕괴로 멈춰 섰다. 이 붕괴에는 '대침체(Great Recession)'라는 영원한 낙인이 찍혔다.

미국 금융계의 거물급들은 "너무 커서 도산시킬 수 없다"는 논리를 내세운 연방정부는 7000억 달러로 월가를 구하러 나섰다. 거품을 일으킨 월가의 기업들은 큰 상처 없이 화를 피했는데, 수백만 미국 가정과 노동자 들은 말 그대로 버려졌다. 2009년 말 실업률이 10퍼센트로 치솟았다. 완전히 일을 떠난 낙담한 노동자와 시간제로 일하면서 정규직 고용을 바라는 주변부 노동자까지 계산하면 노동력의 17퍼센트가 실업 상태였다. 이 모든 것을 합하면, 주택 시장의 붕괴는 2010년에만 미국인 2700만 명을 실직 또는 불완전고용 상태로 만들고 부채에 시달리게 했으며 주택 소유자 290만 명은 압류 통지서를 받아들게 했다.[22] 2008년 미국의 누적 가계 부채가 무려 12조 7000억 달러에 육박했다는 사실만으로도 미국 노동자와 그 가족이 겪은 고통의 깊이를 짐작할 수 있을 것이다.[23] 2008년 미국의 GDP가 14조 7130억 달러였다는 사실과 비교해 보라.[24] 분명히 자본주의 체제는 무너졌다.

대침체의 대학살에서 아무런 교훈도 얻지 못했다는 것은 더욱 실망스럽다. 미국 경제가 2010년과 2020년 사이에 회복세로 반등한 것은 사실이다. 그러나 이 회복은 어느 정도 또 다른 소비자 부채 거품 형성에 따른 신기루와도 같다. 코로나바이러스 때문에 경기가 가라앉기 전인 2020년 1분기 미국의 누적 가계 부채는 그 전 10년 동안 다시 증가해 총 14조 3000억 달러로, 고점을 찍은 2008년보다 1조 6000억 달러가 더 늘었다.[25]

그런데 기업은 왜 로봇공학과 자동화와 AI가 안겨 준 효율성 증가에 따른 생산성 향상에 맞춰 임금을 인상하고 주당 노동시간을 단축하지 않았을까? 효율성 증가에 상응하는 임금 인상과 노동시간 단축이 훨씬 더 합리적으로 보이지 않는가? 대답은, 그런 시도가 회사가 주주에게 발행하는 분기별 명세서와 회계 절차에 직면해 좌절되고 만다는 것이다. 상장기업은 비평가들이 '단기주의(short termism)'라고 부르는 팽팽한 긴장 상태에 놓여 있다. 주주들에게 분기마다 수익이 증가하는 것을 보여 주지 못하면 주식 가치의 하락을 지켜보거나 더 나쁜 경우 CEO 교체를 감수해야 한다.

기업은, 저렴한 기술과 AI의 도입으로 효율성과 생산성이 향상하면 직원을 내보내고 기존 인력의 임금을 낮게 유지할 수 있다. 비용 절감은 장부상 보기 좋고 수익 증가도 의미해서 주주를 기쁘게 한다. 금융계와 산업계가 더 효율적인 신기술을 통해 얻은 이익을 노동력과 공유하는 것이 장기적으로 더 낫겠지만, 불행히도 그러면 시스템이 작동하는 방식과 마찰을 일으킨다. 비용편익분석으로 측정된 효율성이 그 시스템을 구동한다.

소비의 복음이 계속 더 복잡한 방법으로 소비자들이 빚을 지며 구매에 매달리게 하는 동안 효율성 패러다임도 테일러주의가 탄생한 이래 줄곧 더 세련된 방향으로 바뀌었다. 초기에 포드자동차가 채택한 뒤 곧 미국 전역의 다른 기업과 산업 및 해외 여러 나라로 퍼져 나간 과학 경영을 더 직설적으로 적용한 테일러식 접근 방법은 1950년대에 들어 수확 체감을 겪고 있었다. 일본 기업 도요타가 테일러주의를 수정해서 만든 '린 생산'이라는 버전을 실험하기 시작한 것이 바로 이 무렵이다.

더 계발된 이 새 버전이 언뜻 보기에는 전망과 적용 면에서 원래 테일러가 제시한 것과 달라, 완전히 새로운 경영 모델로 보였다. 하지만 실제로 지난 반세기 동안 새로 등장한 노동력 관리에 대한 접근 방식은 사람들이 생각하는 것보다 테일러주의와 유사한 경우가 훨씬 더 많았다.

대량생산에 주안점을 둔 포드주의와 마찬가지로 도요타의 목표는 더 적은 자원과 노동력으로 더 많이 생산하는 쪽으로 기울어졌다. 차이점은 생산과정의 성격과 노동력 '처리'에 있었다. 도요타 경영진은 표준화된 대량생산을 전제로 한 포드주의는 유연성이 너무 떨어지고 시장 선호와 소비자 수요의 변화에 실시간으로 대응하는 민첩성이 부족하다고 믿었다.

표준화한 제품 라인의 대량생산에 의존하는 회사는 비용 절감을 위해 최대 역량으로 운영하는 경향이 있다. 기계에 막대한 돈이 들기 때문에 상각을 최적화하기 위해 기계의 가동이 중지되는 것을 막으려고 항상 노력한다. 지속적인 운영 체제를 확보하려는 경영진은 투입량이 부족해지거나 생산 흐름에 차질이 생기지 않도록 추가 인력과 재고의 형태로 '대비책'을 갖춘다. 끝으로, 기계에 대한 투자 비용이 높기 때문에 새로운 제품 라인을 위한 개조가 어려워진다. 여기서 발생하는 문제는 고객이 저가의 혜택을 보는 대신 신제품과 다양성의 부족을 감수해야 한다는 것이다.

종종 적시(just-in-time) 제조라고도 불리는 린 생산은 민첩성과 유연성을 위해 설계되었다. 목표는 시장의 현재 수요에만 맞춰 생산하면서 고객의 개별적인 선호에 맞는 다양한 제품을 제공하는 동시에 가치사슬 전반의 효율성을 높이는 것이다. 1991년에 『세상을 바꾼 기계(The Machine That Changed The World)』를 함께 쓴 경영학 교수 제임스 워맥(James Womack)과 대니얼 존스(Daniel Jones), 대니얼 루스(Daniel Roos)는 린 생산이 실제로 군살이 없는(lean) 이유를 이렇게 설명했다.

> 대량생산에 비해 모든 것을 덜 쓴다. 공장의 인력도 절반, 제조 공간도 절반, 도구에 대한 투자도 절반, 신제품 개발을 위한 엔지니어링 시간도 절반, 생산 시간도 절반만 들어간다. 또한 재고도 현장에 필요한 수준의 절반에도 훨씬 못 미치게 유지할 것을 요구하기 때문에 결함이 훨씬 줄어들고 갈수록 더 다양한 제품을 생산할 수 있게 된다.[26]

린 생산에 대한 일본의 접근 방식은 노동력을 협력하는 팀으로 조직함으로써, 노동을 훨씬 더 작은 작업으로 나누고 배치하며 노동자에게 상의하달식 명령과 통제를 행사하던 테일러주의의 접근 방식을 완화한다. 도요타의 설계 엔지니어와 컴퓨터 프로그래머, 공장노동자 등은 현장에서 상호 대면하며 아이디어를 공유하고 문제를 해결하고 공동의 결정을 구현한다. 다양한 분야의 팀이 실시간으로 현장에서 문제를 해결하면 가동 중지 시간을 줄일 수 있다고 본 것이다.

노동자들은 심지어 설계와 생산, 유통, 마케팅, 판매에 관한 질문을 포함해 신차 개발에 관한 아이디어를 거리낌 없이 제시하고 공유하도록 독려받는다. 이는 '동시 엔지니어링'이라는 공정으로서 차량의 제조와 판매에 더 매끄럽고 원활하게 체계적으로 접근하기 위한 것이다. 이 공정의 핵심 의도는 사실 직원들에게 자아존중감을 느끼게 하려는 것보다는 수익을 증대하자는 것이다. 신제품 출시가 6개월만 지연되면 이익이 최대 33퍼센트까지 감소할 수 있다.[27] 모든 직원을 설계 단계에 초대하면 비용이 절감되고 지연이 방지된다.

린 생산 시스템은 결함 제로, 고장 제로, 지연 제로, 종이 제로(관료주의의 축소), 재고 제로를 뜻하는 5제로 전략을 기반으로 구축된다. 이것이 린이다. 알맞은 시기에 딱 필요한 만큼만 써서 고객이 요구하는 만큼만 생산한다는 것이다.

린 생산 이론은 거의 사실 같지 않을 만큼 훌륭하고 테일러주의와 크게 다르게 보인다. 하지만 실상을 들여다보면, 비교적 섬세하지만 권위가 행사되고 항상 상의하달식이며 노동자에게 요구하는 사항은 훨씬 더 까다롭고 눈에 보이는 것보다 덜 민주적이다. 더 효율적이지 않다는 뜻은 아니다. 정반대다. 린 생산을 채택한 회사는 모든 직원에게 정신적으로든 육체적으로든 더 많이 요구함으로써 실제로 효율성을 높이고 자원 사용을 최적화하며 운영 비용을 절감하는 동시에 제품을 생산하고 출시하는 과정의 속도를 높이고 있다.

캐나다 트렌트대학교의 사회학자 크리스토퍼 헉슬리(Christopher Huxley)가 미국과 캐나다, 멕시코의 린 생산 관행에 초점을 맞춰 지난 30년간의 린 생산을 연구한 결과는 흥미로운 사실을 드러낸다. 이 연구에 따르면, 린 생산은 "시간제 생산노동자의 작업 강도와 속도 향상을 강조했고 '압박을 통한 관리'로 설명되는 고의적 관리 통제 기법 때문에 안 좋아졌다."[28] 게다가 "(일본어로 개선을 뜻하는) 카이젠 원칙과 비부가가치 노동시간을 줄이려는 노력은 작업 중인 노동자의 회복 시간(즉 가동 중지 시간)을 줄이기 위한 끊임없는 캠페인을 암시했다."[29]

헉슬리는 "북미에서 30년간 진행된 린 생산이 새로운 시스템으로 노동자의 작업 여건을 근본적으로 개선할 것이라던 열렬한 초기 주장을 뒷받침하기에는 증거가 부족하다"고 결론 내렸다.[30]

린 생산은 그저 더 높은 효율성을 조장하고 추출하기 위해 심리 조작으로 노동자의 성과를 높이도록 고안된, 더 은밀한 테일러주의일 뿐이다. 물론 모든 것의 바탕에는 최소한의 비용으로 생산량을 최적화한다는 의도가 있다.

종반전

20세기와 21세기를 거치면서 노동력 관리에 대한 산업계의 접근 방식이 갈수록 은밀해졌다. 보상과 처벌에 엄격한 접근 방식을 적용하든 참여와 관여를 호소하든 감성 지능을 양성하든 목표는 직원들이 자신이 쓰는 기계에 효율적으로 부속되도록 조정하는 것이었고, 이 목표는 변함없이 여전하다.

이제 디지털 혁명은 빅데이터와 분석, 알고리즘, 감시 시스템에 중점을 두고 우리의 상업 생활을 한층 빨라진 새로운 수준의 경제활동으로 변모시키며 20세기 초반의 테일러주의를 어린애 장난처럼 보이게 하고 있다. 디지털로 가속화된 경제에 참여하는 데 따르는 정신적 스트레스 때문에 모든 노동자가 인내심의 한계를 겪는다. 이제 효율성의 복음은 인간이 신체적, 정서적, 정신적으로 따라잡을 수 없을 만큼 엄청난 속도로 진화하고 있다. 앞으로 수십 년 안에 로봇과 자동화, AI가 대량 고용

뿐만 아니라 전문 노동력의 상당 부분을 대체하고 인간의 노동은 도태될 가능성이 높다.

모든 산업에는 참여자 모두가 좋아하는 그 나름의 지침이 있다. 예컨대 부동산 업계에서는 '위치, 위치, 위치' 그리고 관리 분야라면 '측정되는 것은 모두 관리의 대상'이다. 이것은 지난 여러 세대를 거쳐 오면서 사회의 지배적인 서사에 맞춰 계속 재가공된 테일러주의의 유산이다.

포드주의와 린 생산이 20세기를 지배했다면, 세계 최대 물류 기업인 아마존은 테일러주의의 전망을 21세기로 옮겨 놓았다. 아마존의 경영 방식은 측정과 관리, 초효율성이 핵심이다. 2019년에 전 세계적으로 35억 개의 상품을 배달한 이 회사는 2020년 말《포춘》의 500대 글로벌 기업 중 1위 자리에 올랐다.[31] 창립자인 제프 베이조스(Jeff Bezos)는 현재 보유한 자산의 가치가 1700억 달러에 이르며 세계에서 두 번째로 부유한 인물이다.[32] 그의 거대한 물류 제국은 지금까지 운영된 온라인 업체 중 가장 효율적인 산업 기계라고 할 수 있다. 테일러가 지금 살아 있다면, 베이조스가 과학 경영 원칙을 통해 이룬 것의 규모에 틀림없이 경외감을 느꼈을 것이다.

그러나 한 사람에게 유토피아인 꿈이 종종 다른 사람에게는 디스토피아의 악몽이 된다. 알고리즘 유도 물류 네트워크를 통해 동기화되는 모바일 로봇 수천 대와 자동제어 시스템과 유비쿼터스 감시체계를 갖춘 아마존의 거대한 창고는 분명히 엄청난 기술적 성과다. 그러나 자세히 살펴보면, 하이테크 부속품으로 구성된 전체 시스템의 성패가 120만 직원의 어깨에 달려 있는데도 그들은 대개 현대판 노동력 착취 현장에서 일하는 저임금 노동자라는 더러운 진실이 드러난다. 이른바 주문이행센터(Fulfillment Center), 즉 물류 센터에 에어컨이 가동되고 방화 시스템이 있어도 말이다.[33]

아마존은 직원들이 (요령껏 일할 수 있는) 편안한 지대를 정신적, 육체적으로 넘어서도록 업무를 부여하고 이끄는 자사의 조치와 관리를 자랑한다. 비인간적인 속도와 업무량 때문에 "벽에 부딪히는 경우", 직원들은 감독자의 위로가 아니라 훈계를 받고 "벽을 오르라"는 경고를 듣는다. 아마존의 경영진과 사무직 인력은 24시간 연중무휴로 대기해야 하는 경우가 많다. 말 그대로 때로는 자정이 넘도록 일하고 한밤중에 문자메시지를 받기도 한다. 신입 사원은 거기서 적자만 생존한다는 사실을 빨리 체득한다.[34]

또한 관리 회의에서 직원들은 동료의 단점과 결점, 부족한 면을 들춰서 그 동료가 한계를 뛰어넘도록 활력을 불어넣는 구원의 은총을 내리라는 부추김을 받는다. 이런 환경에서 일부는 생존하고 잘 지내기까지 하지만, 다른 많은 사람들은 성과와 효율성 향상에 대한 지속적 압력을 견디지 못하고 도망쳐 나온다. 전 임원 중 한 사람은 사무실을 지나면서 흐느끼는 직원을 한두 번 본 게 아니라고 말한다. "다 큰 어른들이 회의실에서 나올 때 두 손으로 얼굴을 가립니다. 함께 일한 거의 모든 사람이 책상에 앉아 우는 것을 보았습니다."[35]

근검절약은 아마존 시설을 대표하는 표어다. 보조금이 지급되는 점심 식사든 넓은 사무실이든 추가분이 거의 없고 군더더기도 없다. 무엇이든 '여위고 날씬해' 보이는 겉모습을 유지한다. 그리고 모든 노동자가 신입 때부터 지휘 계통의 고위직에 이를 때까지 자신의 '성과 향상 알고리즘'에 대해 지속적으로 평가받는다. 상위직에서 하위직에 이르기까지 모든 직원의 활동은 아무리 사소한 것이라도 성과 측정의 대상이 되고, 해당 자료는 획득하거나 상실한 모든 효율성을 매 순간 기록하는 알고리즘에 적절하게 등록된다. 이런 식으로 100만 명이 넘는 아마존 직원의 효율성이 집계되고 평가되고 조정된다. 회사가 소매를 운영하고 고객을 관리하는 방식을 그대로 직원에게 적용해 업무의 모든 측면을 지속적으로 감시하는 것과 같다.

프리랜서 언론인 에밀리 구엔델스버거(Emily Guendelsberger)는 인디애나주의 아마존 창고에 위장 취업해 실제로 일해 본 경험을 『근무 중: 저임금 노동이 나에게 저지른 짓과 그것이 미국을 미쳐 돌아가게 한 방법 (*On The Clock: What Low-Wage Work Did to Me and How It Drives America Insane*)』이라는 책에 상세하고 생생하게 풀어놓았다. 창고 선반에서 물품을 찾아 자동화 로봇 라인에 옮겨 놓는 '피커(picker)'로 일한 구엔델스버거는 아마존 피라미드의 맨 밑에 있는 주문이행센터의 작업을 '사이보그 직무'로 규정한다. 그녀는 매 순간 자신의 위치를 추적하고 선반에서 고를 항목으로 안내하는 스캐너를 허리에 찼다. 스캐너는 그녀가 수행하는 작업에 할당된 시간을 알려 주기도 했다. 물품 수거와 스캔, 전달에 할당된 시간이 몇 초 남았는지 세는 방식이었다.

주문이행센터 작업 현장에서는 한 작업을 수행하자마자 다음 작업이 스캐너에 할당된다. 각 작업 간 시간이 너무 짧아서 쉴 틈이 전혀 없다. 인디애나 창고에서 구엔델스버거와 그녀의 동료들이 골라 옮긴 물품 중에는 크고 무거워서 허리에 큰 부상을 일으키기 쉬운 것들이 꽤 많았다. 2020년에 아마존 시설 중 부상률이 높은 곳은 미국 내 다른 기업의 창고들에 비해 거의 두 배나 되는 것으로 밝혀졌다.[36]

대형 창고들은 종종 화장실을 옥외 외딴곳에 두는데, 아마존 창고는 화장실조차 적어서 구엔델스버거와 동료들이 화장실에 다녀오려면 적어도 10분은 걸리는 경우가 많았다. 그녀의 말을 들어 보자. "11시간 교대 근무에서 길어야 18분 쉴 수 있다. 이 시간을 넘기면 그들이 알아차린다. 작업 외 시간을 너무 많이 쓰고 있다고 스캐너가 보고하기 때문인데, 그러면 관리자가 찾아와서 잔소리를 한다."[37] 많은 직원이 일하기 전이나 일하는 중에 유일한 의지가 되는 물이나 여타 음료조차 마시길 삼가는 이유가 여기에 있다.

아마존이 디지털 신테일러주의의 시대에 벤치마크가 되긴 했지만, 독보적이라고 하는 것은 부당하다. 아마존은 그저 신테일러주의 시대에 가장 성공한 신생 기업이다. 전자 센서와 브라우저 기록 보존, 전화 앱, 네트워크 기록, 안면 인식 시스템 등은 디지털 감시 문화의 시작일 뿐이다.

이 모든 감시가 효율적인 결과를 낳는가? 물론이다! 2009년에 UPS가 하루 최적 배송 건수를 평가하기 위해 주행 속도에서 정지 횟수까지, 운행 경로를 따라 모든 것을 추적하는 센서 200개를 배송 트럭에 부착했다. 이 회사는 인력에 대한 감시 장치를 도입한 지 4년 만에 4년 전보다 1000명 적은 운전자들로 24시간마다 물품을 140만 개 더 많이 배송하고 있음을 알았다. 감시가 어떤 사람들에게는 더 나은 성과를 내게 하는 자극이고, 어떤 사람들에게는 강등이나 해고를 두려워하게 하는 위협이었다.[38]

게임화: 노역을 재미로

방대한 자료를 모으기 위한 디지털 플랫폼 이용, 자료를 캐고 알고리즘과 앱을 만들기 위한 분석 정보 채택 등 효율성 향상이라는 목표에 따라 노동자에게 점점 더 많이 요구하면서 부과된 것들이 이제 현기증 나는 수준에 이르러 직원들 개인의 주체 감각을 마비시키고 있다. 역사상 유일무이한, 일종의 정신적 강제 노역이다. 그러나 테일러주의와 효율성 복음을 새로운 차원으로 끌어올리는 나사의 조임이 하나 더 있다. 그것은 이른바 게임화, 즉 모든 노동자에게서 더 큰 성과와 효율성을 억지로 끌어내도록 설계된 가장 정교한 명령 및 제어 방식이다.

네덜란드 역사가 요한 하위징아(Johan Huizinga)가 '호모 루덴스(Homo Ludens)'라는 말을 만들고 1938년에 이를 제목으로 한 책을 펴냈다. 그는 호모 파베르(Homo Faber, 작업하는 인간)와 호모 이코노미쿠스가 우리 종의 사회적 지향에 대해 많은 것을 말해 주지만, 더 심오한 수준에서 볼 때 사회가 놀이를 통해 발달하기 시작한다고 말했다. "사회가 삶과 세상에 대한 이해를 표현하는 것이 바로 놀이를 통해서다."[39] 언어, 신화와 민속, 미술, 무용, 철학, 법 등 인간 활동의 여러 측면과 공동의 서사와 세계관을 구성하고 우리가 서로 말하는 거의 모든 이야기가 심층 놀이에서 나온다.

놀이는 기본 요소에서부터 일과 매우 다르다. 놀이는 즐겁기 때문이다. 타인의 강압이나 강요에 따라 어쩔 수 없이 놀이를 하는 사람은 없다. 놀이는 기본적으로 자유롭게 참여한다. 전문직의 최고위층에는 어느 정도 심층 놀이가 있지만, 사회 전반의 대다수 직업은 지루하고 반복적이라 생존에 필요하지 않은 경우 별다른 고민 없이 버려지기 마련이다. 그리고 마지막으로, 놀이는 엄격한 시작과 끝이 없이 시간을 초월한 상태로 존재하는 경우가 많다. 놀이는 자발적인 것으로서 종종 열린 결말의 성격을 띠고, 일단 그것에 휩쓸리면 참가자가 시간에 대한 감각을 잃는 경향이 있다. 가능한 가장 효율적인 방법으로 실용적인 목표를 달성하는 데 속박되는 시간이 놀이 중에는 순전한 즐거움의 경험 속에서 종종 정지된 채 잊히고 만다.

이런 놀이의 속성을 대개 지루하고 착취적인 것으로 묘사되는 일과 비교해 보라. 하지만 오늘날에는 놀이조차 산업계에서 활용되고 경영 컨설턴트가 수용하며 경영대학원에서 효율성의 복음에 봉사하도록 칭송되고 있다. 노동자는 이제 '탤런트'로 불린다. 재주 부리기(performance)

가 성취의 대명사가 되었고, 놀이는 게임화라는 어두운 대리 개념 때문에 질이 떨어졌다.

게임화의 암묵적 목적은 놀이를 이용해 노동인구에게 경영진이 요구하는 합리화한 규칙과 절차를 각인하는 데 있다. 노동자들이 자신이 다루는 기계와 기술 공정에 보조를 맞추게 하기 위해 그들의 사고와 행동을 갈수록 효율성이 높아지는 직무에 구속하려는 것이다. 게임화는 이렇게 생산력이 이동하는 긴 여정의 마지막 단계이자 가장 효율적인 통과의례로 자리 잡고 있다.

제니퍼 드윈터(Jennifer deWinter)와 칼리 A. 코커렉(Carly A. Kocurek), 랜들 니컬스(Randall Nichols)는 《게이밍과 가상 세계(Journal of Gaming and Virtual Worlds)》에 실은 글에서 게임화가 네트워크 기반 경제에서 부상하는 글로벌 노동력의 '조정자' 구실을 하고 있으며 자본주의의 다음 단계에 필수적인 특성이 되었다고 주장했다. 이들의 주장을 더 들어 보자.

> 운 좋게도 컴퓨터게임은 프레더릭 테일러가 지지한 과학 경영의 한 유형으로 보이고 그렇게 작용한다. 하지만 컴퓨터화한 매체 자체로 게임화된 교육과 훈련은 과학 경영을 새로운 공간으로 확장한다. …… 이 참여는 놀이 공간과 현실 세계의 영역을 결합함으로써 노동과 여가의 영역을 위험스럽게 붕괴시킨다. …… 예술이나 게임에서 대안적 실체들을 제도화하는 것의 문제는 그것들을 시스템이 선취해 지배적인 세계관에 종속시킨다는 데 있다. …… 참여자는 게임의 논리에 종속되고 게임의 알고리즘 과정에 참여함으로써 동일하게 훈련된 상태가 된다.[40]

콜로라도대학교의 경영학 교수 트레이시 시츠먼(Tracey Sitzmann)이 직원들의 성과와 효율성 향상을 위해 가르치는 시뮬레이션 게임의 효능을 확인하려고 표본 65개를 조사한 연구에 따르면, 선언적 지식은 "시뮬레이션 게임으로 가르친 훈련생이 비교집단보다 11퍼센트 더 높았고, 절차적 지식은 14퍼센트 더 높았으며, 유지율은 9퍼센트 더 높았고, 자기 효능감은 20퍼센트 더 높았다."[41]

드윈터를 비롯한 연구자들은 미국의 아이스크림 체인 업체 콜드스톤 크리머리에서 쓰는 교육 게임을 예로 들었다. 재미를 추구하는 한편 신입 직원에게 다양한 교대 상황에서 고객에게 성공적으로 서비스를 제공하는 방법에 대해 가르치는 게임이다. 이 게임은 상당히 정교한 아이스크림 가게 시뮬레이션을 제공해서 더 재미있다. 훈련생들은 고객 서비스와 분량의 정확성, 올바른 조리법 등을 놓고 시뮬레이션으로 서로 경쟁하며 이 모든 것을 통해 그들의 점수가 결정된다. 이 게임은 완료된 뒤 참여자에게 '그의 실수로 가게에 비용이 얼마나 들었는지' 동전 단위까지 알려 주기도 한다.[42]

게임이 너무 재미있어서 훈련생들은 종종 전통적인 훈련 안내 매뉴얼을 '공부'할 때와는 달리 여가 시간의 훨씬 더 많은 부분을 '과제 수행'에 할당한다. 시뮬레이션 게임은 직원에게 직무와 작업을 교육하는 효율적인 방법이고, 게임이 재미있어서 직원들이 실제 작업을 게임과 같은 방식으로 생각할 가능성이 크다. 다시 말해, 게임은 효율성 향상과 노동의 동기 고취 그리고 '놀이 인력 확대'라는 면에서 성과를 안겨 준다.

전통적인 테일러주의와 게임화의 연결 고리는 둘 다 노동력을 훈련하는 데 합리화한 과정을 이용한다는 것이다. 다만 전통적인 테일러주의에서는 노동자들이 경계하고 저항하거나 적어도 최소한의 노력만 기울이면서 그럭저럭 빠져나갈 수 있지만, 게임화는 합리화한 조작을 은폐하기 때문에 참여자가 게임을 그리고 나중에는 작업 과정을 완전히 익히기 위해 자신의 주체성을 동원했다고 느끼게 한다는 것이다.

직원의 재직 기간 동안 게임화를 통해 수집되는 데이터는 직원들을 변화하는 시장 환경에 맞춰 조정하고 적응시키기 위해 캐고 분석할 수 있는 정보를 풍부하게 제공한다. 또한 데이터는 작업자의 성과를 평가하는 수단이 되어 지속적인 감시를 게임화 경험에서 필수적인 부분으로 만든다.

앞으로 기업의 게임화가 광범위하게 확산하면 여가 영역은 거의 확실히 축소될 것이다. 아마도 게임화의 가장 교활한 측면은, 놀이를 포획한 상업적 세력이 효율성과 투자 수익 증대를 위해 수백만 명이 끊임없이 노동하는 삶을 받아들이도록 조정하는 부분일 것이다.

테일러가 상업 활동에 미친 영향이 단연 독보적이다. 하지만 그의 영향력은 20세기를 거쳐 오늘날까지 사회의 거의 모든 면에 훨씬 더 깊이 확대되었다. 효율성에 대한 그의 집착은 인간 주체의 깊숙한 곳까지 스며들어 인간이 자신을 바라보는 방식을 바꾸고 인간의 정신뿐 아니라 자연계에도 해로운 영향을 미쳤다.

테일러의 성취와 영향에 대한 하버드 경영대학원 교수 게리 헤이멀(Gary Hamel)의 극찬은 일부 사람들 사이에서 널리 공유되는 한편 다른 사람들 사이에서 널리 매도된다. 그가 이렇게 썼다.

"연구 조사와 기획, 의사소통, 표준, 인센티브, 피드백에 대해 테일러가 강조한 덕에 모든 부문에 대한 그의 영향을 추적할 수 있게 되었다. 재계와 정부, 의료계와 교육계가 모두 그가 설파한 원칙들을 운영 구조에 통합했다. 그의 가장 유명한 작품이 출간되고 100년이 지난 오늘날, 프레더릭 테일러의 미묘한 영향력은 그가 애용하던 스톱워치의 째깍거림처럼 꾸준히 지속되고 있다."[43]

오랫동안 현대 경영학의 아버지로 통한 피터 드러커(Peter Drucker)는 테일러의 공로가 "미국에서 『연방주의론(*The Federalist Papers*)』 이후 서구 사

상에 공헌한 것 가운데 가장 강력하고 지속적인 업적"이라면서 열광적인 찬사를 보냈다.[44]

문제는 그것이 아직 끝나지 않았다는 사실이다. 어쩌면 오늘날 테일러주의는, 가장 우수한 인력의 능력까지 무색하게 하는 로봇공학과 AI의 효율성 향상 덕에 최상의 성공을 눈앞에 두고 있는지도 모른다. 첨단 기술 기업의 임원실에서는 이른바 특이성 접근 시점, 즉 지능과 효율성에서 스마트 기술이 인류를 앞서는 시점에 대한 이야기가 늘고 있다. 그렇게 되면 우리 자신의 운명을 관리하는 우리 종의 구실에 대해 근본적인 패러다임의 전환이 촉발될 수밖에 없다.

대중의 경각심이 처음 일깨워진 것은 1997년 IBM의 딥블루 컴퓨터가 체스 세계 챔피언인 가리 카스파로프(Garry Kasparov)를 이겼을 때다. 이때 세계 곳곳에서 로봇과 AI가 언젠가는 인간의 지능을 능가하고 지배적인 종이 될 수 있을지에 대한 논쟁이 촉발되었다. 옥스퍼드 이코노믹스와 맥킨지, 세계경제포럼 등 주요 대학의 연구소와 경영 컨설팅 기업, 국제기구 들이 연이어 내놓은 연구들은 새로운 스마트 기술 때문에 일자리 수백만 개가 사라질 것이라고 예상한다.[45]

더 효율적이고 더 저렴한 기술에 대한 끝없는 욕구가 모든 산업부문을 극단적으로 몰아가고 있다. 애플을 비롯한 몇몇 대기업을 고객으로 둔 세계 최대 OEM 제조업체인 중국 폭스콘의 창립자 겸 회장인 테리고(Terry Gou)는 세계의 인간 노동력에 대해, 기업 이사회의 다른 사람들이 공개하지 않길 바란 비난성 폭언을 공개 석상에서 내뱉었다. "홍하이(폭스콘)의 인력이 100만 명 이상인데, 인간도 동물이니까 동물 100만 마리를 관리하는 셈이니 머리가 아프지 않을 수 있겠습니까?"[46] 테리 고는 자신이 품은 야망의 실효성을 높이기 위해 노력하고 있다. 폭스콘이 2016년 한 해에만 노동자 6만 명을 로봇으로 교체했으며 가까운 장래에

'공장 소등'의 100퍼센트 자동화 달성을 목표로 삼고 있다. 옥스퍼드의 경제 동향 연구에 따르면, 2030년까지 전 세계 노동력의 8.5퍼센트가 로봇으로 대체될 것으로 추정된다.[47]

이와 관련해 예측자들이 놓친 것이 있다. 회복력 시대가 수억 명에 이르는 사람들을 '탄력적 고용'이라는 새 범주로 이끌고, 가장 지능적인 기술조차 제어할 수 없을 만큼 복잡한 생태 관리(eco-stewardship) 분야에서 의미 있는 작업에 참여시킬 것이라는 사실이다. 새로운 시대는 미래 세대를 사물의 생산과 소비에 중심을 둔 '노동 윤리'에서 자연계를 돌보는 '책임 윤리'로 옮겨 놓으며 주체성 개념 자체를 바꿀 것이다. 이 책의 4부에서 우리는 노동력의 성격과 기능의 변화를 다루며 회복력 혁명의 경제적 구성에 대해 더 깊이 탐구할 것이다.

인류 가족에게 미래가 있다면, 그것은 우리가 우리의 생존뿐만 아니라 (함께 살아가며 신세 지는) 동료 생물의 생존에 대한 위협에 직면한 종으로서 우리가 이제 막 이해하고 인정하기 시작한 방법들을 중심으로 단합할 수 있는가에 따라 크게 달라질 것이다. 그렇다면 우리는 시간적으로나 공간적으로나 우리의 존재를 어떻게 재구상하고 온난화로 빠르게 뜨거워지는 행성에 적응해야 하는가? 오늘날 우리는 화석연료가 주도하는 산업 시대 동안 인류가 저지른 손상에 재적응하기 위해 고군분투하는 지구의 권역들을 경외와 공포로 목도하고 있다. 우리는 이제 우리 종이 지구상의 생명체를 지배하는 강력한 행성의 힘을 충분히 통제할 수 있다고 믿은 것이 얼마나 잘못되었는지 느끼고 있다.

한 세대 전에는 행성 문명을 중심으로 생각하고 행동하면 너무 지나치거나 어리석게까지 보였을 것이다. 하지만 지금은 그렇지 않다. 미래가 암울해 보이지만 우리 종과 많은 동료 생물에게는 다가오는 폭풍과 화염을 이겨 낼 마지막 카드가 있다. 이것을 어떻게 써야 하는지 이해하려면 우리가 지구상의 삶이란 무엇인지 그리고 우리 종이 그 삶에 어떻게 적응할 수 있을지를 완전히 새로운 방식으로 다시 생각해 봐야 한다.

1859년에 나온 다윈의 『종의 기원(*The Origin of Species*)』은 생명이 어떻게 진화했는지에 대한 우리의 생각을 바꿨다. 그의 전제 중 많은 부분이 오늘날에도 계속 버티고 있지만, 그의 그림은 전체 이야기를 설명하기에 많이 부족하다. 최근 화학과 물리학, 생물학 분야의 극적인 발전으로 생명이 어떻게 생겨나고 진화하고 유지되는지에 대해 훨씬 더 폭넓은 이야기가 나타나기 시작했다. 아직 널리 공유되고 있지는 않지만, 진화에 대한 새롭고 폭넓은 설명은 생명을 만든 힘에 대한 우리의 가장 기본적인 가정을 무너뜨린다.

새로운 발견이 우리에게 말하는 내용은 우리가 존재하고 번영하는 조건을 결정하는 다양한 상호작용 주체로 구성된 살아 움직이는 지구에서 인간이 된다는 것의 의미를 근본적으로 바꿀 것이다. 이 새로운 이해를 제대로 받아들이면, 인류가 이 역사적 순간에 진로를 바꾸고 여정을 재조정해서 바라건대 때를 놓치지 않고 우리 종과 진화론적 확대가족을 구할 수 있는 통찰력이 생길 것이다.

우리가 어떻게
여기에:
지구상의 진화에
대한 재고

3

7

생태적 자아: 우리는 저마다 흩어지는 패턴

인간에게 자아란 논쟁의 여지가 없는 주제다. 우리 인간은 저마다 고유한 유전적 이력을 지니고 태어났으며 출생 이후 시간이 개인적 욕구와 열정, 경험, 관계 등으로 채워진 유일무이한 존재이기 때문이다. 비록 삶의 우연성, 즉 행운이나 불운에 좌우될 수 있어도 우리는 스스로를 자율적 행위자로 생각하고 싶어 한다. 우리는 모든 사람이 같은 방식으로 생각하거나 느끼지는 않는다는 개념을 기꺼이 받아들인다. 심지어 우리 중 누군가는 정신질환에 가까울 만큼 다양한 대안적 현실에 산다는 것도 인정한다. 나머지 대다수는 사리 분별이 가능한 의식적 인간이란 것이 어떤 의미인지에 대해서도 대체로 동의한다. 지금까지 언제나 그랬다.

반드시 그렇지는 않다. 중세에서 포스트모던 시대로 이어진 짧은 500년 동안 인간 종에게는 의식적 자아의 의미에 대해 다양한 믿음이 있었다. 기독교의 선조들은 원죄와 함께 태어나는 인간이 사후에 천국에서 영원한 구원을 받게 될지 또는 영원히 지옥에서 불타게 될지를 두고 영혼을 갉아먹는 두려움을 품어 필사적으로 산다고 믿었다. 근대에 다윈은 인간의 의식이 불확실하고 부모에게서 자식으로 전달되는 무작위적 특성들이 육체적 존재뿐만 아니라 제한된 범위에서 의식에도 영향을 미친다고 주장하며 원죄 사상에 각을 세웠다. 지크문트 프로이트 (Sigmund Freud)는 이 세상 모든 아기가 태어나면서부터 성욕을 잠재우려는 채울 수 없는 욕망을 지니며, 살아 있는 모든 순간이 성욕을 다스리기 위한 시간의 연속일 뿐이라고 확신했다. 그러나 최소한 18세기의 계몽주의 이후 나타난, 인간이란 무엇인가에 대한 좀 더 현대적인 생각은 모두 한 가지 생각으로 결속된다. 무수히 많은 힘과 끊임없이 마주치지만 대체로 평형을 회복하는 동시에 (뉴턴의 예측대로) 자율적 인간성에 대해 매우 명확한 감각을 유지하는 비교적 '자유로운' 주체로서 특유의 성격이 있다는 생각이다.

18세기 철학자 이마누엘 칸트(Immanuel Kant)는 자율성이 인류 최고의 소명이지만 자신의 행동을 온전히 이성적으로 유지하며 세속적 경험에서 순수한 이성을 이용하려고 하는 타고난 성향을 오염시킬 수 있는 감정이나 외부의 고려에 얽매이지 않으려면 일생에 걸쳐 분투해야 한다고 주장했다.

과거에는 자신이 자율적 주체라는 생각을 이해할 수 없었을 것이다. 수렵 채집 생활을 한 구석기시대 선조들에게는 오늘날 우리가 당연하게 여기는 개성이라는 개념이 없었다. 그들의 이동 생활은 차별성이 거의 없는 기술을 비롯해 한 개인과 다른 개인의 지위를 구분하는 잉여물을 저장하고 나누는 몇 가지 수단을 중심에 두고 있었다. 인류학자 뤼시앵 레비브륄(Lucien Lévy-Bruhl)은 "원시인류에게는 '나'라는 개념 자체가 없고, 오직 '우리'만 존재했다"고 지적한다.[1] 집단생활을 한 원시사회에 존재한 차별성은 유아기에서 노년기까지 생애 주기의 각 단계로 이동하는 시간적 통과의례와 밀접하게 관련된 정체성을 갖는, 즉 나이나 성별로 구성되는 코호트 형태였다.

물론 수렵 채집 집단에도 (원시적인) 사회질서는 있었다. 조상으로부터 이어져 누적된 기억과 집단적 지혜를 보유한 공동체의 장로들이 지도자 구실을 했지만, 당시 공동체 구성원들의 삶은 그 뒤 역사의 다른 어떤 시기보다 훨씬 더 평등했다. 개인의 특성과 유사한 어떤 것도 거의 구분하지 않았고, 종으로서 고유한 성질에 대해서도 거의 인식하지 못했다. 수렵 채집인들은 레비브륄이 말한 "통합의 안개" 속에서 형태와 힘이 끊임없이 뒤섞이며 구분되지 않는 세계에 살았다. 그 속에서 다른 동물도 "다른 존재"로 구분되지 않았으며 그저 겉모습이 다른 생명체로 인식되었다. 심지어 산이나 폭포, 숲까지 주체성이 충만한 살아 있는 존재로 여겨졌다.

다윈은 수렵 채집인들이 끊임없이 다른 동물들을 관찰하며 어떤 면에서는 그 영혼을 자신의 영혼에 포함하기 위해 그들의 행동 방식을 모방했다고 여행기에 썼다. 역사학자 루이스 멈퍼드(Lewis Mumford)에 따르면, 우리의 고대 조상들에게는 다른 생명체의 주체성을 통합하는 것이 곧 더 나은 생존법의 단서였다. 그의 말을 들어 보자.

"인간은 모방적이며 호기심도 많아서 거미를 관찰하고 포획 기술을 배웠을지도 모른다. 새의 둥지를 보고 바구니를 만들고 비버에게서 댐 건설을, 토끼에게서 굴착 기술을, 뱀에게서 독을 쓰는 정교한 기술을 배웠을 수도 있다. 대부분의 생물 종과 달리 인간 종은 다른 생명체를 통해 학습하고 그들의 방식을 모방하는 데 주저함이 없었다. 그들의 식생활과 먹이를 구하는 방법을 적절히 빌려 쓰면서 인간 종은 자신의 생존 기회를 배가했다."[2]

구석기시대 조상들은 행사를 치를 때도 동물의 뿔을 쓰고 가죽을 입고 깃털로 치장하며 동물의 행동 방식을 모방했다. 현실 세상과 영적 세상의 이 매끄러운 결합이 물활론의 본질이다. 고대의 우주론은 물질적이든 비물질적이든 모든 육체적 또는 영적 현상에는 주체성이 있고 심오하게 서로 연결되어 경계가 없는 공간적 차원에서 시간적으로 상호작용한다는 믿음을 고수한다. 자신을 둘러싼 모든 것이 (다른 생명체뿐 아니라 무생물도) 자신과 다르지 않은 생명을 가진 영혼이라는 생각은 5~6세까지 거의 모든 영유아에게서 관찰되는 바와 다르지 않다. 어린아이들은 실제로 모든 것이 (그중 대부분은 생명이 없어도) 살아 움직이는, 생명력으로 둘러싸인 마법의 세계에 살고 있지 않은가.

구석기인들은 역사학자 미르체아 엘리아데(Mircea Eliade)가 "영원한 회귀"로 표현한, 계절과 주기의 시간적 세계에 살았다.[3] 그들은 자신의 이동 생활이 탄생과 삶, 죽음, 재생이라는 계절 주기와 밀접하게 연결된 만큼 자기 삶의 방향도 이와 다르지 않다고 이해하게 되었다. 사람의 영혼은 죽음 직후 림보(limbo: 기독교에서 구약 시대의 사람들이 예수가 세상을 구할 때까지 기다리며 머무른다는 곳이다. —옮긴이) 같은 곳에 머물다가 결국 다른 형태의 생명체가 된다고 여겨졌다. 그것은 인간일 수도 있고 다른 생명체일 수도 있으며 무생물의 세계에 깃드는 것일 수도 있었다. 19세기의 인류학자 에드워드 타일러 경(Sir Edward Tylor)이 처음으로 이런 고대사회를 물활론 문화의 범주에 넣었다.

중동과 북아프리카·인도·중국에서 시작된 수자원 중심 거대 농경 문명의 부상, 그 뒤 침략적 제국주의의 출현, 산업 시대의 도래와 함께 찾아온 사회적 지향의 재설정은 물활론의 무자비한 분열이 특징이다. 고대의 인간 조상들이 살아 있는 지구로 여긴 것에 대한 착취, 인클로저, 자산화가 지금까지 우리가 문명이라고 부르던 것의 핵심 주제다. 그러나 문명의 이 근본적인 역학을 최근 학계에서 이해했다.

이 새로운 지질시대를 인류세로 부르는 것을 놓고 현재 전 세계 지질학자와 타 학문 분야의 학자들 사이에 열띤 논쟁이 벌어지고 있다. 새로운 지질시대는 지구 지질의 격리와 소비, 변형에 인간의 개입이 중대한 영향을 끼쳤음을 보여 준다. 그 결과로, 수억 년이 흐른 뒤에도 지질학적으로 식별할 수 있는 독특한 역사적 발자취가 남을 것이라고 주장하는 지질학자들이 많다. 인류세는 200여 년 전 땅속에 묻혀 있던 화석연료의 추출과 함께 시작되었다고 믿는 지질학자들이 점점 더 많아지고 있다. 일부에서는 그 기원이 수자원을 기반으로 한 문명의 부상까지 거슬러 올라가며 인류는 지구 권역에 대한 폐쇄와 착취, 환경 파괴를 시작한 뒤로 점점 더 강한 영향력을 행사해 왔다고 주장한다.

비난의 대상을 지목하자면 서양 신학일 것이다. 적어도 '인류'가 지구에 행한 지배와 착취의 선봉에 서서 그것이 아담과 하와 그리고 그 후손들에게 허락된, 전지하신 하느님의 선물이라고 주장한 것이 사실 아닌가? 인간은 자연의 주인이 아니라 복잡한 일부이며 문명의 작용은 모든 종이 기대어 살아가는 지구 및 그 위에 존재하는 무수한 주체와 끊임없이 조화를 이루어야 한다고 믿는 동양의 종교와 철학은 미묘한 차이를 보이며 강한 포용의 정신을 유지한다. 하지만 실상은 위대한 아시아 문명도 길을 잃은 적이 많다. 지구상에 존재하는 여타 주체에 대한 영향력이 역사의 후기까지 비교적 가볍긴 했지만, 지구 권역에 대한 찬탈과 착취는 아시아의 두 번째 부상과 함께 지난 반세기 동안 급증했다.

인류사에서 정확히 어느 지점을 인류세의 기원으로 보는가와 상관없이 현실은 지구에 대한 인간 종의 인클로저 행위가 점점 증가했고 그것이 자연과 우리의 관계에서 우리 자신을 정의하는 방식을 형성하게 되었다는 것이다. 오랫동안 이어진 농경시대와 상대적으로 짧은 최근의 산업 시대를 거치는 동안 지구 권역에 대한 인류의 착취와 자산화가 진화하고 강화됨에 따라 공동생활이 공적 생활로 바뀌고 공적 생활은 사적 생활에 자리를 내주었으며 각 과정에서 개인의 특성에 대한 인식이 뿌리를 내렸다.

진보의 시대가 무르익음에 따라 '소유된 지구'상의 방대한 인류가 자기 소유로 둘러싸인 굳게 닫힌 문 뒤로 후퇴하면서 개인의 자율성이 강화되었다. 점점 더 황량해지는 외부 환경과 단절된 조밀한 도시와 무질서하게 뻗어 나간 교외로 수백만 명, 심지어 수천만 명이 모여드는 동안에도 각 개인은 더 자율적이고 고립적인 존재가 되었으며 결국 인류 전체의 고립성이 점점 더 커졌다. 2006년은 인류사에서 중요한 해다. 이해에 66억 인류의 절반 이상이 빽빽한 도시 공간에 스스로 격리되면서 호모 우르바누스(Homo Urbanus, 도시 인류)의 등판을 알렸기 때문이다.[4]

그렇지만 기후변화를 통해 어렵게 얻은 교훈과 우리의 진정한 생물학적 구성에 대한 새로운 발견을 통해 습득한 교훈에서 나오는 희망감이 우리 인간 종을 완전히 새로운 시작으로 되돌리고 미래를 다시 쓸 수 있는 또 다른 기회를 안겨 줄지도 모른다. 새로운 영감은 가장 심오한 생물학적 의미에서 인간이 된다는 것의 의미를 근본적으로 다시 생각하는 것과 함께 시작된다. 지금까지 우리가 생물학적 존재로서 생각한 것은 대부분 크게 잘못되었고, 인간 종의 역사에서 이렇게 절망적인 순간에 직면하게 된 이유도 여기에 있다.

가장 엄격한 생리학적 의미에서 우리가 생물의 한 종으로서 진정 누구인가를 깨닫는 일은 생명이 있는 진화하는 지구로 돌아가는 새로운 길로 우리를 인도할 해방의 구원인 셈이다. 이번에는 우리가, 아브라함의 신이 아담과 하와 그리고 그들의 후손에게 물려준 것과는 전혀 다른 주체 의식으로 행성 공동체에 다시 합류해야 한다.

존재에 관한 재고: 대상과 구조에서 과정과 패턴으로

디지털 혁명과 정보 이론의 설계자에게 찬상을 보낸다면, 인공두뇌학의 아버지인 위너 및 그와 동시대 인물이자 일반체계이론의 창시자인 루드비히 폰 베르탈란피(Ludwig von Bertalanffy)가 명단의 상위에 오를 것이다. 각자의 분야에 영감을 제공한 이 두 사람의 이론은 인류를 정보화 시대와 인공지능 그리고 사이버공간이라는 가상 세계와 그 너머로 인도했다. 두 사람은 저마다 연구를 통해 시간과 공간, 존재의 본성에 대한 인류의 오랜 가정이 비극적으로 잘못 이해되어 우리 종의 생존 가능성을 손상한다는 결론에 도달했다.

1952년에 베르탈란피가 "구조란 장기간 지속되는 느린 과정이고 기능은 빠른 단기 과정"이라고 썼다.[5] 2년 뒤인 1954년에 위너는 모든 생명체와 물질계 전체에 적용하려던 접근 방식을 통해 우리 종을 좀 더 친밀하게 바라본다. 그가 인간의 생명에 대해 이렇게 썼다.

"우리의 개별적 정체성을 판단하는 것은 바로 항상성을 통해 유지되는 패턴이다. 살아가는 동안 우리의 조직은 변한다. 우리가 먹는 음식과 숨 쉬는 공기는 우리의 살과 뼈가 되며 살과 뼈의 순간적 요소는 매일 몸 바깥으로 배출된다. 우리는 끊임없이 물이 흐르는 강에 있는 소용돌이

일 뿐이다. 우리는 머무르는 무엇이 아니라 스스로 영속하는 패턴이다."[6]

베르탈란피와 위너를 비롯해 흩어지기구조론과 비평형 열역학 이론을 설파한 화학자 프리고진, 경제 이론과 실제의 상호 보완적 열역학 재조정을 연구한 니콜라스 게오르게스쿠 뢰겐(Nicholas Georgescu-Roegen) 같은 학자들은 저마다 자기 분야에서 존재의 의미를 다시 개념화하고 인간 종이 이해하는 시간성과 공간성의 개념을 재구성해 인류에게 삶의 본질을 이해하는 새로운 방식을 제공했다.

이들이 제기한 획기적인 존재론의 여정은 우상 파괴 철학자 앨프리드 노스 화이트헤드(Alfred North Whitehead)의 사상에 기댄 부분이 많다. 화이트헤드의 초기 연구 분야는 수학이다. 수학의 기초에 관한 세 권짜리 시리즈 『수학 원리(The Principia Mathematica)』를 버트런드 러셀(Bertrand Russell)과 공동 집필하기도 했다. 『수학 원리』는 반박의 여지 없이 20세기 수학계의 성서로 통한 형식논리학 책이다. 그는 경력 후반기에 들어 관심 분야를 물리학과 철학으로 옮겼다. 1929년에 펴낸 책 『과정과 실재(Process and Reality)』는 20세기 전반에 걸쳐 과학과 철학 분야의 수많은 주요 사상가들에게 영향을 미쳤다.

화이트헤드는 시간의 흐름을 고려하지 않은 점에서 물질과 운동에 대한 뉴턴의 설명을 비판했다.

"…… 그것은 물리적 힘에만 의존하고 환원할 수 없는 물질이 유동적 배열 환경에서 공간으로 퍼져 나간다는 궁극적 사실을 전제로 한다. 이런 물질은 본질적으로 감각이 없고 가치가 없으며 목적도 없다. 그것은 존재의 본질에서 유래하지 않은 외적 관계가 부여한 고정적인 순서와 방법에 따라 그저 하는 일을 할 뿐이다."[7]

화이트헤드는 이렇게 존재가 '다른 어떤 순간과도 관련이 없고 지속성도 없는' 순간으로 구성된다고 본 뉴턴의 설명에 강하게 반대하며 "순간의 속도"와 "순간의 운동량"은 노골적으로 말해 터무니없다고 주장했다.[8] 그는 또한 "시공간에서 단순히 위치의 속성만"을 보유하는 고립된 물질의 개념은 "자연을 무의미하거나 무가치한 상태로" 방치하는 것이라고 했다.[9]

화이트헤드를 참을 수 없게 한 것은 과학계에 널리 퍼져 있는 자연관이 "자연 내부의 근본적인 활동에 존재하는 차별성을 배제"한다는 사실이었다.[10] 옥스퍼드대학교의 역사학자이자 철학자인 로빈 콜링우드 (Robin G. Collingwood)는 관계와 리듬은 "운동의 리듬이 설정될 수 있을 정도로 충분히 긴 시간의 영역"에 비로소 존재한다고 지적했다.[11] 예컨대 음표는 그 앞과 뒤에 다른 음표가 없다면 아무것도 아닌 것이다.

공정하게 말해, 화이트헤드가 이미 구축된 토대 없이 이 새로운 깨달음에 도달한 것은 아니다. 이미 고전물리학 분야 곳곳에서 파열음이 나고 있었다. 20세기 초반에 물리학자들은 고정된 공간을 차지하는 고체 물질로서 원자의 물리적 성질에 대한 과거의 추정들이 '부적절했다는' 사실을 깨닫기 시작했다. 이들은 원자가 물질적 의미의 사물이 아니라 특정한 리듬으로 작동하는 관계의 집합이고, 그래서 "주어진 순간적 시간 내에서 원자는 그런 특성을 전혀 보유하지 않는다"는 것을 깨달았다.[12]

물리학자 프리초프 카프라(Fritjof Capra)는 이렇게 설명한다.

"따라서 원자 수준에서 볼 때 고전물리학의 고체 물질은 상호 연결 가능성의…… 패턴으로 용해되어 없어진다. 양자론은 우리에게 우주를 물리적 개체의 집합이 아닌 통일된 전체의 다양한 부분들이 만드는 복잡한 관계의 그물망으로 보게 한다."[13]

기능에서 구조를 분리한다는 기존 개념은 새로운 물리학의 시대가 도래하면서 무너졌다. 무엇이 하는 일로부터 무엇인가를 분리하는 것은 문자 그대로 불가능하다. 모든 것은 순수한 활동이고, 고정된 것은 없다. 사물은 고립된 채 존재하는 것이 아니라 시간을 통해서만 존재한다. 화이트헤드는 새로운 물리학의 관점을 이렇게 요약했다.

"오래된 관점은 우리가 변화로부터 추상해 자연의 완전한 실제를 '순간적으로' 상상할 수 있게 한다. 시간적 지속에서 분리되어 공간 내 물질의 순간적인 분포로만 상호 관계가 특징지어지는 것이다. …… 현대적 관점에서는 활동과 변화가 사실문제가 된다. 순간적으로는 아무것도 존재하지 않는다. 각 순간은 사실문제를 분류하는 방법일 뿐이다. 이와 같이 단순한 1차적 존재로 상상할 수 있는 순간이란 것이 없기 때문에 순간적으로는 대자연도 존재할 수 없다."[14]

새로운 물리학만 낡은 것을 해체하고 있지는 않았다. 시간과 공간의 역사를 다시 쓸 생물학의 새로운 접근 방식이 19세기 후반에 등장했다. 다윈이 종은 전체로서 출현하고 위대한 창조의 일부이며 시간이 지나도 변함없이 존재한다는 정통 명제에 각을 세우면서 생물학에 시간성을 도입했다. 그의 혁신적 이론은 시간이 지남에 따라 더 복잡한 종이 자연선택이라는 방식으로 진화한다고 명시했다. 새로운 특성은 무작위적으로 발생하지만 종에게 우월성을 부여해, 변하는 환경에 더 잘 적응하도록 도우며 살아남을 가능성을 높인다는 것이다.

다윈의 진화론이 생물학에 시간의 개념을 도입해 자연을 이해하는 기존 시각에 변화를 가져왔지만, 생물학자들은 새로운 생물학의 공언 중 일부라도 분류학의 범주에서 벗어나지 않게 하는 한편 환경에 대한 적합성을 평가하기 위해 각 유기체의 '구조'를 면밀히 조사하는 데 더 큰 관심을 계속 기울였다.

생물학적 진화의 시간성에 대해 이렇게 제한적이던 관점은 1866년에 독일의 박물학자 에른스트 헤켈(Ernst Haeckel)이 생태학이라는 새로운 학문 분야를 도입하면서 달라지기 시작했다. 새로운 세대의 생물학자들에게는 "생물체가 외부 세계, 서식지, 습성, 적, 기생충 등과 맺고 있는 관계를 연구하는 과학"이 더 큰 관심사였다.[15] 생태학은 생물 공동체가 시간의 경과에 따라 변하는 환경에 적응하고 발전하는 방법에 중점을 두면서 부분적으로 생물학의 범주를 벗어났다.

물리학의 새로운 분야와 새롭게 부상한 생태학이 시간과 공간을 재창조하고 있었고, 화이트헤드는 이들을 대변하는 목소리가 되었다. 그는 자연의 본질에 대한 새로운 감성을 단 한 줄로 요약했다. "변화와 동떨어져 존재하는 자연은 없으며 시간적 지속과 동떨어져 발생하는 변화는 없다."[16]

시간과 공간 그리고 존재와 생성의 관계에 대한 사고의 전환이 과학자와 철학자에게는 지적 자극일 수 있다. 이들을 제외한 나머지, 다시 말해 서로 경쟁하는 주체들의 세계에서 개인의 특성을 끊임없이 개선하고 보호하며 자신을 상대적으로 자율적인 물리적 존재로 생각하는 일반인에게 그것은 어떤 의미일 수 있을까? 우리는 힘과 장, 원자, 분자 등 온 세상의 소용돌이치는 요소가 끊임없이 우리의 안팎으로 흐르고 매 순간 우리의 주체성에 도전하는 환경에 존재한다. 그리고 우리는 저마다 그 것을 담는 그릇과 매개체에 가깝다. 일반인이 이런 내용을 상상하기란 쉬운 일이 아니다. 계속 실상을 짚어 보자.

우리가 저마다 생태계

먼저 물에 대해 살펴보자. 비록 과학계에서 지구상에 생명이 출현하고 진화한 것과 물의 심오한 연관성을 이해하지 못했지만, 모든 종이 지구의 수권에서 나오는 물을 주요 구성 성분으로 삼고 있다는 것은 엄연한 사실이다. 일부 유기체는 물이 체중의 90퍼센트 이상을 차지하며 인간의 경우, 성인 신체의 60퍼센트 정도가 물이다.[17] 인간 심장의 73퍼센트, 폐의 83퍼센트, 피부의 64퍼센트, 근육과 신장의 79퍼센트, 뼈의 31퍼센트가 물이다.[18] 혈액세포, 효소, 영양분, 호르몬 등의 운반을 맡은 담황색 유동체인 혈장은 90퍼센트가 물이다.[19]

물은 생명 체계의 가장 은밀한 면을 관리하는 데도 필수적 구실을 담당한다. 인상적이기까지 한 그 세부 기능의 목록을 좀 더 살펴보자.

"물은 모든 세포의 생명 유지에 없어서는 안 될 필수영양소다. (그리고) 세포 생성의 첨병이다. 땀과 호흡을 통해 체온을 조절한다. 우리 몸이 음식으로 이용하는 탄수화물과 단백질은 대사 작용을 거친 뒤 물을 통해 혈류를 따라 운반된다. (물은) 주로 배뇨를 통해 노폐물 배출을 돕는다. (물은) 뇌, 척수, 태아를 위한 완충재 구실을 한다. (물은) 타액을 형성하고 관절 윤활제의 기능을 한다."[20]

물은 24시간 내내 우리 몸속으로 들어오고 몸 밖으로 나가길 반복한다. 우리 몸의 반투과성 개방 시스템이 기본적인 생명 기능을 수행하기 위해 지구의 수권으로부터 담수를 체내로 가져왔다가 다시 수권으로 돌려보낸다는 뜻이다. 인체는 고정된 구조가 아니라 (다른 모든 생명체와 마찬가지로) 움직이는 패턴에 더 가깝고, 에너지 자체의 자율성 확보를 위해 그것을 이입하는 폐쇄적 메커니즘이 아니라 에너지를 쓰고 엔트로피성 폐기물을 배출하는 소산 시스템으로 작동한다. 이를 제대로 이해하려면 물의 순환과 재순환부터 살펴보는 것이 적절하다.

평균적인 남자 성인의 신체는 대략 30조 개의 세포로 이루어져 있다.[21] 모든 세포가 유기체의 유전자 지도를 보유하는데, 특정 세포는 신체 전반에 걸쳐 특정 기능을 수행한다. 2005년, 스웨덴 스톡홀름에 있는 카롤

린스카대학교의 커스티 스폴딩(Kirsty Spalding)이 이끈 연구 팀이 「인체 세포의 소급적 생성 연대 측정(*Retrospective Birth Dating of Cells in Humans*)」이라는 논문을 학술지 《셀(*Cell*)》에 발표했다.[22] 《뉴욕타임스》의 과학 전문 기자 니컬러스 웨이드(Nicholas Wade)는 이 논문을 바탕으로 「우리 몸이 생각보다 젊다(*Your Body Is Younger than You Think*)」는 기사를 실어 큰 반향을 불러일으켰다.[23] 연구에 따르면, 성인의 몸을 구성하는 모든 세포의 수명은 '평균' 7~10세다. (대뇌피질의 몇몇 세포들과 같이) 일부는 태어나서 죽을 때까지 남아 있기도 하지만 대부분의 세포는 계속 교체되기 때문에, 물리적으로 볼 때 우리는 일생 여러 몸 안에 산다.[24]

피부 세포, 손톱과 발톱, 유모세포가 없어지고 재생되기를 반복한다는 것은 우리 대다수가 익히 아는 사실이다. 그러나 우리는 몸속 주요 장기는 평생 바뀌지 않는다고 추정하며 인간이 저마다 고유하고 영속적인 자아라는 확신의 근거로 삼아 왔다. 이것은 사실이 아니다.

적혈구의 수명은 넉 달 정도다. 30대 후반 성인의 갈비뼈 근육을 이루는 세포의 평균수명은 15.1년이다. 위장을 감싸고 있는 세포는 5일 만에 교체된다. 위장관 결장 선와세포는 3~4일을 주기로 교체된다. 뼈의 파골세포는 2주마다, 장의 파네드세포는 20일마다 교체된다. 기관 세포는 1~2개월, 지방세포는 8년마다 교체되고 골격 세포의 10퍼센트는 매년 새것으로 대체된다. 간세포의 교체 주기는 6개월~1년이다. 평균적인 성인의 간이 300~500일을 주기로 교체된다는 뜻이다. 중추신경계는 수정체 세포와 마찬가지로 평생 바뀌지 않고 유지된다.[25]

골격 뼈 표면층의 약 3퍼센트와 사지 관절에 있는 다공성 뼈의 최대 4분의 1이 12개월마다 교체된다. 사람의 형태를 이루는 골격은 거의 다 10여 년을 주기로 교체되지만, 치아 표면의 에나멜은 평생 지속된다.[26]

세포에서 우리 몸을 구성하는 분자와 원자로 규모를 줄여 보면 교체

주기가 더 빨라진다. 성인의 몸은 약 10^{27}개의 원자로 이루어진다.[27] 우리 몸의 기관은 세포로 구성되고 세포는 분자로, 분자는 원자로 구성된다. 이렇게 가장 기본적인 단위인 원자의 수준에 도달하면 인간을 구성하는 것은 공간에 존재하는 자율적 구조라기보다 시간의 경과에 따라 존재하는 '활동의 패턴'에 더 가깝게 보이기 시작한다. 그 이유에 대해 생각해 보자.

우리가 공기를 들이마시고 물을 마시고 음식을 먹을 때마다 엄청나게 많은 원자가 지구의 생물권에서 우리 몸으로 들어온다. 역으로, 숨을 내뱉고 땀을 흘리고 배변을 할 때마다 원자는 다시 생물권으로 돌아가고 결국 다른 사람이나 다른 생명체에 박혀 들어간다.

무게를 기준으로 본다면 인체에서 65퍼센트는 산소, 18.5퍼센트는 탄소, 9.5퍼센트는 수소, 3.2퍼센트는 질소 그리고 나머지는 칼슘, 인, 나트륨, 칼륨, 황, 염소, 마그네슘 등이 차지한다. 이렇게 다른 분자들을 이룬 모든 원자를 합쳐 보면, 한 사람의 몸 안에 우주의 별보다 많은 원자가 있을지도 모른다.[28] 인체를 이루는 원자도 90퍼센트 이상이 1년 사이에 새것으로 바뀐다.[29]

체내로 흡수되는 산소와 수소는 대부분 모든 생명체가 거주하는 생물권을 구성하는 대기권과 수권, 대륙권에서 나온다. 분자는 생물권으로 돌아갈 때 지구 전반의 기류와 수류를 통해 퍼져 나간다. 한 사람의 몸에 4×10^{27}개의 수소 원자와 2×10^{27}개의 산소 원자가 있다. 분명 이 원자 중 일부는 선대의 인간을 비롯해 지구상 여타 생명체의 몸 안에 있었을 것이다. 이와 마찬가지로 한때 우리 몸에 있던 수소와 산소 원자의 일부는 우리 후대의 인간과 동료 생명체의 몸으로 유입될 가능성이 크다.[30]

과학적인 관점에서 우리 몸은 상대적으로 폐쇄적인 자율적 주체라기 보다는 개방적인 소산 시스템이다. 인체는 생물권 전반에서 오는 (산소,

수소, 질소, 탄소, 칼슘, 인, 칼륨, 황, 나트륨, 염소 등) 화학원소를 선택적으로 받아들이는 반투막으로 싸여 있다.[31] 그래서 우리 몸은 지구 원소를 수용하는 수많은 매개체 중 하나일 뿐이다.

하지만 화학원소는 우리 몸의 세포와 조직 그리고 지구의 수많은 시스템을 휘젓는 유일한 실체가 아니다. 지구상에 존재하는 가장 미세한 생명체인 박테리아에 대해 생각해 보자. 2018년, 바이츠만연구소와 캘리포니아공과대학교의 연구진이 미국《국립과학원 회보(*Proceedings of the National Academy of Sciences*)》에「지구상의 바이오매스 분포(*The Biomass Distribution on Earth*)」라는 논문을 발표했다. 연구에 따르면, 지구 생명체의 전체 탄소량이 약 550기가톤이며 그중 450기가톤은 식물이다. 놀랍게도 그다음으로 많은 양을 차지하는 것이 70기가톤의 박테리아다. 그 밖에 균류 12기가톤, 고세균 7기가톤, 원생생물 4기가톤, 동물 2기가톤, 바이러스 0.2기가톤이다. 이렇게 광대한 종의 범주에서 인간 종이 차지하는 양은 지구상의 바이오매스 중 0.06기가톤 미만에 그친다.[32]

우리는 몸의 많은 부분을 다양한 박테리아와 공유한다. 바이츠만연구소의 또 다른 보고서에 따르면 "인체 내 박테리아의 수는 사실상 세포 수와 동일한 체계를 이루며 총질량은 약 0.2킬로그램이다."[33] 체내 박테리아는 대부분 대장에 살지만 위와 피부, 타액, 구강 점막 등 다른 부분에도 산다. 우리 각자의 몸은 혼자만의 것이 아니다. 우리는 인간의 가장 오래된 친척인 박테리아와 함께 사는 셈이다. 소화기관에 있는 박테리아는 음식물, 특히 식물성 섬유질의 분해를 돕고 비타민 B군과 비타민 K를 비롯한 주요 비타민을 소화기관에 공급한다.[34] 또한 병원성 침입자를 막아 내기 위해 면역 체계를 대비시키기도 한다.[35]

박테리아가 우리 몸에서 공존한다는 것은 잘 알려진 사실이다. 우리 몸에는 그 밖에 곰팡이, 고세균, 원생생물을 포함한 미생물도 살고 있다.

과학자들이 아직 인체 내 곰팡이 세포의 수를 계산하지는 못했지만, 그 규모는 박테리아보다 작다.[36] 칸디다 알비칸스 같은 일부 곰팡이 유기체는 면역력이 떨어진 사람에게 치명적일 수 있다. 특정 유기체는 위와 질관, 구강의 질환을 일으키기도 한다. 폐를 장악하고 증식한 크립토코커스 네오포르만스는 치명적 질환의 원인이 될 수 있고, 폐포자충은 면역력이 약한 사람에게 폐렴을 일으킬 수 있다. 신체의 건강을 유지하는 데 기능하는 곰팡이 종도 있다. 사카로미세스 보울라디가 프로바이오틱 효모로서 위장염 완화에 도움을 준다.[37] 최근 연구를 통해 인간 표본에서 서로 다른 균종 101가지가 발견되었고, 한 사람의 몸속에는 천식을 일으키는 클라도스포륨과 장기이식 환자에게 진균 감염을 일으킬 수 있는 오레오바시듐을 포함해 9~23가지의 서로 다른 균종이 있는 것으로 밝혀졌다.[38]

우리 몸에 사는 미생물 중 잘 알려지지 않았고 활발히 연구되지도 않은 것이 아마 고세균일 것이다. 고세균은 세포핵이 없는 단세포생물로서 원핵생물로 분류된다. 최근 연구를 통해 인간의 위장관과 피부, 폐, 코 등에 존재하는 고세균이 발견되었다. 지금까지 4종의 메탄 생성 고세균이 인체에서 분리되어 배양되기도 했다. 96퍼센트 이상의 인간은 내장에 메타노브레비박터 스미시가 있고, 또 다른 고세균인 메타노스파에라 스타트마네는 실험 대상 중 약 30퍼센트에서 발견된다. 덜 보편적인 메타노마실리코쿠스 루미넨시스는 약 4퍼센트의 사람에게 나타난다.[39]

고세균이 인간의 내장에 널리 퍼져 있으며 비만을 유발하는 것으로 추정된다. 또 다른 연구에서는 만성 변비와 관련 있는 것으로 나타나기도 했다. 심혈관 질환의 표시일 수도 있고 치주 질환과 관련 있을지도 모른다.[40] 인체 전반에 고세균이 존재한다면, 이것이 인간의 생리 조절 과정에 중요한 구실을 한다는 뜻일 수 있다.

인체 내에는 원생생물도 풍부하다. 이 진핵생물은 단일 세포핵을 보유하지만, 동물이나 식물 또는 곰팡이가 아니라 별도의 범주에 속하는 생명체다. 말라리아원충, 아메바, 섬모충류, 편모충 등이 여기에 포함된다. 자연에서 독립생활을 하는 원생생물은 물이 있는 환경에 서식하며 해양 및 육상 바이오매스의 상당 부분을 구성한다. 우리 식단의 중요한 구성 요소인 해조류도 원생생물이다. 식물과 유사한 원생생물인 식물성 플랑크톤은 광합성을 통해 지구 산소의 절반을 생산한다.[41] 원생생물은 의학 및 생물의학 연구에 이용된다. 피부와 치아, 눈, 콧구멍, 소화관, 순환계, 성기, 뇌 조직 등을 포함한 인체 조직 내 여러 부분에 사는 원생생물이 70~75종이다. 이 중 일부는 독성이 있지만, 나머지는 비교적 무해하다.[42] 원생생물은 말라리아, 아메바성 이질, 트리코모나스 감염증, 수면병 등 많은 치명적 질병의 원인이 되기도 한다.

그리고 바이러스가 있다. 우리는 바이러스를 인체에 잠입해 질병을 만들고 감염과 죽음을 퍼뜨리는 침입자로 생각하게 되었다. 코로나19 바이러스처럼 말이다. 막스플랑크 분자유전학 연구소의 카린 묄링(Karin Mölling)이 「적보다 친구에 가까운 바이러스(*Viruses More Friends than Foes*)」라는 글에서 바이러스에 대해 이렇게 말했다. "지구상에서 가장 성공적인 종이다. 이들은 지구의 토양과 해양, 대기, 인체, 심지어 우리 유전자의 총체인 게놈에도 살고 있다." 일반적으로 바이러스는 병원체로 분류되고 에볼라·사스·HIV·에이즈·지카·메르스 등과 같이 치명적 질병과 동일시되지만, 묄링은 "바이러스는 대부분 적이나 살인자가 아니라 지구상 모든 종의 생명이 탄생하고 발달하고 유지하는 데 중요한 구실을 하는 존재"라는 점을 상기시킨다. "바이러스는 우리의 면역 체계를 구축한다. 바이러스는 바이러스로부터 우리를 보호한다. …… 환경 변화에 대한 진화와 적응의 촉진제다."[43]

우리 몸속 박테리아가 38조 개인데, 바이러스는 무려 380조 개다. 언제 어디에나 존재하며 너무나 다양해서 이것들의 살아 있는 공동체에 '인간 바이러스체(human virome)'라는 공식 명칭이 부여되었다.[44] 다행히도 이들 중 상당수는 무해하다. 문제는, 과학자들이 박테리아의 다양한 변종과 인체 내 기능에 대해서는 꽤 많이 알아도 바이러스가 인간의 건강을 조절하거나 위협하는 데 어떤 구실을 하는지는 잘 모른다는 사실이다.

바이러스는 인체 내 모든 공간에 서식하는 것으로 밝혀졌다. 혈액과 폐, 피부, 소변 등 사실상 인체의 모든 곳에 존재한다. 바이러스는 박테리아를 죽이기 위해 산다. 이것이 필생의 사명인 셈이다. 과학자들은 질병을 일으키는 박테리아, 특히 심각하고 치명적인 감염을 촉발하며 거의 모든 항생제에 대한 내성이 점차 증가하고 있는 박테리아로부터 특정 바이러스가 인체를 보호하는 방법의 실마리를 찾기 위해 인간 바이러스체의 바이러스들에 관심을 돌리기 시작했다.[45] 박테리아 관련 질병을 퇴치하기 위해 새로운 접근법을 발견한다는 목표하에, 인체의 거의 모든 곳에 있는 수조 개의 박테리아와 그보다 더 많은 바이러스의 공존에 영향을 미치는 수많은 상관관계를 파악하는 일이 현재로서는 버겁다.

인체 내부에 사는 이 모든 종을 합해 보면 인체 세포의 수는 전체의 43퍼센트밖에 안 된다. 나머지 57퍼센트는 우리 몸에 사는 미생물인 셈이다. 더 세분해 유전자 수준에서 인간의 구성을 살펴보면, 한 사람의 생리학적 구성을 설명하는 유전자는 2만 개에 그치는 반면에 그 몸에 사는 미생물 전체를 구성하는 유전자는 200만~2000만 개에 이른다.[46]

캘리포니아공과대학교의 미생물학자 사키스 마즈마니안(Sarkis Mazmanian)이 우리가 생각해 보지 못한 사실을 알려 준다. 생물학적으로

"우리에게 단 한 가지 유전체만 있지는 않다. 우리 몸에 사는 미생물의 유전자는 본질적으로 우리의 활동을 증강하는 제2의 유전체다." 그는 이렇게 덧붙인다. "인간은 그 자신의 DNA와 장내 미생물의 DNA의 조합이다."[47]

생물학적 관점에서, 우리가 인간이라고 생각하게 된 것 중 실제로 인간인 부분은 우리 몸의 절반도 되지 않는다. 그렇다면 인간 종은 키메라로 봐야 하지 않나? 어떤 의미에서는 그래야 마땅하다. 이런 생각이 인간은 생물분류 체계상 종을 아우르는 과에서 아주 특별한 표본이라는 오랜 믿음을 뒤흔들 수 있겠지만 과학적 현실은 이보다 훨씬 더 복잡하다. 미국 국립보건원 산하 국립인간유전체연구소(NHGRI)의 프라바나 강굴리(Prabarna Ganguly) 박사는 인간을 구성하는 요소에 대해 새롭고 모범적인 설명을 한다.

우리 몸에는 강력하지만 보이지 않는 미생물 왕국이 있다. 작지만 놀라울 정도로 막강한 이 수천 생물 종과 수조 거주자들은 우리 몸의 모든 부분에 살고 있으며 다양한 인간 미생물체를 구성한다. 이 미생물체가 우리 몸의 건강을 지원하고 유지하지만, 어떤 식으로든 교란이 생기면 암이나 자가면역질환·심혈관 질환 등 수백 가지 질병과 관련되기도 한다. …… 미생물 공동체의 변화가 질병으로 이어지는지, 질병의 진행에 대한 반응으로 미생물 공동체가 변하는지 과학자들조차 아직 알지 못한다.[48]

2014년, 인체 내 미생물의 유형적 특징을 파악하고 인간 생명의 공동 연출가로서 이들이 하는 구실을 설명한다는 목표로 미국 국립보건원의 인간 미생물체 프로젝트(HMP)가 시작되었다. 그때까지만 해도 인체에서 동거하는 다른 유형의 생명체가 우리 몸 전반에 존재한다는 사실과 관련해 알려진 정보가 거의 없었다. 우리 몸에 사는 미생물 중 다수가 여전히 확인되지도 식별되지도 못한 채로 있었다.

인간 미생물체 프로젝트는 세계적으로 유명한 과학 기관이자 미국 정부의 선도적인 의료 연구 기관이 인체를 생물군계로 인정한 첫 사례다.(생물군계란, "주요 서식지를 차지하는 동식물의 자연 발생적 대규모 군집"이다.)[49] 인체, 더 나아가 다른 생물 종의 몸이 미생물체임을 인정함으로써 미국 국립보건원은 인간 종과 모든 개별 인간이 하나의 생태계라고 공식적으로 주장한 것이다. 생태계란 "상호작용하는 유기체와 물리적 환경의 생물학적 공동체"다.[50] 인간의 생리를 미생물체로 재정의하는 것은 아직 완전한 파악에 이르지 못했어도 분명히 역사적 사건이다. 이 프로젝트를 이끄는 사람들은 새로운 시도에 대해 이렇게 설명한다.

> 인간 미생물체 프로젝트는 현재 제기되는 과학적 질문 중 가장 고무적이면서 곤혹스럽고 근본적인 것들을 다룰 것이다. 이것이 의학미생물학과 환경미생물학 사이 인공 장벽을 허물 수 있다는 점이 무엇보다 중요하다. …… 인간 미생물체에 대한 질문은 그것이 적용되는 시스템 측면에서만 새롭다. 비슷한 질문이 수십 년간 거시적 규모의 생태계를 연구하는 생태학자들에게 영감과 당혹감을 주었다.[51]

모든 인간이 생물군계이며 지구 생태계가 인간 종의 육체에서 멈추지 않고 모든 개체의 미생물체로 계속 이어진다는 과학적 발견은 생태적 자아의 출현을 암시한다. 우리는 모두 저마다 안으로는 몸속 창자 깊숙한 곳까지, 밖으로는 생물권의 경계와 그 너머까지 도달하는 생물군계다. 인간을 구성하는 것의 본질에서 일어난 패러다임의 새로운 전환은 이미 질병에 대한 접근 방식과 환자의 건강을 확보하는 방식에 변화를 일으키기 시작했다.

UC샌디에이고의 롭 나이트(Rob Knight) 교수는 이렇게 주장한다. "이 미세한 생물체들이 최근까지 전혀 상상하지 못한 방식으로 우리의 건강을 완전히 바꾸고 있다."[52] 연구자들은 소화, 면역 체계 조절, 질병으로부터 보호, 필수 비타민의 생성 등에서 미생물이 인간 미생물체 전반에 걸쳐 수행하는 구실을 탐구한다. 나이트 박사를 비롯한 과학자들은 미생물체에 대한 추적 관찰이 표준 의료 관행이 되고 환자의 대변을 건강이나 질병의 상태를 평가하기 위해 채굴할 수 있는 미생물 DNA 정보가 가득한 '데이터 하치장'으로 인식하게 될 것이라고 확신한다.

웰컴생어연구소의 트레버 롤리(Trevor Lawley) 박사는 앞으로 질병 치료와 건강 증진이 벌레 10~15마리를 환자의 미생물체에 투여하는 처방에 의존하게 된다고 생각하는 것이 결코 무리가 아니라고 말한다.[53]

지금은 분명히 눈에 띄지만 오랫동안 무시된 사실은, 모든 인간과 동료 생물체들의 내부가 이 행성에 생명이 가득할 수 있게 하는 생물군계·생태계·지구 권역의 연장일 뿐이라는 것이다. 각 생물과 그 안에 있는 모든 세포는 지구 시스템의 요소들이 통과하고 생명의 패턴을 지속할 수 있게 반투막으로 둘러싸인 개방적 시스템이다. 지구가 고정된 구조들로 가득 차 있다는 생각 자체가 부적절하다. 프리고진은 화학처럼 생물학에서도, 사물로 식별되는 것이 실제로는 과정이라는 데 주목하며 아주 간결하게 설명한다. 살아 있는 모든 생명체는 항상 엔트로피성 폐기물을 늘린 결과로 지구에서 쓸 수 있는 에너지를 공급받아야 존재할 수 있는 소산 시스템이다.

우리는 끊임없이 물이 흐르는 강에 있는 소용돌이일 뿐이다. 우리는 머무르는 무엇이 아니라 스스로 영속하는 패턴이다.

분명히 모든 것이 활동의 패턴은 아니다. 지구의 물리적 성질 중 대부분을 구성하는 단단한 암석은 어떤가? 분명 그것들은 모든 것이 고정된 사물이 아니라 진화하는 패턴이라는 생각에 들어맞지 않는다. 하지만 과연 그럴까? "구조란 장기간 지속되는 느린 과정이고 기능은 빠른 단기 과정"이라고 한 베르탈란피의 말을 떠올려 보면 좋겠다.[54] 우리는 알프스, 히말라야, 로키, 안데스 등 거대한 산맥을 접하면 첫눈에 경탄한다. 그 웅장함은 경외를 불러일으키고, 고독은 숭고하기까지 하다. 우리는 불멸하는 그 존재로부터 위안을 얻는다. 불행히도 이런 경험은 환상이다. 겉보기에 불활성 구조인 듯해도 이들은 언제나 움직이고 있다. 이들도 시간의 경과에 따라 변하는 활동의 패턴이다.

만약 수백만 년 동안 에베레스트산의 모습을 집중적으로 저속 촬영한 동영상이 있고 그것을 빠르게 재생할 수 있다면 매 순간 진화하는 패턴을 목도하게 될 것이다. 지질학 강의를 들으면 누구나 시간의 경과에 따른 지각의 변화에 대해 배운다. 예컨대 3억 2000만 년 전에는 대양으로 둘러싸인 단 하나의 초대륙, 판게아가 있었다. 2억 년 전에 초대륙이 분리되기 시작했고, 결과적으로 오늘날 우리가 대륙으로 알고 있는 땅덩어리들이 되었다.[55] 시시각각 전개되는 과정으로서 암석을 실시간으로 경험하기 위해 그렇게 먼 과거로 돌아갈 필요는 없다.

앞서 3장에서 풍화작용과 땅속으로 파고드는 나무뿌리, 식물, 곤충, 동물 들을 통해 암석이 토양으로 분해되면서 암석이 점점 더 작은 입자로 해체되는 과정에 대해 말했다. 분해된 암석에서 나온 미네랄은 토양의 필수 요소가 된다. 식물도 미네랄을 흡수하고, 우리가 이런 식물을 섭취할 때 미네랄이 우리 몸속으로 전달된다. 그중 인과 칼슘은 인체의 골격과 치아를 구성하는 요소다. 우리의 세포를 감싸고 있으면서 영양분을 들어오게 하고 엔트로피성 폐기물을 내보내는 문지기 구실을 하는 반투막 또한 인으로 구성되었다.[56]

우리 몸의 일부는 사실상 인간이 되어 가는 패턴을 지속하는 과정을 유지하는 데 핵심적 구실을 하는 암석에서 캐낸 요소들로 만들어진 셈이다. 이 암석 조각들은 먼 과거로부터 서서히 이동해 우리 인간 생태계로 들어오고, 그 자리에서 다시 다른 곳을 향해 여행을 시작하곤 한다.

우리는 저마다 서로 다른 시간과 규모에서 작동하는 많은 주체들이 우리의 생성에 참여하게 되는 하나의 패턴이며 이어지는 여정을 통해 또 다른 패턴에 참여하게 된다. 그러나 이것이 끝이 아니다. 지구상 모든 생물 종의 모든 패턴이 어우러지도록 돕는 주요 주체가 더 있다. 바로 생체시계와 전자기장이다. 지구상의 다양한 주체들 속에서 생명이 어떻게 진화했는지를 알려 주는 매우 중요한 잃어버린 연결 고리를 줄 이 두 가지에 대해 지금부터 알아보자.

8

새로운 기원 이야기: 생명을 동기화하고
형성하는 생체시계와 전자기장

1953년 2월 28일 정오, 영국 케임브리지대학교 교수와 학생 들의 사랑방인 이글펍이다. 이야기에 따르면, 연구원 두 명이 이곳으로 뛰어들었다. 두 사람 중 나이 든 신사는 37세의 영국 물리학자 프랜시스 크릭(Francis Crick)이고, 같이 들어선 젊은 동료는 25세의 미국 분자생물학자 제임스 왓슨(James Watson)이었다. 크릭이 이 자리에 모인 후원자들에게 (영원히 기억될) 말을 했다. "우리가 생명의 비밀을 발견했습니다." 두 사람은 얼마 있다 데옥시리보핵산, 즉 DNA의 이중나선 구조를 발견한 공로로 노벨 생리의학상을 받는다.[1] 서두를 것 없다. 이야기는 이제부터 시작이다.

1729년으로 돌아가 보자. 식물이 낮에는 잎을 펼치고 있다가 밤에는 접는다고 알려져 있던 시절이다. 프랑스의 천문학자 장 자크 도루트 드 메랑(Jean Jacques d'Ortous de Mairan)은 어두운 방에 둔 식물도 잎을 펼치고 접을지 궁금했다. 그는 미모사를 어두운 찬장에 두는 실험을 통해 식물이 24시간 동안 계속 잎을 펼쳤다 접는 과정을 관찰했다. 완전한 어둠 속에서도 식물의 잎이 활동을 멈추지 않는 것은 일조와 무관한 모종의 힘이 있어야 가능한 일이었다.

1832년에 프랑스계 스위스 생물학자 알퐁스 드 캉돌(Alphonse Pyramus de Candolle)이 메랑의 발견을 확인하고, 흥미로운 다른 실험 결과를 더했다. 메랑의 실험은 미모사가 잎을 펼치고 접는 활동이 오로지 빛에 노출되기 때문일 것이라는 가능성을 제거했다. 캉돌은 이 과정이 온도에 대한 반응과 관계있을 것이라는 추정하에 식물을 계속 빛에 노출해서 명암 주기가 없어도 '시계처럼' 22~23시간마다 잎을 펼치고 접는다는 사실을 알게 되었다. 이것은 식물의 내부에 일종의 시계가 있음을 암시했다.[2]

1960년대에는 존스홉킨스대학교의 커트 리히터(Curt Richter)가 쥐를 대상으로 실험했다. 쥐를 냉동하고, 전기 충격을 주고, 눈을 멀게 하고, 심장박동을 멈추게 하고, 심지어 뇌의 일부를 제거하기도 하는 일련의 잔인한 실험을 통해 쥐의 하루 주기를 무너뜨리려는 것이었다. 하지만 실험 대상은 24시간 주기 활동을 중단 없이 이어 갔다.[3]

스위스 제네바대학교의 시간생물학자인 율리 쉬블러(Ueli Schibler)는 생물학적 시계가 포유류 종의 시간적 패턴을 주관하는 방법에 대해 이렇게 설명한다.

포유류 종 대부분의 생리 과정은 매일 시간 기록 시스템에 따라 제어되는 진자 운동을 하는 것이다. 이 시간 기록 시스템은 뇌의 시신경교차상핵(SCN)에 자리하며 외부 자극이 없어도 장기간 내재적 주기성을 유지할 수 있는 페이스메이커와 거의 모든 신체 세포에 존재하는 말초 슬레이브 진동자(peripharal slave oscillators)로 구성된다. SCN의 각 단계는 하루의 명암 주기에 연동되며 신경세포와 체액 및 다양한 물리적 출력 신호를 통해 행동과 생리 현상에 명시적인 리듬을 부과한다. 이 출력 신호 중 일부는 하루 주기 행동에 직접 영향을 미치는 반면, 나머지 일부는 말초 세포 유형의 무수한 하루 주기 진동자를 동기화하기 위한 입력 신호 구실을 한다. 매일 반복되는 취식-금식 주기는 수많은 말초 조직의 진동자를 동기화하기 위한 주요 차이트게버(Zeitgebers, 시간을 알려 주는 신호)다.[4]

DNA가 하루 주기 생체시계의 암호라고 알려졌지만, 유일한 것은 아니다. 케임브리지대학교 대사연구소 임상신경과학부의 존 오닐(John S. O'Neill)과 아킬레시 레디(Akhilesh B. Reddy)가 같이 쓴 논문「적혈구의 하루 주기 시계(Circadian Clocks in Human Red Blood Cells)」가 2011년 1월《네이처》에 실렸다. 이 연구는 핵이 없어서 DNA가 존재하지 않는 인간의 적혈구를 이용했는데, 세포에 DNA가 없어도 거의 24시간 주기로 작동하는 강력한 하루 주기 리듬이 감지되었다.

이것은 하루 주기 리듬이 (진핵세포에서 핵을 제외한 나머지 부분인) 세포질에서 생겨야 한다는 뜻이다. 이 연구뿐만 아니라 여타 유사한 연구들에서도 DNA 시계의 존재가 부정되지 않았다. DNA 시계는 동물과 식물 전반에 걸쳐 꼼꼼히 식별되고 분류되었다. 이런 연구가 우리에게 말하려는 것은 신다윈주의 통합론 신봉자들의 생각처럼 유전자가 신체 시계의 유일한 출처는 아니라는 점이다.[5]

우리 몸속 시계는 끊임없이 24시간 주기, 그중에서도 특히 명암 주기와 온도 변화의 신호에 따라 조정된다. 외부 환경의 변화를 예측하고 대응하는 능력은 건강한 유기체를 유지하는 데 매우 중요하다. 신체가 활동하는 동안, 특히 식량을 구하기 위해 수렵 채집을 하는 유기체는 투쟁 또는 도피 반응을 일으키는 데 시간적 준비가 필요하다. 소화와 면역 체계 기능, 재생을 위한 일정 수립과 조직화가 휴식과 수면 주기를 통해 발생하며 완전히 다른 시간 계획과 배치를 요구한다. 심장박동 수와 호르몬 수치 등을 포함해 하루 24시간 동안 외부 환경의 변화에 끊임없이 적응하며 지속적으로 시간 관리와 동기화가 필요한 여타 체내 활동들도 있다.

지금까지 축적된 일련의 증거는 인간의 질병이 생체시계의 비동기화와 관계있음을 보여 준다. 일례로 인공조명을 들 수 있다. 20만 년이 넘는 기간 동안 우리 인간 종과 동료 생물체들은 대부분 태양에서 직접 방출되고 달에 반사되어 간접적으로 방출되는 자연광과 더불어 살아왔다. 그런데 오늘날 야간에도 일광을 만들어 내는 전기 조명이 수백만 명의 수면을 방해하고 야간에 일하는 또 다른 수백만 명에게 영향을 미치고 있다.

하루 24시간 부분적으로 조명이 밝혀지는 밀집된 도시환경에 거주하는 모든 세대는 캄캄한 하늘에서 별이 빛나는 우주와 아홉 개의 은하를 맨눈으로 본 적이 한 번도 없다.[6] 슬프게도 여행 및 관광 업계의 최신 상품은 지구상에서 드물게 사람이 살지 않는 장소에서 우주의 경이를 체험할 수 있도록 몇 안 되는 '어두운 하늘 공원'으로 관광객을 실어 나르는 것이다.

최근 몇 년간 진행된 새로운 연구에 따르면, 야간의 인공조명이 뇌 속 송과체의 멜라토닌 생성을 억제해 우리의 생체시계를 교란한다. 멜라토

닌 생성이 억제되면 전립선암과 유방암의 위험성이 커지는 것으로 의심되고 있다.[7]

성인에게서 나타나는 주의력결핍 과잉행동장애(ADHD)에 관한 연구는 수면 장애가 상태를 악화시키는 원인이 될 수 있다는 사실을 밝혔다.[8] 잇따른 연구 보고에 따르면, 교대제 노동자들에게서 심장 질환이나 당뇨병·감염·암 등의 발병률이 상대적으로 높은 경향이 보인다. 손상된 하루 주기 리듬이 조현병과 양극성 정동장애를 포함해 심각한 정신장애를 촉발한다는 의견이 수많은 연구를 통해 제시되는 것도 걱정스러운 현실이다.[9]

이를 비롯해 여타 발견들이 점점 더 많은 인간의 질병이 뇌의 SCN에 자리 잡은 24시간 주기 시계에 직접적으로 연관되어 있다고 말한다. 옥스퍼드대학교 하루 주기 신경과학 교수인 러셀 포스터(Russell Foster)는 다양한 중증 질병과 하루 주기 리듬에 따른 각성 주기의 깊은 연관성이 "새로운 증거 기반 치료와 개입을 개발할 수 있는 실로 놀라운 기회이며 이것이 광범위한 질병의 치료에서 수백만 명의 건강과 삶의 질을 변화시킬 것"이라고 예측한다.[10] 하지만 오늘날 불행하게도 미래의 의사를 키우는 의학 훈련에서 질병의 시간성에 관한 내용은 거의 다루지 않는다.

과학자들은 생물 종들도 태음 조석 주기 및 1년 주기와 동기화되는 내부 시계가 있다는 것을 밝혀냈다. 예컨대 (남태평양의 산호초에 서식하는 갯지렁이과 다모충) 팔롤로는 매년 10월과 11월, 조수 간만의 차가 가장 적은 하현달 시기에만 번식한다.[11] 과학자 케네스 피셔(Kenneth C. Fisher)와 에릭 펜걸리(Eric T. Pengelley)는 창문이 없는 밀폐된 방에 다람쥐를 격리하고 실내 온도를 빙점으로 유지하며 먹이와 물을 꾸준히 주는 실험을 했다. 그런데 다람쥐가 체온을 섭씨 37도로 유지하고 자연 상태에서 해마다 그랬듯이 10월이 되자 먹이와 수분 섭취를 중단하고 동면에 들어갔다. 이른 봄이 되자 정상적인 활동을 재개한 것도 여느 해와 다르지 않았다.[12]

과학자들은 하루 주기, 태음 조석 주기, 1년 주기와 함께 하루보다 짧은 주기의 규칙적 반복성도 발견했다. 이것은 초주일 리듬(ultradian rhythms)으로 불리며 24시간 주기 내에서 다양한 시간적 길이로 발생한다. 1초 미만으로 지속되는 심장박동을 예로 들 수 있다. 지금 우리는 동물 종 신체의 소산적 패턴을 유지하는 수백 가지 과정이 모든 세포에서 작동하는 내인성 생체시계에 전적으로 의존한다는 것을 알고 있다. (식물은 과정의 수가 이보다 적다.) 또한 이 내인성 시계는 우리가 '존재(being)' 또는 더 정확히 말해 '생성(becoming)'이라고 부르는 정교한 조화 속에서 동기화된다.

영국 카디프대학교 생명과학대학원의 미생물학자 데이비드 로이드(David Lloyd)는 "내부의 시간을 엄격하게 지키는 것은 본질적으로 기분과 활력에 관한 신체의 생화학적, 생리적, 행동적 기능을 조화롭게 제어하는 것"이라는 말로 우리 몸속 내인성 시계가 맡은 주요 기능에 대한 과학 지식의 현재 상태를 요약했다.[13]

가장 일반적인 초주일 주기 시계는 60분 주기 시계(circahouralian clock)다. 우리 인간 종은 기본적으로 약 90분의 활동 또는 휴식 리듬이 있으며 이에 관한 자료가 상당히 축적되었다.[14] 반세기 전에 시카고대학교의 심리학 교수 너새니얼 클라이트먼(Nathaniel Kleitman)은 인간의 집중력이 90분 가까이 지속되고 그 뒤로는 휴식이 시작되는 데 맞춰져 있다는 것을 발견했다.

각 생물 종의 일상적인 활동 패턴은 초주일 주기에 따라 구성되며 거기에는 "호환되는 과정의 동기화, 호환되지 않는 과정의 동시 활성화 방지, 세포 간 통신과 같은 자극에 반응하기 위한 생물학적 시스템의 준비와 신경세포의 완전성 및 각성도 유지, 하루 주기 리듬과의 상호작용 등"이 포함된다.[15]

예를 들어, 초주일 주기는 난소 주기의 시기를 관리하고 생식 활동을 내부 및 외부 환경의 변화에 동기화한다.[16] 또한 체온을 높이고 대응과 반응의 단계를 조직함으로써 유기체에게 포식자의 공격 위협을 경고한다.

생체시계의 중요한 기능 중 하나는 24시간 동안 진행되는 기능들을 동기화하는 것이다. 세포 내 공간, 심지어 내장 기관의 공간도 매우 제한적이기 때문에 각 활동이 순서에 맞게 발생할 수 있도록 적절한 시간을 할당해야 하고 이를 위해 계획을 수립할 때 시간 구획이 필요하다.[17] 그라츠의과대학교 생리학연구소의 막시밀리안 모저(Maximillian Moser)는 유기체의 활동 패턴을 유지하는 데 시간 계획이 수행하는 주요 기능을 강조한다.

"시간적 구획화는 동일한 공간에서 양극성 사건이 연이어 발생하도록 돕는다. 인체라는 우주에는 동시에 발생할 수 없는 양극성이 있다. 수축과 이완, 들숨과 날숨, 활동과 휴식, 각성과 수면, 환원과 산화 상태는 같은 시간에 같은 공간에서 수행될 수 없다."[18]

생체시계는 우리에게 건강한 세포는 생체시계 및 대사 과정과 동기화 상태를 유지한다는 점을 가르쳐 준다. 다시 말해, 세포는 각 대사 기능을 수행하기 위해 초주일 주기와 하루 주기를 통해 할당된 시간을 지킨다. 모든 유기체의 내부 역학에 관여하는 시기는 유기체 전반의 적절한 기능을 보장하기 위해 대략 24시간을 단위로 반복되는 주기에 따라 각 기능에 맞게 설정되는 것이다.

우리 인간 종이 존재의 패턴을 확보할 수 있었던 낮과 밤의 24시간 주기와 점차 분리되고 고립되고 있다는 사실도 불안하지만, 이와는 비교도 할 수 없을 만큼 극심한 재앙이 생명의 왕국 전체에서 전개되고 있다. 우리가 제때 행동에 나서지 않는다면 빠져나갈 방법이 없을지도 모른다.

문제는 바로 이것이다. 모든 유기체의 모든 세포에는 사전 설계된 특수한 생체시계가 있다. 계절 변화를 예측하고 적절한 대응을 준비할 수 있도록 해 종을 번성하게 할 생체시계다. 각 생물 종이 계절 변화에 적응할 수 있게 해 주는 또 다른 리듬은 광주기성이라고 불리며 일조 시간의 길이를 측정해 이를 이동과 수렵 채집, 번식, 수면, 각성 등의 최적기를 정하거나 계절 변화에 대비하는 신호로 삼는다.

잘못된 시간에 잘못된 장소에 있는 동물은 포식자의 공략 대상이 될 수 있다. 새로운 서식지에 너무 일찍 또는 너무 늦게 도착하면 수렵 채집의 기회나 번식, 이주, 동면 등의 최적기를 놓쳐서 종 전체의 생존 기회가 줄어들 수도 있다. 이 모든 활동이 알맞은 때가 있다. 이를 놓치면 지방 비축에 이은 동면이나 철새의 털갈이에 이은 장거리 이동 등과 같이 순차적으로 따르는 선택의 폭이 줄어든다. 당혹스럽게도 기후변화의 한가운데서 급격히 야생화되는 지구의 권역들이 계절 변화에 맞춰진 모든 생물 종의 내재적 생체 리듬의 단절을 강요하고 있다.

SCN이 하루 주기성을 조절해 유기체가 24시간 각성 또는 수면 주기의 단서를 얻을 수 있도록 돕는 것처럼, 광주기의 신경 신호를 만들어서 유기체가 계절 변화에 대기하는 것도 조절한다. 광주기 신호는 겨울에 길어지고 여름에 짧아지는 야간의 멜라토닌 분비 시간에 전달되고, 멜라토닌 신호에 반응하는 부위는 신호의 지속 시간이 나타내는 계절에 발생하도록 미리 설정된 행동과 생리 기능의 변화를 유도한다.[19]

계절 변화에 따라 생리 기능과 기분 변화, 예컨대 일조량이 적은 겨울

철에 나타나는 슬픔이나 우울감이나 피로감 같은 정서장애를 겪는다고 주장하는 사람들이 있다. 그런데 이것은 상상이 아니라 생리학적 원인에서 비롯한다.

미국 국립정신건강연구소의 명예 연구원이자 정신과 의사인 토머스 웨어(Thomas A. Wehr)가 이렇게 말했다. "원숭이를 비롯한 포유류들이 보이는 광주기적 계절 반응의 해부학적 및 분자적 기질의 거의 모든 요소가 인간에게서도 발견된다."[20] 이 분야의 연구원들은 우리 인간 종이 산업 시대를 거치는 동안 더 인공적인 환경으로 물러나게 되면서 계절 변화에 대한 반응이 약해졌을 것으로 추측한다.

기후과학자, 생물학자, 생태학자들 사이에서는 지난 1만 1700년의 홀로세 기간에 지구의 온화한 기후를 특징지은 비교적 신뢰할 수 있는 계절적 패턴이 지구온난화에 따라 극적으로 변하는 데서 오는 두려움이 점차 커지고 있다. 기후변화에 따른 물 순환의 변화는 더욱 예측하기 어려운 기상 현상과 더불어 이미 지역 생태계를 무참히 파괴하고 있다. 따라서 생물 종이 유전으로 물려받은 광주기성이 지금 예측할 수 없는 방식으로 급변하는 기후 특성에 직면해 모든 종을 위험에 빠트리고 있는 것이다.

요약해서 말하면, 우리 인간 종과 동료 생명체들은 생리학적으로 미로와도 같이 모든 세포·조직·기관을 24시간 365일 주기로 이루어지는 지구의 자전과 공전에 따라 생성되는 하루·태음·계절·1년 주기에 맞춰 끊임없이 조정하는 생체시계를 갖추고 있다. 60분 주기는 유기체의 생존을 위해 일상적인 내부 활동 과정을 설계한다. 하루의 길이를 측정하는 다른 생체시계들은 생물 종이 계절 변화에 적응하고 생존과 번영을 꾀하도록 돕는다. 이 모든 생체시계는 인간 종을 비롯한 모든 동료 생물이 본질적으로 시간적 패턴이고, 그래서 역동적으로 살아 숨 쉬는 이 행성에서 다양한 주체의 리듬에 끊임없이 맞춰 나갈 수 있다고 말해 주는 증거다.

노벨위원회에서 전화가 온 것은 2017년 10월의 어느 날 새벽 5시 10분이다. 동이 트기 전 전화벨이 울렸을 때 브랜다이스대학교의 생물학 교수 마이클 로스배시(Michael Rosbash)는 누군가의 부고일 거라는 생각이 뇌리를 스쳤다고 한다. 수화기를 들고 자신이 동료 교수인 제프리 홀(Jeffrey Hall), 록펠러대학교 유전학 교수 마이클 영(Michael Young)과 노벨 생리의학상을 받는다는 말을 들었을 때 그가 처음 내뱉은 말은 "지금 농담하십니까?"다.[21]

유기체 구성의 암호와 지침을 담고 있는 DNA 구조의 발견은 과학사의 중대한 이정표가 되었고, 노벨위원회가 이 세 학자의 성과를 인정한 것 또한 중대한 일이다. 미모사가 어두운 방에서도 24시간 주기로 잎을 펼쳤다 접는다는 사실을 메랑이 처음 발견한 이후 거의 3세기 동안 풀리지 않은 수수께끼 때문에 생물학자들은 당혹스럽기만 했다.

그러다 1971년에 미국의 신경과학자 시모어 벤저(Seymour Benzer)와 그의 제자 로널드 코놉카(Ronald Konopka)가 우연히 내부 시계가 손상된 것으로 보이는 돌연변이 초파리 떼에 주목했다. 그 뒤 이들은 그것이 특정 유전자 때문이라는 것을 밝히고, 그것을 '주기' 유전자라고 불렀다.[22] 1984년, 홀과 로스배시가 주기 유전자 연구를 시작했다. 이들이 특히 관심을 둔 것은 PER이라는 유전자로부터 신체가 만드는 단백질인데, 이것이 야간에는 세포에 축적되고 주간에는 분해된다는 사실을 발견했다. PER 유전자 단백질은 마치 시계처럼 24시간마다 차올랐다가 없어지기를 반복했다. 바로 이것이다! 처음 발견한 생체시계다. 물론 이때부터 많은 발견이 이어졌다.

1994년, 영이 발견한 두 번째 생체시계는 TIM이라고 불린다. 세포 내에서 TIM 단백질이 PER 단백질과 만나면 서로 밀착되어 핵으로 들어가 주기 유전자를 차단한다. 1990년대 후반까지 다른 과학자들이 생체시계를 많이 발견했고 이 흐름이 계속 이어졌다.

노벨위원회가 상을 주면서 이렇게 말했다. "우리 몸속 생체시계는 극적으로 다른 현상들로 이루어진 하루라는 시간에 인간의 생리 기능을 적응시킨다. 그렇게 함으로써 생체시계는 행동을 비롯해 호르몬 수치, 수면, 체온, 신진대사 등과 같은 핵심 기능을 조절한다."[23] 예상대로 노벨위원회가 생체시계의 발견에서 건강과 연관된 실용적 의미를 강조한 셈이다. 그러나 노벨위원회가 생명체는 (원자, 분자, 세포, 기관까지) 모두 끊임없이 반복되는 소산적 패턴이며 그것이 복잡하게 서로 연결된 생체시계의 배열을 통해 유지된다는, 이제 막 발견하기 시작한 생체시계의 더 근본적인 중요성에 대해서는 언급하지 않았다.

미래 세대의 학생들이 생물학을 접할 때는 생명의 시간적 본질에 관한 과학적 발견에 부여되는 중요성이 유전자가 전달하는 유전적 지침의 중요성과 동등한 수준이 될 것이라고 본다. 생명은 지구 권역과 그것의 순환, 계절의 변화, 태양 주위를 도는 지구의 궤적 등과 상호작용하는 시간적 패턴이라고 생각하며 성장하는 아이들에게는 우리 인간 종이 독립적이지 않고 혼자 동떨어진 존재도 아니며 불가분의 지구에서 모두 서로 연결되고 의존하며 패턴 속의 패턴으로 살아가는 존재라는 개념이 위안이 되어 줄 것이다.

생체시계가 각 생명체의 내부 활동 패턴을 조직하고 지구의 하루·태음·계절·1년 주기와 맺은 관계를 동기화하는데, 여기에는 각 생물 종의 공간적 패턴뿐만 아니라 시간적 패턴을 구축하는 데 결정적 구실을 한다고 우리가 이제 막 이해하기 시작한 또 다른 힘인 전자기장도 있다.

생명의 설계자: 전자기장과 생물학적 패턴

뤼트거 베버(Rütger Wever)는 독일 뮌헨에 있는 유명한 막스플랑크연구소에서 일하는 무명의 물리학자였다. 1964년에 그가 햇빛, 바람, 강우, 소리 등 외부 환경의 모든 신호가 차단된 실험실 두 곳을 갖춘 지하 벙커를 설치했다. 실험에 자원해 참가한 사람들이 한 번에 최장 두 달간 격리된 채 머물 수 있도록 음식과 물, 생활 편의 시설까지 갖췄다. 두 실험실 중 한 곳에는 외부의 지자기 리듬을 99퍼센트까지 줄일 수 있는 전기 차폐물을 상부에 설치했다.[24]

그리고 모든 실험 참가자의 체온과 수면-각성 주기, 배뇨 및 여타 생리적 활동이 하루 내내 관찰되었다. 1964년부터 1989년까지 실험에 자원해서 참가한 사람이 497명이고, 베버는 생각할 수 있는 모든 생활 조건을 설정하면서 하루도 빠트리지 않고 총 418건의 실험을 했다. 그리고 1992년에 「인간 하루 주기 리듬의 기본 원칙(Basic Principles of Human Circadian Rhythms)」이라는 연구 보고서에 최종 데이터를 담았다.[25]

그가 실험을 통해 알게 된 사실은 이렇다. 햇빛으로부터 격리되었지만 차폐막 없이 외인성 전자기장에 노출된 실험실에서는 24시간 주기 수면 각성 패턴이 평균 24.8시간으로 약간 떨어졌다. 그러나 외부 전자기장이 차단된 실험실에서는 더 불규칙한 생리적 비동기화와 함께 명백하게 하루 주기 리듬이 악화되었다. 사실 외인성 전자기장으로부터 완전히 격리된 피험자들은 하루 주기 리듬을 아예 잃어버렸을 뿐만 아니라 다양한 신진대사 기능에서 적기를 놓치는 현상이 나타났다.

일부 실험에서 베버는 전자기장 차폐막이 있는 실험실에 인공 전자기 리듬을 주입했다. 그리고 나서 그 일이 일어났다. 전자기적 요인을 차단한 방에 아주 약한 10헤르츠의 전자기장이 도입되자 피험자들의 하루 주기 리듬이 바로 복원되었다. 하루 주기 리듬이 작동하는 인간의 생체 시계를 외인성 전자기장이 조절하고 있다는 사실이 처음으로 입증된 것이다.[26]

지구를 덮고 있는 전자기장의 작동에 관한 형식이론을 처음 제안한 사람은 19세기 영국의 물리학자 제임스 클러크 맥스웰(James Clerk Maxwell)이다. 20세기 현대 물리학의 기초를 다진 그의 이론은 지배적인 과학인 데다 철학적 전형이기도 한 뉴턴의 물리학을 무색하게 만드는, 존재의 본질에 대한 새로운 설명의 개요를 확립했다.

1860년대에 맥스웰은 가장 영향력 있는 논문 두 편을 써서 그가 '전자기장'이라고 부른 것이 지구를 움직인다는 이론을 제시했다. 그의 공헌은 일련의 방정식을 통해 전자기장의 속도가 빛의 속도와 거의 같다는 것을 보여 주고 그것이 사실임을 입증한 데 있다.

"우리는 빛이 전자기 현상의 원인과 동일한 매개체의 횡방향 파상에 있다는 결론을 피하기 어렵다. …… 결론은 빛과 자성이 동일한 실체의 작용이며 빛은 전자기적 법칙에 따라 장 전반으로 전파되는 전자기적 교란임을 보여 주는 것 같다."[27]

1873년에 출간된 맥스웰 필생의 역작 『전자기론(*Treatise on Electricity and Magnetism*)』은 20세기 아인슈타인의 특수상대성이론으로 이어지는 길을 닦았다.

전자기장은 우주와 지구 생명체가 작동하는 데 절대적으로 필요하다. 지구의 핵은 액체 상태인 니켈과 철의 혼합물로 구성된 전자석이다. 그 자기장은 용융 핵에 흐르는 전기로 충전된다. 이 강력한 전류가 행성의 회전에 따라 시속 수천 킬로미터의 속도로 수백 킬로미터까지 뻗어 나간다. 핵을 빠져나온 자기장은 지구의 지각을 통과해 대기로 진입한다.[28]

외우주로 진입한 지구 자기장의 일부를 자기권이라고 부른다. 자기권은 태양과 우주의 입자방사선으로부터 지구를 보호하고 태양풍이 지구 상의 생명체를 유지하는 데 반드시 필요한 대기를 벗겨내지 못하게 방패가 되는 자기 플라즈마 층을 생성하는 매우 중요한 구실을 한다.[29]

맥스웰의 전자기장 이론은 새로운 시각에서 물리학에 접근하게 한 이 래 이 분야의 모든 연구에 영감을 주었다. 그러나 20세기에 화이트헤드 의 신경을 건드린 것은 더 심오한 우주론적 의미다. 앞서 7장에서 언급 했듯이, 화이트헤드는 자연은 단순히 고립된 자율적 물질의 조각들로 이루어져 있고 초시간적 위치에 존재하며 맥스웰과 그의 전자기장 이론 에서 지적인 영혼의 짝을 찾았다는 뉴턴의 주장을 유감스러워했다.

화이트헤드는 전자기장 이론이 "어떤 의미에서는 모든 것이 어디에 나 항상 존재한다"고 제시하는 측면에서 "순전한 위치가 사물이 시공과 연관되는 기본 방식이라는 개념을 모조리 포기한다는 뜻"이 담긴 것을 알게 되었다.[30] 그가 1926년에 펴낸 『과학과 현대 세계(Science and the Modern World)』에 쓰인 글이다. 1934년 무렵 맥스웰의 전자기장 이론의 존재론적 중요성에 대한 화이트헤드의 생각이 완전히 계발된 철학으로 무르익었 고, 이 철학이 오늘날 우리가 생명을 시간적 패턴으로 이해하도록 이끌 고 있다. 『자연과 생명(Nature and Life)』에서 그는 전자기장이 존재의 본질 을 재고하는 데 미칠 수 있는 중요성을 숙고했다. 그리고 전자기에 대해 이렇게 기술했다.

> 근본적 개념은 활동과 과정이다. …… 자급자족적 고립이라는 개념은 현 대물리학에서 전형적인 예가 되지 못한다. 제한된 지역에서 본질적으로 독립 적인 활동은 없다. …… 자연은 활동의 상호 관계를 위해 설정된 무대다. 모 든 것이 변한다. 활동과 그것의 상호 관계도 변한다. …… (외적으로 연관된 물 질 조각들의) (공간적) 형태의 행렬 대신 현대물리학은 과정이라는 개념을 정

립했다. 따라서 공간과 물질은 없어지고 복잡한 활동 상태에 존재하는 상호 관계에 대한 연구가 그 자리를 대신하게 되었다.[31]

화이트헤드는 자연의 연관성, 즉 자신이 '사물의 일체감'이라고 부른 것을 확신했다. 화이트헤드의 세계관에서 "각 사건은 다른 모든 사건의 본질을 이루는 요소다."[32] 그가 무언가를 알아내기는 했지만 전자기장 이론이라는 차가운 물리학을 생물학과 생명이라는 따뜻한 세상으로 옮기지는 못했고, 생명의 의미에 관한 그의 직관은 미해결 상태로 남았다.

화이트헤드가 물리학 분야에 대해 반추하던 시기에 러시아의 과학자 알렉산더 구르비치(Alexander Gurwitsch)는 형태 형성의 본질, 즉 "세포, 조직, 기관의 분화라는 발생학적 과정을 통한 유기체의 형성"이라는 생물학적 과정에 대해 재고하고 있었다.[33]

구르비치는 유기체가 형태를 발달시키는 과정을 설명하기 위해 1922년에 처음으로 물리학 분야의 개념을 도입했다. 그의 생물학적 장 이론은 1940년대에 완성되었다. 그가 이렇게 주장했다.

"세포는 주변에 장을 생성한다. 다시 말해, 장은 세포의 외부인 세포외 공간으로 확장된다. …… 따라서 어느 시점에서든…… 세포 집단에는 모든 개별 세포의 장으로 이루어진 장이 존재하게 된다. …… 장은 (단백질, 펩타이드 같은) 분자에 질서 있고 통제된 움직임을 부여하기 위한 생체 시스템의 발열 화학반응에서 방출되는 에너지를 이용한다. …… 세포가 생성하는 장의 점원은 핵의 중심과 일치한다. 따라서 일반적으로 장은 방사형이다."[34]

구르비치의 생물학적 장 이론은 여전히 장이 원소 구성 요소와 연결되어 있고 배아가 형성될 때 각 단계는 핵의 중심에서 외부로 향하는, 덜 복잡한 전 단계에서 파생한다는 기존 믿음을 고수했다. 다시 말해, 배아의 발달 패턴과 최종 형태를 정립하는 배아에서 독립된 별도의 힘의 장은 없었다. 구르비치의 장 이론은 진화하는 배아를 구성 요소의 집합체로 보는 통설에서 벗어나지 못하고 있었다. 장 이론이 조금 더해진 고전적 기계론의 은유였을 뿐이다.

다른 생물학자들은 생물학을 재고하는 방편으로 물리학에서 장 이론이 함축하는 의미를 완벽하게 탐구하는 데 더욱 열을 올렸다. 물리학과 의료공학을 섭렵한 오스트리아의 생물학자로서 록펠러대학교 교수였던 파울 바이스(Paul Weiss)는 전자기장 이론을 이해하는 데 몰두했다. 전자기장 이론은, 완성된 생물학의 장 이론을 상정할 때 다음 단계를 가능하게 하는 중요한 지식이었다. 생물학적 작용과 종의 진화에 대해 몇 년간 연구한 그는 유기체를 전체로서 작동하기 위해 스스로 모이는 독립적 부분의 집합체로 보는 통념, 즉 고전적 기계론의 은유에서 벗어나 "시스템 역학이 전체로서 패턴화된 구조가 구성 요소의 활동을 조정한다"고 결론지었다.[35]

바이스는 얼굴을 출발점으로 삼아 자신의 주장을 폈다. 그가 물었다. "얼굴을 구성하는 작은 유전자들이 모두 어떻게 그렇게 조합될 수 있는가?" 그리고 얼굴이 어떤 식으로든 부분을 조직화하는 보이지 않는 패턴이라고 추정했다. 쇠붙이의 줄밥이 자석의 보이지 않는 비물질적 힘에 대항해 대열을 만드는 것처럼 활동을 조직화하는 보이지 않는 장을 통해 적절한 세포가 얼굴의 적절한 위치에 정렬된다는 것이다. 그는 1973년에 펴낸 『생명의 과학(The Science of Life)』에서 발달 중인 배아로부터 팔다리의 싹을 분리해 배낭의 다른 위치에 이식하는 실험에 대해 설명했다. 실험을 통해 발견된 사실은 싹이 오른쪽과 왼쪽 중 어느 쪽 팔다리로 발달하는지는 "본질적으로 신체의 주요 축에 연관된 방향성, 더 정확히 말하면 근접한 환경의 축 패턴과 연관된 방향성"에 따라 달라진다는 것

이다.[36]

이와 유사하게, 사마귀의 더듬이는 이식된 위치에 따라 또 다른 더듬이가 될 수도 있고 다리가 될 수도 있다. 바이스의 주장은 명료하다. "두 가지 대안 중 어느 쪽이 우세한가는 더 큰 복합체 안에서 세포 집단의 위치에 따라 달라진다."[37]

여전히 해답을 찾지 못한 질문이 있다. 생물학적 장의 본질은 무엇이며 그것이 '유기체는 어떻게 생성되는가?'라는 최대 수수께끼를 풀 수 있는가다. 잠정적이지만 첫 번째 답이 해럴드 색스턴 버(Harold Saxton Burr)의 장에 관한 수십 년 연구 끝에 나왔다. 1914년부터 1958년까지 예일대학교 해부학 교수로 있던 버는 살아 있는 유기체의 발달과 전자기장의 관계를 연구하고 그 결과를 1972년에 『불멸의 청사진(Blueprint for Immortality)』이라는 책으로 발표했다. 그는 장에 관한 연구를 기반으로 생명의 진화에 전자기장 이론을 처음 적용했다. 그가 이렇게 썼다.

"생물학적 시스템의 패턴이나 조직은 복잡한 전기역학적 장이 확립한다. …… 이 장은 물리적 의미에서 전기적이고, 특징적 패턴 안에서 생물학적 시스템의 실체를 연결하는 속성이 있다."[38]

그 전까지 생물학적 장에 대해 순전히 이론적으로 추측하던 것과 달리 버는 장에 대한 수십 년간의 연구로 자신의 주장을 뒷받침했다. 예컨대 코네티컷 농업실험장과 진행한 연구에서 그가 일곱 가지 옥수수 품종의 전기적 패턴을 실험했다. 일곱 가지 중 네 가지는 우량종이고, 세 가지는 교배종이었다. 그의 연구는 '씨앗의 전기 측정 활동과 성장 잠재력 간 직접적인 상관관계'를 보여 주었다. 이것뿐만 아니라 몇 년 동안 나무를 비롯한 유기체를 대상으로 유사한 실험을 한 그가 "유전적 구성과 전기적 패턴이 매우 밀접하게 연관된다는 결론을 피할 수 없을 것으로 보인다"는 의견을 제시했다.[39]

특정 유기체나 종은 무엇으로 구성되는가? 이 오래된 질문에 버는 "화학작용은 에너지를 제공하지만, 전기역학적 장의 전기적 현상은 생체 내 전기적 흐름의 방향을 결정한다"고 답한다.[40]

바이스와 버가 유기체의 유전자 코드와 전기역학적 장의 통합을 위한 여지를 만들기 위해 다윈의 이론을 부분적으로 재정립할 것을 잠정적으로 제안한 뒤 수십 년 동안, 생명을 구성하는 역학에 관한 풀리지 않는 질문에 대한 답이 채워지기 시작했다. 이 과정에서 생물학과 생리학의 신세대 과학자들이 물리학과 화학, 생물학의 분야를 통합하기 시작했다. 그것은 생명의 의미에 대한 우리의 이해, 특히 활기차고 살아 있으며 진화하는 지구와의 관계를 인식하는 방법에 대한 이해에서 역사적 인식의 전환으로 보이기 시작한 새로운 통합이었다.

신다윈주의적 종합론의 기수들이 주축이 되어 생물학 분야 내부에서 일으킨 역공은 기껏해야 대체로 묵살해 버리는 것이었다. 대부분의 경우 그들은 신다윈주의적 종합론을 수호하기 위해 똘똘 뭉쳐 틈을 보이지 않았고 물리학, 특히 내인성·외인성 전자기장이 세포·기관·조직·전신을 구성하는 패턴의 구축에 일조할 수 있다고 감히 제안하는 신세대 과학자들을 의식적으로 피했다. 만약 그들이 유기체의 발달에서 생체 전자기장이 하는 구실을 인정한다면, 그것은 유전자 코드가 세포와 기관·조직·전신을 만드는 '지침'인 데 반해 내인성·외인성 전자기적 코드는 신체의 부분과 유기체 전체를 형성하기 위해 유전자의 배열 방식을 결정하는 '패턴'을 조화롭게 편성하는 필수 불가결한 행위자라는 뜻이다.

생명의 진화와 프로그래밍에서 전자기장의 기능과 관련해 근본적이고 새로운 개념에 대한 고려를 꺼리던 기조가 21세기의 첫 10년 동안 급변했다. 그 이유는 전자기를 활용한 진단 도구와 질병의 치료라는 상업적으로 유망한 분야가 부상하면서 질병의 관리와 치료를 위한 새로운 방법은 주로 유전적 요법과 유전체 의학의 획기적 진전의 범주에 속한다는 오랜 통념에 도전하며 놀라운 의학적 발전의 가능성을 높이기 시작한 데 있다. 의학적 치료를 위한 비전이성 전자기장의 활용이 지난 20여 년 동안 급격히 증가했다. 현재 널리 사용되거나 실험적으로 시도되고 있는 전자기장 활용 사례 중 일부를 나열해 보면 다음과 같다.

자기공명영상(MRI), 암 치료, 종양 치료, 근육통 치료를 위한 투열 요법, 뇌전증 치료를 위한 미주신경 자극, 골절 치료를 위한 맥동성 전자기장, 약물이나 유전자를 종양 세포로 전달하기 위해 세포막의 투과성을 증가시키는 전기천공법, 신경계와 연관된 병리학적 상태의 치료, 전기충격 치료, 뇌심부 자극술을 포함한 신경학적 상태의 치료, 파킨슨병과 기타 떨림 증세의 치료, 만성 통증의 치료, 치료 저항성 우울증의 치료, 신경 재생과 편두통 및 신경 퇴행성 장애의 치료, 골관절염의 치료, 상처 치료, 면역 체계 조절, 암 병변 및 기타 피부 상태에 대한 피부과적 치료.[41]

우리는 지구 생명체의 진화에 대한 근본적 재고에 얼마나 다가가 있는가? 지난 10여 년 동안 일련의 실험을 통해 우리 사회가 생명체의 본질에 대한 새로운 이해에 그 어느 때보다 가까워졌다. 1953년에 왓슨과 크릭이 유전자의 이중나선 구조를 발견하면서 '유전자 코드'를 해독한 성과는 일부에서 믿는 유전체학의 시대를 열었다. 오늘날 물리학과 인공지능 분야를 섭렵한 차세대 생물학자들은 이른바 '생체전기 암호'의 해독을 눈앞에 두고 있다. 생체전기 암호는 모든 생명체에 침투하며 모든 세포와 기관, 조직, 유기체의 모양, 패턴, 형태를 결정하는 기능을 할 수도 있는 전자기장을 의미한다. 전자기장이 각 유기체의 패턴과 형태를 확립한 '최초의 동력'일지도 모른다고 제안하는 과학적 실험의 수가 점차 늘고 있다.

스위스 바젤대학교 환경과학부의 다니엘 펠스(Daniel Fels)는 유기체에서 생체전기 장이 어떻게 작동하는지에 대해 간략히 설명했다.

> 전자기장은 세포 역학에서 필수적 기능을 한다. …… 세포 내부 전자기장은 세포뿐만 아니라 조직 내에서도 진자 운동을 하며…… 이것이 패턴 형성으로 이어진다. …… (예를 들어) 정자가 난자와 만났을 때 성공적인 수정은 이른바 아연 불꽃(수정된 난자의 표면에서 뿜어져 나오는 수십억 개의 아연 원자)이 발생한 이후에 이루어진다. 그리고 이 아연 불꽃과 연관된 거대한 막 전압의 변화 이후에야 성공적인 배아의 발달이 시작된다. 생명 과정의 이런 세포막 전압 의존성은 다세포 유기체의 발달에서도 계속되며 재생 또는 줄기세포의 분화는 물론이고 유전자 활성화와 후성유전학적 제어를 촉발하는 형태로도 발견된다. …… 유기체 외부의 전자기장은 생명에도 측정할 수 있는 영향을 미치므로 세포와 유기체의 환경에 속한다.[42]

최근의 과학적 발견 몇 가지는 생체전기 장이 살아 있는 시스템을 어떻게 운영하고 그 내부에서 어떻게 작동하는지에 대해 주목할 만한 증거를 이끌어 냈다. 2011년 7월에 터프츠예술과학대학교 생물학 교수인 대니 애덤스(Dany Adams)가 선구적인 보고서를 발표했다. 애덤스의 발견은 놀라웠다. 그녀는 개구리 배아의 발달 과정 중 얼굴이 만들어지기 전 초기 단계에서 "얼굴이 배아의 표면에 드러나는 패턴", 즉 전기적 얼굴을 발견했다. 이것이 우연한 발견이라는 점이 특이하다. 2009년 9월의 어느 날 저녁, 애덤스가 발달 중인 개구리 배아를 촬영하던 카메라를 밤새 켜 두었다. 다음 날 아침 그녀와 연구 팀은 생체전기 신호가, 나중에 살아 있는 물질로 채워질 모습을 점점 구체화하며 얼굴의 전기적 패턴을 형성하는 시간 경과 영상을 보게 되었다. 그녀가 이렇게 말한다.

이제껏 본 그 어떤 것과도 달랐다. …… 영상 속 이미지들은 생체전기적 활동의 세 가지 단계, 즉 과정을 보여 주었다. 첫째, 배아를 움직일 수 있게 하는 섬모가 출현하면서 배아 전체에 과분극(음이온) 물결이 번쩍이는 현상이 나타난다. 다음으로, 얼굴의 형태를 만드는 유전자 발현 영역과 임박한 모양의 변화와 일치하는 패턴이 나타난다. 밝은 과분극은 표면의 접힘을 표시하고, 과분극·탈분극 영역은 머리 패턴 유전자의 영역과 겹쳐진다. 세 번째 과정에서는 과분극의 국소적 영역이 형성되고 확장된 뒤 사라지지만 두 번째 단계에서 생성된 패턴을 교란하지는 않는다. 이와 동시에 구형 배아의 형태가 길쭉하게 늘어나기 시작한다.[43]

후속 실험에서 터프츠 연구 팀은 수소 이온을 운반하는 단백질 덕턴을 억제해서 생체전기 신호를 교란하면 배아가 두개 안면 기형으로 발달한다는 것을 알게 되었다. 일부 배아는 뇌가 두 개로 성장했고, 다른 배아는 비정상적인 턱을 비롯한 여타 안면 기형으로 발달했다.[44]

이 연구 팀의 박사 후 선임 연구원 로라 반덴버그(Laura Vandenberg)는 자신들이 발견한 것의 중요성을 이렇게 요약했다.

"우리의 연구 결과는 세포의 전기적 상태가 발달의 기초임을 보여 준다. 생체전기 신호는 사건 하나가 아니라 순차적으로 발생하는 일련의 사건을 조절하는 것으로 보인다. …… 발달생물학자들은 유전자가 단백질 산물을 생성하고 궁극적으로 눈이나 입의 발달로 이어지는 순서를 떠올리는 데 익숙하다. 그러나 우리의 연구는 그 일이 일어나기 전에 다른 무언가, 요컨대 생체전기 신호가 필요하다는 것을 보여 준다."[45]

160년에 걸친 다윈주의 세계관의 군림이 모든 면에서, 적어도 부분적으로는 확장된 서사로 수정되고 있다는 사실이 점차 명백해지는 중이다. 그렇다고 해서 다윈의 모든 통찰력과 그의 이론을 수정하고 부가하고 증폭시키며 등장한 다양한 주장들이 다 폐기되고 있다는 뜻은 아니다. 일부는 거짓으로 판명되고, 일부는 계속 통용되고 있다. 생명이란 무엇인가에 대해 훨씬 더 복잡한 이해가 새로운 발견과 함께 표면화되며 생체전기 암호의 해독으로 이어지고 있다는 것이 오늘의 현실이다.

생체전기 암호의 해독에 초점을 맞춘 과학적 시도는 물리학과 화학, 생물학을 새로운 통합으로 이끌고 있다. 유추나 은유가 아닌 검증을 할 수 있는 유기체로서, 어쩌면 우주에서 유일무이한 유기체로서, 살아 움직이는 지구와 소통하는 통합이다.

2014년 무렵 신다윈주의적 종합론의 지지자들은 유전자 코드만이 생명 진화의 비밀을 해결할 수 있다는 오랜 통념에 도전하는 물리학자와 생리학자, 생물학자 들이 주요 과학 잡지를 통해 발표한 실험 결과들에 포위 공격을 당하고 있었다. 이해 6월, 학술지 《생리학(Physiology)》이 "진화생물학과 생리학의 융합(The Integration of Evolutionary Biology with Physiological Science)"이라는 도발적인 제목으로 특별호를 냈다.

특별호를 소개하는 사설에서 주요 과학자 다섯 명이 "근대적 통합은 새로운 설명 구조에 따라 확장되거나 대체되어야 하는가? (그렇다면) 이 새로운 구조의 발전에서 생리학의 구실은 무엇인가?" 하고 과감한 질문을 던졌다. 그들은 다윈 이론의 중심 주제에 도전하며 "선택에 따른 무작위적 변화의 원리는 진화적 변화의 가능성이 있는 수많은 원리 중 하나일 뿐"이라고 기술했다. 더 나아가 유전자 코드의 우월성을 내세우는 견해에 대담하게 도전하며 이렇게 주장했다.

"따라서 넓은 의미에서 생리학은 마침내 개념적으로나 기술적으로나 근대적 종합론의 좁은 틀에서 벗어나 시공을 초월해 광범위한 진화 현상 및 패턴에 대한 설명을 책임지는 위치에 오르면서 이제 진화생물학의 중심 무대로 이동하고 있다."[46]

다윈은 생물 종의 출현과 시간의 경과에 따른 진화 그리고 공통의 조상을 공유하는 새로운 종의 유발 등을 설명하기 위해 자연선택이라는, 생명의 진화에 대한 새로운 이론을 제시했다. 그는 생존을 위한 투쟁에서 개인에게 이점을 부여하는 유전 가능한 생물학적 특성의 무작위적이고 점진적인 변화가 자손에게 전달되어 동일한 이점을 부여한다고 주장했다. 일정 기간이 지나면 이런 점진적 특성의 변화가 축적되어 조상을 공유하는 새로운 종이 출현하는 결과로 이어진다는 것이다. 하지만 다윈은 이런 점진적 특성의 축적이 어떻게 사람의 눈과 같이 복잡한 기관의 형성으로 이어질 수 있는가라는 문제는 특히 고민스럽다고 인정하기도 했다. 그는 이렇게 기술했다. "거리에 따라 초점을 조정하고 각기 다른 빛의 양을 수용하며 구면 및 색의 수차를 조정하는, 모방할 수 없는 수단을 모두 보유한 눈이 자연선택에 따라 형성되었다는 가정은 솔직히 고백하건대 더없이 불합리해 보인다."[47]

그로부터 148년 뒤 생물학 교수이자 터프츠 재생·발달생물학 센터 소장인 마이클 레빈(Michael Levin)이 이끄는 연구 팀이 생물학계를 뒤흔들 만한 실험을 했다. 기관과 조직, 유기체 전체를 조화롭게 조정하는 데 전자기장의 구실에 관해 또 다른 증거를 제시할 실험이기도 했다. 이 연구 팀이 자신들의 주장을 뒷받침하는 데 이용한 실험 대상이 바로 눈이다.

2007년 겨울, 레빈의 연구 팀은 "척추동물 유기체 내부의 특정 위치에서 생성되는 새로운 기관의 유형을 직접 지정하기 위해 세포 간에 일어나는 자연적 생체전기 통신을 최초로 변경했다"고 발표했다. 터프츠의 박사 후 선임 연구원이자 「손톱개구리의 배아 안구 패턴화를 제어하는 막 간 전압 전위차(*Transmembrane Voltage Potential Controls Embryonic Eye Patterning in Xenopus laevis*)」라는 논문의 제1저자인 바이브하브 파이(Vaibhav Pai)는 그 과정을 이렇게 설명한다.[48]

연구 팀은 올챙이의 등과 꼬리에 있는 세포의 전압 증감률을 눈 세포가 정상적으로 발달하는 위치의 전압 증감률과 일치하도록 변경했다. 그 결과, "눈에 특정된 증감률이 정상적일 경우 다른 기관으로 발달했을 등과 꼬리의 세포를 눈으로 발현되도록 유도했다."[49]

파이 박사의 '가설'은 신체의 모든 구조에는 기관의 형성을 유도하는 특정한 막 전압의 범위가 존재한다는 것이다. "눈이 생길 수 없다고 생각한 영역에서 특정 막 전압을 이용해 정상적인 눈을 만들 수 있었다. 이는 신체 어느 부위의 세포든 눈을 만들도록 유도할 수 있음을 시사한다."[50]

레빈의 연구 팀이 성급하게 선천적 기형의 복구와 다양한 재생 치료에 각 기관과 조직·사지로 발달하도록 유도하는 특정 막 전압 범위를 이용해서 얻을 수 있는 엄청난 의학적 혜택을 중시하기는 했지만, 레빈이 더 큰 그림에 무관심하지는 않았다. 그는 이 실험이 "생체전기 암호 해독의 첫걸음"이라고 결론지었다.[51]

9

과학적 방법론을 넘어:
복합 적응형 사회·생태 시스템 모델링

오늘날 우리가 자연의 본질에 대해 알게 되는 내용은 진보의 시대 기저 구실을 한 전통적 과학의 이야기와 너무 상충하기 때문에, 과학적 의문에 접근하는 기존 방식이 비판의 대상이 된 것이 그리 놀라운 일은 아니다. 자연의 비밀을 왜곡하던 그 결함 많은 과학적 패러다임은 황급히 만들어지거나 우연히 나타나지 않았다. 어떤 사람이 4세기쯤 전에 효과적으로 대중 영역에 도입했고, 그 뒤로 자연에 대한 이해뿐만 아니라 인간 종의 거의 독점적 징발을 위한 경험칙이 되었다.

1561년 런던에서 출생한 프랜시스 베이컨(Francis Bacon)은 죽은 뒤 오랫동안 근대과학의 수호성인으로 여겨졌다. 그는 자신의 책 『노붐 오르가눔(*Novum Organum*)』에서 고대 그리스의 철학자들을 맹비난했다. 플라톤주의가 사회적 공간에 도입된 이후 서구 문명사를 살펴보고 그 주제가 인간의 운명을 개선하는 데 아무런 도움이 되지 않았다고 결론지었다. 그는 그리스인들이 그렇게 많이 사색했어도 "인간이 처한 여건을 편하게 하고 이롭게 할 만한 실험은 단 하나도 제시하지" 않았다고 주장했다.[1]

베이컨은 상황의 "경험"이야말로 철학의 초석이라면서 새로운 지평을 열고 신성한 계시가 아닌 세속적 권력에 자신의 운명을 걸었다. 그는 인간의 가장 기본적인 수단은 자신을 자연과 분리하고 멀리서 그것을 엄정하게 관찰하고 그 비밀을 캐내 세상에 대한 "객관적 지식"으로 축적하는 능력이고, 그것으로 "가능한 한 모든 것에 영향을 주어 인간 왕국의 경계를 확장한다"고 믿었다.[2]

베이컨에게 마음은 물질세계를 지배하기 위해 존재하는 비물질적 주체다. 그는 아담과 하와가 자연을 지배하게 될 것이라던 신의 약속을 복원하기 위한 운동을 전개했다. 그는 "세상을 위해 사람이 만들어진 것이 아니라 사람을 위해 세상이 만들어진 것"이라고 주장했다.[3] 베이컨은 이 새로운 접근 방식으로 인간이 자연을 "뿌리까지 흔들고" "정복하고 제압할 힘"을 갖게 된다고 자랑하며 나중에 과학적 방법론이 될 것의 기초를 닦았다.[4] 그는 "인류가 우주에 대한 지배력을 확립하고 확장하는 것"이 목표가 될 것이라고 예언했다.[5]

근대과학의 아버지로서 베이컨의 명성은 계속 높아졌다. 1660년 런던에 왕립학회가 설립되고, 유럽을 비롯해 전 세계에서 이와 비슷한 과학 학회와 학술원이 잇따라 설립되면서 그의 과학적 방법론은 현실이 되었다. 베이컨의 순진할 정도로 단순하고 귀납적이고 객관적이고 초연하고 선형적인 과학적 탐구 방식이 진보의 시대를 수반했는데, 지나고 보니 자연계에 접근하는 방법으로는 너무 미숙했다. 이제 이해되기 시작한 지구의 생명력을 구성하는 혼합형 자기조직화 시스템의 끊임없이 진화하는 소산적 패턴과 과정은 세상에 대한 우리의 각성과 더 잘 어울리는 새로운 과학적 방법론을 탄생시켰다.

야생으로 돌아가는 지구에 대한 새로운 과학

크로퍼드 스탠리 홀링(Crawford Stanley Holling)은 캐나다 출신 생태학자로 브리티시컬럼비아대학교를 거쳐 플로리다대학교에 몸담았다. 1973년에 그가 "생태계의 회복력과 안정성(Resilience and Stability of Ecological Systems)"이라는 제목으로 자연환경의 발생과 작용에 관한 새 이론을 발표했다. 생태계의 '적응형 관리'와 '회복력' 개념을 도입한 홀링은 다른 개척자들과 함께 생태와 사회를 융합하고 경제 이론과 실제에 관한 기존 원칙에 도전할 근본적이고 새로운 과학적 방법의 기반을 마련했다.[6] 그 이론이 바로 복합 적응형 사회·생태 시스템(CASES)이다.

이 이론의 약어 CASES는 이것이 이용하는 조사, 탐구의 유형에 대해 적절한 설명이 되기도 한다. '케이스'는 '조사하거나 해결해야 할 문제'가 있는 상황을 의미하고, 다가오는 시대에 훨씬 더 어울리는 새로운 과학적 탐구 방법을 '실험'보다 잘 설명하기 때문이다.[7] 비록 이해하기가 쉽지 않지만, 새로운 이론과 실천은 우리 사회가 시간과 공간을 생각하는 방법과 인류가 자연계와 연결되는 방식을 재편하기 시작했다.

홀링은 이렇게 제시했다. "생태계의 움직임을 두 가지 속성으로 정의할 수 있는데, 바로 회복력과 안정성이다."[8] 그의 논지는 단순하고 정연하면서도 자연을 움직이는 관계의 복잡성과 그 안에서 일어나는 인간 종의 상호작용에 대한 탐구를 주저하지 않았다. 그의 회복력 이론은 심리학과 사회학, 정치학, 인류학, 물리학, 화학, 생물학, 공학 등 거의 모든 학문 분야로 확산했다. 그리고 상업과 산업 부문, 특히 금융과 보험, 제조, 정보통신기술(ICT) 및 전기통신, 전력 유틸리티, 운송과 물류, 건설, 도시계획, 농업 등에서 그 뒤를 잇는 움직임이 나타나기 시작했다.

그러나 무엇보다 중요한 것은 '새로운' 대격변의 시발점이 경제와 생태가 교차하는 바로 그 지점이라는 데 있다. 홀링은 이렇게 설명한다.

> 시스템 내 관계의 지속성을 결정하는 회복력은 시스템이 상태변수와 구동변수, 매개변수의 변화를 흡수하면서 여전히 지속할 수 있는지를 가늠하는 척도다. 여기에서 회복력은 시스템의 속성이고, 지속성 또는 소멸 가능성은 결과다. …… **따라서 다른 무엇보다 우선적으로 선택해야 할 주요 전략은 효율성이나 특정한 보상의 극대화가 아니라 유연성의 유지를 통한 지속성의 확보가 되어야만 한다.** 인류가 모든 환경 변화에 대응하는 방법은 그다음에 일어날 예측할 수 없는 환경 변화에 대응할 능력을 회복하는 일련의 생리적, 행동적, 생태적, 유전적 변화에 착수하는 것이다. …… 시간과 공간 내에서 환경이 균일할수록 시스템의 변동성과 회복력은 낮아질 가능성이 크다. …… 회복력에 기반한 관리 접근법은 선택을 보류할 필요성, 국소적 맥락보다는 지역적 맥락에서 사건을 바라볼 필요성, 이질성을 강조할 필요성에 중점을 둘 것이다.
>
> 이를 통해 충분한 지식의 추정이 아니라 우리의 무지에 대한 인식에 닿을 것이다. 미래의 사건이 예측된다는 것이 아니라 앞으로 일어날 일은 예측할 수 없다는 가정일 것이다. 회복력의 틀에서는 이런 관점의 전환을 수용할 수 있다. 미래를 정밀하게 예측하는 능력이 필요한 게 아니라, 예기치 못한 미래의 사건을 어떤 식으로든 흡수하고 수용할 수 있는 체제를 고안하는 정성적 역량만 필요하기 때문이다.[9]

홀링의 회복력 및 적응 이론에 대한 초기 시도는 그 이후 30년 동안 다른 이들의 수정, 증폭, 검증을 통해 점차 더 정교해져 하나의 학설로 자리 잡았다. 2004년에 그가 『사회·생태 시스템의 회복력과 적응성과 변형 가능성(Resilience, Adaptability and Transformability in Social-Ecological Systems)』이라는 회복력 및 적응 주기 이론의 수정 해설판을 공동 저술했다. 이 책에서 홀링과 그의 동료들은 자연계의 '변형 가능성'에 전보다 더 많은 관심을 기울였다. 다시 말해, 시스템이 스스로 유지할 수 없게 되는 경우 새로운 자기조직화 시스템으로 변형이 강제될지도 모른다는 뜻이다.

회복력에 대해 이렇게 수정된 해석이 중요한 이유가 있다. 회복력이라는 단어에 대한 초기 인식은 그것이 복합 적응형 사회·생태 시스템이 어느 정도의 파괴를 감당하고 다시 원상태로 회복될 수 있는가를 판단하는 기준이라는 잘못된 인상을 심어 줄 수 있었기 때문이다. 물론 분명히 그것도 고려 사항이지만, 회복력 개념은 먼 미래까지 확장되고 생태학적 변형의 연쇄까지 포함하는 생물학적 공동체의 삶에서 폭넓은 시간에 해당한다. 생태학자들은 생물학적 공동체의 탄생과 성숙, 소멸 및 변형 가능성을 설명하기 위해 생태학적 연쇄라는 말을 쓴다.

생태 공동체의 첫 단계는 흔히 선구 단계로 불린다. 화산 폭발과 용암류, 산불, 홍수, 기후변화 등과 같은 대재앙적 사건 이후 불모의 땅이 된 지역에서 생명이 싹트기 시작하는 단계를 의미하며 대표적인 예가 빙하기와 간빙기 사이 기간이다. 생태 공동체의 새로운 선구 단계는 벌목과 채굴, 유독성 폐기물의 지하수 유입 등 인간이 환경을 착취한 결과로 생기기도 한다. 이와 같은 생태학적 연쇄의 초기 단계에서 토양과 식물, 지의류, 이끼 등이 출현하고 풀과 관목, 녹음수 들이 그 뒤를 이어 자라는 것을 볼 수 있다. 그다음에 식물을 먹는 초식동물과 초식동물을 먹는 육식동물이 차례로 나타난다. 새로운 단계는 각각 새롭게 부상하는 자기조직화 시스템 안에서 진화하는 생물학적 공동체의 모든 요소에게 적응을 강요한다.

생물학적 공동체의 생애주기에서 연쇄의 가장 마지막 단계는 성숙 단계 또는 극상 군집이라고 불린다. 극상 군집에서는 유기물의 연간 축적이 거의 없다. 한 해 동안 에너지의 생산과 사용이 비교적 균형을 이루고, 사계절 내내 기후가 비교적 안정적이다. 다양한 생물 종이 복잡한 먹이사슬 전반에 걸쳐 상호작용을 한다. 총1차생산량과 공동체의 전반적인 호흡 사이에 그리고 태양으로부터 포착해서 쓰는 에너지와 분해되어 방출되는 에너지가 거의 일대일이고, 토양에서 포착되는 영양분과 토양으로 반환되는 영양분 쓰레기도 미묘하게 균형을 이룬다. 또한 각 생물 종이 다른 모든 종의 변화하는 적응에 시간의 경과에 따라 계속 적응하는데, 의도가 아니라 필요에 따른 것이다.

생태 공동체의 회복력은 '운전자의 다양성과 승객의 수'에 따라 달라진다. 에모리대학교 환경과학부의 랜스 건더슨(Lance H. Gunderson)은 생태 공동체의 회복력은 여러 과정의 중첩되는 영향에 달려 있다고 확언한다. "그 각각이 개별적 영향력은 '미미하지만', 합쳐지면 강력하게 작용한다."[10]

따라서 회복력은 (인류 공동체의 것이든 여타 생태 공동체의 것이든) 홀링이 초기 이론을 개진한 이후 시스템이 거대한 파괴에 충분히 대응하고 최초의 평형 상태로 되돌아갈 수 있는 능력으로 잘못 해석되는 것이 일반적이었다. 그러나 앞에 있는 장들에서 살펴본 바와 같이 자연과 사회, 우주에서 상호작용을 하는 주체는 결코 원상태로 돌아가지 않는다. 상호작용 자체가 아무리 미미해도 역학을 바꾸기 때문이다. 모든 상호작용은 그것이 속한 여러 시스템에 영향을 미치며 주체들의 상대적 관계를 변화시킨다. 우리는 기껏해야 속성과 과정, 역학, 개체 등의 상호작용 전후 유사성을 통해 생태 공동체를 식별하도록 거칠게 비교할 수 있는 행위와 주체, 관계 등의 새로운 상태를 향한 상대적 '회복'에 대해 말할 수 있을 뿐이다.

요컨대 회복력은 정확한 현상의 재정립을 의미하지 않는다. 시간의 경과와 사건은 그 발자취가 아무리 미미해도 사회에서처럼 자연에서도 항상 패턴과 과정과 관계를 변화시킨다. 회복력은 세상 속 '존재의 상태'가 아니라 세상에서 일어나는 작용의 방식으로 봐야 한다. 결국 적응성은 시간의 작용이다. 그것을 통해 개별 유기체와 특정 종 또는 그보다 큰 생물학적 공동체가 지구의 미생물군계와 생태계, 생물군계를 구성하는 모든 상호작용 과정과 패턴에 참여하는 것이다.

이에 관한 혼란은 대부분 사회에서, 특히 사회과학 분야에서 회복력을 정의하는 방식과 관계있다. 회복력을 갖는 것은 개인의 주체성을 잠식하는 트라우마에 적응하는 치료 수단과 연관되었고 때로 트라우마가 생기기 전과 유사한 개인 및 집단생활을 회복하는 무언의 희망과 관련되었다. 그러나 이런 트라우마를 경험한 사람이라면 누구나 증명할 수 있듯이, 회복으로 가는 길은 뒤로 돌아가는 법이 없다. 누구도 결코 되돌아갈 수 없으며 감정적으로 그리고 인지적으로 학습된 교훈이 불러일으키는 새로운 주체성을 향해 전진할 뿐이다.

설상가상으로 회복력은 때로 취약성을 극복하는 방법으로 여겨진다. 그러나 취약하다는 것이 반드시 위험에 처했다는 뜻은 아니다. 다른 것에 대해 개방적일 수 있는 능력을 가리키기도 한다. 취약하다는 것은 위험을 감수한다는 뜻일 수도 있고, 안전지대를 벗어나거나 미지의 것을 경험하고 삶의 관계와 패턴을 더 다양하게 해 자신의 주체성을 풍부하게 한다는 뜻일 수도 있다. 이렇게 회복력은 단순한 통제력 회복이 아니라 뿌리내릴 수 있는 새로운 장소의 구축에 대한 개방성이다.

멜버른대학교 연구경영지리학부의 피오나 밀러(Fiona Miller)는 회복력의 시대를 살아가는 일이 수월치 않다고 지적한다. "(사회적) 회복력의 관점에서 본 난제는 변화를 차단하려고 애쓰는 대신 변화와 함께 살아가며 대처할 수 있는 역량을 키우는 법을 배우는 것이다."[1] 이것은 인류가 효율성을 버리고 지구와의 관계를 착취에서 리하모니제이션(음악에서 곡이 주는 느낌을 바꾸는 코드 편곡이다. ─옮긴이)으로 새롭게 구축하기 위한 시간적 수단으로서 적응성을 손에 넣는 분기점이자 진보의 시대에서 회복력의 시대로 넘어가는 경계선이다.

아직 전문가 집단에서 인정하지 않고 있지만, 경제학의 요새는 붕괴하고 있으며 이렇게 된 데는 두 가지 요인이 있다. 첫째, 기후변화와 커가는 팬데믹의 위협이 이런 위기에 대처할 무기가 되어 줄 모든 경제적 분석 도구를 무색하게 할 정도로 막강한 지배력을 휘두르고 있다. 둘째, 혼란에 빠진 인류는 인간 종과 동료 생물체들을 환경적 대학살이라는 극심한 고통으로 몰아넣은 잘못을 바로잡으려는 재계의 의지를 더는 신뢰하지 않는다.

경제학 분야가 살아남으려면 완전히 새로운 사고방식으로 자연계와 관계를 설정해야 할 것이다. 그러려면 일반균형이론과 비용편익분석, 좁은 의미에서 외부 효과의 정의, 생산성과 GDP에 대해 오해를 불러일으키는 개념 등을 포함해 오랫동안 학계에서 정설로 신봉된 것에 대한 부분적인 재평가를 피할 수 없을 것이다. 이 변혁의 근간에는 효율성을 최우선으로 생각하는 경제 전문가들의 집착을 줄이고 심지어 그것에 맞설 필요성 그리고 경제학을 적응성과 긴밀히 연계할 도구와 비즈니스 모델을 개발할 필요성이 자리할 것이다. 무엇보다 재계 전체가 자연계를 '자원'으로 보고 맺은 관계와 그런 이해 전반을 되짚어 봐야 할 것이다. 우리 인간은 '생명력'인 자연의 일부로서 지구에서 살아가는 수많은 종 중 하나일 뿐이다.

우리가 '모든 것이 인간 중심'은 아니라는 사실을 인지해야 한다는 것이 여전히 어려운 문제다. 사실을 말하자면, 우리와 함께 이 행성에 사는 다른 모든 생물 종은 인간 종이 우리보다 앞서 화석 목록에 이름을 올린 수많은 생물 종처럼 사라져 준다면 훨씬 잘 살 수 있을 것이다. 이것은 분명 정면으로 맞서기 어려운 평가인 동시에 현재 상황에 대한 정직한 평가다. 초라해지는 것도 사실이다. 그러나 우리가 인간 종의 미래를 다시 쓰려면 반드시 직시해야 한다. 그럼 우리는 어떻게 새롭게 시작해야 하는가?

회복력 시대를 수반한 과학을 따르기보다는 경제 이론의 개조에서 시작하는 편이 더 낫다. 그리고 진보의 시대를 규정한 전통적인 과학 탐구의 덫에서 여타 학문 분야를 구해 내야 한다. 복합 적응형 사회·생태 시스템은 과학적 탐구의 새로운 이론보다 훨씬 더 많은 것을 준다. 새로운 과학은 우리가 존재의 의미를 사고하는 방식에서 존재론적 도약에 해당한다. 이런 인지적 변혁의 중요성을 이해하는 최상의 방법은 여러 세대에 걸쳐 수용된 기존 과학적 방법과 새로운 과학적 탐구를 비교하는 것이다.

과학적 방법에 대한 정의는 불확실하며 심지어 애매하기도 한 과정이지만 일반적 합의에 도달한 공통분모가 많다. 『스탠퍼드 철학 백과사전(Stanford Encyclopedia of Philosophy)』은 과학적 방법론의 본질을 이렇게 설명한다. "흔히 과학의 특성으로 확인되는 활동 중에는 체계적인 실험과 귀납적·연역적 추론, 가설 및 이론의 형성과 실험 등이 있다." 과학적 방법은 "지식이나 예측 또는 통제"를 포함한 일련의 목표와 "객관성이나 재현성, 단순성, 과거의 성공" 등 모두에게 알려진 일련의 최우선적 가치와 정당성을 동반한다.[12]

과학적 탐구에 대한 CASES의 접근 방식은 기존의 과학적 방법론과 근본적으로 다르다. 첫째, 기존의 과학적 방법은 전체 집합을 이해하기 위해 종종 단일 현상을 분리하고 구성 요소와 부분의 작용을 관찰하는 데 중점을 둔다. 둘째, 과학적 탐구를 위한 기존의 접근 방식은 자연의 탐구에서 편견이 없다고 오랫동안 선전해 왔지만 실상은 전혀 그렇지 않다. 학생들은 자연의 본질과 자연계와 인류의 관계에 대한 일련의 선입견으로 무장한 채 실험실에 들어선다. 예컨대 모든 학생이 선입견을 배제하고 언제나 '객관적'이어야 한다는 말을 듣지만, '객관적(objective)'이라는 단어가 '물체·대상·객체·싫은 것(object)'에서 비롯했다는 사실을 깨닫지 못한다. 주체성이 거의 또는 전혀 없이 사실상 수동적이고 심지어 비활성 상태인 각종 객체로 이루어진 세상을 조사하라는 무언의 편견인 셈이다. 셋째, 기존 방법론은 자연을 종종 사회적 이득을 위해 탐사해야 할 '자원'으로 여긴다.

이와 대조적으로, CASES의 접근 방식에서 자연은 "정보와 에너지의 교환을 통해 자신의 구조적 형상을 자기조직화할 수 있는 개방적이고 역동적인 시스템"으로 경험된다.[13] CASES는 또한 새로운 상황과 패턴·환경·상태에 맞춰 스스로를 변모시키는 과정, 즉 발생으로 알려진 것에 적응하는 법을 학습한다.

2018년에 리카 프레이저(Rika Preiser)와 레이닛 비그스(Reinette Biggs), 알타 데 보스(Alta De Vos), 칼 폴케(Carl Folke) 등이 학술지에 실은 「복합 적응형 시스템으로서 사회·생태 시스템(Social-ecological Systems as Complex Adaptive Systems)」을 통해 여러 학문 분야의 과학자와 연구원 들이 수행한 수백 건의 연구와 보고서, 기사 등에 반영된 CASES의 최신 동향을 요약 소개했다. 다음은 전통적인 과학적 방법과 구분되는 CASES 탐구 방법의 본질적인 특징 중 일부다.

부분의 특성에서 시스템 전반의 속성으로: 이것은 분리된 부분의 특성을 연구하는 것에서 조직의 근원적 패턴으로부터 나오는 전반적 속성을 살펴보는 것으로 전환을 수반한다. 시스템 전반의 속성은 해체되는 경우에만 파괴된다. 발현 속성은 그것을 구성하는 부분의 속성으로 해체될 수 없다.

대상에서 관계로: 시스템 속성은 상호작용의 역동적 패턴을 통해 나타난다. 따라서 기본적인 조직화 과정, 연결, 새로 발생한 행동 양식을 이해하는 것이 중요하다.

폐쇄적 시스템에서 개방적 시스템으로: 복잡한 현상은 정보, 에너지, 물질이 지속적으로 교환되는 네트워크와 계층 구조에 내재한다. 따라서 SES(사회·생태 시스템)에는 명확한 내부나 외부가 존재하지 않는다. 모든 개체가 서로 다른 공간적, 시간적 범위에서 조직화 과정을 통해 연결되기 때문이다.

복잡성의 측정에서 포착 및 평가로: 복잡한 현상은 새로운 행동 양식을 형성하는 역동적 상호작용을 통해 상관적으로 구성된다. 따라서 물질적 원인 면에서 측정할 수 없는 관계를 포착하고 이해할 수 있게 하는 인식의 전환이 필요하다. 또한 관계, 연결, 다수의 복잡한 인과 경로에 대한 역동적 매핑과 평가를 통해 형상을 추적하고 네트워크와 주기, 범주 교차 상호작용을 특징지을 수 있다. 이런 노력은 SES가 상관적으로 구성되고 행동 양식이 발생하는 방식을 명료하게 설명할 수 있다. 그리고 이것은 다시 적응력 있고 변형적인 행동과 경로를 예측하는 우리의 능력을 촉진할 수 있다.

관찰에서 개입으로: CAS(복합 적응형 시스템)는 맥락과 관련되며 상관적으로 구성된다. 시스템의 속성과 역학에 대한 정보는 시스템을 규정하는 조직화 속성에서 분리될 수 없다. SES에 대한 연구는 관찰자 의존적 시스템의 경계를 설정하는 과정을 의미하며 객관적 관찰과 전혀 다른 개입을 수반한다.[14]

과학적 탐구에 대한 CASES 접근 방식은 과학이 이제껏 추구해 온 것과 같은 예측 가능성에는 미치지 못한다. 자기조직화 시스템의 한계를 정하려는 모든 시도는 자기조직화 시스템이 모두 지구 권역 전반에 걸쳐 시간과 공간에 널리 분포하며 거의 예견할 수 없는 미묘하고 심오한 방식으로 서로 영향을 주는 여러 패턴들 사이의 패턴이라는 기본적인 진리를 간과한다. CASES 사고방식을 적용하는 데 가장 중요한 교훈은 부분적으로 '예측'에 대한 집착을 버리고 '기대'와 '적응'에 만족하는 것이다.

기후변화의 미래에 관한 조사 결과도 대체로 사후적이다. 이 분야의 과학자들은 지구 권역들과 생태계에 온난화가 불러일으킨 변화를 그 영향이 가시화되기 전에 예측하기는 어렵다고 인정한다. 지구온난화에 대한 양성 피드백 고리가 너무 만연하고 그 폭포 효과가 전방위적으로 파급돼 예측이 불확실해지기 때문이다.

예를 들어, 수십 년 동안 기후과학자들은 북반구 전체 육지의 24퍼센트를 덮고 있던 영구동토대(永久凍土帶)에 관심을 두지 않았다. 지구온난화가 그곳의 얼음에 미치는 영향을 알아차릴 때까지 말이다.[15] 그들은 그 얼어붙은 땅 밑에 거대한 탄소 퇴적물, 즉 마지막 빙하기가 시작되기 전 북반구에서 번성한 동식물의 흔적이 있다는 사실을 깨달았다. 그 땅이 점점 더 빠르게 녹는다는 점이 더 심각하다. 전에는 태양에너지를 반사해 우주로 돌려보내는 구실을 하던 그곳의 불투명한 백색층이 녹으면서 넓은 면적의 검은 땅이 노출되고 그것이 지구온난화에 따른 열을 더 많이 흡수해서 녹는 과정을 다시 촉진하기 때문이다. 또 하나의 양성 피드백 고리가 형성된 셈이다.

그들은 지하에서 새어 나오는 이산화탄소와 메탄의 양을 측정하기 시작했고, 그 누출량이 기하급수적으로 증가하고 있으며 그것은 지난

200년간 산업 활동의 이산화탄소 배출량과 맞먹을 만큼 지구온난화 배출량이 극적으로 증가할 조짐이라는 사실을 깨달았다. 여기에 그 전에는 예측할 수 없던 새로운 실체, 알려지지 않은 모르는 것이 있다는 현실까지 더해졌다. 우리는 마침내 이렇게 급변하는 기후에서 자기조직화 복합 시스템의 진화 과정과 그것이 사회에 미칠 영향을 예측하기가 어려움을 이해하기 시작했다.

따라서 앞으로 갈 길은 과학적 탐구의 초점을 '부분적으로라도' 예측에서 적응으로 옮기는 것이다. 비록 온난화의 격동 속에서 지구가 걷잡을 수 없이 야생으로 돌아가기 때문에 그 길이 점점 좁아지고 있지만, 여전히 예측은 의미 있는 구실을 한다. 이와 동시에 적응성의 과학은 기후변화에 사회가 대응하는 방향을 바꿀 만큼 무르익었다. 결국 적응은 끊임없이 진화하는 세상에서 다른 모든 생물 종이 예측할 수 없는 변화에 순응하는 방법이다. 과학에서 적응성은 새로운 개념이 아니다. 사회가 직면한 위험이 점점 커지면서 제2의 생명을 부여받고 있을 뿐이다.

예측에서 적응으로

실용주의 철학의 창시자 중 한 명인 존 듀이(John Dewey)는 과학적 탐구와 문제 해결을 위한 접근 방식으로서 적응성의 장점을 처음 조명하기도 했다. 듀이는 객관성과 분리를 강조하는 과학계의 통념을 거의 참아 낼 수 없었다. 흔히 사전에 가설을 설정하고 그 타당성을 시험하기 위해 실험하는 과학적 탐구의 연역적 접근 방식은 더더욱 그의 마음에 들지 않았다. 또한 그는 연구원이 관찰자 구실만 하는 것을 특히 혐오했다. 듀이는 지식을 추구하는 사람은 언제나 적극적인 참여자로서 문제 해결을 위한 탐구를 시작하고 문제를 가까이에서 경험하며 그것으로부터 영향을 받아야 마땅하다고 믿었다.

찰스 샌더스 퍼스(Charles Sanders Peirce)와 조지 허버트 미드(George Herbert Mead)를 포함해 초기 실용주의자들의 관심사는 문제 해결에 이용하고 새로운 방향을 설정하는 등 '실행 가능한' 지식이었다. 듀이를 비롯해 다른 실용주의 학자들도 경험의 상호 연결성을 선호하는 경향이 있었고, 문제는 그것이 연관된 많은 관계에서 쉽게 분리할 수 있는 고립된 사건이 아니라서 전체론적 방식으로 다뤄야 한다고 이해했다.

듀이는 이론과 실천의 이중성 개념을 피하고, "지식은 인간 유기체가 환경에 능동적으로 적응하면서 생기는 것"이라고 보았다.[16] 듀이를 비롯해 초기 실용주의자들은 모든 생명체의 핵심 속성으로서 적응의 중요성에 새로운 생명을 불어넣었다.

20세기가 시작되던 진보의 시대에 적응성이 어느 정도 견인력을 얻었지만 얼마 지나지 않아 효율성 운동에 압도당했다. 시간 사용의 최적화로 미래를 관리하는 것이 산업혁명 전성기에 미래 성과의 관리에 대한 열광과 함께 더욱 강력한 공감대를 형성했다. 오늘날 화석연료에 기초한 산업혁명이 종말을 맞이하고 내부자들조차 그 지침 원리에 의문을 제기하면서 적응성이 갑자기 부활을 알리고 있는 셈이다.

그 반면 최근까지만 해도 모든 비즈니스 대화에 스며들었던 효율성은 우리 사회가 연이은 위기에 봉착하고 이제는 팬데믹과 기후 관련 재앙의 확대 전망을 직면하면서 점차 잦아들게 되었다. 무한한 기회에 대한 이야기는 위험 완화를 위한 논의로 대체되고, 효율성은 지구의 재야생화 속 적응성에 자리를 내주기 시작했다. 현대성의 지배적인 틀과 몇 세대에 걸쳐 사람들이 삶을 계획하고 영위할 수 있는 서사를 주던 진보의 시대는 대중의 담론에서 진혼곡도 없이 조용히 물러났다. 어디서든 적응성과 회복력을 말한다. 특히 과학 저널과 학술지에서는 더더욱 그렇다.

코로나19 팬데믹의 심연에서 《내셔널 지오그래픽(National Geographic)》은 자연 속 '적응과 생존'을 다룬 글을 싣는 것이 적절하다고 생각했다. 기사는 동식물이 자신의 회복력과 번식 및 생존력을 강화하기 위해 채택한 갖가지 유형의 적응을 인용했다. 이런 사례는 적응을 위한 창의적 접근 방식을 제공한다. 어쩌면 이런 것을 보고 재계를 비롯한 사회 전반에서 모방적 실행에 박차를 가할지도 모를 일이다.

《내셔널 지오그래픽》의 편집자들은 많은 이들이 좋아하는 야생동물 코알라가 유칼립투스 잎만 먹고 사는 데 적응했다면서 글을 시작했다. 유칼립투스는 단백질값이 매우 낮고 다른 많은 종에게는 독이 되기 때문에 코알라로서는 경쟁 없이 차지할 수 있는 영양분 공급원이다.

어떤 적응은 겉모습의 구조와 연결될 수 있다. 예를 들어, 다육식물은 "짧고 두꺼운 줄기와 잎에 수분을 저장해서" 뜨겁고 건조한 사막에 적응한 경우다.[17]

행동 방식으로 적응한 경우도 있다. 회색고래는 해마다 북극의 차가운 바다에서 멕시코의 따뜻한 바다까지 수천 킬로미터를 이동해 새끼를 낳고 다시 영양분이 풍부한 북극 바다로 간다.

학명이 비스톤 베툴라리아인 영국 후추나방은 환경 변화에 적응한 동물의 전형적인 예다. 19세기 산업혁명 전까지 후추나방은 대개 밝은 크림색 바탕에 검은 반점이 있었고, 검은색이나 회색 후추나방은 소수였다. 하지만 산업 활동에 따라 그을음이 나무에 내려앉기 시작하면서 어두운 색 나방이 많아졌다. 이들은 나무의 어두운 표면과 구별하기 어려울 정도로 섞여 들었다. 어두운 색깔의 나방을 볼 수 없는 새들이 흰색 나방을 사냥했고, 결국 검은색 나방이 지배적 유형으로 남은 것이다.

지리적으로 같은 지역에 서식하는 개체군에서 종의 분화가 발생한다는 뜻의 동소적 종 분화는 다양한 종이 동일한 서식지를 공유할 때 발생한다. 각 종이 특정 식단에 적응한 상태라서 서로 경쟁하지 않아도 되기 때문이다. 예컨대 탄자니아의 말라위 호수에 서식하는 다양한 난초 가운데 어떤 난초는 조류(藻類)를 먹고, 다른 난초는 곤충을, 또 다른 난초는 물고기를 먹고 산다.

《하버드 비즈니스 리뷰》는 선구적으로 적응성을 사업 가치의 새로운 정의로 외쳤다. 「적응성: 새로운 경쟁 우위(Adaptability: The New Competitive Advantage)」라는 도발적 기사를 함께 쓴 보스턴컨설팅그룹의 마틴 리브스(Martin Reeves)와 마이크 다임러(Mike Deimler)가 가장 성공적인 기업은 "본질적으로 안정적인 환경에 의존하는 이점의 원천인 규모와 효율성을 중심으로" 사업을 구축했다고 말했다.[18] 그러나 이들이 설명한 바와 같이, 예측할 수 없는 위험과 불안정성이 점점 더 증가하는 세상에서는 그렇게 유효성이 증명된 가치가 오히려 장애가 되고 적응성이 기업의 생존을 위한 본질적 가치로 부상한다. 적응성은 단기 수익이 희생돼도 기꺼이 실험하고 실패를 수용하는 능력이기 때문이다. 이것이 조직을 재편하고 사업을 지속적으로 영위할 수 있는 방법이다.

적응성은 또한 수직적으로 통합된 규모의 경제와 중앙 집중화한 관료 체계에서 벗어나는 것을 선호한다. 잇따른 위기에 맞닥뜨려야 하는 세상에서 생존하기에는 너무 경직되고 취약한 체계이기 때문이다. 이들은 "분권화되고 유연하며 경쟁적인 조직 구조를 만드는 것"을 지지하면서 그런 접근 방식이 "경직된 지배층의 큰 이점을 없애 버린다"고 지적한다. 그들은 포괄적인 대체 비즈니스 플랫폼의 도입 방식으로 전환함으로써 기업은 다양한 선택을 할 수 있고 고위험 환경에서 빠르게 변하는 상황에 적응하는 데 필요한 민첩성을 보유할 수 있다고 주장한다.[19]

적응성과 회복력으로 비즈니스 모델을 다시 생각하는 것을 둘러싼 흥분의 열풍이 실질적인 성과보다는 입발림으로만 이어지는 형편이지만, 앞으로 다가올 거대한 변화의 전조 현상이 몇 가지 나타나고 있다. 사회·생태 시스템에 적용되는 복합 적응형 사고방식의 의미를 잘못 이해해서는 안 된다. 그것은 우리 사회가 회복력을 추구하는 적응형 행위자로서 인간 종을 이해하고 살아 있는 행성의 리듬에 다시 통합하는 방식의 체계적인 변화를 가리킨다. 그래야 인류세에서 생존하고 번성하는 종으로 남을 희망이 생긴다.

전통적인 경제학과 자본주의 체계의 작동 방식은 복합 적응형 시스템에 적합한 사고를 시작하면 일어날 변화 때문에 이론적으로든 실제적으로든 현재 형태로는 살아남을 수 없을 것이다. 경제학자들이 말하는 가정은 살아 움직이는 지구가 작동하는 방식과 크게 상충한다. 우리 인간 종이 지구의 주체와 시스템의 과잉에 다시 적응하면서 산업자본주의의 가치 일부와 통신, 에너지, 이동성, 거주지 등을 공급하는 방식 중 일부는 유지될 것이다. 그러나 신고전주의와 신자유주의 경제 이론의 방호벽을 구성하는 나머지 상당 부분은 현재의 산업자본주의 모델 및 진보의 시대 서사와 함께 사라질 것이다.

복합 적응형 시스템에 부합하는 사고방식은 우리가 학계라고 생각하는 것에 대해서도 수정을 요구할 것이다. 계몽주의 시대에 등장하고 진보의 시대와 발맞추며 성숙해진 학문 및 전문 분야는 저마다 그 나름의 서사와 언어, 측정 기준, 참여 규칙 등을 갖췄다. 그리고 제한적인 관점에서 어느 정도까지는 전반적 현실을 이해하려 하기도 했다.

교육 및 교수법에 대해 말하자면, 거의 모든 학교 시스템과 고등교육 기관이 적어도 최근까지는 학문적 사일로를 통해 엄격하게 구분되었다. 공개된 연구와 책을 통해 학문 분야의 경계를 넘어서는 학자는 비판의 대상이 되고 종종 '박학다식'하다는 이유로 조롱거리가 되기도 한다.

일반적으로 인정하는 바와 같이 대학에서, 심지어 일부 진보적 중등학교 시스템에서도 학제 간 연구는 교과과정의 주변부가 되었다. 여전히 학문적 경험의 중심부에 포함되지는 않고 선택 과정이나 세미나를 통해 교수되는 것이 일반적이다. 이런 상황은 교사와 학자, 학생 모두를 복합 적응형 시스템 사고방식의 보호 아래로 모이게 할 교육학적 변화를 암시한다. 최근 들어 기후변화 현실과 그것이 일으킨 지구상 모든 현상의 상호 연결성에 대한 대중의 인식 및 서로 영향을 미치고 적응해 나가는 행성의 다양한 주체에 대한 이해의 증가 등이 인류 전체를 중대한 역사적 기로에 서게 했다. 이런 상황을 이해하려면 복합 적응형 시스템에 맞는 사고방식을 채택해야만 한다. 이와 아울러 학계 및 교과과정 전반에 걸쳐 지식에 대한 학제 간 접근 방식을 적용해야 한다.

그렇다면 적응성이 지배하는 회복력 있는 경제는 수명이 제한적이고 일시적인 최신 유행일 뿐인가? 그렇지 않다. 왜냐하면 온난화와 연관된 위험과 현실이 일시적 현상이 아니기 때문이다. 기후변화에 선제적으로 대응하기 위한 인류의 모든 집단적 노력이 적어도 지금까지는 대체로 헛수고였다. 그리고 이제 과학계에서 우리에게 행성의 종말이 더는 불가능하지 않다고 경고하고 있다. 우리 인간 종은 지구온난화 배출량을 줄이는 노력을 지속하는 한편 온난한 기후가 가져온 실존적 변화에 지속적으로 적응하는 방법을 찾아야 할 것이다. 아마도 회복력 있는 사회의 기초를 다지는 것이 우리 인간 종이 자신 있게 수용하고 미래까지 껴안고 갈 수 있는 유일한 보증일 것이다.

이 모든 것이 다시 이런 질문으로 돌아가게 만든다. 적응하는 법을 터득할 수 있는 가장 좋은 방법은 무엇인가? 우리가 좋은 삶에 대해 익숙하게 생각해 온 것과는 상당히 다른 방식으로 회복력을 갖추고, 생존하고, 어쩌면 번성할 수도 있는 방법이 무엇인가? 대중은 이제 막 적응성과 회복력이라는 단어를 인식하고 받아들이기 시작했을 뿐, 그 표면 아래로 파고 들어가 그런 미래에서 어떻게 살아가게 될지에 대해서는 거의 생각해 보려고도 하지 않는다.

수렵 채집 생활을 하던 우리의 먼 조상들이 몇 가지 지침을 줄 수 있을지도 모르겠다. 그들은 오늘날의 인간 종 중 가장 강인한 사람들도 견디기 힘들었을 환경조건인 빙하기와 간빙기에 걸쳐서 고도의 적응력과 회복력을 입증했다. 지난 20년의 과학적 연구는 호모 사피엔스가 지구상에서 가장 적응력이 뛰어난 종일 수 있다는 놀라운 증거들을 세상에 내놓았다.

호모 사피엔스의 정신: 타고난 적응력

1990년대 중반에 생물학자와 인지과학자, 인류학자 들이 새로운 자료를 발굴해 "인간 정신의 진화된 구조는 홍적세의 수렵 채집 생활 방식에 맞춰져 있으며 반드시 현대 환경에 적합한 것은 아니"라고 시사했다.[20] 2014년, 뉴욕대학교와 스미소니언국립자연사박물관의 과학자들이 인류 초기 조상의 진화에 관한 연구 결과를 발표했고, 그 때문에 이론이 수정되었다. 오랜 기간 진화생물학자들 사이에는 인간 속(屬)이 "아프리카의 건조 기후가 시작되고 목초지가 확장되던 시기"에 출현했다고 보는 암묵적 합의가 있었다.[21] 아프리카의 사바나에는 크고 긴 몸, 길쭉한 다리, 큰 뇌, 줄어든 성적 이형성, 증가한 육식성 등을 포함하는 적응적 특성과 장수, 광범위한 도구 제작, 사회적 협력의 증가 등을 포함하는 생활사적 특성이 잘 맞았다.[22]

새로운 화석을 발견하면 인간 속의 기원에 관한 이론이 수정되었다. 연구에 참여한 과학자들이 밝힌 바에 따르면, "새로운 환경 데이터 세트는 인간 속이 기본적인 건조 기후 추세에 중첩된 장기간에 걸친 서식지의 예측 불가능성을 배경으로 진화했음"을 시사한다. 이 연구는 "인간 속의 성공과 확장을 가능하게 한 핵심 요소가 예측 불가능한 환경에서 체득한 음식 섭취의 유연성이고, 이것이 협력적인 육아 및 발육의 유연성과 더불어 다양성의 확장과 사망 위험의 감소로 이어졌음"을 밝혔다.[23] 과거 기후의 상세한 모델을 마련해 사람 화석의 기록과 비교하는 방법으로 결론에 도달한 연구자들은 과거의 생각과 달리 인류가 고요하고 서늘하며 안정적인 기후가 이어지던 기간에 발생하지 않았다는 것을 알아냈다.

연구에 참여한 과학자 중 한 명이자 스미소니언협회 '인간의 기원' 프로그램 책임자인 리처드 포츠(Richard Potts)는 연구를 통해 알게 된 것을 이렇게 요약했다. "우리 조상에게서 찾아볼 수 있는, 인간의 유연성 진화에 유리하게 작용한 것은" 불안정한 기후 조건이다. 그는 "인간 속의 기원은 적응성의 형태로 특징지어진다"고 덧붙였다.[24] '불안정한 기후'라는 표현은 지구의 최근 230만 년을 포괄하는 기간, 다시 말해 분류학상 인간의 조상으로 분류되는 호미닌이 진화해 호모 사피엔스가 되고 끝난 시대가 얼마나 불안정했는가를 충분히 반영하지 못하는 일종의 폄훼나 다름없다.

일반적으로 이 기간에 빙하기에 이어 해빙기가 왔다고 본다. 《내셔널 지오그래픽》은 이렇게 상기시킨다. "80만 년 전에 주기적 패턴이 나타났다. 빙하기가 10만 년 가까이 지속된 이후 각각 1만 년에서 1만 5000년 동안 지속된 간빙기가 이어졌다. 마지막 빙하기는 약 1만 년 전에 끝났다." 그리고 마침내 우리 인간 종에게 홀로세의 비교적 온난한 기후와 농

경 생활이 왔다.[25]

포츠는 《사이언티픽 아메리칸(*Scientific American*)》지와 한 인터뷰에서 기후 조건이 극한에 달한 이 기간에 인간 종 생존의 핵심은 가혹한 조건에 적응하는 창의적 방법을 생각해 내는 능력, 즉 독창성이었다고 말했다. 그는 "인간 두뇌의 진화는 우리가 적응을 위해 어떻게 진화했는지를 보여 주는 가장 명백한 사례"라고 확신했다.[26]

인간의 기원에 관한 연구를 요약하며 포츠는 이렇게 말했다.

우리의 두뇌는 본질적으로 사회적 두뇌다. 우리는 정보를 공유하고 지식을 만들어 전달한다. 그것이 바로 인간이 새로운 상황에 적응하는 수단이며 인간을 그 전 조상과 구별하고 그 전 조상을 영장류와 구별하는 기준이다. 네안데르탈인조차 견딜 수 없었을 추운 환경으로 들어간 호모 사피엔스가 있나 하면 사막과 열대우림, 대초원, 빙하 환경으로 이주한 호모 사피엔스도 있었다. 이 호리호리하고 사지가 긴 호미니드가 어떻게 그렇게 다양한 환경에서 살아남을 수 있었는지, 나에게 그것은 현재의 우리가 어떻게 적응력을 갖게 되었는지에 관한 이야기다.[27]

그렇다면 과연 현재 우리 인간 종의 적응 역량은 지구온난화가 지구 물의 순환을 바꾸는 속도를 감당할 수 있는가? 이것이 바로 우리 시대의 근본적인 의문이다.

격변하는 기후에 대한 적응성은 분명 우리의 강점이다. 우리를 지구 상에서 가장 회복력이 뛰어난 생물 종으로 만든 것도 적응성이다. 아마도 이것은 회복력 시대에 들어서는 우리가 열정적으로 인정하고 받아들일 만한 고무적인 소식이다.

기후가 급변하는 동안 우리 인간 종이 우세할 수 있도록 해 준 바로 그 적응성이 우리 실패의 원인으로 작용하기도 했다. 인류가 수렵 채집 생활을 하던 구석기시대의 긴 기간 동안 격렬한 기후변화에 적응할 수 있도록 도운 인간의 인지적 특성이 상대적으로 예측 가능한 온대기후가 지속된 1만 1700년간의 홀로세에 방향을 바꿔 자연계가 인간의 욕망에 맞춰 적응하게 했다. 이 역시 적응의 문제다. 농업혁명의 시작 그리고 좀 더 가까운 시기에 근대 산업혁명으로 전환과 더불어 우리는 계절의 변화에 대한 순응에서 잉여 산물의 저장으로 적응 본능을 재편했고, 그 잉여 산물이 우리가 진보의 시대라고 부르는 화석연료 기반의 산업 문명 시기 200년 동안 기하급수적으로 증가했다.

그것이 산업혁명의 열매를 거둔 수많은 사람들, 특히 서구 세계의 대다수에게 요긴하지 않았다는 말은 아니다. 선진국 사람들 중 대다수가 산업화 시대 전 조상보다 훨씬 더 나은 삶을 영위한다는 것은 틀림없다. 하지만 공정하게 말해, 빈곤을 정의하는 구분선인 하루 5.5달러 미만으로 생활하는 전 세계 인구의 거의 절반(46퍼센트)은 조상보다 미미한 정도로 낮거나 전혀 나을 것 없이 살고 있다.[28] 한편 가장 부유한 사람들은 엄청난 승리를 거두었다. 2017년 기준 세계에서 가장 부유한 8인의 부가 지구상에 살고 있는 인구의 절반인 35억 명의 부를 합친 것과 같다.[29] "지구가 모든 사람의 필요는 충분히 채울 수 있어도 어느 한 사람의 탐욕은 채울 수 없다"고 한 모한다스 간디(Mohandas K. Gandhi)가 우리 앞에 놓인 선택의 문제를 아주 잘 포착한 셈이다.[30]

회복력 시대:
산업 시대의 종말

4

10

회복력 혁명 인프라

문명의 여명 이후 인류가 자연계와 상호작용하는 방식에서 일어난 큰 변화는 모두 역사상 획기적인 인프라 혁명으로 기록할 수 있다. 대부분의 역사가는 인프라를 단순히 집단생활에서 많은 사람을 결속하는 발판 정도로 생각했지만, 인프라는 사실 훨씬 더 근본적인 구실을 한다. 모든 인프라 패러다임의 변혁은 사회집단의 존립을 유지하는 데 필수적인 세 가지 구성 요소의 결합을 수반한다. 그 세 가지는 바로 새로운 의사소통 방식, 에너지와 동력의 새로운 원천, 새로운 운송·물류 방식이다. 이 세 가지 기술적 발전이 매끄러운 역학 관계 속에 결합할 때 일상적인 경제 및 사회, 정치 생활과 관련해 사람들이 '소통하고, 작동하고, 움직이는' 방식에 근본적인 변화가 생기는 것이다.

인프라 혁명은 의사소통 수단, 생존을 위한 에너지원, 자신이 처한 환경에서 기동하기 위해 필요한 이동성 또는 운동성 등 모든 유기체가 지상의 존재를 유지하는 데 필요한 것과 유사한 성격을 띤다. 인간 사회의 인프라 혁명은 많은 사람이 더 차별화된 구실을 하는 더 복잡한 경제적, 사회적, 정치적 합의 환경에서 상호작용할 수 있는 기술적 보완 수단을 제공한다. 대규모 '사회적 유기체', 즉 완전체로서 작용하는 자기조직화 시스템을 형성하는 셈이다.

모든 유기체가 내부 생명과 (상호 연결되고 생존을 위해 의존하는) 외부 세계 사이의 역동적인 관계를 조율하기 위해 피부나 껍질 같은 반투막이 필요하듯이 인프라 혁명에도 온갖 건물과 담이 따른다. 이 인공 반투막은 우리 종이 악천후를 이겨 내고 육체적 안녕을 유지하는 데 필요한 에너지와 기타 자원을 저장하고 우리의 존재를 향상하는 데 필요한 상품과 서비스의 생산 및 소비에 안전한 공간을 제공하며 가정을 꾸리고 사회생활을 영위하기 위해 모이는 장소가 된다.

또한 거대한 인프라 혁명은 새로운 집단적 합의에 따라 시간적, 공간적 지향을 바꾸는 한편 새로운 인프라가 불러일으킨 새롭고 더욱 차별화된 집단적 삶의 유형에 따르는 기회와 제약에 부합하도록 경제활동과 사회생활, 거버넌스 유형의 성격을 변화시킨다.

19세기에는 증기 동력 인쇄와 전신, 풍부한 석탄, 국유 철도 기관차가 의사소통, 동력 공급, 이동성을 위한 공동 인프라에 들어맞으면서 1차 산업혁명과 도시 거주지의 부상, 자본주의 경제, 민족국가 정부 감독 체제의 국내시장을 이끌어 냈다. 20세기에는 중앙 집중형 전력과 전화, 라디오, 텔레비전, 값싼 석유 그리고 국도와 내륙 수로, 해양 및 항공 항로의 내연 운송 수단이 수렴하면서 2차 산업혁명과 교외 거주지, 세계화, 글로벌 거버넌스 기관들의 부상을 낳았다.

오늘날 우리는 3차 산업혁명이 한창인 시대를 살고 있다. 디지털화한 광대역 커뮤니케이션 인터넷은 태양광 및 풍력 전기로 구동되는 디지털화한 대륙별 전력 인터넷과 수렴되고 있다. 수백만 명의 주택 소유자와 지역 및 국가의 기업, 지방의 단체, 농부와 목장주, 시민사회단체, 정부 기관 등이 거주지와 일터에서 태양광이나 풍력 전기를 생산해 자체의 운영에 전력을 공급하고 있다. 잉여 녹색 전기는 현재 우리가 커뮤니케이션 인터넷에서 뉴스·지식·엔터테인먼트를 공유하는 것처럼 재생 가능 전력을 공유하기 위해 빅데이터·분석·알고리즘을 이용하는, 점점 더 통합되고 원활하게 디지털화하는 대륙별 전력 인터넷으로 되팔리고 있다.

이제 이 두 가지 디지털화 인터넷은 전력 인터넷을 통해 태양광 및 풍력발전으로 동력을 공급받는 전기 및 연료전지 차량으로 구성된 디지털화한 이동성 및 물류 인터넷과 수렴되고 있다. 앞으로 10년 동안 이런 차량은 도로와 철도, 수로와 항로에서 점점 더 자율주행으로 움직이며 전력 인터넷과 커뮤니케이션 인터넷처럼 빅데이터와 분석, 알고리즘으로 관리될 것이다.

이 세 가지 인터넷은 갈수록 더 데이터와 분석의 지속적인 흐름을 공유하며 지역과 대륙, 글로벌 시간대를 가로지르는 무공해(제로 배출) 자율 차량의 움직임과 녹색 전기의 생성과 저장 및 분배, 커뮤니케이션을 동기화하는 유려한 알고리즘을 생성할 것이다. 또한 세 가지 인터넷 모두 생태계와 농경 지대, 창고, 도로 시스템, 공장의 생산 라인, 주거용·상업용 건물 등 사회 전역에 걸쳐 설치되어 모든 활동과 움직임을 실시간으로 추적 관찰하는 센서로부터 데이터를 지속적으로 제공받을 것이고 그럼으로써 인류가 가정과 일터에서 더 적응력 있게 일상적인 경제활동과 사회생활을 관리하고 동력을 공급하고 가동할 수 있게 할 것이다. 이렇게 구성되어 돌아가는 체계가 바로 사물인터넷(IoT)이다.

다가오는 시대에 건물은 에너지 절약과 기후 회복력을 위해 개조되고 사물인터넷 인프라가 내장될 것이다. 또한 자체의 데이터 센터가 설치되어 대중이 직접 데이터의 수집과 이용, 공유 방법을 제어할 수 있게 할 것이다. 그뿐 아니라 스마트 빌딩은 분산형 제로 배출 사회에서 친환경 초소형 발전소와 에너지 저장소, 전기 및 연료전지 차량을 위한 운송 및 물류 허브의 기능을 수행할 것이다.

3차 산업혁명의 건물은 벽으로 둘러싸인 수동적이고 사적인 공간이 아니라 재생에너지 생산과 에너지 절약, 에너지 저장, 전력 이동, 여타 광범위한 경제적·사회적 활동을 거주자의 재량에 따라 공유하며 능동적으로 참여하는 노드 개체가 될 것이다. 이런 성격의 자립형 스마트 빌딩은 새롭게 부상하는 회복력 사회의 중요한 구성 요소가 될 것이다.

당연히 지구의 이런 디지털 인프라를, 새로운 엘리트의 손에 권력을 집중하려는 어둠의 세력만 점유할 가능성을 우려하고 경계하는 사람들이 있다. 그들이 지구를 약탈하기 위해 인류의 다수에게서 선택의지를 앗아 갈까 봐 걱정하는 것이다. 하지만 우리 앞에는 더 설득력 있는 길이 있다. 그 배경이 되는 이야기는 2차 산업혁명이 정점에 이르렀다가 서서히 쇠퇴하던 무렵 3차 산업혁명을 구성하게 될 많은 혁신적 요소들이 표면화하면서 시작되었다.

자본주의를 넘어

디지털 3차 산업혁명 인프라가 유럽연합과 중국 등지에서 전개되면서 자본주의 체제가 미처 대비하지 못한 기현상이 나타났다. 디지털 플랫폼을 관리하는 데이터, 분석, 알고리즘이 경제활동, 사회생활, 거버넌스를 조직하는 새로운 방법을 창출하고 그 전 두 산업혁명에 수반된 자본주의 이론 및 관행의 중요한 요소 중 많은 것을 약화하고 있음이 점점 더 분명해졌다.

미국의 생화학자 로런스 조지프 헨더슨(Lawrence Joseph Henderson)이 남긴 유명한 말이 있다. "증기기관이 과학에 빚진 것보다 과학이 증기기관에 빚진 것이 더 많다." 과학자들이 증기기관의 작동과 동력 생성 방법을 연구하면서 그 원리를 추상하고 열역학법칙을 사실로 가정할 수 있었다는 의미다. 이와 비슷한 맥락으로, 이론과 실제 모두에서 산업 인프라가 자본주의에 빚진 것보다 자본주의가 산업 인프라의 운영 원리에 빚진 것이 더 많다.

처음 두 산업혁명의 인프라는 중앙 집중형으로 설계되어 상의하달 피라미드식으로 작동하며 지적·물리적 재산권이 계층별로 사유화되는 경우 최상의 성능을 발휘했다. 또한 중앙 집중형 인프라는 투자 수익을 확보하기에 충분한 규모의 경제를 창출하기 위해 인프라를 활용하는 산업들이 주도하는 수직적 통합을 선호했고, 그에 따라 선점한 소수가 신흥 시장을 장악하고 각 산업 또는 부문을 지배할 수 있었다.

비즈니스 모델을 구성하는 다른 방법은 없었다. 철도와 전신 및 전화 시스템, 송전 체계, 송유관, 자동차 산업과 같은 인프라의 방사형 네트워크를 구성하는 기술은 그 개발과 배치, 운영에 너무 많은 돈이 들어서 가장 부유한 집안이나 정부조차 단독으로는 자금을 조달할 수 없었기 때문이다. 그래서 성장한 것이 바로 현대식 주식회사와 금융자본, 초기 자본가 계급이다. 화석연료 중심 산업혁명 인프라에 연결된 다른 모든 산업도 자본주의의 지분형 비즈니스 모델을 수용하고 성공에 충분한 수직형 규모의 경제를 구축해야 한다는 압박을 받았다. 그 결과, 2020년 기준《포춘》500대 글로벌 기업의 매출이 33조 3000억 달러로 전 세계 GDP의 3분의 1을 차지하는데도 전 세계의 노동인구 35억 명 중 6990만 명만 고용하는 상황에 이른 것이다.[1]

주로 화석연료로 움직이는 두 산업혁명 인프라는 모두 중단 없는 운영을 위해 돈과 시간, 인력의 광범위한 지정학적·군사적 투입이 필요했다. 그리고 각 산업혁명 인프라는 기업이 주주들에게 계속 증가하는 이익을 줄 수 있도록 돕기 위해 효율성을 최적화하는 방향으로 설계되었다. 효율성 증가는 결과적으로 운영에 따른 부정적인 외부 효과에 대한 보호 장치는 거의 갖추지 못한 채 제한 없는 물질적 성장을 불러왔다. 끝으로, 이런 1·2차 산업혁명의 설계 및 공학의 특징은 자본주의 국가에서든 사회주의 국가에서든 거의 같은 방식으로 작용했다.

이와 대조적으로 3차 산업혁명 인프라는 중앙 집중형보다는 분산형으로 설계되었다. 이것은 사유화를 피해 개방적으로 투명하게 유지될 때 네트워크 효과를 최적화하며 가장 잘 수행된다. 네트워크와 플랫폼을 공유하는 사람들이 많아질수록 모든 참가자가 더 많은 '사회적 자본'을 축적하게 되기 때문이다. 1·2차 산업혁명과 달리 3차 산업혁명 인프라는 수직이 아닌 수평으로 확장되도록 설계된다. 팀 버너스 리(Tim Berners-Lee)는 중앙의 대리인에게 허가를 구하거나 수수료를 내지 않고도 누구나 가장자리에서 다른 사람과 정보를 공유할 수 있도록 월드와이드웹(WWW)을 설계했다.

더욱이 1·2차 산업혁명 인프라가 제로섬 게임에서 다수보다 소수에게 더 많이 보상하도록 설계된 반면, 3차 산업혁명 인프라는 의도한 대로 작동되는 경우 경제력을 더 폭넓게 분배해 경제생활의 민주화를 촉진한다.

물론 (애플, 구글, 페이스북 등) 1세대 스타트업이 지배적인 글로벌 플랫폼을 창출하는 데 성공한 것은 사실이다. 이들은 플랫폼에 대한 접근권을 무료로 제공하는 대신 상품 및 서비스를 광고하고 판매할 목적으로 이를 활용하는 제3자에게 수십억 사용자의 개인 데이터를 묶음판매해 적어도 커뮤니케이션 인터넷의 운영체제에 대한 통제권을 단기적으로 확보했다.

그러나 이런 글로벌 독과점이 장기적으로도 우세할 것 같지는 않다. 이미 유럽연합을 비롯해 각국 정부가 이 새로운 디지털 거물들을 견제하며 사용자의 데이터에 접근하는 방법을 제한하는 한편 분산적이고 개방적이며 민주적인 인프라로 설계된 것에 대한 이들의 독과점을 깨기 위해 반독점법 제정에 갈수록 집중적인 노력을 기울이고 있다.

더 중요한 점은 3차 산업혁명 인프라가 플랫폼에 대한 중앙 집중형 명령과 제어를 훨씬 더 어렵게 만드는 버전으로 계속 자체 진화하고 있기 때문에 글로벌 독점을 완전히 발본색원하지는 못해도 상당히 제한할 가능성이 크다는 것이다. 거듭 진화하는 사물인터넷 인프라에는 수십억, 수조 개의 센서가 도입되어 모든 이웃과 공동체, 세계 곳곳에 빠르게 확산하며 이미 방대한 데이터를 생성하고 있다.

이런 상황은 데이터의 수집과 저장, 분석과 알고리즘의 관리를 수직적으로 통합된 기존 거대 글로벌 기업에서 지구 곳곳에 분산된 첨단기술 중소기업(SME)으로 옮겨 놓는 수평적 공간 이동을 강제하고 있다.

ICT 업계의 많은 사람들이 사물인터넷 데이터의 엄청난 양이 곧 중앙 집중형 데이터 센터의 데이터 저장 용량과 실시간 데이터 활용 능력을 크게 앞지를 것으로 예상하고 있다. 이미 소규모 '에지 데이터 센터'가 사물인터넷 인프라를 따라 등장해 현장에서 수집한 데이터를 다수의 플랫폼과 공유하고 있다.

ICT 업계 리더들은 또한 로컬에서 생성되는 데이터를 원거리의 거대 데이터 센터로 보내는 클라우드 컴퓨팅이 로컬에서 전개되는 이벤트에 실시간으로 반응하기에는 너무 느리다는 점, 즉 '지연 시간 요소'를 이해하게 되었다. 예를 들어, 자율주행차가 충돌하려는 순간에 클라우드에 최신 데이터를 보내고 지상에서 다시 지시를 받는 경우 그 응답 시간이 너무 느려서 적시에 충돌을 피하지 못하게 된다. 이런 현실을 고려해 ICT 사전에 새로운 단어가 등장했다. 바로 '포그 컴퓨팅(fog computing)'이다.

앞으로 수십 년에 걸쳐 가정과 사무실, 지역 기업, 이웃, 지역사회, 환경에 저렴한 에지 데이터 센터 수백만 개가 설치돼 현장에서 데이터의 수집과 저장을 수평화하고 사람들이 지역적으로 연결된 네트워크에서 분석과 알고리즘 거버넌스를 실시간으로 이용할 수 있게 할 것이다. 1세대 디지털 기업의 특징이던 수직 통합·중앙 집중형 ICT 네트워크를 이런 식으로 점점 더 우회하는 것이다.

디지털화되고 분산되는 새 인프라는 전 지구적 규모로 상업과 무역의 광대한 민주화에 대한 전망을 밝히고 있다. 많은 글로벌 기업이 이런 전환에서 살아남고 번창하겠지만 그들의 새로운 기능은 공급망을 통합하고, 직무를 조정하고, (경제적 전개의 많은 부분을 수행할) 각 지역의 더 민첩한 첨단기술 중소기업에 기술 관련 전문지식과 교육을 제공하는 쪽으로 기울 것이다.

1·2차 산업혁명 인프라는 대부분 정부가 소유하고 운영하거나 경우에 따라 민영화로 대기업의 손에 맡겨지는 식이었지만, 3차 산업혁명 인프라의 많은 구성 요소는 자연적으로 분산되어 국민이 소유하게 된다. 풍력 터빈과 태양광 지붕 패널, 마이크로그리드, 사물인터넷이 장착된 건물, 에지 데이터 센터, 축전지, 수소 연료전지, 충전소, 전기 자동차 등

은 수억 가정과 수십만 지역 사업체 및 단체가 소유하는 분산 인프라의 일부다.

이 고도로 분산된 인프라가 향후 20년에 걸쳐 전개됨에 따라 수십억 명의 사람들이 자신이 속한 지역사회에서 유연한 블록체인 플랫폼을 통해 인프라의 특정 구성 요소를 마음대로 배치하고 결집하고 분해하고 재결집하며 지역과 대륙, 대양을 가로질러 서로 연결될 것이다. 이는 문자 그대로 그리고 비유적으로 '사람들에게 힘(권한, 동력, 전력)을' 주는 것이다.

복잡하지만 고도로 분산적이고 통합적인 인프라의 특성 때문에 이 시스템은 수많은 상호작용 노드와 행위 주체로 구성된 생태계처럼 작동한다. 스마트 플랫폼을 이용해 본 사람이라면 누구나 자신의 사회적 자본에 기여한다는 개념 자체가 효율적 수용보다는 적응적 기여에 더 가깝다는 것을 안다. 사회적 자본의 증가는 플랫폼이 모든 기여자의 전반적인 사회적 자본을 향상하면서 계속 자체 조직화하는 방식으로 진화하고 상호 의존성을 높이게 하는 입력이 된다. 위키(wiki) 같은 협업 소프트웨어를 생각하면 이해하기 쉬울 것이다.

의사소통과 에너지, 이동성 및 물류, 사물인터넷 등과 같은 인프라 핵심 구성 요소의 상호 연결은 순환성을 촉진한다. 선형적이던 과거 두 차례의 산업혁명과 달리 3차 산업혁명은 모든 요소와 입력이 서로에게 피드백되는 순환 방식이다. 그러면서 마치 극상(極相) 생태계의 프로세스처럼 부정적인 외부 효과를 완화하면서 생산성보다 재생성을 선호하는 경제적 프로세스를 만든다.

3차 산업혁명 인프라는 스마트하고 비선형적인 자기조직화 생태계의 집합체, 즉 많은 피드백 고리에서 끊임없이 학습하고 소통하고 자체적으로 동력을 공급하고 이동성을 관리하면서 끊임없이 진화하고 변화하며 상호작용하는 생태계의 집합체로 생각하는 것이 유익하다. 이 새로운 인프라의 역학은 1차 산업혁명과 2차 산업혁명 비즈니스 관행의 특징이던 정적인 중앙 집중형 평형 기반 경제 시스템과는 비교도 할 수 없을 정도로 다르다. 3차 산업혁명 인프라는 전혀 다른 운영 원리와 목표를 가진 새로운 경제 시스템을 낳고 있다.

아날로그 인프라에서 디지털 인프라를 향한 변화는 자본주의 이론의 버팀목 중 하나인 시장 교환거래의 가치를 무력화한다. 모든 사업가는 고정비용 그리고 더 중요한 제품 제조 및 서비스 제공의 한계비용을 줄일 수 있는 좀 더 저렴한 기술과 능률적인 비즈니스 관행을 찾는다. 그럼으로써 소유주는 판매 단위당 수익을 증가시키고 투자자에게 충분한 수익을 돌려줄 수 있다. 결국 최적의 시장은 한계비용으로 판매하는 것이다. 그러나 200년에 걸친 자본주의의 팽창 과정에서 그 누구도 기술혁명이 너무 강력해서 한계비용을 거의 0까지 줄일 것이라고는 꿈도 꾸지 못했다. 한계비용이 이렇게 낮아지면 시장에서 특정 재화나 서비스를 '교환'해서 이익을 얻기가 거의 불가능해진다. 그것이 바로 디지털 혁명이 낳은 상황이다.

시장은 너무 따분해져 디지털 인프라를 수용할 수 없게 된다. 이에 대해 생각해 보자. 판매자와 구매자는 서로를 찾아 교환가격을 결정해야 하고, 매매 뒤엔 제 갈 길을 간다. 결정적인 것은 시장 거래 사이의 다운타임(downtime), 즉 중지 또는 휴지 시간이다. 이 시간에도 판매자에게는 재고, 임대료, 세금, 급여, 기타 간접비 등 처리해야 할 비용이 생긴다. 게다가 판매자는 마케팅과 광고, 구매 권유 등을 재충전하거나 보완해야 하며 이 모든 것이 시장 교환 사이에 더 많은 시간과 비용을 추가한다.

시장 교환의 이런 시작-중지 원리가 디지털 경제에서는 말 그대로 시대착오적인 관행이 된다. 시장은 거래 중심적이다. 반면에, 네트워크는 디지털 방식으로 구동되고 인공두뇌로 연결되며 교환이 아닌 흐름 중심으로 작동한다. 이를 통해 상업 생활은 시장의 시작-중지 거래에서 벗어나 네트워크의 지속적인 흐름으로 이동하게 된다. 네트워크는 다운타임이 필요하지 않다. 이런 근본적인 변화로 경제는 이미 소유권에서 접근권으로, 시장의 판매자와 구매자에서 네트워크의 공급자와 사용자로 옮겨 가는 역사적 도약을 시작한 상태다.

한계비용은 디지털 상호 연결로 더 낮아지지만, 공급자-사용자 네트워크의 지속적인 서비스 공급과 트래픽의 중단 없는 흐름으로 한계비용의 급격한 감소를 만회할 수 있다. 공급자-사용자 네트워크의 새로운 경제 시대에 지식 공유에서 에너지 공유, 차량 공유 등에 이르기까지 모든 경제활동이 잠재적으로 서비스가 된다. 서비스 제공자는 일반적으로 자산을 소유하기 때문에 수명이 긴 고품질의 고성능 기계를 제조하는 것은 물론이고, (다운타임 비용을 절감하고 예기치 않은 중단 상황에서도 신뢰할 수 있는 작동성을 확보하기 위해) 시스템의 회복력을 강화할 대리 기능성을 갖춘 공급망과 물류를 배치하는 것에도 관심을 기울일 수밖에 없다.

일부 제품이나 서비스의 한계비용은 0에 가깝게 낮아져 거의 무료가 되면서 새로운 디지털 경제를, 회복력 있는 공유 경제로 가장 잘 설명할 수 있는 새로운 경제 시스템으로 전환하고 있다. 일부 공유 서비스는 거의 0인 한계비용으로 공급자와 사용자를 연결하며 서비스에 대한 접근에 일종의 통행료를 부과하는 우버와 에어비앤비 같은 자본주의적 네트워크를 낳았다. 하지만 이런 유형은 장기적으로 유지될 가능성이 없다. 예컨대 자신의 차량을 소유하고 보험과 유지 보수 비용과 기름값을 부담하며 운행과 관련된 모든 노동을 제공하는 운전자들이 이미 지역적으로 (그리고 곧 전국적으로) 직접 서비스를 제공하는 디지털 협동 플랫폼을 조직하기 시작했고, 이를 통해 소득의 상당 부분을 제3자에게 양도하는 일 없이 생계를 꾸리기에 충분한 수익을 올리고 있다. 위키피디아 같은 공유 서비스는 소액 기부로 자금을 조달하며 서비스를 무료로 제공하는 비영리 플랫폼으로 존재한다. 사람들은 세계적 수준의 대학에서 최고의 교수들이 가르치는 무료 강좌를 온라인으로 수강하고 종종 학점도 쌓고 있다. 그리고 수많은 사람들이 디지털 플랫폼에서 뉴스 블로그나 음악, 예술, 기타 다양한 상품과 서비스를 창출해 자유롭게 공유하고 있다. 이런 활동이 GDP에는 포함되지 않지만, 사회에서 펼쳐지는 삶의 질을 향상하는 데 기여한다.

냉소주의자들은 비웃을지 몰라도 현실은 광대역과 재생에너지, 자율주행차 공유 서비스가 저렴해짐에 따라 더 많은 분산형 경제가 계속 확대된다는 것이다. 공유 경제 중 일부는 기업 모델과 접근에 대한 비용 부과 방식에 계속 연연하겠지만, 더 많은 공유 경제는 첨단기술 협동조합으로 바뀌어 원활한 서비스로 공급자와 사용자를 연결할 테고 또 다른 공급자-사용자 활동은 거의 무료가 될 것이다.

디지털로 상호 연결되는 분산형 공유 경제가 아직 초기 단계이긴 하지만 18세기 자본주의와 19세기 사회주의 이후 세계 무대에 처음 등장한 새 경제체제로, 새롭게 부상하는 경제 질서가 기존 산업자본주의의 그것과 얼마나 다른지를 보여 주는 또 다른 표시다. 예를 들면, 디지털로 연결되는 경제에서 GDP는 경제 성과의 척도 지위를 빠르게 상실하고 있다. GDP는 결코 좋은 지표가 아니었다. 삶을 지원하는 것이든 사회의 안녕을 해하는 것이든 상관없이 모든 경제적 산출을 측정하는 조잡한 도구라서 하는 말이다. 독성 폐기물을 치우는 것, 더욱 치명적인 대량 살상 무기를 제조하는 것, 교도소를 늘리는 것, 화석연료 연소 이산화탄소 배출에 따른 폐 질환의 병원 치료가 증가하는 것, 기후 재해로 파괴된 지역사회를 재건하는 것 등이 모두 GDP에 반영된다.

최근 OECD와 유엔, 유럽연합을 포함한 국제기구들이 경제적 안녕의 척도로 삶의 질 지수를 중시하기 시작하면서 GDP에 대한 신뢰도가 하락하고 있다. 새로운 지표는 영아 사망률과 기대수명, 교육 수준, 공공 서비스에 대한 접근성, 공기와 물의 질, 여가 시간, 자원 활동, 공유 자원의 유용성, 지역사회의 안전성 등을 측정하며 젊은 세대가 좋은 삶을 평가하는 방식 자체를 바꾸고 있다.

2020년에 스마트폰 이용자가 수십억 명에 이르렀으며 스마트폰 각각은 1960년대 말 우주 비행사를 달에 보낸 것보다 높은 수준의 컴퓨팅 파워를 자랑했다.[2] 이제 고정비용이 급락하고 스마트폰의 한계비용이 0에 가까워짐에 따라 인류의 대다수가 놀이와 일, 사회생활을 위한 다양한 플랫폼에서 서로 연결되고 있다. 이렇게 새롭게 부상하는 글로벌 상호 연결성은 정부와 글로벌 기업 같은 전통적 게이트키퍼(gate keeper: 뉴스나 정보의 유출을 통제하는 주체 또는 그런 기능을 가리킨다. ─옮긴이)를 에돌아 소통할 수 있도록 새로운 채널을 열어 주고 있다. 결국 새로운 디지털 인프라는 시간적·공간적 관계를 민주화해 전 세계에서 상업과 교역·시민 생활·사회생활을 위한 새로운 제휴가 번성할 수 있도록 돕고, 그에 따라 사회는 세계화에서 세방화로 이동한다.

지역사회가 자급자족과 자체 생물권의 관리에 더 많은 관심을 기울임에 따라 세방화에 주력하게 되는 경제는 생산을 (부분적으로) 오프쇼링(offshoring: 경비 절감을 위해 생산이나 용역, 일자리를 해외로 내보내는 것이다. ─옮긴이)에서 온쇼링(onshoring: 생산이나 용역, 일자리를 국내에 두는 것이다. ─옮긴이)으로 전환한다. 이와 동시에 수평적으로 확대되는 규모의 경제 때문에 재화와 서비스의 생산 및 유통에 대한 고정비용과 한계비용이 급락하고, 이는 다시 전 세계에 걸쳐 중소 규모의 첨단기술 협동조합이 지역 간 상거래에 참여해 글로벌 기업보다 빠른 민첩성과 경쟁력을 발휘하도록 돕는다.

경제와 사회생활, 거버넌스를 위해 소통하고 동력을 공급하고 움직이는 인프라가 아날로그에서 디지털로 전환됨에 따라 세계화에서 세방화로 전환된 패러다임은 인간 노동력의 전면적 방향 재설정을 요구할 것이다. 19세기와 20세기의 산업 노동력이 지구의 자원을 착취하고 소비하는 데 전념했다면, 21세기의 노동력은 갈수록 생물권 관리에 집중할 것이다. 아울러, 고용의 새로운 범주와 수백만 개의 새로운 일자리가 생태계 관리 분야에서 생길 것이다. 로봇과 AI는 생태계를 추적 관찰하고 관리하는 데 부차적인 구실만 할 것이며 인간은 예측할 수 없이 야생으로 돌아가는 지구에 적응하기 위해, 점점 늘어나는 기후 관련 재난을 창의적인 새로운 방법으로 해결하는 힘든 일에 막대한 규모로 참여하게 될 것이다.

미국의 브루킹스연구소는 이미 탄소 배출 없는 회복력 경제를 전개하고 운영하는 데 전념하는 주요 부문 전반에서 고유한 직업 범주 320개를 확인했다.[3] 이 새로운 직업 범주가 직무 기술에서 전문 기술에 이르기까지 초기의 흐름을 주도할 것이다. TIR 컨설팅그룹에서 발표한 상세한 연구에 따르면, 2022년에서 2042년 사이에 미국에서만 1500만에서 2200만 개의 신규 일자리가 만들어질 것으로 보인다. 이는 대륙 전역에 3차 산업혁명 인프라를 배치하면서 생기는 3차 산업혁명 디지털 플랫폼에서 새로운 사업과 고용의 기회가 만들어지는 데 따른 결과다.[4]

각 지역사회는 지역에서 생성된 태양광과 풍력 전기를 이웃 지역사회와 공유하기 시작했는데, 앞으로 20년 안에 이런 재생에너지 공유가 지역을 넘어 전국으로 그리고 세계 곳곳으로 확대될 것이다. 이렇게 태양과 풍력으로 만들어진 전기가 공유되면 땅속과 해저에 축적된 에너지를 놓고 벌어진 지역별 전쟁과 20세기에 수백만 명이 사망한 두 차례 세계대전을 일으킨 화석연료 기반 산업 문명의 긴 악몽은 종언을 고할 것이다.

회복력 시대는 석탄과 석유, 천연가스의 집중 매장지에 대한 통제권에 집착하는 군사력 중심의 지정학에서 우리 인류를 해방해 대륙과 바다, 시간대를 가로지르는 디지털 판게아에서 태양광과 풍력 에너지의 공유를 장려하는 '생물권 정치'의 새로운 시대로 안내한다. 오늘날 초강대국 중 한두 나라가 글로컬 에너지 인터넷을 장악하고 인류 전체를 좌지우지할지 모른다고 걱정하는 사람들이 있는데, 그런 일은 일어나지 않을 것이다. 회복력 시대에는 모든 대륙에서 문자 그대로 수십억 가정과 수백만 기업, 크고 작은 수십만 지역사회가 일하고 거주하는 곳에서 태양광과 풍력을 붙잡아 만든 새로운 에너지를 마이크로그리드에 저장하고 글로컬 에너지 인터넷을 통해 공유할 것이다.

몇몇 지역에서만 풍부하게 발견되는 화석연료와 달리 태양과 바람은 분산된 에너지로서 모든 곳에 존재한다. 하지만 간헐적이기 때문에 지구의 자전과 공전, 날씨의 변화에 따라 전력을 공유할 수밖에 없다.

단일 국가 또는 국가 연합이 게이트키퍼 구실을 하려는 시도는 실패할 가능성이 크다. 어떤 현장이든 순식간에 글로컬 에너지 인터넷에서 이탈해 (곧 모든 대륙을 포괄할) 지역사회나 지역별 마이크로그리드에 다시 결합해 전력을 이용할 수 있기 때문이다. 고도로 분산된 글로컬 에너지 인터넷의 특성 때문에 어떤 국가든 모든 대륙에 퍼져 있는 수백만 개의 현지 마이크로그리드를 제어하기란 사실상 불가능하다.

3차 산업혁명 스마트 디지털 인프라로 전환하면서 일어나는 경제적 변화를 종합해 보면, 발생하고 있는 일들의 막대한 규모 자체가 우리가 경제생활을 이해하는 방식의 근본적인 변화를 시사한다. 소유권에서 접근권으로, 판매자-구매자 시장에서 공급자-사용자 네트워크로, 아날로

그 관료제에서 디지털 플랫폼으로, 제로섬 게임에서 네트워크 효과로, 성장에서 번영으로, 금융자본에서 자연 자본으로, 생산성에서 재생성으로, 선형 프로세스에서 인공두뇌적 프로세스로, 부정적인 외부 효과에서 순환성으로, 수직 통합형 규모의 경제에서 수평 통합형 규모의 경제로, 중앙 집중형 가치사슬에서 분산형 가치사슬로, GDP에서 QLI로, 세계화에서 세방화로, 글로벌 대기업에서 유동적인 글로컬 네트워크에 블록체인으로 결합된 민첩한 첨단기술 중소기업으로, 지정학에서 생물권 정치로 등이 그 변화의 예다. 3차 산업혁명 인프라는 과도기적 경제 패러다임이다. 부분적으로는 여전히 기존 산업 경제 모델에 묶여 있는 한편 부상하는 회복력 혁명의 본질을 규정하는 많은 특징을 보여 주기 때문이다.

지난 70년 사이에 3차 산업혁명은 최초의 상업용 컴퓨터와 수치 제어 기술, 로봇공학, 자동화 등의 도입에서 출발해 우주 공간의 GPS 안내에서 전 세계의 유비쿼터스 사물인터넷 센서에 이르는 완전한 디지털 통합형 글로벌 인터페이스로 진화했다. 이 전개 과정에 자기조직화 시스템의 내부 역학과 파생물은 모두 처음 예상과는 상당히 다른 것으로 변형되었다. 이제 우리가 2040년대 중반쯤에는 (엄격한 자본주의 경제 모델을 통해 작동하는) 3차 산업혁명으로 여겨지지 않을 새로운 경제 패러다임을 향한 비범한 도약을 목도하고 있다. 우리 세계가 250년간 이어진 산업혁명에서 벗어나 회복력 혁명으로 특징지을 수 있는 새 시대로 나아가는 것이다.

중세에 독실한 신앙과 하늘의 구원을 중시하고 현대에 근면과 끝없는 물질적 진보를 중시했다면, 다가오는 시대에는 우리 인간 종이 지구의 리듬과 흐름에 다시 발맞출 가능성과 매 시간 매 공간의 회복력이 강조될 것이다. 이런 변혁의 주요 표시는 회복력 인프라의 전개가 일으킨 시간적, 공간적 방향성의 변화다. 효율성은 적응성에 밀려나고 자연의 분리와 상품화는 살아 움직이는 지구와의 심오한 재결합에 자리를 내줄 것이다. 회복력 시대가 우리 앞에 있다.

미국의 교두보

유럽연합과 중국이 모두 디지털로 통합된 회복력 인프라로 전환해 나가는 동안 미국은 주로 방관하는 태도를 보였다. 몇몇 주와 대도시만이 유럽연합과 중국의 행보에 발맞출 뿐이다. 미국의 나머지 주와 도시 들은 여전히 2차 산업혁명의 탄소 중심 패러다임에 깊이 빠져 있는 상황이다. 2019년 1월, 내가 비공식적으로 조언하던 재계의 모임이 있었을 때다. 기후변화 문제를 고민하던 한 친구에게 당시 소수당이던 민주당의 리더이자 현재 미국 상원 다수당의 리더인 찰스 슈머(Charles Schumer)가 전화를 걸어 왔다. 그들의 통화가 끝난 뒤 내가 친구에게 상원의원과 어떤 사이인지 물어보니 오래전부터 아는 평생지기라고 했다.

나는 슈머 의원이 기후변화 대응을 오랫동안 지지한 것을 알고 있었다. 그의 목소리를 독특하게 만든 것은 기후변화 해결에 대한 그의 공개 성명이 회복력 있는 사회에서 ICT·광대역과 재생 가능 전력 생산, 전기 및 연료전지 운송을 결합할 스마트 녹색 인프라 혁명을 확대하는 것과 일관되게 얽혀 있다는 사실이었다. 유럽연합과 중국에서 채택한 것과 유사한 접근 방식이었다. 내가 친구에게 상원의원과 만나게 해 줄 수 있는지 물었고, 그는 쉬운 일이라고 답했다.

2019년 3월 11일, 내가 미 국회의사당에서 상원의원을 만나 기후 관련 3차 산업혁명 인프라 전환을 개념화하고 전개하기 위해 우리 3차 산업혁명 컨설팅 그룹이 유럽연합과 중국에서 한 작업에 대해 말했다. 상원의원은 같은 목적을 이루기 위해 '미국 특유의 접근 방식'을 추진하는 것에 대한 열의를 보이면서 우리 글로벌 팀이 그와 그의 입법 보좌관들과 직접 협력해 미국을 위한 회복력 3.0 인프라 계획을 개발할 수 있는지 물었다. 나는 기꺼이 동의했고, 우리는 바로 실행에 들어갔다.

상원의원과 나는 2019년 3월과 2020년 3월 사이에 열 번 만났다. 그중 다섯 번은 그의 사무실에서 한 회의고, 네 번은 원격 회의와 전화 통화였으며, 한 번은 상원의원이 스마트 3.0 회복력 인프라의 출범에 중요한 일을 할 것으로 생각하는 동료 의원 일곱 명과 나를 초대한 만찬이었다. 이 12개월 동안 상원의원의 요청에 따라 우리 사무실은 새로운 인프라의 개념과 전개에 관한 전략적 제안서를 세 차례 제출했다. 상원의원은 각 제안서의 보완 내용을 승인했고, 우리는 계속 앞으로 나아갔다.

마지막 제안서 이후 나는 미국을 새로운 제로 배출 녹색 경제로 전환하려면 우리가 더 세부적인 접근 방식으로 향후 20년의 전국적 인프라 전환에 따르는 모든 과정의 정량적 추정치까지 포함하는 상세한 인프라 계획을 세워야 한다고 제안했다. 슈머 상원의원은 이에 동의했고 우리 사무실은 다시 일을 시작했다.

여기에서 짚고 넘어가야 할 것이 있다. 사실 그동안 미국에서는 친환경 미래로의 전환에 대한 제안이 많이 나왔다. 그러나 거의 다 마치 빨랫감 목록처럼 연관성이 전혀 없거나 (우리가 유럽연합과 중국에서 작업한 것과 같이 무단절 회복력 인프라를 창출하는 것과) 느슨하게 관련된 독립적인 계획이나 제안의 나열일 뿐이었다. 그리고 몇 안 되는 인프라에 관한 계획조차 대부분 (우리가 염두에 둔 인프라 혁명을 위한) 건설 현장 배치 분야에 대한 실제적 경험이 거의 또는 전혀 없는 학계에서 나왔다. 심지어 주요 주의 진보적인 주지사들과 몇몇 녹색 도시의 시장들도 새로운 경제 패러다임과 탄소 이후 시대로 국가를 발전시킬 인프라에 대한 명확한 계획 없이 각기 따로 노는 사업에 집중하고 있었다.

우리는 산업계에서 세계 최고로 꼽히는 선수, 즉 우리 사무실이 몇 년간 긴밀하게 협력한 기업 몇 곳과 그 조직의 베테랑 직원들을 동참시켰다. 우리는 이런 질문으로 시작했다. 2040년까지 이산화탄소 배출 없이 완전히 가동되는 회복력 3.0 인프라를 미국에 전개하려면 무엇이 필요하고 무엇이 가능한가? 우리는 널리 인정되는 업계 표준과 미래의 비용 및 수익에 대한 예측, 기존 최신 기술을 고려할 때 2020년에서 2040년까지 20년 동안 기술적으로 가능하고 상업적으로 실현할 수 있는 것이 무엇인지를 묻는 데서 작업을 시작했다. 결국 미국의 역사적인 인프라 혁신을 다루는 237쪽짜리 세부 계획이 완성되었다. 21세기의 전반부가 마무리될 때까지, 여전히 진화하는 3차 산업혁명 인프라에서 회복력 혁명의 초기 인프라로 체계적 전환을 담은 보고서였다.

슈머 상원의원의 검토가 끝난 뒤 우리의 글로벌 파트너 팀이 2020년 8월 25일에 줌 콘퍼런스를 열고 중점 사항과 세부 사항, 추정 사항 등을 살펴보면서 국가를 위한 새로운 전망을 가장 잘 추진할 방법에 대해 논의했다. 상원의원은 이 계획이 '매우 훌륭하다'고 생각한다면서 민주당 간부 회의와 의회, 주 그리고 지역 차원의 정치적 통로 전반에서 열성적으로 지지를 끌어모으겠다고 했다. 아울러, 계속 자신의 팀과 빠르게 세부 사항을 구체화하면서 2021년 1월에 출범하는 행정부와 의회를 염두에 두고 주요 상원의원들을 상대로 설명해 나가자고 우리 팀에 제안했다.

다음은 보고서의 중점 사항과 예측 사항을 정리한 것이다.

미국의 회복력 3.0 인프라 혁신(2020~2040)

- 21세기 경제를 위한 스마트 디지털 무공해 3차 산업혁명 인프라를 확대하고 전개하고 관리하기 위해 16조 달러를 투자한다.

- 2022년에서 2042년 사이에 1500만에서 2200만 개의 신규 일자리를 창출한다.

- 2022년에서 2042년 사이에 미국 3.0 인프라에 투자되는 금액은 1달러당 2.9달러의 비율로 GDP에 기여할 것이다.

- 2042년에는 GDP의 연평균 성장률이 1.9퍼센트에서 2.3퍼센트로 증가해 GDP가 2조 5000억 달러 늘어날 것으로 예상된다.(이해에 29조 2000억 달러에서 31조 7000억 달러로 증가한다는 뜻이다.)

- 전국에 걸쳐 최첨단 고전압 직류 대륙 전력 인터넷을 구축하고 관리하기 위해 3만 5000킬로미터의 지하 케이블과 65개의 터미널을 설치하는 데 3770억 달러를 투자한다.

- 재생 가능한 전기의 생산과 공유를 위해 미국 전역에 7400만 개의 주거 시설 마이크로그리드, 9만 개의 상업·산업 시설 마이크로그리드, 1만 2000개의 유틸리티 규모 마이크로그리드를 설치하고 유지와 관리를 위해 2조 3000억 달러를 투자한다.

- 미국 전역의 1억 2100만 가구 모두에 광섬유 기반 광대역을 설치하는 데 970억 달러를 투자한다.

- 2020년에서 2040년 사이에 출시될 전기자동차(EV) 수백만 대에 전력을 공급하기 위해 전국적인 EV 충전 인프라를 구축하고 유지·관리하는 데 1조 4000억 달러를 투자한다.

- 전국의 상업·산업 건물을 개조하는 데 4조 4000억 달러를 투자한다.

- 상업용 건물 또는 그 주변에 태양광 발전 시스템을 설치하는 데 4조 3000억 달러를 투자한다.
- 주거용 건물을 개조하는 데 1조 8000억 달러를 투자한다.
- 주거용 건물 또는 그 주변에 태양광 발전 시스템을 설치하는 데 1조 6100억 달러를 투자한다.
- 미국 경제 전반에 걸쳐 총효율성, 즉 유용 에너지 대비 잠재적 산출 (실질 GDP)의 비율이 대략 두 배 증가할 것으로 예상된다.
- 대기오염 관련 의료비에서 3조 2000억 달러, 기후 재해 관련 누적 비용에서 6조 2000억 달러가 절감될 것으로 예상된다.
- 8700개의 국가 지정 기회 지대(가장 빈곤하고 위험성이 높은 지역사회)에 미국 3.0 인프라를 우선적으로 전개한다.
- 비즈니스 모델이 소유권에서 접근권으로, 시장에서 네트워크로, 판매자와 구매자에서 공급자와 사용자로, 생산성에서 재생성으로, GDP에서 QLI로, 부정적 외부 효과에서 가치사슬 전반의 순환성으로 전환될 것이 분명하다.

이 보고서는 20년의 실행 기간에 걸친 회복력 인프라의 개념화와 단계별 전개의 거의 모든 기술적, 상업적 측면을 철저히 파고든다. 이 연구 계획은 다양한 구성 요소의 제조와 조달, 조합은 물론이고 대륙의 건설 현장 전반의 인프라와 통합하는 방법도 자세히 설명한다. 기술적인 측면에는 방사형 인프라 네트워크 구축 비용과 시간 경과에 따른 투자수익률(ROI)에 대한 예측도 수반된다.

아울러, 스마트한 21세기 인프라 인력을 준비하는 데 필요한 전문적 교육 및 훈련과 함께 수백 가지에 이르는 직무 및 전문 기술 배치에 대해서도 논한다.

이 연구는 19세기와 20세기에 일어난 미국의 과거 인프라 혁명에 필적하는 규모로 전국적인 건설 사업에 착수하기 위한 모형을 제공하도록 설계되었지만, 그것의 구현은 전보다 덜 중앙 집중적이고 현실적으로 더 분산되며 50개 주와 지역 각각의 필요와 열망, 목표에 맞춰질 것이다. 이런 지역별 기여는 복합 적응형 사회·생태 시스템에 알맞은 무단절 디지털 인터페이스에서 유동적으로 정보를 주고받는 다양한 지맥의 모자이크를 만들 것이다. "미국 3.0 회복력 사회: 스마트 3차 산업혁명 인프라와 미국 경제의 회복(*America 3.0 The Resilient Society: a Smart Third Industrial Revolution Infrastructure and the Recovery of the American Economy*)"이라는 제목으로 슈머 상원의원에게 제출된 전체 237쪽짜리 보고서는 오픈 소스다.

1차 산업혁명과 2차 산업혁명이 진행되는 동안 인프라는 장기적인 회복력과 안정적이고 꾸준한 수익보다 단기적인 효율성 향상과 빠른 수익을 선호했다. 그 결과, 우리는 현재 사회 전체를 온전치 못하게 하고 자연환경을 파괴하며 경제에 손상을 입히고 많은 사람의 건강과 안녕을 해치는 (갈수록 심각해지는 기후 재해와 팬데믹, 악성 소프트웨어의 횡행 등) 예기치 않은 대규모 혼란에 취약하기 그지없는 사회에 살고 있다.

미국의 무너져 가는 2차 산업혁명 인프라만큼 단기 효율성 대비 장기 회복력의 유리함을 잘 보여 주는 것이 없다. 미국은 지하에 케이블을 설치하는 비용을 줄기기 위해 지상에 통신 및 전력 그리드 인프라를 구축했다. 그래서 이제 전화와 전기 전송선이 다운되지 않고 넘어가는 계절이 거의 없고, 지구온난화에 따른 홍수와 가뭄·산불·허리케인 때문에 대규모 통신 중단이나 정전 사태가 잦아 미국 경제와 사회에 수십억 달러의 손실이 발생하고 있다.

미국의 주거용, 상업용, 산업용 건물도 단기 이익을 빨리 확보하기 위해 비용을 절감하는 방식으로 지어진 탓에 끊임없이 증가하는 무자비한 기후 재해에 취약하고 회복력이 떨어지며 결과적으로 인명과 주택, 사업체, 재산의 손실이 생기고 있다. 게다가 지역의 전력 유틸리티와 대부분 오래된 전력 그리드를 마치 조각조각 모아 놓은 것처럼 구성된 북미 대륙의 전력 그리드는 국가 전력 그리드 중 일부를 차단해 지역과 공동체에 대혼란을 일으키려는 사이버 테러리스트들의 공략 대상이 되고 있다.

더욱이 지난 40년에 걸쳐 진행된 도로와 상수도 체계·교도소·학교 등과 같은 공공 인프라의 대규모 민영화로 비용이 절감돼 단기적인 효율성과 이익은 커졌지만, 대중이 경제활동과 사회생활을 위해 소통하고 동력을 공급하고 움직이는 데 필요한 핵심 인프라의 회복력은 약해졌다.

증가하는 기후 재해와 사이버 범죄 및 테러로 점철되는 미래에 공급망을 빠르게 파괴해 지역사회뿐만 아니라 전체 사회를 위험에 빠뜨릴 수 있다. 그리고 세계적 팬데믹은 사실상 하룻밤 사이에 공급망을 폐쇄할 수도 있다. 물류 시스템이 손상되면 식량과 물, 의약품 같은 기본적인 생필품의 공급에 차질이 생기고 전체 인구가 위험에 처하게 된다. 이 교훈은 미국과 세계의 경제를 마비시키며 필수 의료 장비와 의약품·식량의 공급을 차단하고, 지역 경제를 무력화하고, 생필품을 확보하지 못하게 만든 코로나19 팬데믹의 급격한 확산 과정에 모두가 체감했다.

따라서 해외로 나간 제조 공장을 다시 지역에 불러들이고, 희토류 공급처를 확보하는 노력을 더 기울이고, 물류 시스템과 공급망의 회복력을 구축하는 것이 꼭 필요하다. 또한 우리 사회가 자율주행 전기차와 수소연료전지 화물 트럭이 스마트 도로 체계에서 달리는 시대로 이동함에 따라 원활한 공급망과 물류를 보장하기 위해 전체 시스템에서 백업 전력을 이용할 수 있게 하는 것이 특히 중요하다. 이를 위해서는 주간 고

속도로를 따라 자리한 여행 센터들의 주유소나 그 인근에 전기차와 장거리 화물 트럭을 위한 충전소와 수소연료전지 펌프에 동력을 공급하는 태양광, 풍력 설비가 갖춰져야 한다. 창고와 유통 센터도 기본 필수품을 적절히 보유하고 발송하기 위해 조명과 냉난방, 기계 및 로봇 서비스에 전기를 이용하려면 태양광, 풍력발전 시설이 필요하다.

미국 3.0 인프라는 국가 인프라의 모든 측면에 구축되는 회복력을 우선시한다. 예를 들어, 국가나 지역의 전력 그리드와 기지국의 일부를 멈추게 하는 치명적인 산불이나 홍수 또는 허리케인이 발생해 수백만 명이 컴퓨터와 휴대전화를 못 쓰게 된다면 어떨지 생각해 보라. 이런 상황이 발생하면 가정과 기업, 지역사회, 지방자치단체 등은 중앙 전력 그리드에서 이탈해 주택이나 사무실, 공장, 동네, 인근 개활지 등에 자리한 문자 그대로 수백만 개의 태양광, 풍력발전 마이크로그리드에 접속할 수 있다. 이렇게 분산형 네트워크에 재결합해 전기의 흐름을 유지하고 컴퓨터와 휴대전화의 전원을 켜서 지역이나 국가의 그리드가 다시 가동될 때까지 외부 세계와 중단 없는 연결을 확보할 수 있다.

이와 마찬가지로 주택과 사무실, 공장을 기후 재해에 견딜 수 있도록 강화하기 위해 건물을 개조하는 것이 생존에 꼭 필요한 일이 되고 있다. 방대한 기존 건물은 단열을 통해 에너지 손실을 최소화하고 에너지 절약을 최적화하며 기후 관련 파괴에 회복력 있는 구조를 유지하기 위해 완전히 개조해야 한다. 지구온난화 배출의 큰 원인인 가스나 석유 난방은 주거용, 상업용, 산업용, 기관용 건물 전체에 걸쳐 전기 난방으로 바꿔야 한다. 건물의 에너지 절약을 위한 개보수 투자의 수익은 비교적 짧은 몇 년 안에 발생하며, 소유자나 임차인이 수십 년에 걸쳐 안정적인 에너지 비용 절감의 혜택을 누릴 수 있다.

사물인터넷 센서로 구성되는 수자원 인터넷은 저수지와 파이프라인 등에 연결되어 소비자에게 깨끗한 물을 공급하고 폐수를 수거하고 정화를 위해 처리장으로 보내는 과정을 돕는다. 사물인터넷 센서는 파이프에 더해지는 압력과 장비의 마모, 누수 가능성, 수질 및 화학 성분의 변화를 지속적으로 추적 관찰하고 데이터와 분석을 통해 파이프라인 전반에 걸쳐 문제 지점을 예측하고 개입하며 원격 수리까지 한다. 또한 스마트 계량기와 센서를 통한 추적 관찰이 사용량과 사용 시간을 포함해 물의 흐름에 관한 적시 데이터를 제공해 깨끗한 물의 공급과 보장에서 폐수 재활용 및 정화에 이르기까지 수자원 관리를 더 효과적으로 하고 절약의 선순환 구축을 돕는다. 미국토목학회(ASCE)에 따르면, 배관의 누수와 부정확한 계량 및 기타 오류로 매일 거의 230억 리터의 수돗물이 낭비된다. 이를 고려할 때 상하수도 체계 전체에 수자원 인터넷을 연결하는 것이 특히 긴요하다.[5]

미국 3.0 회복력 인프라의 사물인터넷 신경계는 기후변화의 영향을 추적 관찰하는 데도 없어서는 안 될 기술이 되고 있다. 예를 들면, 센서가 지구의 생물권 전체에 설치되어 기후변화의 영향을 측정하고 맹렬한 홍수나 산불을 촉발할 수 있는 잠재적 위험 지역에 대해 당국에 경고하기 위해 홍수와 가뭄 상황, 바람의 흐름 등을 추적 관찰한다. 응급 요원이 적절하게 조치할 수 있도록 미리 알리는 것이다.

다른 사물인터넷 센서는 생태계 회랑을 따라 배치되어 야생동물을 추적하고 개체 수 감소를 포함해 위험에 처한 종에 대한 데이터를 제공한다. 이런 데이터는 다양한 생태 지역에서 야생동물을 보호하고 생물 다양성을 유지하기 위한 개입의 방법을 평가하기 위해 분석을 통해 추출되고 활용된다. 또한 사물인터넷은 공기질에 대한 최신 판독값을 제공해 대기오염 추적 관찰에 도움이 되고 있다. 천식을 비롯해 대기오염 관련 질병으로 고통받는 인구의 심각한 증상 완화에 도움을 주는 셈이다.

센서는 지구의 모든 생명체가 생존을 위해 의존하는 '전토층'의 '영양 상태'를 과학자들에게 알리기 위해 지각 바로 아래에 삽입해서 토양(토양권)의 상태를 추적 관찰하기도 한다.

어떤 의미에서 사물인터넷은 지구의 주요 기관인 수권, 암석권, 대기권, 생물권의 건강 상태를 추적 관찰하기 시작한 행성 신경계와 비슷하다. 오늘날 우리는 지구의 권역 중 어느 하나의 변화라도 다른 모든 권역과 우리를 포함한 지구상 모든 종에 영향을 미친다는 사실을 깨치고 있다. 이 심오한 깨달음은 인류의 세계관을 근본적으로 변화시키고, 지구상의 모든 현상은 생물학적인 것이든 화학적인 것이든 물리학적인 것이든 상관없이 서로 밀접하게 연결되기 때문에 지구의 복잡한 비탈면과 신경계를 따라 어디에서 발생하는 무슨 일이든 우리 종의 안녕을 포함해 모든 것에 직접 영향을 미친다는 사실을 가르칠 것이다. 이 근본적이고 새로운 이해가 분명히 우리를 회복력 사회와 우리 종을 위한 새로운 사회계약으로 이끌 것이다.

지금까지 살펴본 모든 변화는 본질상 변혁적이고, 진보의 시대라는 250년간의 짧은 무용담을 역사 속으로 물러나게 할 것이다. 현재 우리는 떠오르는 회복력 시대에 주변 세계를 이해하고 탐색하는 방식 면에서 개방형 시간적, 공간적 방향 재설정이 될 것을 맞이하고 있다.

열쇠는 오늘날 인류세에서 우리 앞에 놓여 있는 알려진 모르는 것과 알려지지 않은 모르는 것을 발굴하고 지구상의 생명체에 대한 깊은 관여를 촉진할 새로운 적용형 거버넌스를 창출하는 우리의 능력이 될 것이다.

자, 이제 우리는 어디로 가야 하는가?

11

생태 지역 거버넌스의 부상

대의민주주의는 산업 시대 초기에 국가와 지역 사이에 (논쟁을 일으킬 정도는 아니라도) 연약한 균형을 일정 기간 유지할 수 있는 실행 가능한 정치적 절충안으로 입증되었다. 그러나 예고도 없이 임의로 지역을 괴롭히는 끔찍한 재난을 되풀이하며 야생으로 돌아가고 있는 지구에서 이제 거버넌스는 대중 전체가 참여하는 지역사회의 문제로 바뀌었다. 다음에 몰아닥칠 재난에 대비해 보호와 구조, 복원, 준비 같은 활동을 공동 수행해야 하는 지역사회 전체의 문제가 되었다. 이에 걸맞은 표어 "모두가 나서야 한다"는 개인에게 더 많은 임무와 책임이 부여되는 새로운 공동 거버넌스를 반영한다.

충분히 예상할 수 있듯이, 기후 재해는 관할을 막론하고 생태 지역 전체에 영향을 미친다. 오늘날 우리는 기후 재해가 만연하는 세상에서 해결책을 모색하는 데 과거의 정치적 경계는 아무 소용이 없으며 오히려 걸림돌이 되는 새로운 현실에 눈뜨고 있다. 미국을 비롯한 여러 국가의 지방정부들은 지역사회 전체의 안녕이 더 근본적인 관할구역, 즉 자신들이 거주하는 생태 지역과 긴밀히 연관되어 있다는 사실을 이해하기 시작했다. 예를 들어, 미국의 오대호 생태 지역에 포함되는 모든 주는 해가 갈수록 더 극심한 홍수를 겪는다. 태평양 연안 북서부의 캐스캐디아 지역은 가뭄과 여름철 산불이 휩쓸고 있어서 모두가 함께 참여하는 지역적 대응이 불가피하다. 멕시코만 생태 지역 주민들은 해마다 6월부터 11월 사이에 연이어 가차 없이 몰아치는 허리케인으로 해를 입고 있다. 생태 지역의 모든 인구가 영향을 받는다.

정치적 정체성과 소속감, 충성도 등이 생태 지역의 환경적 안녕에 달려 있다는 인식의 전환이 앞으로 몇 년, 몇 십 년, 몇 백 년에 걸쳐 무르익고 깊어질 것이다. 우리 인간 종은 인정하든 무시하든 언제나 애착을 느껴 온 자연계로 돌아가는 길을 찾기 시작했다. 자연과의 이런 정치적 재편이 이미 진행 중이다. 그러나 문제는 우리가 제시간에 도착한다는 보장이 없다는 것이다. 미국을 비롯한 여러 국가에서 나타나는 정치적 힘의 불안정이 그 여정을 저해하거나 촉진할 수도 있다.

분리독립의 열풍

분리독립 열풍이 전 세계로 번지고 있다. 일부 지방이 독립을 요구함에 따라 각국 정부는 내부에서 포위 공격을 당하는 셈이다. 한때 보기 힘들던 이 정치적 현상이 오랫동안 가장 안정적인 정부이자 대의민주주의의 전형으로 여겨지던 미국에서조차 정치적 안정성의 근간을 흔들기 시작했다는 것이 가장 우려스럽다.

2020년 대선 직전에 실시된 전국 여론조사에 따르면, 자신이 지지하는 후보가 패배하는 경우 주의 분리독립을 지지하겠다고 응답한 유권자가 거의 40퍼센트였다.[1] 이런 현상은 대부분 자신의 투표가 별로 중요한 구실을 못 한다는 수백만 미국인의 믿음에서 비롯한다. 최근 치러진 두 차례 대선에서 패자는 대중 투표에서 더 많은 표를 얻었는데도 선거인단 투표에 따라 패배로 처리되었다. 2020년 대선 직후 공화당원 77퍼센트가 "대통령 선거에서 광범위한 부정이 있었다"고 믿었으며 "바이든의 승리가 정당하다"고 믿는 사람은 전체 유권자의 60퍼센트에 지나지 않았다.[2]

점점 커지는 미국 유권자의 소외감은 정치적으로 고취된 것이지만, 위기의 핵심에 놓인 더 근본적인 문제는 지리적 요인에서 찾을 수 있다. 여타 국가들과 마찬가지로 미국도 농촌의 인구 감소와 도시화 및 교외화 현상을 겪고 있다. 농촌 지역사회가 쇠퇴하고 있지만 정치적 영향력까지 그런 것은 아니라는 점이 문제의 핵심이다. 교육 수준과 소득, 계층 이동, 사회적 가치, 세계관 같은 측면에서도 도시와 농촌 유권자 간 분열이 더욱 깊어져 국가가 양극화되고 저마다 자기 나름의 대안적 세계에서 살아가고 있다. 이와 유사한 정치적 분열이 전 세계의 고도로 도시화하고 산업화한 국가에서 전개되고 있다. 이런 분열은 극단적 포퓰리즘 운동의 확산과 소도시와 농촌 지역 정치적 불안의 증가로 이어지고 있다. 그 결과는 도심을 겨냥한 폭력적 시위로 나타나는 경우가 많다.

산업혁명과 범세계주의 서사가 농촌 생활보다는 도시 정착을 선호했고, 결과적으로 농촌 지역사회를 낙후된 벽지로 바꿔 놓았다. 경제의 다른 구성 요소와 마찬가지로 농업은 점점 더 수직적으로 통합되어 몇몇 거대 기업이 유전자조작 종자의 특허에서부터 섬유와 곡물의 저장, 최종 산물의 소매시장 유통에 이르기까지 사실상 생산과 분배의 모든 측면을 통제한다. 적어도 고도로 산업화한 서방국가에서는 가족이 경영하는 소규모 농장이 점점 더 소외되고 소도시가 고사하면서 수많은 농촌 시민의 삶이 황폐해졌다.

역이주: 농촌 지역사회로 귀환

회복력 혁명은 이런 역학에 변화를 불러온다. 인류세의 등장으로 농촌 지역사회가 인구 5만~20만 정도의 중소 스마트 도시와 함께 부활하고 번성할 가능성이 크다. 이 역사적, 지리적 변혁의 기저에는 여러 가지 원인이 있다.

첫 번째 원인은 생산과 유통의 고정비용과 한계비용이 급락하면서 디지털 방식으로 상호 연결되는 세방화 시대가 전개됨에 따라 산업 시대의 특징인 수직 통합형 규모의 경제가 20세기를 지배한 다국적 대기업보다 첨단기술 중소기업에 유리한 수평형 규모의 경제로 빠르게 바뀌고 있다는 것이다. 런던 바틀릿대학교의 건축 이론 및 건축사 교수 마리오 카르포(Mario Carpo)가 이런 변화에 대해 설명했다.

산업계의 기술적 논리는 대량생산과 규모의 경제를 기반으로 한다. 산업용 대량생산 도구는 대부분 주물과 금형, 다이스 등을 이용한다. …… 복제품을 많이 만들수록 제품 단가가 내려가기 마련이다. 디지털 방식 제작은…… 기계적 틀이나 주물, 금형 등을 이용하지 않는다. 기계적 틀이 없으면 생산 시설 구축 비용을 상각하기 위해 동일한 형식을 반복할 필요가 없어진다. 그러므로 밀링 또는 3D 인쇄 같은 디지털 방식을 이용해서 만든 제품은 모두 일회적이다. 복제품을 많이 만든다고 해서 더 저렴해지지 않는다. …… 생산

을 위한 한계비용은 언제나 동일해진다. 디지털 제조에는 규모의 경제 논리가 적용되지 않는다.[3]

이것은 첨단기술 기반 스마트 스타트업이 부동산 비용과 간접비가 적게 들어가는 농촌 소도시에 운영 시설을 두고도 글로컬 시장에서 경쟁력을 발휘할 수 있다는 뜻이다.

첨단기술 중소기업이 3D 인쇄 기술을 토대로 제품 인쇄 프로그램을 만들어 전 세계 곳곳의 제조사나 도매업체 또는 소매업체에 디지털 방식으로 즉각 전송할 수 있게 됨에 따라, 즉 제품을 출력해 최종 소비자에게 전달하는 현장으로 즉각 전송할 수 있게 됨에 따라 물류비도 0에 가까워지기 시작한다. 아울러, 회복력 있는 스마트 디지털 인프라가 전 세계적으로 구축됨에 따라 농촌 지역 전반에 확장되는 지리적으로 분산된 상거래가 계속 그 추세를 이어 갈 것이다.

코로나바이러스 팬데믹은 열린 공간을 추구하며 가정생활과 일을 병행하기에 더 매력적인 자연환경으로 돌아가려는 젊은 세대의 증가와 더불어 농촌 지역 인구 증가의 가속화에 일조하고 있다. 더 나아가 농촌 지역 소도시에서 나고 자란 젊은 디지털 원주민의 경우, 고용 기회를 찾아 도시로 이주하는 것이 일반적이던 과거와 달리 이제 농촌을 떠나지 않는 사례가 점점 늘고 있다. 일자리 선택의 폭이 넓어지고 있기 때문이다. 2018년 갤럽 조사는 모든 연령대의 미국인을 대상으로 대도시, 소도시, 대도시의 교외, 소도시의 교외, 농촌 지역 등 다섯 가지 지리적 위치 중 어느 지역을 거주지로 선호하는지 물었다. 가장 높은 비율인 27퍼센트가 농촌 환경을 선택했고, 소도시 교외 지역을 선호한다고 답한 비율도 12퍼센트였다.[4]

자연계에서 떨어진 인공적인 환경에서 수백만 명이 사는 거대 도심은 문명의 붕괴를 일으킬 불운한 처방이라는 인식도 (대체로 무의식적이지만) 점차 확대될 가능성이 크다. 따라서 지구 생태계의 복원과 인류 문명의 재구상 과정에서 도시와 교외를 둘러싸고 있는 농촌 지역은 점점 더 최전선이 될 것이다.

기후변화가 도시와 교외 그리고 농촌 지역사회를 한 지붕 아래로 모으고 있다. 거기에서는 모든 구성원의 정치적 소속이 상공 19킬로미터까지의 생물권, 다시 말해 우리 모두 긴밀하게 자리 잡은 집단 서식지로 전환될 것이며 우리는 앞으로 점점 더 그 포괄적인 공동체를 집이라고 부르게 될 것이다. 공간과 장소, 소속에 대한 이 새로운 인식은 경제의 핵심으로 여겨지는 것들의 우선순위 재설정을 동반한다. 회복력 시대의 생활 방식은, 물건의 생산과 소비에 대한 의존은 줄어들고 지구 생태 지역과 권역의 재생에 대한 참여는 늘어날 것이다. 이것은 필수적인 경제 서비스의 구성이 달라지는 분기점이다. 생태계 비즈니스와 서비스를 둘러싸는 회복력 있는 경제는 교육 수준이 높고 생태학적 지향성이 있는 농촌 노동력의 출현 그리고 오랜 세월 대립하던 농촌 인구와 도시 인구 간 잠재적 화해를 암시한다.

순간적인 삶에서 우리는 지리적 요소, 즉 장소에 대한 우리의 애착이 대체로 우리가 삶의 기준으로 삼는 세계관과 서사를 결정한다는 것을 알게 되었다. 농촌 인구와 지역사회 그리고 교외와 도시의 인구가 주변 환경 및 자연계와 저마다 어떤 관계를 형성하는지 이해하는 것이 생태 지역 거버넌스의 공유를 위해 한마음을 확립하는 데 매우 중요하다. 2020년, 듀크대학교 니컬러스환경정책솔루션연구소에서 발표한 연구 보고서 「환경과 보전에 대한 미국 농촌의 태도 이해(*Understanding Rural Attitudes toward the Environment and Conservation in America*)」는 미국을 비롯한 전 세계 각국 생태 지역의 공동관리를 위한 단합과 도시와 농촌 간 분열의 잠재적 치유에 관한 화두와 관련해 유익한 교훈을 준다. 이 연구에는 농촌 지역이 대부분인 주에서 진행한 전화 설문 조사와 농촌 지도자, 포커스 그룹과 진행한 대면 인터뷰가 포함되었다.

연구 결과에 따르면, 미국의 농촌 인구는 농촌 문제에 대한 연방정부의 간섭으로 인식되는 것에 대해 매우 비판적인 경향이 있고 환경단체를 불신하며 지구온난화 관련 예측에 회의적이었다. 또한 농촌 인구는 종교에 관해 보수적인 견해를 보이며 도시 및 교외 지역 인구에 비해 사회적 관습의 변화에 대한 개방성이 떨어진다. 이와 동시에 농촌 시민은 토지와 환경보호에 깊은 애착을 느낀다.

전국적인 설문 조사에서 농촌 시민들에게 강력한 환경 정책을 적용하기 위한 동기의 우선순위를 정하도록 요청했을 때 응답자의 62퍼센트가 미래 세대를 위해 자연환경을 관리해야 한다는 도덕적 책임을 최우선 관심사로 언급했다. 이 모든 것이 생태 지역 보호에 농촌 지역사회가 주도적 구실을 해야 한다는 데 설득력 있는 논거가 된다.[5] 수백만 명이 떠나가는 전례 없는 도시 인구 감소 현상과 유연한 생태 기반 거버넌스 형태를 동반하며 생태계의 경계를 따라 산발적으로 다시 증가하는 농촌 인구 사이에서 작동하는 문화적 역학을 이해하는 일은 우리 인간 종의 미래에 대한 전망에 매우 중요한 부분이다.

회복력 시대와 생태학적 서비스의 새 시대를 준비하는 미국에서 농촌 지역사회가 최전선이 될 가능성은 그저 희망에 그치지 않고 빠르게 현실화되며 전혀 예상치 못한 방식으로 전개되고 있다. 유틸리티 규모의 녹색 전기 생산을 위한 에너지원이 될 수 있는 태양광·풍력의 잠재력이 가장 큰 지역은 남동부 지대와 대평원 지대, 남서부 사막 지대 등 공화당 지지세가 강한 주에 속하는 것으로 나타났다. 현재 풍력에너지를 생산하는 주요 10개 주 중 탄탄한 농촌 기반을 자랑하는 6개 주는 공화당의 표밭이기도 하다. 태양광 에너지를 가장 많이 생산하는 10개 주 중 5개 주도 마찬가지다. 풍부한 태양광·풍력 에너지의 잠재력을 보유한 농촌 지역사회 전반에서 수천 개의 새로운 비즈니스와 일자리가 급증하고 있다. 이에 못지않게 인상적인 것은 2차 산업혁명의 보루인 미국의 자동차 산업과 화석연료를 가장 많이 사용하고 가장 많은 이산화탄소를 배출하는 상업 부문이 전통적 근거지였던 북동부와 중서부에서 빠르게 빠져나와 중남부 지역과 남부 지역, 대초원 및 서부 지역 등 강력한 공화당 지지 주에 새롭게 정착하고 있다는 점이다. 2021년 10월, 포드자동차가 순수 전기차인 F-150 시리즈 트럭의 차세대 모델과 거기 장착할 배터리 생산을 위해 켄터키주와 테네시주의 농촌 지역에 거대한 공장을 지을 것이라고 발표해 미국은 물론이고 전 세계가 깜짝 놀랐다. 114억 달러가 투입되는 이 21세기형 트럭 제조 공장은 1만 1000개의 일자리를 창출할 것이다. 이 새로운 최첨단 친환경 제조 시설은 포드자동차 역사상 단일 투자로는 규모가 가장 크다.[6]

기존의 내연기관 트럭을 대체하기 위해 차세대 전기 트럭 F-150을 제조하기로 한 포드의 결정은 자동차 산업의 본질을 바꿀 뿐만 아니라 미국의 사회정치적 역학에도 변화를 불러일으킬 것이다. F-150 시리즈 트럭은 미국에서 가장 인기 있는 차량이며 2021년 현재 매출 420억 달러를 기록하는 고수익 상품이다. 이것은 미국 내 유명 상표 제품 중 매출액이 아이폰 다음으로 높아 2위에 해당한다.[7]

그러나 새로운 전기 트럭의 제조는 시작일 뿐이다. 포드의 발표에는 "2030년까지 전 세계적으로 판매되는 포드 차 중 40~50퍼센트가 순수 전기자동차가 될 것으로 예상한다"는 내용이 있었다.[8] 언급되지는 않았지만, 즉각적으로 두드러진 사실은 포드 트럭이 농촌 지역 운전자들이 가장 선호하는 차이며 그 운전자들은 모두 공화당 지지자 일색이라는 것이다. 자동차 구매자를 대상으로 한 최근 설문 조사에 따르면, 민주당 지지자들이 픽업트럭 한 대를 구매할 때 공화당 지지자들은 여덟 대를 구매하며 그 가운데 상당수가 포드의 F-150 시리즈 트럭이다.[9]

이런 변화의 효과를 정치 무대만큼 통렬하게 느낄 수 있는 곳도 없을 것이다. 그런 일은 이미 발생하기 시작했다. 켄터키주 의회가 포드를 비롯한 기업들에 대한 유인책으로 4억 1000만 달러의 경제적 인센티브 패키지 법안을 통과시켰다. 그 덕에 포드는 탕감할 수 있는 대출 2억 5000만 달러를 활용할 수 있게 되었다. 이 밖에 각종 기술 훈련에도 3600만 달러가 지원된다. 이에 뒤질세라 테네시주 정부 당국은 다른 기업과 산업을 유치하기 위해 켄터키주의 장려책과 비슷하게 5억 달러 이상의 인센티브를 제공할 것이라고 밝혔다.[10]

녹색 비즈니스의 물결이 거세게 밀려오는 가운데 태양과 바람에서 얻을 에너지의 잠재력이 가장 높은 주들은 기회를 활용할 준비를 갖추고 있다. 이 물결의 선두 주자는 전력 및 전기 산업과 자동차 산업이다. 친환경 인프라와 생산 공정, 생태학적 서비스 등으로 전환하는 다른 산업들도 그 뒤를 따를 확률이 높다. 이와 관련해 먼저 움직이는 주들은 물론이고 머지않아 미국 중서부와 남부, 서부 지역에 있는 다른 주들도 향후 30년 동안 비즈니스의 환경뿐만 아니라 사회적, 문화적, 정치적 환경을 변화시킬 가능성이 매우 크다. 시간이 말해 줄 것이다.

(친환경적인 방향으로) 농촌 지역의 경제와 정치가 재편되면서 찾아올 문화적 역학의 변화는 거버넌스의 본질에 가장 큰 영향력을 행사할 것이다. 주와 카운티, 지방자치단체 등이 생태적 경제와 서비스에 더욱 깊이 연관됨에 따라 지역 생태계에 대한 최선의 관리 방안에 지속적인 관심이 쏟아질 것이다. 우리는 이미 미국을 비롯한 여러 국가에서 거버넌스의 변화를 목도하기 시작했다. 도시와 교외와 농촌의 구분을 넘어 포괄

적인 통치의 영역, 다시 말해 시민이 거주하고 그들의 미래와 운명이 복잡하게 얽혀 있는 생태 지역으로 거버넌스가 이동한다는 뜻이다. 기후 변화의 여파는 생태 지역마다 받아들이는 정도에 차이가 있다. 이는 생태 지역을 공유하는 지역사회들이 집단적 관리 체제를 이룰 수 있도록 오래된 정치적 경계가 적어도 부분적으로는 확장된다는 의미다. 이런 초기 단계의 정치적 각성이 미국은 물론 전 세계의 지역사회에서 거버넌스의 새로운 개념을 탄생시키고 있으며 그것이 바로 '생태 지역 거버넌스'다.

생태 지역 거버넌스의 도래

과학계에서는 지구의 절반을 야생으로 복원한다는 사명하에 생태 지역 거버넌스의 맥락과 일정을 수립했다. 하버드대학교의 저명한 생물학자 에드워드 윌슨(Edward O. Wilson)은 2016년에 펴낸 책『절반의 지구 (Half-Earth)』에서 우려를 토로했다. 그는 여섯 번째 대멸종을 막으려면 앞으로 수십 년 동안 지구 표면의 절반을 기존의 생물 다양성 보존을 위한 자연보호구역으로 재지정하기 위해 대대적 동원이 필요하다고 주장했다.

처음에 윌슨의 주장은 과학계와 학계에서도 별 관심을 끌지 못했다. 그러나 지구 곳곳에서 생물 종과 생태계의 손실에 관한 자료가 쏟아져 나오면서 그의 주장이 유럽연합과 중국, 미국 등지에서 주목받기 시작했다. 2019년에 전 세계 과학자들이 「자연을 위한 세계의 합의: 지침, 이정표, 목표(A Global Deal for Nature: Guiding Principles, Milestones, and Targets)」라는 논문을 발표하며 그 정도 규모와 범위의 임무를 수행하는 데 필요한 접근 방식과 전개 방법을 상세히 설명했다. 연구에 참여한 과학자들은 생명체의 대멸종을 막으려면 지구의 평균온도가 섭씨 1.5도 이상 상승하지 않도록 지구온난화 배출량을 제한해야 한다는 명확한 목표부터 설정했다. 지구 평균온도의 1.5도 상승은 생태계의 붕괴와 생물 종의 대규모 멸종을 거의 피할 수 없는 지점이다. 그들은 "다가오는 위기를 피하는 가장 합리적인 길은 에너지 전환 조치와 함께 지구 표면 중 최소한 50퍼센트를 온전한 자연 생태계로 복원하고 유지하는 것"이라고 주장했다.[11]

연구자들은 "손상되지 않은 원래의 숲, 특히 열대우림이 단일경작을 위해 인위적으로 조성한 숲에 비해 가둘 수 있는 탄소의 양이 두 배"라면서 "지구상에 존재하는 모든 생물 종 가운데 3분의 2가 자연림에서 서식하므로 숲을 유지하는 것이 대멸종을 막는 데 매우 중요하다"고 지적했다. 그들은 "탄소의 격리와 저장이 열대우림에서만 일어나는 현상이 아니다. 이탄 지대, 동토 지대(툰드라), 맹글로브 숲, 고대 초원 등도 중요한 탄소 저장고이자 동식물의 독특한 군집을 보존하고 있기 때문에" 이 또한 보존 계획에 포함해야 한다고 강조했다.[12] 연구 보고서의 저자들은 또한 해양 생태계로 관심을 돌려 해양 보존 구역으로 지정된 보호지역이 "생물 다양성의 보호 및 복원, 인접 어업 구역의 어획량 증대와 생태계의 회복력 향상 면에서 다른 조치보다 훨씬 더 효과적인 것으로 입증된" 사실을 정책 입안자들에게 상기시켰다.[13]

지구 생태계의 보존에 대한 담론은 새롭지 않지만, 생태학이라는 과학 분야에서 정치의 중심 무대로 갑자기 도약한 것은 사실이다. 바이든 대통령은 대선 승리 직후 미국이 2030년까지 영토와 영해의 30퍼센트 보존을 목표로 채택할 것이라고 발표해 전국을 깜짝 놀라게 했다. 현재까지 이 30×30 목표에 따라 미국 연안의 26퍼센트가 보호되고 있다. 하지만 보호 대상으로 지정된 미국 영토는 12퍼센트를 넘지 않는다.

2030년까지 나머지 18퍼센트, 즉 텍사스주 면적의 두 배나 되는 토지를 보호 대상에 추가하는 것은 이행하기에 만만찮은 약속이지만 최선의 노력을 기울인다면 가능한 일이기도 하다. 목표에 도달하기 위해 연방정부는 주정부와 협력해 추세의 전환을 도모해야 할 것이다.[14]

지난 수십 년에 걸쳐 미국인들의 자연 생태계 파괴 행위는 증가일로에 있었다. 2001년부터 2017년까지만 봐도 인간이 관여하는 면적이 9만 7000제곱킬로미터나 증가했다. 30초마다 축구장 크기의 자연 생태계가 사라졌다는 뜻이다.[15] 인간의 개발 행위에 따른 전 세계 토지 손실의 통계치도 감당이 안 되는 수준이다. 그 때문에 100만 종 이상의 동식물이 위험에 직면하며 인간 종의 생존에도 불길한 영향을 미치고 있다.[16]

30×30 의제는 대중의 강력한 지지를 얻고 있다. 2019년 설문 조사에 따르면 미국인의 86퍼센트가 이 계획을 지지했으며 강력하게 지지한다고 답한 응답자가 54퍼센트였다. 반대 의견은 14퍼센트를 넘지 않았다.[17] 분명히 강력한 지지다. 하지만 늘 그렇듯이 악마는 디테일에 있다. 단순해 보여도 아주 많은 시간과 노력이 필요하다. 연방정부는 목적과 목표 및 일정을 수립하고 변화를 촉진하기 위해 법률·규정·기준 등을 적절히 정비하는 한편 인센티브와 권한을 줘야 하고, 지역 상황에 최적화한 지침과 지역의 경제적·문화적·정치적 현실에 적합한 30×30 계획을 위한 전략을 수립하고 실행하는 데는 주정부를 비롯한 지역사회가 앞장서야 한다는 합의가 돼 있다. 또한 이런 계획은 생태계의 손실로 (오염되지 않은 물과 깨끗한 공기라는) 대표적인 생태계 서비스가 손실될 위기에 처한 열악한 지역사회에 우선순위를 부여해야만 한다는 생각에 폭넓은 대중의 지지가 몰리고 있다.

미국 연방정부가 국토의 28퍼센트를 보유하고 있지만 주와 카운티, 지방자치단체 등은 12퍼센트를 소유하고 있다. (즉 공공 토지가 40퍼센트 정도다.) 더욱이 2001년부터 2017년까지 본토 48개 주의 자연환경 중 75퍼센트가 사유지에서 개발로 사라졌다.[18] 미국의 삼림지대 304만 제곱킬로미터 중 56퍼센트가 사유지라는 점이 더 중요하다. 30×30 목표에 이르는 길을 설정하는 데 모든 생태 지역 시민의 적극적인 참여가 필요하고, 그것이 없으면 계획이 실패로 끝난다는 뜻이다.[19]

해결해야 할 첫 번째 현안은 '생태 지역 거버넌스'라는 단어를 쓰는 의미와 그것이 지역 생태계와 연결되는 방식을 명확히 하는 것이다. '생태 지역'과 '거버넌스'라는 단어는 공통점이 있지만 내러티브는 서로 다르다. 생태 지역은 지구 행성의 주요 생물지리구에 있는 고유한 생물 소구역이다. 지구의 생물지리 지역은 다윈과 함께 종의 진화론을 발전시킨 앨프리드 러셀 월리스(Alfred Russel Wallace)가 처음으로 분류했다. 그것을 더 정밀하게 다듬는 과정을 거쳐 오늘에 이르고 있다. 월리스는 생물지리구를 이렇게 설명한다. "대략 대륙의 규모에 따라 지구 표면에 한 1차 분할로, 뚜렷한 동물 군집 유형이 특징이다."[20] 오늘날 일반적으로 수용되는 생물지리구의 정의는, 대략 유사한 생물군을 공유하는 생태계가 있으며 대체로 특정 대륙에 해당한다는 것이다. 지구의 생물지리구는 오스트랄라시아, 아프리카열대구, 신북구, 오세아니아(대양주), 남극구, 인도말라야(동양구), 신열대구, 구북구 등 여덟 가지다.[21]

세계자연기금(WWF)에서는 생태 지역을 "특정한 주요 서식지 유형의 생물 다양성을 가장 뚜렷하게 보여 주는 예"로 정의한다. 이것은 풍부한 생물 종과 풍토성, 고도의 분류학적 고유성, 특별한 생태적 또는 진화적 현상, 주요 서식지 유형의 세계적 희귀성 등이 있어야 한다.[22]

이런 분류 체계를 통해 과학자와 정부와 지역사회는 자신들이 사는 지역 생태계의 건전성과 생물 다양성을 평가할 수 있으며 이런 평가의 두 가지 목적은 사회적 영역을 그보다 큰 자연의 영역에 적응시키고, 생태 지역에서 개선이 필요한 약점을 쉽게 식별하는 것이다.

이와 달리 생태 지역 거버넌스는 생태 지역의 일부를 정부가 관리하면서 인류학적으로나 심리적, 사회적, 경제적, 정치적으로 소속감과 애착, 정체성, 참여 의식 등이 생기는 것을 의미한다. 생태 지역에 대한 애착은 대개 자의적인 정치적 경계를 넘어 지역사회 전체가 거주하는 생태 지역 전반을 포괄한다. 이 초경계 생태 구별은 최근 몇 년 사이에 기후변화의 결과로 발생한 홍수와 가뭄, 산불, 허리케인 등이 인접한 국가나 지역에 국경을 초월해 영향을 미치고 생태 지역을 공유하는 국가나 지역이 협력적으로 대응하도록 강제하면서 한층 더 적절한 것이 되었다.

생태지역주의는 UC산타크루스의 교수였던 생태학자 고(故) 레이먼드 다스먼(Raymond Dasmann)과 피터 버그(Peter Berg) 기자가 처음 소개했다. 이들은 "장소 자체로 드러나는 계절과 날씨, 물의 순환과 같은 행성의 과정과 인간을 비롯한 생명체의 삶을 연결해 지원 지역 내에서 균형 잡힌" 삶을 영위하는 사회라는 의미에서 "현지 생활"이라는 개념을 도입해 생태 지역을 사회적, 심리적, 생물학적 조건으로 설명했다.[23]

'생태 지역'은 비교적 새로운 단어지만 그 개념은 오래전부터 전해 내려왔다. 노벨 경제학상을 받은 최초의 여성인 경제학자 엘리너 오스트롬(Elinor Ostrom)은 인류학에도 조예가 깊었다. 그녀가 인류의 역사를 되짚어 보며 역사적으로 인간 사회가 장소 및 생태계에 깊은 애착을 가진 방식과 자신이 거주하는 생태 지역, 즉 공동의 자산을 공동으로 관리하기 위해 경제와 사회생활·거버넌스 등을 집합적으로 조직한 방식의 목록을 작성했다.[24] 인류는 이런 나름의 방식을 통해 자신의 행위가 생태 지역의 수용 능력을 초과하지 않도록 했으며 그들의 공동 자산을 둘러싼 채 계절마다, 해마다 변신하는 19킬로미터의 생물권과 함께 살아가는 재생성을 확보했다.

국내 및 세계의 정치와 경제적 술책의 일상적 흐름 속에서 종종 길을 잃기도 했지만, 미국을 비롯해 각 나라에서는 전통적으로 자신의 지역에 대한 뿌리 깊은 소속감이 지배적이었다. 적어도 산업 시대와 도시 지역사회로 대규모 이동이 발생하기 전까지는 그랬다. 토머스 제퍼슨(Thomas Jefferson)은 선택권이 있을 경우 거버넌스는 사람들이 사는 곳과 가장 가까울 때 최고의 성과를 낼 수 있다는 의견을 피력했다. 기본적인 정체성으로서 생태지역주의(현지 생활)의 저력을 의심하는 사람을 위한 예가 하나 있다. 대공황이 한창이던 1934년에 미국 정부가 북미 지역을 조사 대상으로 삼는 천연자원위원회(NRC)를 발족하고 시민들이 어떻게 자신의 소속을 파악하는지 확인한 뒤 이렇게 결론 내렸다. "지역 차이가 주에 대한 소속감이나 충성도보다 더 적절하게 미국인의 이상과 욕망과 관점을 반영하는, 미국적 삶과 문화의 진정한 표출인 것으로 드러났다."[25]

미국에서 생태 지역으로 가장 잘 정의된 몇몇 지역을 들면 애팔래치아 중부 지역, 미시시피 충적 평야와 삼각주 지역, 남동부 블랙벨트 지역, 대평원 지역, 로렌시아 오대호 지역, 캘리포니아 남부 해안 지역, 소노라사막 지역, 모하비사막 지역, 캘리포니아 중부 계곡 지역, 서던 캐스케이드산맥 지역, 인터마운틴사막 지역 등이며 이런 지역에서는 이미 정치적, 문화적 참여가 활발하게 일어나고 있다.[26]

선구자: 캐스캐디아와 오대호 생태 지역

미국 본토의 거버넌스에 대한 생태 지역적 접근법 몇 가지는 이 부상하는 정치적 혁명이 어떻게 진화하는지를 알게 하는 데 모자람이 없다.

태평양 연안 북서부의 캐스캐디아 생태 지역과 로렌시아 오대호 생태 지역은 인류세가 더 깊이 진행됨에 따라 미국을 비롯한 여러 국가에서 거버넌스의 본질을 변화시킬 가능성이 큰 정치적 변혁을 이해하는 데 도움을 준다.

캐스캐디아 생태 지역은 세계적으로 가장 오래되고 잘 알려진 곳이다. 그 시작은 1970년대 초반 현대적 환경운동의 태동기로 거슬러 올라간다. 미국-캐나다 국경을 가로지르며 알래스카 남부의 코퍼강에서부터 남쪽으로는 멘도시노곶, 동쪽으로는 옐로스톤 칼데라와 로키산맥 분수계까지 4023킬로미터를 에워싼 뚜렷이 구분되는 생태 지역 일흔다섯 곳이 여기에 포함된다.[27] 캐스캐디아의 중심 지역과 워싱턴주, 오리건주, (캐나다의) 브리티시컬럼비아주만 포함해도 이 확장된 지역은 1600만 인구가 거주하며 면적으로 세계 20위를 차지하는 국가가 될 것이다. 지구 상에서 가장 큰 원시 온대우림의 자취를 간직한 캐스캐디아 지역에는 탄소를 흡수하는 대규모 삼림 열 개 가운데 일곱 개가 있다.[28]

포틀랜드와 시애틀, 밴쿠버를 잇는 지역은 세계에서 두 번째로 큰 기술 허브의 본거지다. 아마존과 마이크로소프트, 보잉, T모바일 등 거대 기술 기업들이 이곳 캐스캐디아 생태 지역에 본사를 두고 있다. 캘리포니아를 제외한 캐스캐디아 지역의 경제 규모는 세계에서 일곱 번째로 크다. 이 지역 토지의 약 30퍼센트가 농경에 활용되고 있다.[29]

1991년 미국과 캐나다의 관련 주들이 캐스캐디아 지역의 관리를 위한 대륙 내 협력체, 태평양연안북서부경제지역(PNWER)이라는 비영리 기구를 창설했다. 이 기구의 관할구역에는 워싱턴과 오리건, 브리티시컬럼비아, 아이다호, 몬태나, 앨버타, 서스캐처원, 유콘, 노스웨스트 준주, 알래스카 등이 포함되었다. 그 뒤 몇 년 동안 PNWER은 여타 비영리 부문과 민간기업으로 협력 관계를 확대했다. 기구의 운영위원회는 미국

측 해당 주의 주지사와 캐나다 측 해당 지방의 수장 그리고 각각의 입법부로 구성되었다.

　PNWER의 주요 목표에는 "지역의 자연환경을 유지하며 경제성장을 달성"하는 것과 "지역 전체의 지방정부, 주정부의 정책 간 협의 도출"이 포함되었다.[30] 최근 몇 년 사이에 PNWER의 업무 중 많은 부분이 기후 재난과 기후 회복력에 대한 생태 지역적 대응을 개시하고 관할구역 내 생태 지역 관리를 위한 협력 프로젝트를 출범함으로써 기후변화에 적응하는 쪽으로 방향을 전환했다.

　지난 몇 년간 캐스캐디아 지역 전반에서 일어난 기후의 영향과 재난, 특히 가뭄과 산불·해수면 상승·곤충 발생·삼림 파괴 등은 이곳의 환경을 황폐하게 만들어 75개 생태 지역의 생존을 위협하고 있다. 연방정부 보고서는 암울한 예측과 함께 지구온난화의 결과로 나타나는 이 지역의 기후변화를 해결할 시간이 점점 줄어들고 있다고 전망했다. 연방정부 보고서는 이렇게 경고한다.

　눈이 녹는 시기의 변화와 연관된 하천 흐름의 시간적 변화가 이미 관찰되었고 앞으로도 지속될 것이며 다수의 경쟁적 수요에 대한 물 공급 감소로 매우 광범위한 생태적, 사회경제적 결과가 초래될 것이다. …… 해수면 상승, 침식, 침수, 인프라 및 주거지에 대한 위협, 해양 산성도 증가 등의 영향은 집합적으로 이 지역에 대한 주요 위협이 되고 있다. 점점 증가하는 산불과 곤충의 급증, 수목 질병 등의 복합적인 영향은 이미 광범위한 지역에서 수목의 고사를 유발하고…… 산림 경관의 장기적 변형까지 일으키고 있다. 기후변화에 대한 적응 비용과 기후 회복력을 갖춘 기술의 개발과 관리, 수자원의 유용성 및 시기 등과 관련한 농경의 문제가 주요 관심 사항으로 남아 있다.[31]

캐스캐디아 지역에서만 생태 지역 거버넌스에 대한 공식적 접근 방식을 확립하려고 큰 노력을 기울이지는 않는다. 로렌시아 오대호 지역을 공유하는 미국과 캐나다의 관할 지역에서도 그 나름의 노력을 기울이고 있다. 미국과 캐나다의 오대호 지역에는 지구상에서 가장 큰 담수호들이 있는데, 지구의 전체 표면 담수 중 20퍼센트를 여기에서 보유한다.[32]

로렌시아 오대호 생태 지역의 막대한 경제적 잠재력은 1615년, 프랑스의 탐험가 사뮈엘 드 샹플랭(Samuel de Champlain)이 그 거대한 내해를 처음 발견한 때부터 두드러졌다. 미네소타, 위스콘신, 일리노이, 인디애나, 미시간, 뉴욕, 오하이오, 펜실베이니아, 온타리오, 퀘벡 등 미국의 8개 주와 캐나다의 2개 주가 오대호를 접하고 있다.

오대호 지역은 1, 2차 산업혁명의 요람이었다. 인터내셔널 하베스터, U. S. 스틸, 스탠더드오일, 포드, 제너럴모터스, 크라이슬러, 굿이어 타이어 등 미국의 거대 기업 다수가 오대호 지역에서 태동했다. 펄프와 제지, 화학 산업도 이 오대호 지역에서 발달했다. 오늘날 1억 700만 명이 거주하며 일자리 5100만 개가 있는 이 지역은 6조 달러의 GDP를 자랑한다.[33]

산업 시대의 허브로 오대호 지역을 활용한 데는 자체의 엔트로피 비용이 수반되었고, 그것의 지급 만기일은 1969년 6월 22일이었다. 이날 정오 무렵 클리블랜드의 쿠야호가강 철교를 달리던 기차에서 튄 불꽃이 강으로 떨어지면서 수면에 떠다니던 산업폐기물에 옮겨 붙었다. 이렇게 일어난 화염이 순식간에 강을 가로질러 번져 나갔고, 일부 지역에서는 5층 이상 높이까지 치솟기도 했다.[34] 쿠야호가강에서 1969년에 처음 화재가 발생한 것은 아니다. 1868년부터 1962년까지 같은 장소에서 화재가 아홉 번 발생했다.[35] 오염수를 이리호로 흘려보내던 쿠야호가강뿐 아니라 산업 시대의 전성기에 오염된 물을 모두 오대호로 실어 나르던 일리노이의 시카고강과, 뉴욕의 버펄로강, 미시간의 루지강 등에서도 화재가 발생했다.

기름과 용제, 산업용 화학물질, 배설물 등 각종 오염 물질이 지류를 타고 떠내려와 오대호로 흘러드는 것은 오랫동안 '일상적인 일'로 여겨졌다. 19세기와 20세기에 오대호 주변에 거주한 미국인 중 대다수는 오대호로 유입되는 산업 오염의 문제를 경제 발전을 위해 치러야 할 대가라고 생각했다. 오대호 지역 강들의 화재를 연대기적으로 구성해『불타는 강(Burning River)』을 쓴 존 하티그(John Hartig)는 당시 대중의 인식을 이렇게 요약했다. "산업은 왕처럼 군림하고 더러운 강은 번영의 표시로 여겨졌다."[36]

1969년이 되자 환경에 대한 대중의 태도에 변화가 일었다. DDT를 비롯한 살충제가 조류를 비롯한 야생 동식물의 폐사에 미치는 영향을 연대기 형식으로 서술한 레이철 카슨(Rachel Carson)의『침묵의 봄(Silent Spring)』이 1960년대 초 산업 오염의 부정적 영향에 대해 대중의 경각심을 불러일으켰다.[37] 그러나 150년이 넘는 산업 개발의 기간 동안 누적된 부정적 외부 효과, 다시 말해 엔트로피 비용에 관해 대중의 전면적 각성을 촉발한 것은 쿠야호가강의 화재다. 화재 발생 이후 10개월이 지난 1970년 4월, 최초의 지구의 날을 기념하며 근본적인 환경 개혁을 요구하는 평화 집회가 열렸고 2000만 명에 달하는 미국 시민이 곳곳의 거리로 쏟아져 나왔다. 1970년 12월, 미국 의회는 환경문제와 개혁 관련 업무를 전담하는 환경보호국(EPA)의 설립을 승인했다.

하지만 일리노이와 인디애나·미시간·미네소타·오하이오·위스콘신의 주지사들이 모여 오대호주지사협의회를 창설한 것은 1983년의 일이고, 뉴욕과 펜실베이니아는 1989년에 합류했다. 몇 년 뒤에는 온타리오와 퀘벡 지방이 준회원의 자격으로 가입했고, 2015년에 캐나다의 지방 수장들이 정식 회원이 되면서 이 조직은 오대호와 세인트로런스 주지사·수장 협의회로 재승인되었다. 주지사와 수장 들은 오대호 지역의 환경 관리가 호수 주변 지역 시민의 경제적, 사회적 안녕에 중요하다는 인식을 공유했다.

오대호의 생태 지역 거버넌스는 오대호위원회도 포함한다. 위원회 이사회는 회원으로 참여하는 주와 지방의 공무원으로 구성되며 환경보호 및 환경 목표를 "강력한 경제를 지원하기 위한 자산으로서 수자원 활용" 작업과 일치시키기 위해 특정한 입법 업무 개발을 담당한다. 목표는 "오염과 기후변화의 영향으로부터 수자원을 보호하는" 것이다.[38]

1, 2차 산업혁명을 특징지었던 경제적 성공의 전통적 매트릭스가 새롭게 부상하는 3차 산업혁명과 회복력 혁명으로 변신을 강조하는 새로운 매트릭스의 조합으로 전환되기 시작하면서 (생태 지역과 경제, 사회 등과 같은) 관할구역에 대해 이런 제휴를 요구하는 것은 새로운 생태 지역 거버넌스를 시험하게 될 힘든 주문이 될 수 있다. 효율성에서 적응성으로, 진보에서 회복력으로, 생산성에서 재생성으로, 외부 효과에서 순환성으로, 소유권에서 접근권으로, GDP에서 QLI로 경제적 성과를 재조정하는 일이 결코 가벼운 과업이 아니기 때문이다. 이행 과정에 균형을 유지하는 일은 캐스캐디아와 오대호의 생태 지역 거버넌스는 물론이고 미국과 캐나다, 전 세계의 여타 생태 지역도 직면할 최우선 과제일 것이다.

오대호 지역에서는 모델 및 시범 사업에서 벗어나 실효적인 인프라로 전환할 수 있는 시간이 별로 많지 않다. 환경법정책센터와 시카고국제문제위원회의 의뢰로 오대호 주변과 온타리오주 대학들의 과학자와 연구원 열여덟 명이 수행한 포괄적인 연구의 보고서는 오대호 생태 지역이 기후변화의 영향 아래 놓이는 향후 수십 년 동안 어떤 일이 벌어질지를 보여 준다.

「기후변화가 오대호에 미치는 영향에 대한 평가(*An Assessment on the Impacts of Climate Change on the Great Lakes*)」라는 보고서가 이렇게 밝힌다. 지난 200년 동안 이어진 인간의 영향력은 심각한 서식지 손실과 외래 생물 종의 확산, 공기와 물의 오염이라는 결과로 나타났다. 집중적인 석유화학 농경은 토양의 침식과 영양분의 고갈로 이어졌다. 산업형 동물 사육장 운영은 토착 야생 동식물에 해를 주며 수질오염까지 일으켰다. 더 염려스러운 것은 미국 본토의 나머지 지역에서 연간 기온이 섭씨 0.7도 상승한 데 비해 오대호 유역의 연간 기온은 섭씨 0.9도 상승했다는 사실이다. 기온의 상승은 폭우와 폭설의 빈도와 강도를 증가시켰다. 1901년부터 2015년까지 미국 전역의 강수량은 4퍼센트 증가했는데, 오대호 지역은 10퍼센트 가까이 증가했다. 보고서는 "이런 강수량의 증가는 오대호 지역 전역에서 홍수가 일어날 확률을 높이며" 수자원 관리 인프라의 손상으로 이어져 하수의 범람과 지역의 개울이나 강, 오대호로 유입되는 수인성 병원균의 확산을 불러올 수 있다고 경고했다.[39]

미래는 이미 우리 눈앞에 와 있다. 회복력 강화를 위해서는 현재 진행 중인 것보다 훨씬 더 완강한 적응 계획이 필요할 것이다. 오대호 지역이 기후변화에 대한 생태 지역적 접근 방식을 구축하고 더 회복력 있는 경제와 사회를 만드는 데 선도적 위치에 있지만, 합격점을 받기에는 여전히 턱없이 부족한 상태다. 2019년에 디트로이트에서 비상사태가 선포되었다. 이리호 일대에 쏟아진 무자비한 폭우로 도시가 범람하고 주택과 하수도 시스템이 파괴되면서 공중 보건과 안전을 위협했기 때문이다. 미네소타의 덜루스에서는 이례적으로 강력한 폭풍이 슈피리어호를 덮친 탓에 호수 주변의 재산과 인프라에 막대한 피해가 생겼다. 2019년 뉴욕주 버펄로는 이리호의 수위 상승에 따라 기록적인 홍수를 겪었다. 시카고에서는 미시간호의 기록적인 수위 상승으로 매년 봄과 여름에 해안 지역이 점점 더 자주 범람하는 결과가 나타나고 있다. 2019년 현재 오대호의 수심은 연중 평균치 대비 36센티미터에서부터 거의 1미터까지 편차를 보이는 것으로 조사되었다.[40]

기후변화는 이제 대비해야 할 미래가 아니라 당장 맞서 싸우고 적응해야 할 현재의 비상사태이자 위기다. 생태 지역 생태계에 대한 기존의 관리뿐 아니라 오대호 생태 지역을 공유하는 거버넌스 전반에 걸쳐 기후 회복력을 갖춘 인프라의 구축과 재난 관리를 요구하는 현재의 위기다.

오대호와 캐스캐디아의 생태 지역 거버넌스를 비롯해 현재 진행 중이거나 아직 출범하지 않은 모든 생태 지역 거버넌스의 초기 노력이 직면하는 본질적 딜레마는 생태 지역 공동 관리를 결정하는 순간 상충하는 두 가지 세계관 사이에서 고민하게 된다는 것이다. 산업 시대 전반에 걸쳐 전해지며 환경 보존을 철저히 상업 용어로 해석하는 효율성 복음에 내재한 기존의 관습적 지혜를 따라야 하는가? 요컨대 미래에 상업적으로 이용하기 위해 오대호 생태 지역의 자원을 효율적으로 관리하는 것을 주요 임무라고 생각해야 하느냐는 말이다. 이 전통적인 사고방식이 우위를 차지한다면 생태 지역 거버넌스는 오대호의 생태계에 대해 근시안적 인간 중심의 관계를 발전시켜 나가는 일을 멈추지 않을 것이다. 즉 사회가 생태계의 조건에 어떻게 맞출지가 아니라 사회의 실용주의적 요건에 어떻게 생태계를 적응시킬지에 더 관심을 둘 것이다.

적응의 방향이 어느 쪽인가에 따라 오대호에 대한 '관리' 또는 '청지기 구실' 중 하나가 표준이 될 터라 이것은 중요한 구분이자 긴급히 논의할 문제다. 험난한 만큼 이제껏 이 길을 걸어 본 사람도 적다. 그러나 우리 인간 종의 생존과 번영을 위해 지금부터 가야 할 길이다.

12

분산형 동료 시민 정치로 대체되는
대의민주주의

기후나 팬데믹과 관련된 재난이 발생하는 경우 정부는 단독으로 비상사태를 통제하고 관리하기에는 너무나 피상적이며 인력과 장비도 충분치 않다. 그래서 시민의 대응과 협력을 요청할 수밖에 없다. 이것을 염두에 두고, 젊은 세대는 그 모든 성공과 헛된 희망과 단점 등으로 점철된 대의민주주의에서 벗어나 우리가 밀접하게 얽혀 있는 생태계와 생물 군계와 행성의 권역들에 지역사회를 관여시키는 더 광범위하고 더 포괄적인 수평형 정치 참여 방식에 눈을 돌리고 있다. 새롭게 부상하는 이 정치적 정체성은 소수의 통치 집단을 투표로 선출하는 것을 넘어 더 직접적인 활동가로서 거버넌스에 참여하는 것으로 확장된다. 시민 개개인이 통치 과정 자체의 긴밀한 일부분이 된다는 뜻이다.

시민들이 법의 적용과 집행에 적극적으로 참여하도록 법원에서 주기적으로 배심원단을 선정하는 것과 마찬가지로 지방정부에서도 시민들에게 이른바 '동료 시민 의회'에 참여하도록 요청하기 시작했다. 시민이 의회의 일원이 되어 생물권의 거버넌스와 관련된 조언과 협의안, 추천 등을 내놓으며 정부와 함께 일하는 적극적 참여자가 되는 것이다. 이런 시민 의회는 (배심원단과 마찬가지로) 포커스 그룹이나 이해 당사자 집단이 아니라서 어느 한쪽으로 기울어지지 않은 의사결정으로 거버넌스에 대한 시민의 적극적 참여를 보장하는, 더 공식적이고 깊이 내재하는 확장형 거버넌스인 셈이다. 이와 같은 거버넌스의 수평형 기능 분화가 수많은 지역에서 속속 등장하며 시민 참여의 근간을 강화하고 있다. 시민이 자신이 속한 생태 지역의 보호에 수반되는 도전과 기회를 동시에 충족하도록 이렇게 재편됨에 따라 대의민주주의는 분산형 '동료 시민 정치'로 대체되고 있다. 지역 거버넌스가 생태 지역 거버넌스로 전환되는 것처럼 말이다.

자유의 재구성: 자율성 대 포용성

동료 시민 정치는 통치를 위한 입법과 정책, 규약 등에 관한 협의와 토론, 동의의 과정에 시민이 참여하는 데서 끝나지 않는다. 이것은 자유라는 개념에 대한 근본적인 재고까지 의미한다. 계몽주의와 진보의 시대가 도래한 이후 정치 담론을 주도하고 거버넌스에 대한 다양한 접근 방식을 뒷받침한 바로 그것, 자유 말이다.

자유를 향한 외침은 산업혁명과 자본주의의 부상 과정에 긴밀히 스며들었다. 로마제국의 몰락 이후 최초의 산업혁명인 농업혁명의 첫 번째 징후가 나타난 13세기까지 유럽은 최상위에 가톨릭교회와 성직자, 이어서 차례대로 지방 단위의 왕과 그 동료 집단, 지역 단위의 공국을 담당하는 대공, 자신의 영지를 다스리는 영주 그리고 토지에 부속된 농노가 피라미드의 하위층에 분포한 지배 구조를 유지했다.

이렇게 긴밀하게 구조화된 봉건시대에 농노는 문자 그대로 토지에 종속되어 있었고 달아날 수도 없었다. 거주지에서 노예 생활을 한 이들은 토지의 주인인 영주의 소유물로서 오로지 영주에게 안전을 보장받는 한편 충성을 바쳐야 했다. 이들의 충성심은 주종 관계를 기반으로 했다. 다시 말해, 영주의 명령에 절대적으로 복종했다.

15세기 영국에서 본격적으로 시작된 인클로저는 토지와 사람의 관계에 근본적인 변화를 불러왔다. 영국은 법 제정을 통해 지역의 영주가 토지의 일부를 매각할 수 있도록 허용함으로써 토지를 부동산으로 전환하고 판매 가능한 상품의 하나로 만들면서 그 위상을 떨어뜨렸다. 이 과정에 농노들은 살던 곳에서 한꺼번에 방출되었고, 이런 현상이 유럽 전역으로 퍼져 나갔다. 토지와 사람의 관계가 이렇게 급변한 데는 많은 이유가 있지만, 그중에서도 농업혁명으로 건너가는 첫 번째 산업이 될 섬유와 양모 시장이 부상하면서 농지가 아닌 양의 방목지로 토지를 이용할 때 수익성이 더 커진다는 상업적 전망의 대두가 가장 큰 이유였다. 그 뒤 얼마 지나지 않아 섬유를 공장에서 생산하는 시대가 되면서 근대 산업혁명의 시작을 알렸다.

일하던 땅에서 쫓겨난 농노 수백만 명에게는 노동을 제공한 대가로 보상을 받는 자유계약이 허용되면서 산업 노동자의 출현을 알렸다. 봉건적 주종 관계가 무너진 자리를 개인의 자유가 채웠다. 비록 비참한 상황이었을지언정 몇 세기 동안 토지에 소속된 농노 신분이 곧 가족의 안전을 보장할 수단이었던 사람들로서는 토지와 분리되는 이 급격한 변화가 파괴적이었을 것이다. 자유롭다는 것 그리고 새롭게 떠오르는 시장에서 노동을 교섭하고 계약하는 법을 배워야 한다는 것은 그들에게 과연 어떤 의미였을까?

자유는 자율성을 동반했다. 그 전까지 자율성은 황제와 왕, 더 낮게는 대공과 영주에게 한정된 개념이었다. 이때부터 자유와 자율성이 동일 선상에 놓이면서 근대로 넘어갔다. 자율적인 것이 곧 자유를 의미했고, 자유는 자율적인 것과 같았다. 그러나 이것은 독특한 유형의 자유였다. 진보의 시대를 가로질러 확고하게 유지되던 자유는 부정적 자유였다. 즉 배타적 권리와 자급자족의 권리, 타인에게 예속되지 않으며 혼자만의 섬 같은 존재가 될 수 있다는 의미였으며 최근까지도 그렇게 유지되었다.

X세대와 밀레니얼세대, Z세대 사이에서 이런 전통적 자유 개념은 점점 더 낯선 것으로 여겨진다. 이들은 소유권에서 접근권으로, 가치의 교환에서 가치의 공유로, 시장에서 네트워크로, 독점에 대한 집착에서 포용성에 대한 열정으로 전환되는 세상에서 성장했다. 스마트하게 연결된 전 세계적 디지털 원주민 집단에게 세상으로부터 격리를 뜻하는 자율성과 배타성은 사형선고와 다를 바 없다. 휴대전화와 인터넷 연결이 없으면 디지털 원주민들은 길을 잃을 것이다.

이미 수십억은 아니라도 수억 명에 이르는, 디지털로 연결된 인류에게 자유란 당연히 자율성과 배타성이 아니라 접근성과 포용성이다. 이들은 지구 행성 전역으로 확산 중인 플랫폼에 참여할 수 있는 접근성 정도로 자신의 자유를 판단한다. 이들이 생각하는 포용성은 수평적 확장이며 성별과 인종, 성적 지향, 심지어 살아 움직이는 행성에 사는 동료 생명체들과의 제휴까지도 포함하는 경우가 많다. 디지털 세대에게 자유롭다는 것의 의미는 자신의 삶과 안녕을 위해 신세 지는 지구상의 모든 풍부하고 다양한 주체들과 함께 참여할 수 있다는 것이다.

이것이 바로 모든 구성원의 신체적, 정신적 건강과 자유까지 전 세계적 디지털 공유 자산으로 축적하는 사회적 자본일 수밖에 없는 오늘날 부상하는 자유의 개념이다. 접근성과 포용성의 자유는 '동료 시민 정치'의 정치적 근간이다.

'말이 씨가 된다'는 속담이 있다. 인정컨대, 전 세계의 정부들은 조언을 제공하는 시민 의회 도입의 시험적 첫 단계를 밟고 있다. 하지만 이런 초기의 정치적 시도는 기껏해야 의도는 좋았다는 선에서 그치며, 최악의 경우 유권자의 요구와 열망으로부터 동떨어져 있는 독선적인 엘리트들이 개인적 이득을 위해 공직을 이용한다고 인식되는 지배 구조를 은폐하는 데 쓰인다. 그럼에도 역사는 우리가 거버넌스 분야에서 분산형 동료 시민 정치를 위해 더 큰 구실을 하는 이 근본적인 정치 변화를 향해 나아가고 있음을 시사한다. 동료 시민 의회는 대의민주주의의 일시적 부속물이 아니라 훨씬 더 변혁적인 무엇이다. 분산형 동료 시민 정치는 대의민주주의가 유일한 통치 형태라는 개념과 그에 수반되는 특정한 자유 개념에 도전장을 내민다. 무르익도록 허용된다면 거버넌스의 이 새로운 확장은 필연적으로 회복력 사회에서 자유롭고 적극적인 시민이 된다는 것의 의미를 바꿔 놓을 터다.

대부분의 미국인은 독립선언문이나 헌법, 권리장전의 어디에서도 '민주주의'가 언급되지 않는다는 사실에 놀랄 것이다. 단순한 실수였을까? 그렇지 않다! 건국의 '주역들'에게 민주주의는 배척 대상이었기 때문이다. 『연방주의론』의 주요 저자이자 미국의 4대 대통령인 제임스 메디슨 (James Madison)은 이 주제에 대한 동시대인들의 생각을 반영해 이렇게 선언했다. "민주주의는 격변과 분쟁의 장관을 보여 주었다. …… 그 죽음이 폭력적이었던 만큼 생애는 대체로 짧았다."[1] 미국의 2대 대통령 존 애덤스(John Adams)도 이에 못지않게 민주주의를 폄하하며 이렇게 주장했다. "민주주의는 결코 오래 지속될 수 없다. 조만간 스스로 폐기되고 고갈되어 자멸할 것이다. 이제껏 자멸하지 않은 민주주의는 없다."[2]

미국을 세운 사람들은 대중민주주의가 필연적으로 파벌과 이익집단의 경쟁을 일으킬 것이며 대중 정치는 쉽사리 폭민정치로 이어지고 소수자들의 침묵과 소외를 불러올 수 있다고 우려했다. 이 모든 이유로 그들은 대중의 열기를 식히는 한편 선출된 대표자들이 국정을 운영할 수 있도록 선거인단과 권리장전 같은 안전장치를 갖춘 공화국을 선호했다.

2세기 후, 로버트 레드포드(Robert Redford)가 주연한 영화 「후보자(*The Candidate*)」가 개봉되었다. 아카데미 각본상을 받은 이 영화에 캘리포니아 상원의원 선거에 출마한 인권 및 환경 운동가이자 젊은 자유주의자가 등장한다. 그가 정치 모임에서 연설을 하다 잠시 멈춰 생각을 되짚은 다음 이렇게 말한다. "(캘리포니아의 상원의원) 두 사람이 2000만 명을 대신해 의사결정을 내린다는 생각이 꽤나 웃기지 않습니까?" "권력에 진실을 말하는" 드문 순간임이 틀림없다.[3] 의심할 여지 없이 영화를 본 사람은 모두 이해했겠지만, 떠오른 생각을 재빨리 감췄을 것이다. 대의민주주의에 대한 믿음과 공화국에 대한 충성심이 더는 침식되지 않도록 말이다.

동료 시민 정치 정신

동료 시민 정치는 대의민주주의의 단점을 확장하는 동시에 그에 대한 해결책이 되기도 한다. 시민 의회는 거버넌스를 새로운 차원으로 끌어올린다. 중앙정부와 주정부, 지방정부 등이 사라질 가능성은 없지만 앞으로 수십 년 안에 하향식 피라미드 구조보다 수평적이고 분산된 유형으로 바뀔 확률이 높으며 점점 더 사람들이 거주하는 생태 지역과 최대한 밀접하게 연관된 수준에서 의사결정이 될 것이다. 그리고 생태 지역과 밀접하게 연관된 의사결정은 정부의 다른 계층으로 순환되어 다수의 생태 지역과 대륙에 걸쳐 더욱 심화한 상호 연결성 패턴을 만들 것이다.

생태 지역 거버넌스는 그 본질과 취지상 시장이 아니라 공공의 자산이며 그 안에서 인간 주체가 자신이 몸담은 생태 지역을 구성하는 다른 무수한 주체에 끊임없이 적응한다는 사실은 거듭 강조할 만하다. 배타성이 아닌 포용성의 자유라는 새로운 개념, 다시 말해 인간 종을 넘어 우리의 동료 생명체들과 지구상의 다른 모든 주체를 포함하는 연결성은 생태 지역이 지배하는 미래의 결정적 역학이다. 이런 도식이 깊이 뿌리내리면 미래의 거버넌스는 물론이고 경제활동과 사회생활에 변화를 안겨 줄 가능성이 크다. 모쪼록 그것이 '모든 정치가 생태 지역적'인 회복력 사회에서 장소와 소속, 정치적 대표성에 대한 새로운 감각을 제공하기를 바란다.

현재 몇몇 예외가 있지만 생태 지역 거버넌스의 초기 계획은 기존 거버넌스가 와해하는 와중에 주변부에서 실험적으로 시도되고 있을 뿐이다. 도널드 트럼프(Donald Trump) 대통령에 대한 두 번째 탄핵 소추와 미국회의사당 점거 폭동 및 폭력 시위를 유발한 미국 내 정치적 소외의 증가가 기존 거버넌스의 와해를 효과적으로 보여 준다.

점점 커지는 경제적 격차와 인구의 주변화는 정치적 소외를 심화해 국가 행정부의 존재 자체를 위협하고 있다. OECD 국가를 대상으로 한 2018년 갤럽 여론조사에서 "국민의 45퍼센트만이 정부를 신뢰"하는 것으로 나타났다.[4] 에델만 신뢰도 지표 조사의 결과는 더욱 우려스럽다. 28개국을 대상으로 한 2020년 조사에 따르면, 66퍼센트의 시민이 현 정부를 신뢰하지 않는 것으로 나타났다.[5] 미국은 특히 심각한 수준이다. 2차 산업혁명이 정점에 이르렀던 1958년 총선 여론조사 결과는 미국인의 73퍼센트가 정부를 신뢰할 수 있다고 답했다.[6] 2001년 현재, 정부를

신뢰할 수 있다고 답한 미국인은 31퍼센트밖에 안 됐다.[7]

이를 비롯한 여타 설문 조사 결과를 보면 전 세계의 대다수 국가에서 사회적 결속력은 약해지고 감시와 규제의 범위 밖에서 허위 정보를 퍼뜨리는 소셜 미디어의 부상에 편승한 음모론 추종과 그에 관련된 움직임은 커지고 있다. 사회학자이자 정치경제학자인 윌리엄 데이비스(William Davies)는 《가디언(*The Guardian*)》에 실은 글에서 위기의 본질을 이렇게 요약했다.

"사람들이 다수를 대신해 알고, 보고하고, 판단할 것이라는 신뢰를 기반으로 3세기 전에 시작된 일이 장기적으로 성공할 수 있을 것 같지 않다. 적어도 현재로서는 가능성이 없다. 우리가 그것을 서서히 약화한 힘을 바꿀 수 있다거나 사실이라는 더 큰 무기로 후퇴시킬 수 있다는 환상에 빠져들기란 구미가 당기는 일이다. 그러나 그것은 신뢰의 본질이 달라지는 더 근본적인 방식을 외면하는 것과 다름없다."[8]

여러 국가의 무수히 많은 설문 조사에서 되풀이되는 주제가 "내 의견이 전달되지 않는다"는 것이다. 2019년 OECD 보고서는 "현재의 민주주의와 거버넌스의 구조는 약속을 지키지 못하고 있다"고 결론지으며 거버넌스의 형태로서 대의민주주의의 실패를 단도직입적으로 지적했다.[9]

주민 참여형 예산 제도: 거버넌스의 진화

오랫동안 통치자들은 대중이 거버넌스에서 적극적으로 활동하는 데 관심이 없고 자신들이 선출한 대표자와 전문가 들이 적절한 프로그램과 서비스를 마련해 주길 기대한다고 추정했지만, 이것은 사실이 아니다. 1989년 브라질 히우그란지두술주의 주도인 포르투알레그레에서 불씨가 생겼다.[10] 이 도시에서 비교적 신흥 정당인 노동당이 집권 세력이 되었다. 집권당의 첫 번째 직무 행위가 통치 과정의 가장 기본적인 요소, 즉 정부의 정책과 서비스의 선정 및 자금 조달에 관한 의사결정의 절차를 거꾸로 뒤집어 놓은 것이다. 그들은 이 정치 혁신을 '주민 참여형 예산 제도'라고 불렀다.

이 새로운 예산 책정 절차는 정부와 지역사회 단체의 대표자들이 거의 1년 내내 정치적 과정을 공동 관리하는 것으로서, 지역 내 시민과 사회단체들의 제안 요청과 대리인 선출 그리고 각 제안의 가치를 따져 보기 위한 시민 의회 개최 등이 포함되었다. 물론 예산 항목은 시민 의회에서 토론을 거쳐 결정한다. 심사 절차의 세부 사항이 자세히 설명되어 있지만, 주민 참여 예산 책정의 최종 절차는 행정부와 입법부에서 동료 시민 의회가 추천한 항목을 확정하는 것이다. 법적으로 최종 예산은 해당 국가와 지역의 법률에 따라 정부의 행정적 책무가 되며 일반적으로 정부가 확정한다. 그렇게 하지 않으면 절차의 정당성이 사라지고 시민은 집권 정당에게 등을 돌릴 것이다.

주민 참여형 예산 제도의 목적은 사람들, 특히 열악한 주거 환경과 지역사회의 거주자들이 목소리를 내게 하는 것이다. 포르투알레그레의 주민 참여형 예산 제도는 검증된 성공을 거두었다. 1997년까지 포르투알레그레의 주민 참여형 예산 제도는 상하수도 보급률을 75퍼센트에서 98퍼센트로 끌어올렸고, 보건 및 교육 예산은 13퍼센트에서 40퍼센트로 확대했으며 학교는 네 배, 도로 건설은 다섯 배 늘리는 성과를 올렸다. 대부분 도시의 가장 가난한 지역에 예산이 편성되었다. 1990년에 1000여 명이던 동료 시민 의회의 참여자가 1999년에는 4만 명에 육박할 만큼 기하급수적으로 증가한 것도 인상적인 성과다.[11]

현재 전 세계에서 적극적으로 실행 중인 주민 참여형 예산 제도의 사례가 1만 1000개 이상이며 뉴욕이나 파리 같은 세계적인 도시도 동참하고 있다.[12] 뉴욕시의 주민 참여형 예산 제도가 흥미로운 것은 이 도시가 다양한 인종이 모여 사는 곳이고 저마다 고유한 역사와 족적으로 뚜렷이 구분되는 다섯 자치구가 있기 때문이다. 베를린경제대학교와 뉴욕대학교의 연구 팀이 2009년부터 2018년까지 뉴욕시 주민 참여형 예산 제도의 영향력을 평가했다. 그 결과, 뉴욕 시의회 의원들이 주민들의 추천에 따라 "의회의 재량 자본 예산 중 많은 부분을 학교와 도로 및 교통 개선, 공공 주택 부분에 할당한" 것으로 나타났다.[13] 뉴욕대학교의 스타인하르트문화교육인간개발대학 응용심리학 부교수인 에린 고드프리(Erin Godfrey)는 연구 결과를 이렇게 요약했다. "이 연구의 흥미로운 점은 주민 참여형 예산 제도(PB)가 지역사회 구성원들의 당면한 요구와 관심사를 더 잘 반영하는 쪽으로 뉴욕시의 지출 우선순위를 변경할 수 있다는 것을 처음으로 입증했다는 데 있다."[14]

주민 참여형 예산 제도는 전 세계 모든 국가에서 계속 인기를 얻고 있다. 그러나 새로운 유형의 동료 시민 거버넌스로서 더 심화된 통합을 저해할 만한 결함이 없지는 않다. 예컨대 포르투알레그레의 주민 참여형 예산 제도가 여전히 유지되고 있던 2016년, 노동당이 몰락하고 중도 우파 성향의 브라질 사회민주당이 부상하면서 장기적 인프라 프로젝트를 위한 자금의 유용성과 시민의 포괄적 참여가 동력을 잃고 말았다. 새롭게 집권한 정당은 자원의 부족과 절차 자체에 대한 개혁의 필요성을 이유로 내세우며 주민 참여형 예산 제도의 실행에서 중요한 구실을 하던 동료 시민 의회와 하는 회의를 2년 동안 중단했다.

주민 참여형 예산 제도의 절차와 범위는 현 정부가 공식적으로 법제화할 필요가 있다. 집권당이 바뀌어도 제도를 훼손할 수 없게 하고, 시민을 소외시켜 정부에 대한 국민의 신뢰가 급락하지 않게 하는 것이다.

시민 의회는 거버넌스의 다른 측면으로 확산했다. 개선 과정을 밟고 있는 거버넌스 영역을 몇 가지 나열하면 교육과 공중보건, 치안 유지 활동에 대한 지역사회의 감독, 인프라 계획 수립, 기후변화에 대한 적응, 시민 과학 등이다. 새로운 거버넌스 모델을 시민 의회나 심의형 거버넌스 또는 주민 참여형 거버넌스 등 여러 이름으로 부르는데, 플랫폼을 통한 참여와 스스로를 분산된 정치 과정에 참여하는 동료 시민으로 인식할 가능성이 더 큰 젊은 디지털 원주민 세대의 네트워크 지향성을 반영해 동료 시민 거버넌스라는 이름이 가장 적절할 것이다.

동료 시민 거버넌스가 포르투알레그레에서 마치 신의 계시처럼 어느날 갑자기 나타난 것이 아니다. 사회 전반에서 그 등장을 알린 나름의 역사가 있다. 시민을 포용하는 이 거버넌스 확장의 뿌리는 1960년대와 베이비붐 세대의 도래로 거슬러 올라간다. 민권, 평화, 페미니스트, 환경, 성소수자, 뉴에이지, 반문화 운동 등에 공통분모가 있었다. 즉 대부분 고등교육을 받고 도시에 사는 백인 남성 중산층의 이익만을 중시해 나머지 '다른 사람들'을 하찮은 존재로 만든 거버넌스의 기존 질서로부터 철저히 소외되었다는 점이다.

'다른 사람들'은 지지층을 동원해 거버넌스에서 '포용성'의 확대를 요구하는 목소리를 높였다. 사실상 포용성은 젊은 세대가 자유를 정의하는 방식이 되었다. 사회 전반에서 이렇게 부상한 움직임이 전 세계의 지역사회에서 수천 개의 시민사회 조직을 탄생시키는 한편 기존 자본주의 비즈니스 모델에 대항할 수 있는 세력 그리고 전통적인 지배 관할구역과 공존하는 비공식적 거버넌스를 잉태했다. 급식소, (빈집을 활용해 빈민과 노숙자 문제를 해결하려고 한) 점유자 운동, 공중보건 클리닉, 환경운동, 열린대학 등이 엘리트들이 엄격히 통제하는 공식 정부에 대항하는 정치 운동과 함께 도처에서 나타났다.

요컨대 동료 시민 정치의 탄생은 진화이며 혁명이다. 이것은 다양한 기치 아래 번성한 시민사회단체(CSO) 시대의 도래를 대변한다. 그러나 오늘날까지도 기존 언론과 정부, 비즈니스 분야에서 시민사회를 언급할 때 비정부기구(NGO)나 비영리기구(NPO)라는 다소 경멸적인 표현을 쓴다. 마치 그것이 아닌 것으로 그것을 특징지으려는 것과 같다. 시민사회단체는 그리 중요하지 않다는 것을 암시하는 셈이다. 정부와 재계에서 시민사회단체를 폄하하는 실태는 수치를 통해 명확하게 드러난다. 2019년까지 미국에서 소매와 식품 서비스 업계에 이어 세 번째로 큰 고용 부문이 이른바 '비영리기구'였다. 이는 제조 업계와 같은 위치였다.[15] 비영리 노동력은 주로 저임금이라는 통념이 있지만 이 또한 사실이 아니다. 비영리 노동자의 임금이 소매업 노동자의 임금보다 평균 30퍼센트, 건설업 노동자의 임금보다는 평균 60퍼센트 더 높다.[16]

시민사회단체를 잘못 설명한 또 다른 예는 그들이 시장이나 정부, 민간 자선단체의 선의에 기대야만 존재할 수 있으며 자생적 실체가 아니라는 것이다. 이 또한 사실이 아니다. 미국 비영리단체의 수익 중 민간 기부금과 정부 보조금이 차지하는 비율은 각각 13퍼센트와 9퍼센트에 그친다. 이와 대조적으로 비영리 수익의 50퍼센트는 민간 부문에 대한 서비스 수수료에서, 23퍼센트는 정부에 대한 서비스 수수료에서 발생한다.[17] 2019년 현재 미국 국세청에 등록된 비영리기구의 수가 약 150만이며 미국 경제 전체에 대한 이 분야의 기여는 1조 달러를 넘었다. 이는 미국 GDP의 5.6퍼센트에 해당한다.[18] 2017년 기준 미국인 성인 중 25퍼센트가 자원활동에 참여한 것으로 추정되었다. 88억 시간 이상인 자원활동 시간의 가치는 약 1950억 달러에 이른다.[19]

미국 시민사회 부문의 규모와 범위가 어지간한 산업국가에 필적할 정도지만, 미국의 경영대학원을 비롯한 교육기관 중 사회의 경제생활에서 시민사회단체의 구실에 관해 단 한 분기의 교과과정이라도 배정하는 곳이 없다.

시민사회단체는 시민을 정치 영역으로 끌어들이는 사회운동 주체이자 경제적 기업이며 새로운 유형의 초기 거버넌스다. 시민사회단체는 사람들이 애착을 느끼는 가장 친밀한 공간, 그들이 일하고 놀고 번창하는 지역에서 그들의 거버넌스 참여를 수평적으로 깊이 있게 분산하는 새로운 계층의 거버넌스, 즉 동료 시민 정치의 선구자 격이다.

지역사회의 학교 통제

브라질의 포르투알레그레에서 주민 참여형 예산 제도가 시작된 시기에 이와 유사한 실험적 동료 시민 거버넌스가 미국 시카고시 교육제도에서 펼쳐지고 있었다. 시카고는 미국에서 세 번째로 큰 학군을 보유한 도시다. 1988년에 이 도시가 시카고 학교 개혁법을 제정했다. 그보다 1년 전, 레이건 행정부의 교육부장관 윌리엄 베넷(William Bennett)이 시카고의 공립학교들이 국내 최악이라고 지적한 바 있다.[20] 학교 개혁법에 따라 시카고의 모든 공립학교를 위한 지역학교위원회가 만들어졌다. 각 학교위원회는 학부모 6인, 지역사회 구성원 2인, 교사 2인과 교장으로 구성되었으며 고등학교의 경우 학생 대표와 비교사 직원이 각각 한 명씩 더해졌다. 교사를 제외하고 학교위원회의 모든 위원은 지역사회 주민들의 투표로 선출되었다. 교사 위원 두 명과 비교사 직원 한 명을 선정하는 투표도 교내에서 진행되지만 구속력은 없다. 이들의 자리는 교육위원회에서 결정한다. 위원회의 모든 위원은 임기가 시작되기 전에 훈련 프로그램을 이수해야 한다.

개혁법은 오랫동안 관행으로 통하던 교장의 종신 재직권에 종지부를 찍었다. 새로운 지역 거버넌스하에서는 지역학교위원회가 교장을 선정해 4년 임기 계약을 하고, 그 뒤에는 다시 지원서를 받는다. 지역학교위원회는 학교 예산을 책정하고 승인하며 학교의 자금 사용에 대해 상당한 통제권을 행사한다. 교과과정의 변경도 지역학교위원회에서 결정한다.[21]

시카고 학교 시스템이 공교육에 접근하는 방식이 이렇게 급변해 학교 운영상의 통제권을 상당 부분 지역사회로 넘겨주고 29년이 지난 2017년 11월, 스탠퍼드대학교의 연구 결과는 시카고가 평균적으로 "3학년부터 8학년 사이 학생들의 학업 성취도가 중간 또는 대규모의 다른 어느 지역의 학군과 비교해도 우위에 있는 것으로 나타났다."[22] 시카고의 공립학교들이 미국에서 가장 빈곤하고 폭력성이 강한 지역에 있다는 점 때문에 교육 성취도의 전환이 의미심장하다. 지역사회가 중심이 되는 동료 시민 거버넌스라는 새로운 접근 방식이 장기적 관점에서 몇 세대에 걸쳐 시카고를 비롯해 미국 전역의 도시를 뒤흔들어 놓곤 하던 빈곤과 폭력의 악순환을 끊을지도 모른다는 희망을 안겨 주었기 때문이다.

시카고에서 지역학교위원회로 권한을 양도한 데서 특히 주목할 만한 것은, 정치적 영향력이 있어도 본질은 여전히 자문 기구일 뿐인 다른 대다수 동료 시민 의회와 다르게 시카고는 학교장의 고용과 해고·예산의 우선순위 결정·학교 개선 의제의 준비 등에서 지역학교위원회에 실제로 권한을 양도했다는 점이다. 이것은 지배 권한의 실질적인 이전을 의미한다.

동료 시민 정치는 초기의 열정과 대중의 참여를 유지하는 것을 포함해 종종 여러 난제에 봉착한다. 예를 들어, 시카고에서는 계획 초기 지역학교위원회의 대표자 선출을 위한 투표에 30만 명 이상이 참여했다.

25년이 지난 지금, 지역학교위원 선출에 대한 대중의 참여는 크게 줄었다. 이것이 예정된 일일 수도 있고, 전반적인 개혁 도입과 학교의 학업 성과 향상에 시민과 지역학교위원회가 만족했기 때문일 수도 있다.[23]

지역사회의 치안 유지 감독과 동료 시민 정치

어떤 수평적 거버넌스는 활동 대상인 지역사회에 더 밀착된 거버넌스를 구현하기 위해 권력을 분산하는 문제와 관련해 논쟁의 여지가 상대적으로 훨씬 더 클 수 있다. 현재 미국 전역에서 지역사회의 치안 유지 감독을 두고 벌어지는 논쟁이 그 적절한 예다. 생각해 보면, 미국이라는 연방공화국은 오랫동안 분산형 경찰권을 자랑스럽게 여겨 왔다. 연방정부·주·카운티·지방자치단체가 각각 운영 규모에 적합한 자체 경찰력을 보유하지만, 관할구역에 상관없이 서로 협력하기 때문에 치안 유지를 위한 권한은 분산되는 동시에 공유된다. 치안 유지를 위한 분산형 거버넌스의 다음 단계가 현재 미국 전역을 휩쓸고 있는 치안 유지에 대한 지역사회 거버넌스를 둘러싼 논쟁과 동떨어진 문제가 아닌 이상, 치안 유지에 대한 지역사회 거버넌스는 충격적인 것이 아니라 시스템 전체의 안전을 위한 분산형 거버넌스의 다음 단계로 봐야 한다.

그럼에도 치안 유지를 지역사회가 감독하는 문제에 관해 여전히 팽팽한 긴장감이 감돈다. 지난 몇 년 동안 비무장 흑인이 경찰에게 살해되는 사건이 잇따라 발생하면서 대중은 경찰의 무자비에 각성하게 되었고, 미국의 길고도 추악한 인종차별 역사에 관한 토론이 재개되었다. 에릭 가너(Eric Garner), 브리오나 테일러(Breonna Taylor), 조지 플로이드(George Floyd) 등이 사망한 사건은 "흑인의 생명도 소중하다(Black Lives Matter)"는 기치 아래 엄청난 규모의 새로운 인권운동을 태동시켰다. 최근 이 운동은 경찰이 더 전문화된 최신 군사 장비로 중무장하며 감시와 분석을 위해 최첨단 도구를 갖추는 새로운 치안 유지 방식에 강력히 반대한다.

대도시 경찰 예산을 보면 국가가 이미 무장한 요새와 다르지 않다. 2021년 로스앤젤레스시의 경찰 예산이 18억 달러를 넘어섰다.[24] 미국 최대 도시인 뉴욕시의 경우, 2020년에 시 당국이 교육과 기타 프로그램과 서비스에 필요한 예산의 대규모 삭감을 논의하는 형국이었는데도 뉴욕 경찰국은 60억 달러 규모의 예산안을 제출했다.[25] 필라델피아에서는 2020년에 경찰과 교도소 관련 예산으로 제시된 금액이 9억 7000만 달러를 넘었다. 전체 일반 기금의 20퍼센트가 넘는 수준이었다.[26] 한편 미국의 인구 대비 수감자 비율은 전 세계의 여느 국가보다 월등히 높다. 대다수 수감자는 유색인종이며 미국에서 가장 가난한 시민이다. 이들이 대부분 경미한 범죄로 장기간 수감되는 것과 대조적으로 지능범죄는 일반적으로 면소나 단기 징역, 조기 가석방 등의 판결을 받는다.

피부색이나 인종을 근거로 용의자를 추적하는 수사 기법인 인종 프로파일링과 유색인종에 대한 체포나 유죄 판결은 종종 인종차별 문제로 비치며 실제로도 그렇다. 그러나 좀 더 깊이 들여다보면 이것은 경제적인 문제다. 이민자를 받아들이고 아메리칸드림을 실현할 기회를 제공한 그 모든 성공에도 아메리카 원주민, 흑인, 남미와 아시아 출신 노동자에 대한 노예화와 도제식 고용계약, 착취 등으로 그 과정이 훼손되어 버린 미국이라는 국가의 문제라는 말이다. 미국의 건국 초기부터 이 극명한 현실은 미국의 성공 사례와 나란히 존재해 왔다.

경찰의 손에 아프리카계 미국인이 살해된 사건의 여파로 "흑인의 생명도 소중하다"가 상징적 구호가 되었을 때 새로 부상한 인권운동은 경찰 예산의 삭감을 요구하는 목소리와 함께 시작되었다. 대다수 미국인은 흑인의 생명도 소중하다는 데 동조하면서 경찰 예산의 삭감에는 반대했다. 플로이드 사망 사건 직후인 2020년 6월에 퓨 리서치 센터가 실시한 설문 조사에 따르면, 예산 삭감에 동의하는 미국인은 25퍼센트에 그치고 42퍼센트는 그대로 유지해야 한다고 답했다. 20퍼센트는 오히려 소폭 증액해야 한다고 주장했으며 11퍼센트는 대폭 늘려야 한다고 답했다.

그러나 경찰의 민사소송 면제에 대한 질문에는 대다수 미국인이 "과도한 무력 사용이나 위법행위에 대한 책임을 물으려면 시민이 경찰을 고소할 수 있는 권한을 가져야 한다"는 데 동의했다.[27] 이런 반응은 공식화한 동료 시민 거버넌스 집단이 경찰의 치안 유지 활동을 감독하는 것에 대한 강력한 잠재적 지지를 명백히 보여 준다.

흑인 사회의 경찰 예산 삭감 요구를 둘러싼 양극화 상황에서 잊힌 것은 "흑인의 생명도 중요하다" 운동이 개선이 꼭 필요한 부문에 대한 예산의 재배정을 동반하는, 경찰 예산의 '부분적 삭감'을 주장했다는 점이다. 공교육 개선과 저렴한 주택 공급, 공중보건 서비스의 향상, 직업 교육, 도로 및 공공 조명을 포함한 공공서비스의 개선, 근린 상업 지구 조성 자금에 대한 인센티브 제공 등과 같은 부분에 예산을 늘릴 것을 함께 요구했다는 뜻이다. 주요 도시 지역사회에서 불균형적 비율의 공적자금이 경찰의 군사화에 사용되고 그것이 도시에서 가장 열악한 환경의 지역사회를 핍박하는 올가미 구실을 할 뿐이라는 점을 감안할 때, 경찰 예산의 부분적 삭감과 지역사회에 대한 서비스 예산의 증대 및 위험지역에 경제적 기회를 창출하는 것에 대한 보장을 요구한 제안은 결코 비합리적이라고 할 수 없다. 그것이 아니라면, 도심을 휘젓는 빈곤의 증가와 범죄의 확산 그리고 경찰의 감시와 단속 강화라는 악순환을 끊을 방법이 무엇인가?

시카고는 다시 지역사회의 동료 시민 거버넌스 접근 방식 도입에 관한 연구 사례를 제공한다. 지역학교위원회가 어느 정도 성공적으로 실현된 것에 비해 다소 실망스러운 결과지만, 이번에는 치안 유지와 공공의 안전에 관한 동료 시민 거버넌스 사례다. 시카고의 사우스사이드는 거리의 갱과 폭력, 살인, 경찰의 감시 때문에 전 세계적으로 악명 높았다. 지역사회 시민들이 치안 유지를 감독하는 것조차 수용할 수 없을 만큼 위험했다. 하지만 이런 상황을 무릅쓴 시도가 있었다.

1980년대 후반 시카고의 경찰력은 다른 도시 경찰처럼 치안 유지와 공공 안전의 미래에 대해 의구심을 품고 있었다. 경찰 차량의 예방적 순찰과 911 신고 전화가 도시의, 특히 사우스사이드 지역의 치솟는 범죄율을 해결하는 적절한 수단인가에 대한 의구심이 내부에 팽배했다. 바로 이때 경찰 당국에서 지역사회 기반 치안 유지 활동과 공공 안전의 향상을 위해 더 체계적으로 지역의 단체 및 시민과 협력하는 방안을 도입했다.

리처드 데일리(Richard M. Daley) 당시 시장이 이 제안을 수용해 1993년 시카고의 22개 경찰 관할구역 중 다섯 곳에 지역사회 치안 의회가 설립되었고, 1995년에는 22개 관할구역 전체로 확대되었다. 이에 따라 경찰 '순찰' 팀이 지역사회 내부로 통합되고자 하는 뜻에서 특정 지역에 배치되었다. 경찰관과 주민들이 모여 동네의 안전을 평가하고 새로운 문제점에 대해 논의하며 공공 안전의 향상을 위한 제안도 할 수 있는 지역사회 순찰 팀 회의가 지역사회에서 열렸다. 그러나 지역사회마다 선출된 시민 대표로 구성된 공식적인 거버넌스 위원회가 없었고, 지역사회의 제안 사항이 경찰의 지휘 계통을 따라 어떻게 보고되고 적절히 해결될지에 대한 규정이 마련되지 않았다. 그럼에도 지역사회가 치안 유지를 감독하는 이 초보적 동료 시민 심의가 특정한 제안 사항과 추구해야 할 전략에 대한 분석과 합의로 이어지는 브레인스토밍 과정을 거치는 등 지역학교위원회와 유사한 노선을 따랐다.

동료 시민 의회의 제안 사항이 실행되도록 공식적 구속력을 갖춘 규정은 없었지만, 시 당국이 지역사회 안전을 위한 시카고 동맹(The Chicago Alliance for Neighborhood Safety)이라는 비영리 지역사회 기반 단체를 고용하는 데 자금을 투입했다. 이 단체에서는 주민과 경찰관에게 그들의 책임과 권한을 교육하고 성공적 협력을 위한 학습 도구를 제공했다. 이때부터 몇 년 동안 2000명이 넘는 시민과 수백 명의 경찰관이 심의적 동료 시민 거버넌스의 절차와 실무에 대한 교육을 받았다.[28]

시카고의 대안적 치안 유지 전략(Chicago Alternative Policing Strategy, CAPS)이라 불린 초기 프로그램은 특히 초기에 어느 정도 성공한 것으로 입증되었다. 노스웨스턴대학교 정치학 교수인 웨슬리 스코건(Wesley Skogan)의 연구에 따르면, 이와 같은 시범적 동료 시민 의회의 실행 초기에 범죄율이 높은 소수인종 지역사회에서 시민 참여율이 상당했으며 대안적 치안 유지 전략이 적용된 지역사회에서는 범죄가 감소한 것으로 나타났다.[29]

가장 열악한 환경의 지역사회 시민들이 자신의 이웃과 지역사회의 치안 유지에 대해 처음으로 목소리를 낼 수 있게 되었다고 느끼기 시작했다. 불행하게도 최고위 지도층의 변화로, 이 경우에는 몇 년 사이에 시카고 경찰국장이 세 차례 교체되면서 대안적 치안 유지 전략 프로그램이 우선순위에서 밀려나고 예산 삭감과 인력 축소가 그 뒤를 이었다. 이는 심의적 거버넌스와 동료 시민 의회에서 흔히 나타나는 문제점이기도 하다. 스코건 교수의 말로는 결국 해당 프로그램이 너무 축소된 나머지 "그전 유형의 그림자"밖에 안 되는 것으로 전락해 버렸다.[30] 다른 수많은 동료 시민 거버넌스 사례도 마찬가지지만, 여기에서 우리가 얻을 수 있는 교훈은 동료 시민 거버넌스의 실체를 법제화해 공식화하고 시민 의회가 지속적인 분산형 동료 시민 거버넌스로 성장하고 안정화하고 성숙할 수 있을 만큼 충분한 기간 동안 자금이 지원되도록 제도화할 필요가 있다는 것이다.

역사에서 알 수 있듯이, 다행히 시카고의 치안 유지를 감독하는 지역사회의 동료 시민 의회는 회생할 기회를 얻었고 이번에는 법제화되었다. 2021년 7월, 로리 라이트풋(Lori E. Lightfoot) 시카고 시장과 시카고 시의회가 시카고 경찰국과 경찰의 위법행위를 조사하는 독립 수사기관(COPA)과 최초의 독립적인 시민 감시 기구를 설치해서 경찰 위원회를 감시하게 하는 역사적인 법안을 통과시켰다. '공공의 안전과 책임을 위한 지역사회 위원회(The Community Commission for Public Safety and Accountability)'가 시에서 임명한 시민 7인으로 구성되었다. 위원회는 "공공 안전 감사관에게 특정 사안이나 쟁점에 관한 조사 또는 감사를 권고하고…… 시의회의 조언과 동의를 전제로 주요 책임자를 임명하고…… 제안된 경찰 예산 책정에 대한 변경을 권고할 수 있는 권한 등"을 보유했다.[31]

이 법안은 또한 모든 경찰 관할구역에 시민 투표로 선출된 주민으로 구성되는 지역 협의회를 설치하도록 하고 있다. 그 전 지역사회 동료 시민 의회와 달리 이 선출형 지역 협의회는 "시카고 경찰국의 정책을 수립하고 승인할 권한"을 갖는다.[32]

지역사회의 치안 유지를 위한 동료 시민 거버넌스는 여러 국가에서 매우 중요한 쟁점으로 부상하며 가까운 미래에까지 중요 사안으로 남을 가능성이 크다. 궁극적으로, 분산형 거버넌스와 지역사회가 공동으로 치안 유지 및 공공 안전을 감독하는 일은 동료 시민 거버넌스가 여타 공공 정책 영역을 장악하고 지역사회와 더욱 밀착되면서 불가피한 선택이 될 것이다.

분산형 동료 시민 정치가 단순히 대의민주주의를 대체하는 데서 그치지 않고 더 폭넓은 분야의 시민들을 더 친밀하게 적극적으로 참여시키는 거버넌스의 심화를 이끈다는 점에 대한 강조가 중요하다. 학술 문헌이나 공적 토론에서 대다수의 실험적인 초기 시민 의회의 특징이 '분권형 거버넌스'라고 한 것은 현상을 잘못 해석한 결과다. '분권'이 전통적인 대의민주주의와의 단절을 시사하는 것 같지만 실제로는 그렇지 않다. 동료 시민 의회 형태로 실현되는, 지역의 심의 거버넌스는 '분산' 현상을 보인다. 예컨대 주민 참여형 예산 제도와 지역학교위원회, 치안 유지에 대한 지역사회의 감독 등에서 대의민주주의에 속하는 일부 기존 거버넌스는 동료 시민 네트워크로 분산되지만 여타 관리 권한은 중앙집권형 지배 관할권에 그대로 남는다.

이것은 드문 일이 아니다. 미국은 연방정부와 주정부, 카운티, 지방자치단체 등으로 권력이 분산된 연방공화국으로 존재한다. 어떤 관할구역도 독립적으로 존재하지 않으며 모든 관할권이 협력 관계를 유지한다. 유럽연합에서 유럽연합 조약의 초석은 보충성의 원리다. 지역과 회원국, 유럽연합 사이에 지배 권한을 분산하고 사회 전체의 생존 가능성 보장에 필요한 규모에 따라 서로 기여하는 방식이다.

하버드대학교 케네디공공정책대학원의 아천 펑(Archon Fung)과 위스콘신대학교의 사회학 교수 에릭 올린 라이트(Erik Olin Wright)는 새로운 동료 시민 거버넌스 모델을 정착시킬 최선의 방법에 관한 저술에서 시민이 주체인 동료 시민 거버넌스는 거버넌스의 이양이 아니라고 지적한다. 오히려 모든 시민이 일평생 자신의 삶과 지역사회의 거버넌스에 적극적으로 참여하도록 하는 거버넌스 확장의 진화라는 것이다. 그들은 이렇게 기술한다.

첫째, 현재의 제도적 구조는 중앙집권형도 아니고 분권형도 아니다. 지방의 공무원과 일반 시민들은 과거의 하향식 제도에서보다 훨씬 더 많은 권한을 누리지만 다양한 지원을 받기 위해 여전히 중앙관청에 의존하며 절차의 완전성과 성과에 대해서는 모두 스스로 책임을 진다. 둘째, 중앙 권력의 기능이 지방 행정단위에 대한 (과거 위계적 시스템과 같은) 지휘에서 벗어나 지방 행정단위 자체의 문제 해결 노력을 지원하고 어렵지만 실현 가능한 공공의 성과물을 얻기 위한 숙고와 성취의 기준 또한 스스로 정하도록 맡겨 두는 쪽으로 근본적으로 전환된다. 셋째, 중앙 권력의 지원과 책임은 참여·숙고·권한 부여라는 세 가지 민주적 목표를 발전시킨다.[33]

분산형 민주주의는 사회의 지배적 사안에 대한 시민의 참여를 심화, 확대하는 새로운 민주주의이며 새로운 의사결정 방식을 도입하기도 한다. 협력적 거버넌스는 시의적절하게 현안을 해결하고 비공식적으로 실행되거나 법제화될 가능성이 있는 의사결정과 권고를 위해 동료 시민 의회에서 이용하는 절차다. 동료 시민 거버넌스는 정책 수립 과정에서 대의민주주의에서 강조하는 관행과의 공통점과 차이점을 다 보여 준다. 가장 중요한 차이점은 합의 도출에 부여하는 가중치에 있다. 기존의 입법 의사결정은 일반적으로 합의 도출을 염두에 두고 시도된다. 하지만 다양한 이해관계와 의제를 충족하기 위한 교섭과 절충을 거치면서 편의적 의사결정인 경우가 많다. 이와 달리 심의적 거버넌스는 모두가 수긍하는 '예스'에 도달하는 절차를 구축해서 유리한 상황을 모색한다. 적어도 이론상으로는 그렇다.

심의적 민주주의를 지지하는 사람들은 진정한 민주적 의사결정이 정당한 것으로 여겨지려면 정치적 과정이 '대중의 의지'에 가장 잘 부합하고 합의를 반영하는 입법을 지지하는 공통의 기반을 목표로 해야 한다고 주장할 것이다. 다수결의 원칙이 기본인 경우가 많지만, 그것은 성공보다는 실패로 여겨진다. 그런 의미에서 동료 시민 심의의 과정은 종종 결과만큼이나 중요한 것으로 본다. 그 과정은 참여하는 모든 동료 시민이 자신의 의견과 관점을 자유롭게 공유할 것을 요구하지만, 공동 기반을 찾기 위한 노력의 일환으로 다른 사람의 관점을 주의 깊게 경청할 것도 요구한다. 그것이 여의치 않을 경우, 고려 중인 쟁점을 처리하는 완전히 새로운 접근 방식을 탐색한 다음 주제에 대한 초기 접근법을 능가하는 방식으로 취지를 통합해야 한다.

상식적인 말로 들리겠지만, 특히 수없이 많은 제각각의 주장들로 가득 찬 세상에서 실천에 옮기기 어려운 경우가 많다. 그렇지만 판사가 관련 증거에 대한 검사와 변호사의 상반된 견해를 주의 깊게 듣고 법정을 벗어나 '심사숙고'한 다음 판단을 내리고 '만장일치'의 합의를 반영한 평결을 전달할 것을 요청할 때 (동료 시민들로 구성된) 배심원단이 해야 할 일이 바로 이런 것이다.

그렇다면 우리는, 수백만의 사람들이 수천 개에 달하는 소셜미디어상의 가상의 반향실(자신의 의견만 증폭되고 다른 의견은 고려되지 않는 환경을 의미한다.—옮긴이)에 갇혀 한 가지 의견만을 청취하고 그 한 가지 의견이 다른 수백만에 의해 지지되고 강화되며 현실에서는 다른 관점에 대한 경청을 배제하는 세상에서 합의점을 찾아야 하는 더 어려운 과정은 어떻게 해결할 수 있는가? 같은 지역사회에서 일하고, 놀고, 삶을 영위하고, 상호작용을 하는 시민들이 함께 모여 현실 세계에서 일어나는 일에 대한 공통의 경험을 공유하는 것이 이 상자에서 벗어나는 유일한 방법으로 보인다. 동료 시민 의회는 현실에서 공유하는 일상의 경험을 이해하고 지역사회를 개선하는 방법에 대해 합의를 도출할 책임을 맡은 주민들의 매우 물리적이고 직접적이며 대면적으로 이루어지는 인간적 참여다.

대의민주주의적 거버넌스와 발맞춰 작동하는 동료 시민 의회의 구축에 반대하는 사람을 찾기는 어려울 것이다. 적어도 이론적으로는 그럴 것이다. 그러나 실상은 그리 단순하지만은 않다. 동료 시민 정치는 심오한 것에서 아류에 이르기까지 다양한 음영과 정도를 수반한다. 그러나 우리의 생존이 생물권의 청지기라는 새로운 구실과 정치체제가 어떻게 융합하는가에 좌우되는 역사적 순간이 도래하면 거버넌스의 이 새로운 확장의 유효성을 결정하는 데 과정을 정의하는 일이 매우 중요해질 것이다. 우리의 삶 자체가 그것에 달려 있기 때문이다.

동료 시민 정치를 향한 두 가지 접근 방식: 기후변화에 대항하는 영국과 프랑스

2019년, 영국과 프랑스에서 기후 위기를 해결할 새로운 계획과 프로그램을 제안하고 심의하기 위한 시민 의회가 설립되었다. 시민 의회의 계획과 프로그램은 향후 국가 차원의 활동을 위한 로드맵이 될 수 있었다. 서로 다른 접근법 두 가지는 전 세계의 다른 지역에서 자신들의 생태 지역을 관리하기 위한 시민 의회를 설립할 때 무엇을 수용하고 배제해야 하는지에 대한 지침이 되고 있다. 카디프대학교 기후변화 및 사회 변혁 센터의 클레어 멜리에(Claire Mellier)와 오스카 에이전시의 리치 윌슨(Rich Wilson)은 두 가지 동료 시민 의회에 대해 상세히 분석한 결과를 《카네기 유럽(Carnegie Europe)》에 「기후 시민 의회에 대한 올바른 이해(Getting Climate Citizen Assemblies Right)」라는 제목으로 발표했다.[34] 두 연구원이 발견한 것은 다음과 같다.

양쪽의 동료 시민 의회는 모두 기후변화에 대한 대중적 항의가 고조되면서 도입되었다. 프랑스의 동료 시민 의회는 지구온난화를 일으키는 오염물질의 배출량을 줄이기 위해 가스세를 부과한 것에 대항해 전국적으로 일어난 노란 조끼 시위에 이어서 등장했다. 트럭 운전기사들이 주도한 노란 조끼 시위는 프랑스 전역의 주요 도로를 폐쇄하며 에마뉘엘 마크롱(Emmanuel Macron) 대통령 정부를 뒤흔들어 놓았다. 영국의 동료 시민 의회는 기후변화의 문제를 제기하는 데 헌신하는 국제적 환경운동 단체인 '멸종 저항'의 거리 시위 여파로 도입되었으며 이들의 시위 때문에 영국에서도 전국의 주요 도로가 폐쇄되었다. 이 시위는 2019년 봄, 기후 비상사태 돌입을 촉구하는 의회 선언으로 이어지기도 했다.

각 시민 의회는 인구의 일면을 대변하도록 무작위 추출 및 추첨으로 선정되었다. 영국의 동료 시민 의회는 총 108명의 시민이 참여했고 프랑스는 150명의 동료 시민으로 구성되었다. 양쪽 모두 실무를 맡는 하위 그룹으로 세분되었다. 영국 시민 의회가 관심을 기울인 분야는 여행, 가정, 상품, 식품, 농업, 토지 이용 등이었다. 프랑스의 하위 그룹들은 주택, 여행, 식생활, 소비, 노동과 제조 등의 분야를 다루었다. 두 동료 시민 의회의 최종 보고서와 권고안은 선출직 공무원들이 기후 위기를 완화하기 위해 전에 도입한 것보다 범위 면에서 훨씬 더 야심적이었다. 두 시민 의회가 서로 다른 길을 가게 된 이유는 다음과 같다.

프랑스 동료 시민 의회가 제안한 예산은 영국이 제안한 것보다 훨씬 넉넉했다. 프랑스의 예산안은 영국 시민 의회 예산안의 거의 열 배에 가까웠다. 그보다 더 중요한 것은, 애초부터 프랑스 동료 시민 의회의 권고 사항은 국민투표나 의회투표 또는 마크롱 대통령 정부의 직접적인 행정 명령을 통해 법제화될 예정이었다. 그 반면 영국 동료 시민 의회의 권고안은 본질적으로 자문에 그쳤다. 여섯 개의 영국 의회 위원회가 부분적으로 자금을 지원했는데도 말이다.

각 시민 의회를 위한 의제가 어떻게 설정되었는지에 대한 정보도 유익하다. 프랑스는 토론을 주도할 질문의 구성에 대한 의사결정을 의회에 참여하는 시민들에게 맡겨 두었다. 영국에서는 자문단으로부터 의견 수렴을 하지 않고 시민 의회를 위한 안건 구성을 영국 의회가 감독했다. 더욱이 프랑스의 동료 시민 의회는 언론과 자유롭게 접촉하며 아이디어를 논의하고 전문가의 의견을 수렴하도록 권장되었다. 영국의 시민 의회는 의회의 활동을 주제로 논의하거나 외부 조언을 구하지 말라는 지시를 받았다.

대조적인 두 접근 방식의 결과는 명백했다. 프랑스 시민 의회는 규모와 깊이에서 영국을 훨씬 능가하는 149가지의 다양한 기후변화 조치를 권고했다. 관대하게 표현해 시민 의회에 대한 영국 정부의 감독은 기술적으로 더 엄격했고 현장 전문가의 의견을 반영했으며 전문 진행자가 토론의 관리자로 참여한 반면, 프랑스는 시민들이 토론을 주도하고 권고안 도출을 위한 합의에 도달할 수 있도록 하는 개방적 절차를 선택했다.

시민 의회를 관리하는 이 두 가지 매우 다른 방식은 각각 동료 시민 거버넌스에 대한 강한 접근법과 약한 접근법을 통합한다. 프랑스의 접근 방식은 더 많은 권한을 시민 의회에 양도하고 준공식적 거버넌스가 확장된 분산형 동료 시민 정치를 구축했다는 점에서 목표에 더 가깝다. 하지만 영국의 방식은 기술적 자문을 제공하기 위해 전문가를 활용하고 더 엄격한 동료 시민 경험을 위해 전문 지식을 공유한다. 이 두 가지 접근 방식의 장점을 결합한다면 동료 시민 의회가 정식 민주주의 거버넌스의 수평적 확장으로서 스스로 존립할 자격과 품격을 갖추게 될 것이다.

　예산, 공교육, 치안 유지는 정부를 구성하는 핵심 요소다. 2세기 동안 지속된 대의민주주의 이후 전 세계의 시민들은 자신의 이익과 관심사, 열망이 무시되거나 제한된다는 확신으로 지쳐 가고 있다. 우리 인간 종이 야생으로 돌아가고 있는 행성에서 어떻게 살아남고 번성할 것인가라는 인류 역사상 최대의 도전에 직면한 바로 그 순간에 대의민주주의에서 정치적 소외와 신뢰의 상실이 발생했다.

　거버넌스의 모든 측면은 지구온난화와 기후변화의 맥락에서 더 큰 정치적 사명 및 통치 권한과 궤를 같이한다. 지방의 통치 관할구역은 각각 파괴적 기후 재난에 적응하기 위한 다수의 접근법을 구성함으로써 생태 지역을 긴밀하게 관리할 수 있는 공공 의제를 준비하고 운영해야만 할 것이다. 인류세에서 거버넌스의 모든 부문은 진화하는 회복력 사회라는 더 큰 맥락에서 새롭게 구상될 필요가 있다.

　이런 규모로 거버넌스를 재고하는 데는 국가 전체의 적극적인 참여가 필요할 것이다. 대의민주주의의 지시문에 따라 작동하는 기존의 중앙집권형 거버넌스도 외부와 격리된 상태에서 작동하며 단독으로 운영되는 분산형 지역 거버넌스도 우리가 직면한 거대한 도전에 대항하기에는 역부족일 것이다. 지역사회와 생태 지역 사이에서, 시민사회와 대의 정부 사이에서 중개자 구실을 하는 분산형 동료 시민 거버넌스만이 지역사회 전체가 야생으로 돌아가는 지구에 대응하는 데 집중하도록 보장할 수 있다.

　최근 들어 잦은 기후 비상사태는 자발적 공공 지원이 쏟아지는 결과로 이어졌으며 자경단, 식료품 저장소, 지역사회 의료 센터 등의 형태로 대부분 시민사회 단체들이 주도한 지원이다. 시야에 들어오는 모든 사람이 최초 대응자가 되어, 위험에 처한 사람들을 돕기 위해 달려가는 상황이다. 하지만 최근에는 기후 재앙의 강도와 발생 빈도가 점차 증가함에 따라 자발적인 민간의 대응이 지역사회 단체와 함께 제도화되기 시작해 지방정부와 협력하는 동료 시민 의회가 형성되고 있다. 이를 통해 과거의 재난 경험으로부터 대응 방법을 함께 터득하고 미래의 비상사태를 대비하는 최선의 준비 태세에 관해 심사숙고하는 것이다. 이 동료 시민 의회들은 향후 수십 년 동안 끊임없이 진화해 지역사회에서 발생하고 공동의 생태 지역 전체로 뻗어 나가는 정부의 기능 분화에 안정감을 제공할 것이다.

야생으로 돌아가고 있는 지구에 적응하기 위한 고군분투는 모든 지역사회가 회복력 있는 사회 인프라를 집결하고 배치할 수 있는지에 따라 그 승패가 결정될 것이다. 지구에 새로운 생명을 불어넣고 우리에게 적절한 틈새를 찾을 두 번째 기회를 제공해 줄 회복력 있는 인프라 말이다. 스마트 3차 산업혁명 무공해 인프라는 우리 인간 종이 생태 지역과 대륙으로 확장함으로써 거버넌스의 우선순위 재조정에 활용할 수 있는 하드웨어이자 소프트웨어다. 동료 시민 의회가 주도하는 거버넌스는 다시 지역사회 전체가 공공 자산에 대한 책임을 공유하도록 하고 개별 시민에게 자신이 거주하는 생태 지역에 대한 관리자 권한을 부여한다. 회복력을 갖춘 분산형 인프라가 없다면 생태 지역 거버넌스는 불가능할 것이다. 그리고 분산형 동료 시민 거버넌스가 아니라면 생태 지역에 대한 적절한 관리도 불가능할 것이다.

우리 인간 종은 빙하기에서 온난기로, 다시 빙하기로 돌아가던 과거의 극심한 기후변화를 견디고 적응하면서 가장 강력한 회복력을 보유한 생물 종임을 입증했다. 우리의 유전자 구성은 변하지 않았지만, 우리의 인지력과 풍부한 세상 경험은 시간이 지남에 따라 진화해 우리가 적응해야 할 행성의 힘을 이해하는 데는 고대 조상들보다 한발 앞서 있다.

우리가 두 발을 딛고 서며 동료 생명체들과 함께 살아가는 이 땅으로 거버넌스를 가져오고 예리한 시력과 민감한 청력으로 생태 지역의 청지기 구실을 충실히 수행하는 것만이 이제껏 우리가 지구에 가한 폭력을 바로잡는 한편 생물 종으로서 인류의 미래를 유지할 수 있는 방법이다. 그렇다고 해서 수렵 채집 생활로 돌아가는 극단적인 방식을 의미하지는 않는다. 우리가 생명 공동체에 다시 합류하고 복합 적응형 사회·생태 시스템에 기반한 사고의 기술을 활용해 새로운 수준의 정교함으로 우리 고향인 지구 행성에 적응하는 의식적 선택을 의미하는 것이다. 회복력의 존재란 바로 그런 것이다. 그렇게 해야만 우리는 완전히 새로운 방식으로 번성할 수단을 확보할 수 있다.

첫 번째 단계는 인간 종을 비롯한 동료 생명체들이 함께 거주하는 생태적 공유지를 육성하고 보호한다는 사명으로 저마다 생태 지역에서 강력한 동료 시민 거버넌스에 집단적으로 참여하기 위해 인간 종 전체가 헌신하는 것이다. 그 과정은 우리의 생명 작용과 긴밀히 연결된 인간 종의 가장 본질적 속성, 다시 말해 다른 존재에 대해 깊은 공감과 애착을 느끼고 경험할 수 있는 우리의 능력을 자유롭게 풀어 주는 데서 시작한다. 우리의 공감 능력을 동료 생명체들에게 확장하는 것은 자연계 전체에 있는 친척들과 함께 인간 종을 옛 보금자리로 다시 데려다줄 새로운 장의 시작을 의미한다.

13

생명애 의식의 출현

1941년, 뉴욕의 벨뷰병원 소아정신과 병동의 책임자로 있던 로레타 벤더(Lauretta Bender)가 무언가가 심각하게 잘못되었다는 것을 알게 되었다. 병동의 소아 환자들이 기묘한 반인간적 성향을 보인 것이다. 벤더는 《미국정신의학회지(Amercan Journal of Psychiatry)》에 소고를 발표하며 자신의 판단을 공유했다. 그녀가 소아 환자들에 대해 이렇게 썼다.

놀이 패턴을 보여 주지 않으며 집단놀이에 참여할 수 없고 다른 아이들을 학대한다. 어른에게 집착하고 협력이 필요한 상황에서는 짜증스러운 감정을 드러낸다. 그들은 과잉 성향을 보이며 산만하다. 인간관계에 대해 극도로 혼란스러워한다. ······ 세상은 물론이고 자기 자신을 향한 파괴적 환상에 몰두한다.[1]

벤더는 이런 반사회적 행동이 부모의 보살핌이 결여된 결과일 수 있는지 궁금했다.

아기에게 위안 주기: 적절히 좋은 육아

자율성과 자유가 동전의 양면과 같다는 믿음을 조장하던 세계관에 걸맞게 모든 아기는 자율적이고자 하는 욕구를 지니고 태어난다는 것이 당시의 과학적 사고였다. 어린이 병동과 도처의 고아원에서 행해지던 위생 관리 관행은 아기가 젖을 떼고 빨리 자립할수록 더 잘 적응할 수 있을 것이란 개념을 강화했다. 이런 생각에 기반해, 아기에게 밥을 줄 때는 보호자가 아기와 신체적 접촉을 하지 않아도 되도록 지지대를 사용했으며 아기를 들어 올리거나 안아 주는 행위는 금지되었다. 평생 어린아이처럼 굴게 만들 수 있다는 위험성을 고려했기 때문이다.

심리학의 개척자 중 한 사람인 존 왓슨(John B. Watson)은 1920년대에 아기를 안아 주는 행위는 그들에게 있는 자율적이고 자립적이고자 하는 욕구를 파괴한다고 주장했다. 젊은 엄마들을 위한 그의 조언은 이랬다.

"마치 어린 어른인 것처럼 (아기를) 대해야 한다. 옷을 입히거나 목욕을 시킬 때는 신중하고 조심스럽게 주의를 기울여야 한다. 보호자의 행동은 항상 객관적이어야 하고 친절하지만 단호해야 한다. 안아 주거나 입을 맞추는 행동, 무릎 위에 앉히는 행동은 삼가야 한다. 꼭 해야 한다면 잠자리에 들기 전 이마에 입맞춤을 한 번 해 주는 선에서 그쳐야 한다. 아침에는 아이들과 악수를 하며 인사를 나누고 어려운 일을 잘 해냈을 때는 머리를 쓰다듬어 주면 된다."[2]

제대로 보살핌을 받았는데도 벨뷰를 비롯한 여러 곳, 특히 고아원에서 유아들이 무더기로 사망하고 있었으며 생후 2년 이내 유아의 사망률이 치솟았다. 의사들은 알려진 미지의 그것 탓으로 돌릴 뿐 뚜렷한 설명을 내놓지 못했다. 그들이 "병원병(hospitalism: 병원을 비롯한 의료 시설에서 장기간 지낼 때 발생하는 심리적·신체적 이상 증상을 가리킨다. — 옮긴이)"이라는 막연한 이름을 붙여 놓은 그것 말이다.[3] 당시 벨뷰병원 소아과장이 된 해리 백원(Harry Bakwin)은 직원들이 "간병인을 위한, 입출 밸브와 슬리브 구조가 장착된" 상자를 고안하기까지 했다는 사실을 알게 되었다. 상자 안의 유아 환자가 "사람의 손이 거의 닿지 않은 채로 돌봄을 받을 수 있는" 장치였다.[4]

백원은 다른 사람이 만지고 쓰다듬는 행위를 유아들이 박탈당했다고 판단했다. 인간적 애정이 결여된 상황이었다. 그는 소아병동 전체에 이런 표지판을 붙였다. "병동에 출입할 때는 반드시 아기를 안아 주십시오."[5] 감염률과 사망률은 즉각적으로 감소했고 아기들은 건강하게 성장했다.

이런 관행이 이론으로 정립된 것은 1950년대 후반의 일이다. 영국의 정신과 의사인 존 볼비(John Bowlby)가 학술지에 발표한 논문 세 편을 통해 자신이 "애착 이론"이라고 이름 붙인, 아동 발달에 관한 새로운 이론을 제시했다. 볼비는 유아들의 1차적 욕구는 자기만족과 자율성의 추구가 아니라 애정과 애착의 추구라고 추론했다.

볼비는 이렇게 말한다. 유아기 초기에 "…… 익숙한 사람과 낯선 사람을 빠르게 구분하고 익숙한 사람 중에서 한 명 이상의 선호 대상을 선택한다. 선택한 선호 대상을 기쁘게 맞이하고 떠날 때는 좇아간다. 선호 대상이 안 보일 때는 그들을 찾는다. 선호 대상이 없어진 상황은 불안과 고통을 일으키고 그들이 다시 나타나면 안도감과 안정감을 느낀다. 이와 같은 토대 위에 감정적 삶이 구축되는 것으로 보인다. 이런 토대가 없으면 미래의 행복과 건강에 위험이 닥칠 수 있다."[6]

하지만 염두에 둬야 할 게 있다. 유아는 어른에 대한 감정적 애착을 추구하는 동시에 세상을 탐험하는 데도 흥미를 느낀다. 1차 양육자가 주는 안전한 피난처로 언제든 돌아갈 수 있다는 것을 알기 때문이다. 그는 이렇게 기술했다. "어린이를 비롯해 어린 생명체들은 호기심이 많고 캐묻기를 좋아하는 것으로 알려져 있으며 자신의 애착 대상에게서 멀어지는 일반적 이유도 바로 여기에 있다. 그런 의미에서 유아의 탐색적 행동은 애착 행동과 대조적이다. 건강한 개인의 경우, 이 두 가지 행동 유형이 일반적으로 번갈아 나타난다."[7]

볼비는 부모가 "적절히 좋아야 한다"는 말로 끝맺으며 결론을 냈다. 부모는 다음과 같아야 한다.

아이의 애착 행동에 대해 직감적이고 호의적으로 이해하면서 그것을 기꺼이 받아들이고 그럼으로써 그것이 종결되게 해야 한다. 다음으로 아이가 분노를 느끼는 가장 일반적인 근원은 사랑과 돌봄에 대한 욕구의 좌절이며 불안감은 흔히 부모가 계속해서 옆에 있을지에 대한 불확실성의 반영임을 인식해야 한다. 아이의 애착 욕구에 대한 부모의 존중에 있는 중요성을 보완하는 것은 또래 아이들 및 다른 성인들과의 관계를 탐험하고 점차 확장하고자 하는 욕구에 대한 존중이다.[8]

부모가 아이의 탐색적 행동과 궁극적 자립을 허용하는 동시에 아이와 안정적인 애착 관계를 유지할 수 있다면 아이는 관계의 발전을 위한 정서적 안도감을 얻게 될 것이다. 부모의 과잉보호나 과도한 부재는 아이가 정체성이 결여된 상태로 성장하게 하고 타인과 성숙한 감정적 관계를 발전시킬 수 없게 만들 것이다.

설상가상으로 만약 부모가 자신의 아이를 거부하거나 신체적으로 학대한다면 영유아는 지속적인 불안 상태에서 성장하게 된다. 공격적인 사람이 되고 신경증과 공포증 경향을 보이며 심지어 정신병적이며 반사회적인 행동을 보일 수도 있다. 또는 청소년기를 지나 성인기에 가까워지면서 모든 감정적 애착으로부터 자신을 철저히 격리하는 방법으로 완전한 자주성을 실행에 옮기게 될 수도 있다.

공감과 애착: 우리를 인간답게 하는 것

아동의 발달에서 애착 행동의 구실에 대한 볼비의 독창적 통찰 이후 인지과학자와 심리학자, 사회학자 들은 인간의 신경 회로 깊숙이 뒤얽혀 있는 공감 충동의 작동 방식을 이해하는 데 특별한 관심을 기울였다. 그들이 발견한 것은 우리 존재의 핵심으로, 인간 종을 특별하게 만드는 것이 '타자'와 공감하려고 하는 타고난 생물학적 동력이라는 점이다.

예를 들어, 우리는 한 아기가 울면 다른 아기들도 따라서 울기 시작한다는 것을 안다. 울어야 하는 이유를 자각하지도 못한 채 따라서 울기 시작하는데, 타인의 고통을 마치 자신의 고통처럼 느끼는 것이다. 우리의 신경 회로에 공감 충동이 존재하지만, 그것의 발현 또는 억제는 아기가 애착을 형성한 1차 양육자의 양육 환경 그리고 이와 유사한 애착을 형성하게 되는 형제자매·친척·교사 등과의 상호작용에 달려 있다.

돌봄을 제공하는 사람에 대한 아기의 애착은 신생아의 인생 드라마 제1막에 해당한다. 만약 양육자가 아기가 인간으로, 다시 말해 공감 능력을 보유한 사회적으로 진화된 존재로 성장하는 데 적극적인 조력을 제공하는 양육의 과정에서 아기의 고통이나 기쁨에 공감하지 못하거나 연민을 표현하지 못한다면 아동 발달은 남은 생애 내내 정지될 가능성이 크다. 아기가 다른 사람들은 물론이고 동료 생물체들과 연대하는 사회적 동물로서 충분히 성장할 수 없게 된다.

공감 반응의 성숙은 생사에 대한 아동의 인식 발달과 깊이 연관되어 있다. 아동 대부분은 5~7세 사이에 죽음의 개념을 완전히 이해하게 된다. 자신이 아끼고 사랑하는 사람들이 언젠가는 세상을 떠나고 자신에게도 같은 운명이 닥칠 것을 깨닫는다. 바로 이 시점에서 아동은 살아 있다는 것의 가장 중요한 측면, 즉 그것이 일시적이고 순식간에 지나간다는 것을 감정적·인지적으로 이해하게 된다. 공감 능력이 번성할 수 있도록 만드는 것이 바로 이런 깨달음이다.

타인의 고통과 괴로움을 (심지어 기쁜 감정조차) 마치 내 것인 듯 경험할 때 신경 회로의 깊은 내면에서 발산되는 공감 충동은 타인의 취약성과 유일무이한 삶을 잘살아 보려는 나름의 고군분투에 대한 감정적, 인지적 인식이다. 우리의 감정적 연대는 존재하는 모든 순간에 필멸이라는 이 궁극적 부담이자 축복을 함께 짊어지고 있는 동지로서 서로에게 보내는 지지의 심오한 표현이다. 연민의 감정은 타인에게 접근해 우리는 모두 동료 여행자라고 말하는 우리만의 방식이다. 우리가 존재라고 부르는 형언할 수 없는 여정에서 서로를 위해 한동안 같은 곳에 있는 동료 여행자 말이다.

흥미롭게도 천국이나 낙원, 상상 속의 유토피아에는 공감이란 것이 존재하지 않을 것이다. 그곳에는 죽음도 없고, 고통도 없고, 번성하고 존재하기 위한 투쟁도 없을 테니 말이다. 그렇게 차원이 다른 영역에서는 일말의 흠결이나 고난도 없고 찰나의 기쁨과 슬픔도 없이 모든 것이 그저 완벽하다. 불멸은 공감의 구실을 허용하지 않는다.

볼비는 영유아기와 아동기의 '적절히 좋은' 돌봄과 공감 욕구의 연관성 그리고 그 결과가 그 뒤 생애 전반에 미칠 영향력에 대해 이해했다. 많은 연구들이 볼비의 직관을 실증했다.《인성과 사회심리학 저널(*Journal of Personality and Social Psychology*)》에 실린 「애착 이론과 타인의 욕구에 대한 반응(*Attachment Theory and Reactions to Others' Needs*)」에서 연구자들은 "애착 안정감의 활성화가 공감 반응을 촉진한다"는 것을 발견했다.[9] 이 보고서는 양육을 제대로 받지 못해 타인에 대한 친밀감이 화답받지 못할 것이라는 두려움에서 애착 회피 반응을 보이는 아동들은 물론이고 거부되거나 버림받을지 모른다는 두려움에 애착 불안으로 고통받는 아동들은 거부나 버림받음에 대한 나름의 감정에 완전히 갇히고 결과적으로 타인과 공감할 수 있는 감정적 여유가 부족해진다고 밝힌 몇 년에 걸친 다수의 연구 결과를 검토하고 그 타당성을 확인했다.

볼비는 아동의 초기 발달 단계의 주요 양육자로서 어머니에 중점을 두었지만, 전 세계의 다양한 문화와 서로 다른 인구통계에 관한 나중 연구들에 따르면 아동의 1차 양육자에 종종 아버지와 형제자매 및 가까운 친척 등도 포함된다. 자손을 양육하고 주변의 자연 세계에 적응하며 회복력을 갖추도록 준비시키는 데 여전히 최적 표준이라 할 수 있는 수렵채집 사회에 관한 연구에 따르면, 아주 어린 자손의 양육을 위한 보살핌은 확대가족의 공동 책임인 경우가 많았다. 오늘날 이스라엘의 생활공동체인 키부츠는 아주 어린 자손을 부모와 가족이 공동으로 양육하는 관행의 타당성을 현대적으로 입증하는 사례다.

영유아에 대한 성인의 적절한 보살핌이 다음 세대들을 역경을 극복하고 회복력 시대의 선구자가 되도록 준비시키는 열쇠라면 우려스러운 현실이 드러난다. 런던에 있는 교육 분야 자선단체인 서튼트러스트(Sutton Trust)와 프린스턴대학교, 컬럼비아대학교, 런던경제대학교, 브리스톨대학교의 합동 연구 팀이 밝힌 미국 영유아의 부모 애착에 관한 연구 결과는 위안을 주지 못한다. 그에 따르면, 애착이 불안정한 아동은 행동방식의 문제와 읽고 쓰는 능력의 부족을 드러내며 (학교에서) 조기 이탈의 위험성이 상당히 높은 것으로 나타났다. 또한 부모에 대한 강한 유대감이 결여된 상태로 성장하는 아동은 성인이 되어서도 공격적이고 반항적이며 과잉 행동을 보일 가능성이 크다.[10]

가족이 먹을 음식이나 기거할 집과 관련해 지속적인 절망감과 좌절감으로 하루하루를 살아가는 빈곤한 환경에서 성장하는 것과 형편없는 애착 행동 사이에도 강력한 연관성이 있다. 그런 환경에서 부모에게 자녀 양육을 위한 확고한 돌봄을 제공할 감정적 여유가 있을 것이라고 상상하기는 어렵다. 피츠버그대학교의 심리학 교수 수전 캠벨(Susan Campbell)은 빈곤이 부모의 양육과 아동의 애착에 미치는 현실적 영향을 이렇게 요약한다. "보호자가 자신에게 닥친 어려움에 압도당해 있는 경우 영유아는 세상이 안전하지 않다고 느낄 가능성이 크며 결과적으로 자신감이 없거나 좌절감을 품거나 내향적이거나 무질서한 성인이 될 수 있다."[11]

2001년생 아동 1만 4000명을 대상으로 한 설문 조사를 통해 연구자들은 미국 아동의 60퍼센트는 "부모에 대한 강한 애착을 형성한" 것을 알 수 있었다. 그러나 나머지 40퍼센트에 속하는 아동은 부모 애착이 열악한 가정환경에서 성장해 그에 따른 심리적 문제로 고통받고 있으며 이 문제가 평생 그들을 따라다닐 것이라는 점에서 실로 우려스럽다.[12]

볼비와 (볼비의 동료로서 그의 통찰력을 이어받아 거기에 개인 및 가족의 일생에 걸친 행동방식을 조사하는 엄격한 과학적 접근 방식을 더한) 메리 애인스워스(Mary Ainsworth)는 주로 안정적 애착이나 그것의 부재가 주요한 흔적으로 남게 되는 영유아기에 집중했다. 다양한 학문 분야의 다른 연구자들은 일생의 여러 단계에서 부모 이외의 애착 대상이 하는 구실에 관해 탐구하기 시작했다. 배우자나 친구, 교사, 멘토, 치료사, 고용주 등이 초기 애착 패턴을 강화하거나 수정하면서 개인의 안정적 애착 감정과 공감 능력에 영향을 미치는 애착 대상 구실을 한다.

하지만 공감 충동은 양육의 방식과 일생에 걸친 연속적인 애착 대상에 국한되지 않는다. 공감은 역사와 함께 진화하고 사회의 진화 그리고 (사회과학자들이 거의 탐구하지 않은 사회 영역이라 할 수 있는) 문명의 흥망성쇠와도 깊이 얽혀 있다.

사회 전반에 걸쳐 새로운 인프라가 구축되고 전개될 때 공감 역시 점진적으로 발전하고 확장된다. 각 문명의 인프라는 구성원들이 충성을 바칠 수 있는 서사적 세계관과 함께 고유한 경제적 패러다임, 새로운 사회 질서, 새로운 형태의 거버넌스, 생태 발자국 등을 수반한다. 각각의 경우에, 새로운 인프라는 해당 지역에서 살고 일하고 주의를 기울이는 다양한 인구를 아우르고 감정적으로 통합할 수 있는 더 광범위한 공감적 유대를 생성한다. 혈연이 아닌 인구는 그 구성원들이 서로를 동족으로 공감하는 기능적 가족 구실을 하는 사회적 유기체로 스스로를 규정짓게 된다.

수렵 채집인들은 20~100명 정도로 구성된 소규모의 고립된 무리에서 생활했고 때때로 약간 더 규모가 큰 친족 집단에서 상호작용을 했다. 그들의 신앙과 의식에는 대체로 신이란 존재는 없었다. 대부분 사후 세계의 조상을 숭배했으며 그들의 세계관에는 정령숭배 의식이 팽배했다. 그들의 애착 대상과 공감 충동은 강력했지만, 혈연관계의 가족이라는 소규모 집단과 그보다 약간 더 큰 친족 집단에 국한되었다.

약 1만 년 전에 일어난 농경 정주 생활로의 전환은 주변의 산과 땅, 강과 개천에 존재하는 지역의 신에 대한 확고한 애착을 불러왔다. 신의 배려나 분노가 끊임없는 관심의 대상이었다. 공감 능력이 계곡에 있던 소규모의 농업 공동체와 해안선을 따라 자리 잡은 어업 공동체를 넘어 확장되는 일은 거의 없었다.

공감 확장의 큰 도약은 기원전 4000년에서 1700년 사이 티그리스와 유프라테스, 나일강 유역의 중동 지역, 오늘날 인도로 알려진 인더스강 유역, 중국의 황허강과 양쯔강 유역 등에서 수자원 기반의 거대한 농경 문명이 출현한 것과 때를 같이한다. 넓은 지리적 영역에서 붙잡혀 온 사람들이 대규모 농경의 생산 활동과 그것을 유지하기 위한 거대한 수자원 기반 시설의 설계와 배치, 운영에 투입되었다.

계절마다 반복되던 대규모 홍수를 다스리고 물을 모아 저장한 다음 파종 시기에 분배하기 위해 수력 기술이 발명되었다. 그 덕에 당장 이용하기에 충분한 식량과 저장해서 추후 보급할 수 있는 엄청난 잉여 작물이 생산되었다. 이런 수자원 문명은 운하와 제방, 수로, 관개 시스템, 왕족의 곡물 창고, 도로 등으로 구성된 공학적 위업이었으며 그것을 총괄한 것은 계약 고용한 다수의 노동력을 관리 감독하는 숙련된 기술자로 구성된 중앙 집중형 관료제다.

유대교, 불교, 힌두교, 도교, 기독교 등 종교가 형성되어 각각 거대한 축을 이루며 새로운 애착 대상이 된 것이 바로 이 시기다. 이때까지 지배적 서사였던 정령숭배 의식이 신학적 의식으로 바뀌었다. 종교는 서로 연관성이 없는 수많은 개인을 새로운 공통의 신학적 애착 대상으로 전환하는 데 성공했다. 이제 개인은 자신이 공감할 수 있고 충성과 신의를 바쳐야 할 대상인 확장된 가상 가족의 일원으로 스스로를 인식하게 되었다.

외딴 시골 마을에서 빈약한 소지품을 챙겨 들고 수백 킬로미터의 길을 걸어 수도 로마와 그 외곽에 정착하게 된 이주자 수십만 명의 상황이 어땠을지 상상해 보라. 수백만 명의 인구가 거주하는 도시에서 혼자라고 생각했을 그들 중 대다수는 조상의 땅과 지역의 신들로부터 뿌리째 분리되어 낯선 곳에 도달한 이방인이었던 탓에 예수 그리스도와 기독교에서 새로운 애착 대상을 찾을 수밖에 없었다. 이교로 취급되던 기독교는 서기 313년에 콘스탄티누스황제의 칙령으로 공식 종교가 된다.

서기 1세기의 초기 기독교 개종자들에게 그리스도는 천국에서 추종자들을 가족처럼 보살피고 참된 신자 한 사람 한 사람에게 양육과 사랑을 나누어 주는 아버지와 같은 존재가 되었다. 그리스도인들은 인사를 나눌 때 뺨에 입을 맞추었고 서로를 (아낌없이 사랑을 나누어 주는) 예수 그리스도를 부모로 둔 형제자매라고 불렀다. 그렇게 새로운 가상 가족을 품을 정도로 공감이 확장된 것이다.

수렵 채집 사회로 특징지어지는 구석기시대가 정령숭배 의식을 낳았고 거대한 수자원 기반 농경 제국의 부상이 신학적 의식의 도래를 알렸다면, 산업혁명의 출현은 이데올로기적 의식을 탄생시켰다. 과학과 기술, 산업혁명, 자본주의 경제가 지구상에 유물론적 이상향과 인간 불멸의 복제품을 안겨 줄 것이라는 믿음이 이 새로운 시대에 뿌리를 내렸다. 이런 유물론적 이상향은 그 뒤 대의민주주의와 사회주의, 파시즘, 공산주의 등의 기치 아래 다양한 형태로 반복된 이데올로기적 의식에 들러붙곤 했다.

그러나 이데올로기적 의식은 다수의 다양한 구성원을 사회적 유기체로 통합할 수 있는 지배적 내러티브가 필요했다. 앞서 말한 바와 같이, 18세기 후반 유럽과 미국에서 화석연료 기반의 산업 인프라가 배치되고 지역적 시장에서 국가적 시장으로 전환되면서 국민국가(민족국가) 거버넌스가 탄생했다. 하지만 이 국가들은 대체로 한 민족으로 구성된 집단이 아니라 각자 나름의 언어나 방언, 문화유산, 보편적 신화, 애착 대상 등을 보유한 여러 민족과 인종이 혼합된 집단이었다. 이를 염두에 두고, 새롭게 생겨난 국민국가는 서로 이질적인 다양한 민족을 시민으로 전환하고 이데올로기적 의식을 지닌 국가의 수호자로 변화시키도록 고안된 대규모 사회적 세뇌 프로그램에 착수했다.

4장에서 언급했듯이, 각 국가는 고유의 언어를 확립했다. 그런 다음 국가를 찬미하는 교육과정과 함께 공립학교 시스템을 도입하고 과거의 역사적 사건을 기념하기 위한 공휴일도 제정했다. 기념하고자 한 과거사 중 일부는 사실보다 허구에 가깝기도 했지만, 공통의 동포애적 유대를 형성하는 수단이 되었다. 이탈리아와 독일, 스페인, 프랑스 문화권에서 국가가 주요 애착 대상이 되기까지 소요된 기간은 몇 세대에 불과했다. '모국' 또는 '조국'이라는 이름으로 대중은 애국 의식 고취를 위한 훈련을 받으며 국가에 대한 충성을 요구받았다.

이 모든 과정을 통해 등장한 것은 세대에서 세대로 이어진 시민이었고, 시민들은 국민국가를 어머니나 아버지와 같은 안전한 존재로 여기며 애착을 품었다. 모든 시민은 또한 서로를 확장된 가족의 일원으로, 공감의 대상으로 보게 되었는데 그것은 동포를 위해 싸우거나 죽는 궁극적 희생을 기꺼이 감수할 정도였다. 그 뒤 2세기에 걸쳐 유럽 전역에서 전쟁이 계속되면서 수많은 사람의 피가 뿌려졌다. 확장된 가상의 가족을 위해 그리고 모국과 조국, 다시 말해 다른 무엇보다 중요한 애착 대상에 대한 충성심을 보여 주기 위해 사람들이 목숨을 바쳤다. 브루넬대학교의 철학 교수 넬리 페렌치(Nelli Ferenczi)와 맥마스터대학교의 철학 교수 태라 마셜(Tara Marshall) 등은 국가에 대한 애착을 연구한 선두 주자들이다. 이들의 연구인 「'고국'에 대한 애착과 문화유산 정체성의 관련성에 관한 탐구(*Exploring Attachments to the 'Homeland' and Its Association with Heritage Culture Identification*)」는 반세기 전 1차 양육자에 관한 볼비와 애인스워스의 저술과 비슷한 결과를 보여 주었다. 연구에 참여한 16~65세 여성 126명, 남성 105명, 성별을 밝히지 않은 1명 등 총 232명 중 35퍼센트는 출생국이 아닌 나라에 거주하고 있었고 65퍼센트는 출생국에 거주하는 사람들이었다.[13] 이들이 연구를 통해 발견한 내용은, 국가에 대한 애착이 1차 양육자에 대한 영유아의 애착과 유사한 심리 선상에서 상호 연관되어 있다는 것이다.

연구의 피험자는 세 가지 노선으로 구분되었다. 자신이 출생한 국가에서든 새로 정착한 국가에서든 사회에 성공적으로 통합된 사람들은 그 사회의 내러티브 속에서 정체성을 찾고 거기서 보호와 돌봄을 받는다고 느꼈다. 그들은 자신을 공통의 정체성을 가진 확장된 가상 가족의 일원으로 여기며 애착의 모든 특성을 보여 주었다. 그렇지 않은 사람들은 자신의 애착 대상, 즉 국가가 자신의 삶에 부재한다거나 자신이 국가로부터 거부당하고 있다고 느꼈다. 고전적인 볼비-애인스워스 반응, 즉 두려움과 불안 및 버림받고 소외당해 혼자라고 생각하는 반응을 보인 것이다. 피험자들이 보인 전형적인 반응은 "국가로부터 버림받을까 봐 걱정된다" 또는 "조국으로부터 분리된 독립성을 느끼는 것이 나에게 매우 중요하다"였다.[14]

정령숭배 의식·신학적 의식·이데올로기적 의식 등은 우리 인간 종이 (탄생과 삶, 죽음과 사후 세계, 정신과 욕구, 의무와 관계 등을 아우르는) 자신의 존재에 대한 이해를 가능하게 만든 위대한 서사적 틀의 형성, 즉 역사적 분수령을 나타낸다. 그리고 각 의식은 인류가 경제생활과 거버넌스 및 자연계와의 관계를 조직하는, 전과 다른 새로운 접근 방식을 대변한다.

역사학자와 인류학자는 지구의 풍부한 자연을 더 광범위하게 착취하기 위해 다수의 인류를 단순한 혈연을 넘어 다양한 기능과 책임으로 구성된 복잡한 관계에 얽힌 집단으로 묶어 놓은 그 대단한 기술적 인프라에 집중한다. 이보다 덜 주목받는 사실은 우리에게 수자원 기반 문명 그리고 원시적 산업혁명과 완전히 성숙한 산업혁명을 선사한 위대한 인프라 혁명이 인간 종의 공감 범위를 혈연관계에서 종교적 소속감, 이데올로기적 정체성으로 확장했다는 부분이다. 불행히도, 새로운 인프라와 거기 수반된 공감 애착은 전에 없던 경계선을 새로 만들기도 했다. 진정한 신자를 (이교도, 무정부주의자 등) 다른 사람과 구분함으로써 종종 전쟁과 유혈 사태, 새로운 유형의 차별이라는 극악하고 무시무시한 결과를 낳기도 했다는 얘기다.

그럼에도 이런 공감의 확장이 우리 인간 종의 공감적 진화를 한층 발전시킨 것 또한 사실이다. 종교적 관용의 확대, 노예제의 폐지, 고문 금지, 집단학살의 범죄화, 민주적 거버넌스와 인권의 발달, 최근에는 성과 성적 지향에 대한 평등 인식까지 모두 인간 종의 공감적 진화가 발전한 사례로 볼 수 있다. 이와 같은 획기적 약진이 가능했던 것은 인류의 시공간적 상호 연결성이 향상되었기 때문이며, 이 상호 연결성은 확장된 '가상' 가족으로 다양한 인류를 결속시킨 공감 애착과 함께 그 어느 때보다 인류를 가까워지게 만든 새로운 통합적 인프라 덕분이다.

이 중 어느 것도 전 시대의 과오가 지속적으로 우리 인간 종을 괴롭히지 않는다는 암시가 아니다. 모든 새로운 인프라의 도약은 더 많은 사람들을 확장된 가상 가족으로 통합하고 더 광범위한 공감적 정체성을 부여하는 한편 부족이나 종교적, 이데올로기적 집단을 쇠약하게 만드는 위협이 되기도 한다. 이와 같은 과거의 코호트는 완전히 사라지지 않으며 갈수록 좁아지는 시간적 무대에서 제약을 받더라도 계속 존재할 것이다. 함정이 있다면, 역사에서 자취를 감춘 듯 보이는 그런 문화적 애착이 당장이라도 분연히 일어나 전투에 임할 준비가 되어 있는 잔재로서 그 생명력을 유지한다는 것이다.

우리 인간 종의 애착 대상과 공감 본성은 전력 질주와 도약의 속도로 진화하는 한편 때때로 한순간에 무너져 내리며 인간 종족을 장기간의 암흑기로 몰아넣기도 했지만, 신경 회로의 기본 배선은 우리의 공감 정신을 계속 살아 숨 쉬게 한다. 그리고 지금 그것이 인류를 공감 진화의 다음 단계로 데려가고 있다는 데 의심의 여지가 없다. 이번에는 우리 인간 종과 동료 생물체들을 너무 늦지 않게 구할 수 있기를 바란다.

젊은 세대는 신학적, 이데올로기적 애착의 대오를 무너뜨리며 더 포괄적인 새로운 생물학적 가족의 단계로 들어서기 시작했다. 이제 생명애 의식이 부상하고 있으며 우리 인간 종이 동료 생물체들과 공감하기 시작하면서 회복력 시대를 규정하는 서사가 될 가능성이 크다.

자연과의 새로운 연계

무엇보다 먼저 배경이다. 동료 생물체들에 대한 공감적 포용을 의미하는 생명애 의식은 단순히 권장 사항이나 희망 사항이 아니다. 공감 확장의 다음 단계인 생명애 의식이 없다면 (즉 지구 행성에 함께 서식하며 체류하는 친족이라는 '진정한' 확대가족에 대한 공감 확장이 없다면) 기후변화가 지구상에서 출구도 없는 마지막 전장으로 그들과 우리 모두를 몰아넣을 것이 분명하기 때문이다. 우리가 동료 생물체들의 생존을 위한 투쟁에 깊이 공감할 때 비로소 우리 자신의 미래도 보장될 것이라는 희망을 품을 수 있다.

생명애 의식은 단독적이지 않다. 패키지의 일부라는 뜻이다. 회복력 있는 새로운 디지털 인프라와 그에 수반되는 상호 연결성이 인간 종에게 분산된 권한을 제공하기 때문에 우리는 생태 지역과 생태계 전반에 걸쳐 더 실질적인 적응형 거버넌스를 활성화할 필요가 있을 것이다. 생태 지역 거버넌스를 향한 확장은 시민들이 인간과 동료 생명체들이 삶을 영위하는 19킬로미터의 지구 생물권과 더욱 친밀한 관계를 형성하게 한다. 이것이 중요한 이유는 공감적 포용의 힘이 부분적으로 경험적 친밀함에 근거한다는 데 있다. 친밀한 동료로서 지역 생태계를 관리하려는 의식과 함께 생태 지역 거버넌스는 우리 인간 종이 체화된 방식으로 동료 생명체들과 직접 접촉하게 만들어 공감 능력이 무한히 발산될 수 있도록 한다.

시민과 생태계가 더 친밀한 관계를 형성하는 것은 불가능하다고 생각하거나 심지어 낭만적인 말장난에 불과하다는 사람이 있다면, 그런 수준의 친밀감은 이미 모든 곳의 인류 전체에 강요된 것이라고 강조하고 싶다. 기후 재난과 지구의 야생 회귀가 우리 일상에 미치는 파괴적 영향력은 의심할 여지 없이 가까이에서 전면적으로 다가오고 있다. 친밀감이 없어도 그것을 개별적으로 느끼지 않을 수는 없다. 그리고 그것은 우리의 모든 것, 일하고 즐기고 삶을 영위하고 미래를 상상하는 모든 방식에 영향력을 행사하는 상존의 힘으로 빠르게 변하고 있다. 그렇다면 우리는 어떻게 우리 아이들을 야생으로 돌아가고 있는 행성에서 적응력과 회복력을 갖추도록 준비시킬 것인가?

2019년 유럽의 심리학 분야 연구자들이 아동기의 애착과 적응력 및 회복력 사이의 관계에 관한 실험과 연구의 결과를 상세한 보고서로 발표했다. 보고서에 따르면, 아동이 파괴와 분출로 소용돌이치는 세상에 성공적으로 적응할 수 있는 역량을 갖추고 성장할지 그리고 회복력을 보유할 수 있을지 여부는 주로 영유아기와 아동기에 부모와 가족 등의 양육에 따라 결정된다. 연구자들은 "회복력은 두 가지의 핵심 개념, 즉 역경과 긍정적 적응에 근거하고 있음을 보여 주는 문헌의 일관성"을 발견하고 "안정적 애착이 긍정적 적응의 전제 조건이 될 수 있다"고 결론지었다.[15]

기후변화의 실존적 위협을 공포에서 적응으로 전환하는 것이 미래로 향하는 문이다. 동료 생명체들과의 공감 확장, 즉 생명애 연결성은 회복력 시대를 활성화하는 가장 강력하고도 유일한 힘이다. 이 모든 것이 다시 애착으로, 이 경우에는 '장소에 대한 애착'으로 귀결된다.

애착 이론이 종교적·이데올로기적 제휴를 포함해 다양한 사회학적 현상에 걸쳐 연구되었지만, '장소 애착'에는 크게 관심이 쏠리지 않았다. 영아의 초기 애착 대상은 주변 환경이며 장소는 부모의 양육을 넘어서는 탐구와 애착의 첫 차원인데도 말이다. 영유아는 세상의 물리적 상태와 존재, '진행 중인 일' 등을 탐구함으로써 환경에 대해 구체화한 관계를 형성한다.

아동의 발달과 소속감에서 자연계보다 장소 애착이 더 중요한 구실을 하는 곳은 없다. 유아가 기고, 걷고, 날고, 헤엄치는 온갖 생명체에 관심을 보이는 것이 그 증거다. 양육자가 아동이 주변의 자연환경을 탐색하도록 장려하거나 위험에 대해 경고하고 억제하는 것은 아동의 일생에 걸쳐 장소 애착 또는 그 결핍에 영향을 줄 수 있다. 점점 도시화하는 문화 속에 주로 실내에서 생활하는 데다가 최근에는 가상 세계의 경험까지 증가하는 바람에 자연환경이 낯설고 위협적인 것으로, 심지어 관심의 대상마저 못 되는 현실도 마찬가지다. 「숲속의 마지막 아이(*Last Child in the Woods*)」를 쓴 리처드 루브(Richard Louv)는 오늘날 많은 어린이의 감정을 대변한 4학년 학생과 나눈 대화를 들려준다. 왜 바깥에서 놀지 않느냐는 질문에 아이는 이렇게 대답했다. "실내에서 노는 게 좋아요. 벽에 전기 콘센트가 있으니까요."

만약 우리가 장소에 대한 애착을 당연한 것으로 여기는 경향이 있다면, 시간과 공간에서 우리의 존재를 정의하는 방식이 너무나 익숙하고 일상적인 나머지 그것이 이 세상에서 우리의 존재를 어떻게 형성했는지를 잊기 때문일 것이다. 언어의 발달도 장소에 대한 초기 탐험에 의존한다. 우리가 인지하고 경험하는 활동과 상호작용은 우리가 언어를 구사하고 관계를 이해하며 정체성을 형성하는 데 필요한 풍부한 공간적, 시간적 은유를 제공한다.

만약 유아나 아동이 외부 환경 또는 삶과 죽음에 관련된 경험이 전무한 상태로 성장한다면 장소에 대한 경험은 상당히 협소해지고 그 뒤 맞닥뜨릴 더 넓은 환경에 대한 안정적 애착 또한 줄어들 것이다. 불행히도, 산업 시대의 급격한 도시화 과정에서 자연계에 대한 애착 형성에 매우 중요한 환경적 연결성의 상실은 크게 주목받지 못했다. 그래서 영유아의 보육 과정과 그 뒤 학교생활에서도 자연계를 경험할 수 있는 여지가 크게 줄어든 상태다. 심지어 외부에서 보내는 비체계적인 시간으로 허락되는 학교의 휴식 시간마저 상당히 줄어들거나 아예 폐지되고 가상 세계로 대체되어 버렸다. 아이들을 단순히 평면 화면의 픽셀을 조작하며 수동적으로 들여다보는 사람으로 만들어 버리는 가상 세계 말이다.

장소에 대한 애착은 양육자에 대한 애착과 마찬가지로 노출과 경험의 유형에 따라 달라진다. 자연과 연관된 경험이 안정적이라면, 다시 말해 한결같고 매혹적이며 재확인할 수 있고 위안을 주는 것이라면, 일반적으로 평생에 걸쳐 긍정적 애착이 남을 것이다. 장소 애착에 관한 연구는 양육을 제공하는 부모에 대한 애착, 종교적 애착 그리고 조국에 대한 애착 등과 대체로 같은 곡선을 그린다. 자신의 경험이 혹독하거나 무정하거나 실재하지 않는 것으로 인식된다면 아동의 행동방식은 불안 또는 회피의 양상을 띨 수 있다. 이와 반대로 노출과 경험이 양육적이고 생성적이라면, 장소에 대한 애착은 아동의 정체성에서 의미 있는 일부분을 형성할 수 있다.

주변의 자연환경에 대한 안정적 애착이 그것의 필수요건에 적응하거나 그것의 재생성을 관리하는 것과 항상 일치하지는 않는다. 예를 들어, 자연환경에 강한 애착이 있는 개인은 반복되는 기후 재난 이후에 해당 지역의 지구온난화 현상이 전보다 더 위험한 기후 재난으로 이어질 것이라는 과학자들의 주장에 소극적으로 반응하는 경우가 많다. 적절한 환경 관리를 통해 지역을 재배치하고 야생으로 돌아갈 수 있게 하는 것이 더 나은 방향일지도 모른다는 말도 듣고 싶어 하지 않는다. 그 대신 그들은 저항하면서 같은 장소에 전과 같은 방식으로 재건하는 일을 반복하는 데 전념한다. 그것이 자신이 아는 전부이기 때문이다. 그것은 그들이 지닌 장소에 대한 확고하고도 깊은 애착을 반영하는 것이지만, 그들 미래의 안녕과 그들이 속한 생태계에 유해할 수 있다.

장소와 환경에 대한 애착을 버리지 못하는 것은 종종 새로운 기술의 습득 또는 다른 장소에서 직업을 찾는 것에 대한 비자발성으로 표출되기도 한다. 자연환경이 고갈되어 더는 생존의 기회를 제공하지 않거나 석탄 채굴이나 벌목 등과 같이 직무 특성이 환경 파괴적인 경우라도 선뜻 행동하지 않는 이유가 거기에 있다는 뜻이다.

더 복잡한 상황도 있다. 자신의 환경에 대해 이와 유사하게 확고하고 친밀한 애착이 있으며 자연의 사랑을 공유하기까지 하는 개인은 연안에 풍력 발전기를 설치하거나 인접 지역에 대규모 전력 공급이 가능한 태양광 발전소를 설치하는 일에 동의하지 않을 수도 있다. 반대론자는 발전소의 설치가 지역의 자연경관을 훼손하고 환경을 위협할 수 있다는 우려의 목소리를 낸다. 찬성론자는 화석연료에서 재생 에너지로 전환하는 것이 지구온난화와 기후변화의 속도를 늦추고 더 회복력이 강한 생태계를 재생할 수 있는 유일한 방법이라고 주장한다. 양 당사자가 각각 자연환경에 대한 확고한 애착을 보이지만 그것을 보호하는 최선의 방법에 대해서는 의견이 다른 상황인데, 이런 경우에는 결국 모종의 합의에

도달하게 되는 편이다.[16]

장소 애착에 관한 많은 연구에서 환경 보호를 위한 공동의 노력이 종종 자신의 가족과 후손을 위한 회복력 있는 미래에 대해 수용 가능하며 합의된 적응형 접근 방식을 찾고자 하는 이웃들의 연대, 즉 시민 활동과 참여를 유발하는 것으로 나타났다. 이것은 생태 지역의 관리에서 기존 거버넌스와 보조를 맞추게 될 분산형 동료 시민 정치와 시민 의회의 확장에 좋은 징조라고 할 수 있다.

확고한 장소 애착, 특히 자연환경에 대한 애착은 정착할 수 있는 안식처와 생활세계를 제공하는 한편 그에 못지않게 중요한 두 가지 기능을 수행하는 것으로 드러났다. 자연환경에 대한 확고한 애착은 개인의 행복을 성취하는 방법일 뿐 아니라 대대적으로 자연을 포함하는 공감 확장의 진화로 가는 길이기도 하다.

행복에 대한 재고

행복의 구성 요소에 대한 벤담의 사상은 산업 시대 전반에 걸쳐 거의 반문의 여지가 없었다. 벤담은 인간의 모든 행동은 쾌락을 경험하고 고통을 회피하고자 하는 욕망에 따라 움직인다는 공리주의 이론으로 잘 알려진 19세기의 철학자다. 그는 인간은 타고난 쾌락주의자이자 공리주의자이며 만족을 모르는 욕망을 충족시키는 데 평생을 보낸다고 주장했다. 광고업계는 벤담의 교리문답을 액면 그대로 받아들여 우리 인간 종이 몇 세대에 걸쳐 끝없이 신제품과 서비스라는 형태로 지구의 보물을 소비하도록 부추기는 데 이용하기도 했다. 1950년대까지 거슬러 올라가 보면, 경제학자 빅터 리보(Victor Lebow)가 학술지 《소매 저널(*Journal of*

Retailing)》에서 소비자 문화의 이점에 대해 이렇게 언급했다.

"이 엄청나게 생산적인 경제는 소비를 우리의 생활방식으로 만들고, 상품의 구매와 사용을 의식으로 전환하고, 소비에서 영적 만족과 자아의 만족을 추구할 것을 요구한다. 우리는 갈수록 빠르게 소비되고, 태워지고, 닳고, 교체되고, 버려지는 것들이 필요하다."[17]

빈곤이 사람을 행복하게 만든다고 주장할 사람은 없을 것이다. 하지만 다른 편에서도 들여다보자. 지나친 소비주의가 진정 나쁜가?

소비문화가 정점에 이르러 전체 인구를 회복 불능의 빚더미에 빠뜨리기 시작한 것과 때를 같이해 소비주의와 불행의 일대일 상관관계에 관한 연구들이 시작되었다. 심리학자와 사회학자, 인류학자 들이 연구 조사와 수치 산출을 수행했다. 그 결과, 소비주의는 마약처럼 중독성이 있으며 더 깊게 빠져들수록 더욱 비참해진다는 만장일치에 가까운 결론을 도출했다. 이와 마찬가지로, 더 많이 소유할수록 자신이 소유한 것들에게 더욱 소유당하는 결과로 이어진다.

예상할 수 있는 것처럼, 우리가 더 많은 소유물에 둘러싸일수록 인공의 세계에 감금되고 자연의 세계에서 분리되는 정도가 더 심해진다. 이런 현실이 한층 더 절망스러운 것은 최근 과학자들이 자연에 대한 노출은 단순한 미적 경험이나 여가 활동이 아니라 그보다 훨씬 더 중요한 무언가라는 결론에 도달했기 때문이다. 모든 세포의 작동에 이르기까지 우리의 가장 친밀한 신체 기능과 인지 기능은 자연계의 리듬과 흐름에 보조를 맞춘다. 이런 깨달음은 다시 생명애로 시선을 옮기게 만든다. 우리의 존재를 지탱하는 힘이 각각 생명애 본능과 자연공포증(biophobia)으로 특징지어지는 자연의 구원과 위협, 두 가지 모두에 대한 경계를 늦추지 않는다는 개념을 살펴보자.

도시 지역에 사는 사람들은 우리의 기분과 행동방식, 신체 기능이 환경과 우리의 생리학적 관계로부터 (특히 정신적, 육체적 안녕 측면에서) 어떻게 무의식적 영향을 받는지 인지하지 못하는 경우가 많다. 예를 들어, 숲속 산책과 도시 환경 산책을 비교해 볼 수 있다. 숲속 산책은 평균적으로 스트레스 호르몬인 타액 내 코티졸을 13.4~15.8퍼센트, 맥박을 3.9~6퍼센트 줄이는 동시에 수축기 혈압도 낮추는 효과가 있다. 숲속을 산책하고 나면 긴장이 해소되는 느낌을 주는 부교감신경 활동은 102퍼센트 상승하고 스트레스를 유발하는 교감신경 활동은 19.4퍼센트 감소한다. 우리 몸에서 일어나는 이 모든 변화의 원인이 단순한 숲속 산책이다.[18]

자연과 건강의 상관관계는 1980년대 일본에서 전국적인 논쟁거리가 되었다. 강도 높은 업무와 함께 극심한 스트레스와 압박을 느끼는 도시 생활로 일본의 노동인구는 이른바 '번아웃(burnout)' 증후군을 경험하고 있었다. 일본은 최초의 상시 노동 사회(하루 24시간, 일주일 7일, 사실상 연중무휴 일하는 사회)라는 불명예를 얻었다. 일본 대중의 쾌락주의적 욕구는 충족되고 있었을지 몰라도 회복의 욕구는 충족되지 못하고 있었다. 이 무렵 일본 전역에서 '산림욕'이라는 새로운 문화 현상이 나타났다. 숲속 산책을 뜻하는 '산림욕'은 신체적 건강을 회복하기 위한 치유 활동이었다. 치유 효과를 입증하는 증언들이 넘쳐났다. 사람들은 건강이 회복되었다고 느꼈고 과학자들은 '회복적 건강'이라는 말을 만들어 냈다.

단순히 머릿속에만 있는 개념이 아님을 증명하기 위해 연구자들은 3~6킬로미터 정도의 숲길을 여유롭게 산책할 때 혈당 수치를 측정해 러닝머신과 수영장에서 유사한 강도의 운동을 한 경우와 비교했는데, 러닝머신과 수영의 경우 21.2퍼센트 감소한 것에 비해 숲길 산책은 39.7퍼센트 감소한 것으로 나타났다.[19] 주변 환경이 만들어 낸 차이가 명확했다. 생태학자들이라면 이 차이가 생명애 연결성 때문이라고 주장할 것이다.

몇 년 전《환경과 자원 연례 리뷰(Annual Review of Environment and Resources)》

에「인간과 자연: 자연을 알고 경험하는 것이 안녕에 미치는 영향(*Humans and Nature: How Knowing and Experiencing Nature Affect Well-Being*)」이라는 보고서가 발표되었다. 안녕의 차원을 열 가지 범주로 구분한 다음 그것이 자연 속 경험과 어떤 상관관계가 있는지를 확인한 연구 결과다. 연구자들은 이렇게 밝혔다. "확인된 증거를 균형 있게 종합해 볼 때 자연을 알고 경험하는 것이 일반적으로 우리를 더 행복하고 더 건강하게 만드는 것으로 나타났다."[20] 그리고 더 깊이 파고들어 인간 안녕의 열 가지 범주 각각에 대해 자연이 미치는 영향력을 조사한 결과, 매우 강력한 상관관계가 있음을 확인했다고 했다. 자연에 깊이 몰입할수록 신체적 건강의 증진, 스트레스 감소, 자제력 향상, 정신 건강의 회복, 정신력의 강화, 주의 집중 시간의 연장, 학습 능력 향상, 상상력의 고무, 정체성의 심화, 연결성과 소속감의 증대 등과 같은 효과가 그들의 연구 결과에 포함되었다.[21]

인본주의 심리학자 에리히 프롬(Erich Fromm)은 살아 있는 모든 현상에 끌리는 느낌을 설명하기 위해 생명애라는 단어를 만들었다. 하지만 인간을 이루는 모든 생물학적 조직에 이 개념을 깊숙이 뿌리내린 인물은 에드워드 오스본 윌슨(Edward Osborne Wilson)이다. 그는 생명애가 우리의 DNA에 깊이 얽혀 있는 타고난 특성이라고 주장했다. 우리는 생명의 한 가족이며 우리의 개인적, 집단적 안녕은 어떤 느낌으로든 살아 있는 모든 것과의 깊은 관계에 좌우된다는 원초적 인식이 바로 생명애라는 것이다. 우리의 공통적 유대감은 자신의 존재를 최대한 번성시키려는, 모든 동료 생명체도 보유하는 욕구에서 나온다.

그렇다고 해서 삶이라는 현실의 어둡고 불길한 측면을 줄이지는 못한다. 우리는 생물학적 존재로서 생명체와 친족 관계를 느끼지만, 우리의 유전적 구성에는 특정 생물 종에 대한 두려움도 새겨져 있다. 그것의 번성욕구가 우리에게는 위협이 될 수 있는 생물 종 말이다. 여타 포유류와 마찬가지로 우리는 뱀이나 거미 등과 같은 생명체를 만나면 뒤로 물러난다. 우리의 유전자 구성에는 그것들이 일으킬 수 있는 피해에 대한 뚜렷한 기억이 포함되어 있기 때문이다. 그렇게 우리의 생리학적, 인지적 존재는 생명애의 욕구가 강한 한편 자연공포증을 경계하는 성향도 함께 보유한다. 생명애와 자연공포증은 삶의 시작부터 끝까지 우리와 함께한다.

요컨대 윌슨은 생명애를 "생명과 생명 같은 과정에 집중하는 타고난 성향"이라고 정의한다.[22] 윌슨에게 생명애 연결성은 부분적으로 종의 관점에서 인간의 역사를 다시 쓰는 것이다. 영국의 철학자 허버트 스펜서(Herbert Spencer)가 고안하고 1869년에 다윈이 『종의 기원』 5판에 넣은 '적자생존' 개념이 어떤 면에서는 그 이후 다윈의 논리를 훼손했다. 자연은 강자가 약자를 밟고 올라서는 싸움의 장이며 "인정사정 봐주지 않는" 자연이라는 주장을 정당화하기 위해 쓰인 이론이기도 하기 때문이다. 그런 의미가 유력해지는 것은 결코 다윈의 의도가 아니라는 점을 우리가 잊지 말아야 한다.

윌슨은 다른 모든 생물 종과 마찬가지로 인간 종의 본질적 욕구는 지배가 아닌 번성이며 생명애는 동료 생물체 및 자연계와 공감하려는 우리의 타고난 성향을 반영한다고 주장하며 생명의 진화를 더 나은 장으로 옮겨 놓았다. 단 한 방에 우리 인간 종을 자연을 지배하기 위한 투쟁에서 자연과 화합하고자 하는 타고난 유전적 성향으로 옮겨 놓은 것이다. 우리 인간 종은 그렇게 함으로써 번성한다.

교실이 되는 자연

생명애의 육성은 어린 나이에 시작된다. 이탈리아 출신 연구자 주세

페 바비에로(Giuseppe Barbiero)와 키아라 마르코나토(Chiara Marconato)는 유아와 어린 아동을 자연에 노출할 때는 사회에서 효과적으로 애착을 형성시킬 때와 동일한 참여 원칙을 따라야 한다고 주장한다. 생명애가 자연과의 정서적 연결에 관한 것인 만큼 부모나 형제자매, 교사 같은 양육자는 아동이 짧은 시간 안에 자유롭게 배회하며 자연을 경험하고 언제든 1차 양육자에게 재빨리 돌아갈 수 있다는 것을 알 만큼 안전한 장소를 제공할 필요가 있다. 더 긴 시간 동안 더 많이 탐색하고 다시 안전하게 돌아오면 아동의 안전한 장소는 확장되고 집에 있는 것과 같은 안전함을 느끼는 범위가 자연환경을 포함할 정도로 확대될 수 있다.

이와 같은 양육의 시간적·공간적 역학은 아동이 1차 양육자를 넘어 무수히 많은 다른 생명으로 관계를 확장하는 데 도움을 준다. 이것은 아동의 '사회화'를 넘어 '자연화'로 이동하는 방법이며 문명이 인간 종과 진화상의 나머지 동족 사이에 구축해 놓은 인공적인 경계를 지우는 방법이기도 하다. 이런 식의 생명애 연결은 가장 근본적인 인간 의식의 변혁이 되어 마지막 남은 '타자'를 사실상 제거한다. 다시 말해, 우리는 진화의 가족인 동료 생명체를 살아 있는 친족으로, 자연을 우리의 확장된 장소이자 집으로 경험하게 되는 것이다.[23]

이것이 단지 희망적 관측만은 아니다. 미디어와 공공 담론에서는 크게 주목받지 못했지만, 사회화에서 자연화로 세계관을 전환하는 교육 현상이 전 세계를 휩쓸고 있다. 숲속 학교, 환경 학교, 숲속 유치원, 자연 천국 등 다양한 이름으로 불리며 독일과 이탈리아, 덴마크, 스웨덴, 영국, 미국, 캐나다, 호주, 뉴질랜드, 중국, 일본 등 세계 곳곳에서 등장하는 것이다. 이들은 인류와 여타 진화적 가족 간 관계를 조화롭게 한다는 희망과 함께 다음 세대인 유아와 청소년 들을 생명애 의식의 길로 선도하고 있다.

회의론자들은 이 자연 학교들이 부수적 실험일 뿐이라고 생각할 수 있다. 하지만 독일에서는 이미 2000개가 넘는 숲속 학교가 생겨났으며, 2020년 현재 미국에는 600여 개의 자연 친화적 유치원이 운영 중이다.[24]

4~6세 어린이들이 소규모 집단을 이루어 생명애 교육학에 특화된 훈련을 받은 성인 안내자와 함께 자연으로 들어간다. 교사와 아동이 학급이라기보다는 놀러 나온 무리 같다. 야외 교실은 날씨가 흐리거나 맑거나, 덥거나 춥거나 연중 내내 열리며 교사와 학생의 무리는 매일 그곳에 나온다. 유일한 거처는 식량 저장을 위한 작은 오두막일 때가 많다. 화장실이 없어서, 아이들이 용변을 보기 위해 교사의 시야에서 벗어나지 않는 범위에서 잠시 약간의 거리를 두는 법을 배운다. 성인 돌봄 제공자의 경계 범위를 벗어나 배회하지 않는다는 규칙하에 아이들은 자연이라는 열린 교실을 자유롭게 탐험하고 동식물을 경험하며 자연환경과 상호작용한다. 자신의 경험을 이야기하고 질문하며 생각을 공유할 수도 있다.

2020년에 전 세계를 휩쓴 코로나19 팬데믹으로 학교와 유치원이 폐쇄되는 바람에 오히려 좋은 일이 생겼다면, 그중 하나는 숲속 학교나 자연 학교에 대한 갑작스러운 관심이다. 교육자와 학부모 들은 원격 학습의 문제점과 바이러스 노출을 동시에 해결할 수 있는 대책에 주목했다. 친구들과의 실시간 사교 활동에서 격리된 유치원생부터 고등학생까지, 또래로부터 격리된 그 활동력 넘치는 아이들을 가정 내에서 감당하지 못하는 상황에 이르자 학부모들은 실용적 대안으로 숲속 학교를 찾기 시작했다. 소아 작업치료사인 앤절라 한스콤(Angela Hanscom)과 동료들은 "코로나바이러스의 위협에 대처하려는 방안으로 야외 활동을 선택하는 사람들이 점점 증가하고 있다"고 말했다. 그녀는 "야외에서 전파율이 훨씬 낮기 때문에 야외 활동이 더 안전하다"는 명백한 사실을 들며 "아이들은 (컴퓨터 화면 앞에) 온종일 가만히 앉아 있을 수만은 없다. 아이들이 움

직여야 한다는 것은 매우 기초적인 신경과학"이라고 덧붙였다.[25]

캘리포니아 버클리에 살며 5세와 10세, 두 아들의 어머니인 트레이시 모린(Traci Morin)은 이렇게 말했다. "숲속 학교 덕분에 상황이 완전히 바뀌었습니다. …… 숲속 학교가 없었다면 우리 가족은 그 모든 상황을 견뎌낼 수 없었을 겁니다. …… 지금 아이들은 매우 즐거워하고 자연 속에서 차분해졌으며 여러 가지 활동을 통해 많은 것을 배우기도 합니다. …… 집에 돌아오면 마냥 행복해한답니다." 샌프란시스코만이 내려다보이는 경치 좋은 세자르차베즈 공원에서 운영되는 버클리 숲속 학교의 설립자인 리아나 차바린(Liana Chavarín)은 자연 학교의 이점은 "회복력을 기르는 데 도움을 주고…… 아이들에게 땅이 자신들의 것이라고 느끼게 하는 것"이라고 말한다.[26]

숲속 학교의 교사들은 학습이 이루어지는 교실로서 자연은 자연계의 복잡한 관계, 특히 매 순간 새로운 경험으로 활기가 넘치는 체계에서 벌어지는 끊임없이 진화하고 적응하는 상호작용을 아이들에게 소개한다고 말한다. 샌프란시스코 이스트베이의 여러 공원에서 운영되는 오클랜드 생태유치원의 설립자 조아나 페라로(Joanna Ferraro)는 이렇게 말한다. "자연은 마치 공동 교사와 같습니다. 물론 수업 계획이 준비되어 있지만, 하늘을 나는 무당벌레 떼를 발견하면 갑자기 그게 새로운 교과과정이 되어 버리죠. 무엇이든 관심이 끌리는 대상이 생기면 과정을 바꿀 수 있습니다. 멈춰 서서 얼마든지 원하는 만큼 거미를 관찰할 수도 있죠."[27]

교실 경험으로서 자연환경은 컴퓨터 화면 앞에 혼자 앉아서 가상 세계와 상호작용을 하는 것과 완전히 다르다. 차바린은 매 순간 새로운 방식으로 펼쳐지는 극적인 생명의 상호작용으로 가득 찬 자연의 교실에서는 각각 탐구해 볼 만한 경험의 보물찾기를 할 수 있다고 말한다. 그녀는 이렇게 설명한다. "아이들이 자연에서 우연히 발견하는 것은 무엇이든 배움의 발판이 될 수 있습니다. 죽은 새 한 마리가 생명의 순환에 대한 토론에 불을 지필 수 있고 얼굴에 입맞춤하는 안개는 물의 순환에 대한 수업을 이끌 수 있습니다. 개울의 진흙땅은 점토 공예 프로젝트를 위한 재료가 될 수 있습니다. 개울에서 진흙을 채취한 다음 점토를 구워 도자기 만드는 법을 배울 수 있습니다."[28]

생명애 본능은 유아와 미취학 아동에게서 가장 강력하게 나타나며 아이들이 전통적인 교육 체계를 거치면서 점차 사라진다. 호주 뉴사우스웨일즈대학교 교육대학원의 토니 러클랜드(Tony Loughland)와 동료들이 "청소년이 환경에 대해 갖는 개념에 영향을 미치는 요인"에 관한 연구를 수행했다. 그들은 70개교의 9~17세 학생 총 2249명에게 "나는 환경이라는 단어의 뜻이 무엇이라고 생각하는가"에 대해 깊이 고민해 보도록 했다. 연구자들에 따르면, 환경은 일종의 대상이라는 생각과 연관된 제한적 개념의 단순한 대답이 있었다. 하지만 사람과 환경 사이에 모종의 관계가 있다고 생각하는 더 통합적인 개념의 답변도 나왔다.[29]

가장 흥미로운 발견은 나이가 어릴수록 관계에 집중하는 경향을 보인 데 반해, 나이가 많을수록 환경을 대상으로 생각하는 경향을 보였다는 것이다. 이것은 우리가 유전적 구성에 포함된 생명애 지향성을 타고나지만, 전통적인 학습 과정을 통해 환경에 대해 생각하고 행동하는 방법을 학습함으로써 그것이 육성되기보다 오히려 소멸된다는 것을 시사한다. 유아와 어린이 들은 본능적으로 동물들과 유대감을 형성하고 그들과 교류하며 확장된 가족으로서 그들과 정서적 일체감을 느낀다. 다시 말하지만, 그것은 우리의 생물학적 존재에 복잡하게 얽힌 상태로 내재한다.

연구에 따르면, 6세 미만 아동의 꿈은 80퍼센트 이상이 동물에 관한 것이라고 한다.[30] 어린이들은 동물에 대해 상당한 호기심이 있으며 그들의 호기심, 특히 새끼 동물에 대한 호기심을 공개적으로 표현한다는 것을 보여 주는 다른 연구 결과도 있다.[31] 생명애 연결은 2세 미만의 유아에게서도 관찰되었다.[32]

자연 교실에 아동을 노출하는 것은 또래보다 뒤처지게 만드는 일이 아닌가? 지난 40년간 수행된 다수의 연구 결과는 정반대의 사실을 입증한다. 자연에 노출된 아동의 언어 능력과 집중력 지속 시간, 마음 챙김, 비판적 사고력, 감정적 성숙도 등이 일반적으로 또래를 능가하는 것으로 나타났다.

어린이들이 자연을 원초적 공동체이자 본질적으로 애착을 느끼는 양육의 장소로 인식하는 방식과 자연은 소비의 쾌락적 충동을 해소하기 위해 수용하고 사용하는 자원에 지나지 않는다고 교육하는 학교 경험이 증가함에 따라 그들의 본능적 생명애 감각이 삭제되거나 최소한 억압되는 현상에 관해 그렇게 많이 연구하는 이유는 무엇인가? 여기서 다시 우리는 자유를 설명하는 두 가지 방식으로 돌아간다. 어린아이들은 자연에서 겪은 일을 묘사할 때 자신이 느낀 자유를 반복적으로 드러내는 경향을 보이는데, 그 자유는 언제나 가족과 같은 생활세계에 대해 친밀한 소속감을 느끼는 포용성의 관점에서 표현된다. 하지만 아이들이 자라면서 접하는 학교교육은 갈수록 객관적인 단어로 세상을 정의하는 데 초점을 맞추며 학생들이 자유를 자율적 행위자이자 독립된 자아의 관점에서 생각하도록, 더 정확히 말하자면, 자유를 배타적인 권리로 생각하도록 준비시킨다. 자유는 곧 자율성과 배타성이라는 생각은 진보의 시대에 완벽하게 부합하는 개념이었다. 누구에게나 생명·자유·재산에 대한 양도할 수 없는, 신으로부터 부여받은 권리가 있으며 재산은 행복과 동의어라는 근원적 주제와 함께 말이다. 이런 서사는 이제 수명이 다 되어가고 있으며 자연계와 다시 연결할 수 있는 유일한 경로가 진보가 아닌 회복력이 된, 야생으로 돌아가고 있는 오늘의 지구에서 치명적인 요소로 작용한다.

회복력 시대에 부합하도록 인류의 이야기를 다시 설정하려면 우리의 아이들을 교육하는 방법에 대해 다시 생각할 필요가 있다. 아이의 유전적 구성에 내재된 타고난 생명애 충동이 유치원 교육에서 발현되고 번성하도록 하고 학교교육, 나아가 직업 생활에서도 지속적으로 성숙할 수 있도록 해야 하다는 뜻이다. 희망적인 것은 미국 전역에서 지속가능성에 중점을 둔 환경 교육을 공식적인 교과과정에 편입해 학생들에게 자연을 소개하고 그 과정에서 생명애 감성을 육성하려고 하는 K-12 공립학교가 점차 늘고 있다는 사실이다. 2016년까지 360만 명의 어린이가 5726개교에 재학하는, 규모 면에서 미국 상위 12개 학군 중 8개 학군에서 교과과정에 생태학을 포함했다. 학생들은 기후변화에 대해 배우며 야생동물 추적, 강우 변화와 가뭄 및 토양 상태 관찰, 유역 청소, 탄소발자국 측정, 지역 생태계 복원 등의 현장 활동에 참여하기도 한다. 학생들의 현장 활동은 봉사 학습 필수 과정의 일부로 진행되는 경우가 많다.[33]

스탠퍼드대학교 연구진이 K-12 교과과정에 환경 연구를 도입한 영향에 관해 20년 동안 진행된 동료 검토 연구 100여 건을 분석한 결과, 학생들은 교실에서 환경에 대해 학습하고 지역사회의 환경 조사 및 관리에 직접적으로 참여하는 것 외에 "자신감과 통솔력"을 포함해 "개인의 성장과 생명 유지 기술의 개발에 대한 비판적 사고 능력의 향상"과 같은 긍정적 영향을 경험하는 것으로 나타났다.[34] 또한 교실과 지역사회의 환경 교육이 학생들의 시민 사회 참여도와 개인의 환경 보호 행동방식을 향상하는 것으로 조사되었다.[35]

환경 교육과정은 K-12 이후에도 중단되지 않는다. 미국 내 대학 수백 곳에서 자연계를 연구하고 이해하는 데 적합한 복합 적응형 사회·생태 시스템 접근법을 학생들에게 소개하기 위해 여러 학문 분야에 걸쳐 환경 교육과정을 제공하고 있다.

요점은 이렇다. 50년 전의 생태학 연구는 표준 생물학 과정에 기껏해야 한 차례 강의 정도로 추가할 가치가 있던 미미한 부수적 학문에 지나지 않았다. 그러나 오늘날 미국을 비롯한 여러 나라에서 생물학과 여타 학문 그리고 그에 수반된 교육과정들이 생태학적 관점에서 재고되고 재교육되는 일이 갈수록 늘고 있다.

학교 시스템과 대학들은 젊은 세대가 생물 종으로서 생각하고 행동할 수 있도록 준비시키는, 교육학의 패러다임 전환에 박차를 가하고 있다. 그들의 정체성을 새롭게 구성해 그것이 미래 직업 생활과 시민 생활로까지 이어지게 만드는 데 이 교육의 목적이 있다. 그들의 직업 생활은 점점 더 생물권의 관리를 중심으로 돌아갈 것이며 시민 생활은 동료 시민 의회에 참여하고 생태 지역 거버넌스의 형성에 일조할 것을 요구받을 터라 그렇다.

과학의 새로운 확장이 한창이다. 이른바 '시민 과학'이다. 전 세계 수백만 명이 시민 사회에 있는 50만 개 이상의 지역단체를 통해 시민 과학자로서 자원활동을 벌이고 있다. 시민 과학자들은 야생동물 관찰이나 생물 다양성 조사, 대기 오염 및 탄소발자국 측정, 지하수면 점검, 지역 유역의 복원, 토지 재조림, 다친 야생동물의 재활, 지역 토양의 영양 상태 연구, 기후 재해 복구 계획의 준비 등 다양한 활동에서 그 나름의 구실을 하고 있다.[36]

시민 과학 집단은 시민에게 생태학의 실천에 대한 깊이 있는 현장 경험을 제공해 생태 지역 전반에 걸친 과학 지식과 전문지식의 문턱을 낮추고 있다. 이런 현장 경험을 통해 현재와 미래 세대는 동등한 시민들로 구성된 의회에서 입법 활동과 행정적 검토에 필요한 조언과 추천을 제공할 수 있는 기술적·실질적 경험으로 무장하고 지역 생태계의 관리와 거버넌스에 온전히 참여할 준비를 한다.

학생들에게 자아에 대한 생태학적 이해와 자연계에 대한 인간 종의 내재성을 가르치는 교육학의 극적인 전환은 젊은 세대를 생명애 의식에 노출하고 있으며, 이것이 코로나바이러스 팬데믹의 한복판에서 뜻하지 않게 날개를 달았다. 팬데믹이 장기화하면서 인공적인 환경의 실내에 갇히는 상황은 절망감을 키웠다. 가상 세계가 더는 재미와 위안을 주지 못했으며 심지어 혐오의 대상으로 바뀌기도 했다. 가상 세계가 현실의 상당 부분을 차지하는 밀레니얼세대와 Z세대에게 현실의 시뮬레이션에 불과한 사이버공간의 덫에 걸렸다는 오싹한 느낌은 (인간으로서) 존재 방식의 과도한 빈약함으로 다가왔다. 예기치 않게 그리고 자발적으로, 점점 더 많은 밀레니얼세대와 Z세대가 자신의 알고리즘적 존재를 부분적으로 포기하고 밖으로 나왔다. 얼굴에 닿는 바람을 느끼고, 태양을 가리는 구름을 응시하고, 지구의 생명력을 호흡하며 일종의 해방감을 경험하기 위해서 말이다. 대체로 놀랍고도 반가운 청량감이 아닐 수 없었다.

코로나 사태가 일어난 2020년에 미국 내 국립공원 방문자가 700만 명을 넘었고, 그들 중 대부분이 젊은 사람이었다.《뉴욕타임스》의 칼럼니스트 티모시 이건(Timothy Egan)은 예상치 못한 자연의 재발견 행렬에 주목하며 "자연이 숨 막히는 실내에서 탈출한 난민으로 붐비고 있다"고 썼다. 그는 이 전환을 음미하며 이런 의견을 남겼다. "행성으로 들어가는 무시무시한 로비를 구축하는 것은 흔히 종교에 관심을 갖는 것에서부터 시작한다. …… 인조 환경의 회색빛이 우리가 만들지 않은 자연의 천연색으로 대체되는 순간은 사랑에 빠지는 순간과 다르지 않다."[37]

그는 이 새로운 사랑이 인간 종에게 고향인 자연계를 다시 유넘케 하는 "전환의 순간"을 위한 신호탄이 될 수 있을 것으로 생각했다.

테일러 스위프트(Taylor Swift)는 코로나 사태로 봉쇄된 기간 동안 자신이 작곡한 노래를 담은 앨범 「포클로어(Folklore)」와 「에버모어(Evermore)」를 발표하며 자신을 비롯한 세대 전체의 내부에서 차오르는 새로운 굶주림에 관해 이야기했다. 그녀의 노래들은 어린 시절 자연과 나눈 깊은 교감에 초점을 맞추고 있었다. 어린 시절의 생명애 의식이 코로나 사태에 따른 위기의 한가운데서 다시 깨어난 것이다. 「포클로어」는 2021년 그래미 시상식에서 올해의 앨범상을 받았다. 그러나 다른 무엇보다 훨씬 더 중요한 것은 그녀가 어느 날 갑자기 자연의 여유를 처음으로 발견하거나 재발견한 젊은 세대를 대변했다는 점이다. 이런 것이 바로 가상 세계의 빈약함에 대한 환멸과 자연계에 대한 각성의 시작을 알리는 신호에 속한다.[38]

자연을 예찬한 스위프트의 앨범은 느닷없이 등장한 것으로 보였다. 2017년 《심리학회지(Journal of the Association of Psychological Sciences)》에 실린 한 논문은 1950년대 이후 책과 영화 대본, 특히 노래에서 자연에 대한 언급이 거의 사라졌다고 기록한다. 각 세대가 처음에는 텔레비전 화면 앞에서, 그 뒤에는 컴퓨터 화면 앞에서 가상 환경을 접하며 성장하는 비율이 점점 늘었기 때문이다. 연구자들은 "(1950년 이후에 나온) 6000여 곡의 가사를 살펴본 결과 자연을 주제로 삼은 표현의 사용 빈도가 63퍼센트 감소했음을 발견했다".[39] 그들은 각 세대가 실내로 들어가 가상 현실 속 상호작용을 점점 더 증가시키면서 자연은 일상적 경험에서 멀어지거나 사라지게 되었다고 결론지었다.

스위프트는 등 뒤에서 부는 바람을 느끼고 자연의 생명력에 참여하는 선택의 달콤함을 경험하라고 자신과 같은 세대에게 조용히 외치는 것으로 응수했다. 그녀의 노래들은 자신과 같은 세대가 살아 숨 쉬는 지구를 깊이 품을 수 있는 길을 찾기를 바라며 바치는 온화한 시와 다름없다.

윌슨은《애틀랜틱(The Atlantic)》지에 발표한「도덕의 생물학적 기초(The Biological Basis of Morality)」에서 '공감'과 '애착'이라는 단어를 구체적으로 언급했다. 윌슨은 과연 생명애가 우리 인간 종의 유전적 구성에 각인되었는가를 숙고했다. 그는 "문헌에 기록된 유전 가능한 특성 중에서 도덕적 소양에 가장 가까운 것은 타인의 고통에 대한 '공감'과 양육자에 대한 영유아의 특정한 '애착' 형성의 과정"이라는 의견을 피력했다.[40] 그러나 윌슨이 이런 통찰을 더 파고들지는 않았다.

다른 과학자들은 인간과 다른 동물 사이 생명애 연결을 설명하는 데 (자연계 전반은 아니라도 일정한 요건에 부합하는) 공감과 애착 행동의 밀접한 상관관계를 탐구하기 시작했다. 이 경우 인간의 공감은 불완전 공감 또는 '비대칭적 공감'이다. 감정을 공유하는 인간 대 인간의 공감과 달리, 다른 생명체를 향한 공감은 상대 생명체가 인간의 감정 상태에 영향을 줄 수는 있어도 경험을 공유할 수는 없기 때문이다.[41] 개를 비롯한 다른 동물이 인간의 감정을 인지할 수 있다고 해도 동물의 경험은 인간의 경험과는 다른 것이다. 그렇다고 해서 생존과 번영을 위한 동료 생명체의 고통과 투쟁을 자신의 것처럼 느끼고 배려의 행위로 연민을 표현하는 우리 인간 종의 공감 능력이 사라지지는 않는다.

북극해의 작은 얼음 조각 위에 좌초된 북극곰 모자의 영상은 기후변화에 따른 희생을 대변하며 전 세계 수백만 명의 심금을 울렸다. 그들은 북극곰의 곤경을 마치 자신의 처지인 양 느꼈다. 최근에는 호주에서 발생한 대형 산불 현장에서 타고 그을린 새끼 코알라를 극적으로 구조한 소식이 수백만 명을 감동시켰다. 학대받은 개에 대해 공감하는 것이든 상처 입은 새를 도와주는 것이든 거의 모두가 비슷한 경험을 이야기할 수 있다. 생명애는 공감 의식 진화의 다음 단계다.

공감의 확장이 생명애 의식의 핵심에 자리 잡고 있지만, 공감의 진화에 깊이 내재하는 역설도 있다. 내가 아는 한, 역사학자와 인류학자와 철학자 중 누구도 그동안 이 문제에 관해 탐구하지 않았다. 내가 처음 이 역설에 대해 고심한 것은 인간 종의 발전사에서 공감이 수행한 구실에 관심을 기울이던 2003년에서 2010년까지 7년이다. 이보다 앞선 30년 동안 많은 책을 쓰면서 공감에 대해 서술했지만 깊이 있게 다룬 적은 없다. 이번에는 공감의 진화에 대해, 그것의 인류학적 의미와 역사 그리고 인간 사회의 가장 중요한 특징, 즉 가족·사회생활·경제·거버넌스의 방식·세계관 등에 미친 영향에 대해 아주 자세하게 탐구해 보겠다고 마음먹었다. 한창 연구를 진행하던 중에 나는 역설에 대해 인지하게 되었고, 적잖이 충격받지 않을 수 없었다. (내가 2010년에 펴낸) 『공감의 시대(*The Empathic Civilization*)』에서 다룬 발견은 이런 것이다.

인류사의 한복판에는 공감-엔트로피의 역설적 관계가 있다. 역사를 통틀어 새로운 에너지 제도는 새로운 커뮤니케이션 혁명을 통해 훨씬 복잡한 사회를 창조해 냈다. 그렇게 기술적으로 진보한 사회는 다양한 사람들을 하나로 묶어 인간의 의식을 확장하고 공감적 감수성을 고조시켰다. 그러나 환경이 복잡해질수록 에너지 사용은 많아지고 자원은 더욱 빨리 고갈된다. 공감 의식이 커질수록 지구의 에너지와 그 밖의 자원의 소비가 급증하고 그래서 지구의 건강이 급속도로 악화된다는 것은 역설이 아닐 수 없다. 지금 우리는 대단히 에너지 집약적이고 상호 연관적인 세계에서 지구 차원의 공감대가 형성되어 가는 현장을 지켜보고 있다. 그리고 그 배경에는 재앙에 가까운 기후 변화와 우리의 존재 자체를 위협하는 치솟는 엔트로피가 자리 잡고 있다. 공감-엔트로피의 역설을 해결하는 일이야말로 지구에서 인류가 살아남아 번창

할 수 있는지 여부를 가늠하게 해 주는 중대한 시금석이 될 것이다. 그러기 위해서는 경제와 사회의 모델부터 다시 생각해 보아야 한다.[42]

절망적일 필요는 없다. 진보의 시대 그리고 화석연료 기반의 산업 인프라와 보조를 맞추던 이데올로기적 의식은 한때 우세하던 호소력을 소진했다. 생명애 의식이 부상하고 있다. 특히 젊은 세대 사이에서. 자연계 전체를 포용하려고 하는 공감 욕구가 확장될 것이란 장래성과 함께 말이다. 그러나 이 정도 의식 전환에 반발이 없을 수는 없다. 이미 오래전 의식의 잔재가 고개를 들고 있다. 인류사에 여전히 그 어떤 사소한 영향력이라도 행사하기 위해서 말이다. 생명애 의식의 탄생과 우리의 동료 생명체들에 대한 공감 충동의 확장은 경제적, 정치적 고려를 넘어 인류가 자신의 본질을 인식하는 방식의 핵심에 이르고 있다.

나는 참여한다, 그러므로 존재한다

정령숭배 의식이 혈연과 조상 숭배와 영원한 회귀 등에 그 기반을 두고 있다면, 신학적 의식의 기반은 천국에서의 구원 그리고 이데올로기적 의식의 기반은 지구상의 물질적 진보와 기술적 불멸일 것이다. 그렇다면 생명애 의식의 근본적 기반은 무엇인가?

생명애의 보편화는 인간의 서사를 자율성의 고착화에서 관계성에 대한 애착으로 옮겨 놓는다. "나는 생각한다. 그러므로 존재한다"는 데카르트의 고전적 명언은 이미 시대에 뒤떨어진 것이 되었다. 폭넓게 내재하고 겹겹이 쌓인 상호 연결성이 좌우하는 가상의 세계와 물리적 세계에서 성장하는 젊은 세대는 "나는 참여한다. 그러므로 존재한다"는 격언을 더 선호한다. 상호작용하는 다수의 행위자 사이에서 중단 없이 적응해야 하는 새로운 시대에 자율성 개념은 관계성의 원칙으로 대체된다. 우리가 서식하는 지구가 서로 맞붙어 버티는 완강한 세력이 아니라 서로 맞물려 돌아가는 패턴에 속한 것이라면 우리 각자가 경쟁적인 행위자들 사이에서 자신의 주권 수호를 위해 굳건한 기반을 모색하는 자율적 행위자라는 개념은 이제 거의 죽어 매장된 것이나 다름없다. 진보의 시대에 형성된 평등의 본질에 대한 우리의 오랜 생각도 마찬가지다.

진보의 시대에 평등은 자율성의 파생물로서만 가치가 있다. 자율성에 대한 신념이 전제되지 않고는 평등을 옹호할 수 없다. 스스로 자율적 행위자라고 믿는 만큼 평등을 요구할 것이며 그것이 다반사가 된다는 뜻이다. 모든 개인의 본질이 자율성의 추구라면 평등한 대우에 대한 욕구가 필연적으로 따라온다. 자신의 자율성 확보를 보장하기 위해 언제나 조심하고 부단히 경계하는 그림자 같은 동반자로서 말이다.

이데올로기적 의식은 자율성에 밀접히 연결되어 불가분의 관계를 이룬다. 진보의 시대 전체가 그것을 토대로 삼아 왔다. 따라서 '인권'은 자율성이 추구하고 확보해야 하는 지표가 된다. 즉 모든 개인은 자신의 신체와 정신, 영혼의 자율성을 양도할 수 없는 권리로 주장하게 된다. 인권이 대규모로 발동된다면 거의 80억에 달하는 자율적 인간 행위자가 타인의 자율성에 해를 가하지 않는다는 조건에 부합한다는 나름의 판단하에 저지당하지 않고 자유롭게 자신의 존재를 추구하는 것을 상상할 수 있을 것이다.

그러나 만약 우리 중 그 누구도 정치적 의미 또는 생물학적 존재라는 더 심오한 의미에서 자율적 행위자가 아니라면 어떻게 되겠는가? 앞서 우리는 모든 살아 있는 생명체와 우리 각자는 고유한 존재이지만 누구도 자율적이지 않다는 교훈을 얻었다. 적어도 생물학적 관점에서는 자율적인 존재가 아니라는 말이다. 우리는 저마다 모든 관계의 통합체이며 태아의 생성에서부터 죽음 그리고 그 너머까지 우리의 일생이 그 안에서 펼쳐진다.

자연과 인간의 본질을 이해하기 위한 상호작용적 접근 방식은 진보의 시대를 관통한 철학적, 정치적 서사에 대해 다시 생각하기를 강요한다. 만약 현실이 매 순간 그리고 평생에 걸쳐 깊이 있게 참여하는 경험이라면 자아는 타인과의 관계 속에서만 경험할 수 있다. 당연히 관계가 풍부하고 다양하며 몰입감이 높을수록 우리가 '존재'라고 부르는 것과 일체감이 깊어진다.

생명애 의식은 평등의 가장 심오한 표출이다. 자율성이 아닌 포용성에서 비롯되는 평등이기에 그렇다. 평등의 가장 순수한 표출은 법률과 선언을 통한 인정이 아니라 가장 단순한 공감의 행위에서 비롯된다. 번성하고자 하는 다른 존재의 고군분투를 마치 자신의 것처럼 깊이 느끼는 행위는 가장 친밀한 유대, 즉 삶의 여정에 대한 일체감을 창출한다. 철학자 마틴 부버(Martin Buber)가 이것을 절묘하게 표현했다. 그런 순간에는 "내 것과 네 것"이 아닌 오직 "나와 너"만 존재한다.[43] 공감적 포용은 궁극적으로 정치적 평등을 가능하게 한다. 모든 차별을 없애고 유대감이 있는 동반자만 남긴다.

역사상 공감의 진화는 '모두를 위한 하나, 하나를 위한 모두'가 남을 때까지 '타자'를 점진적으로 제거하는 특징을 보인다. 이런 맥락에서 공감의 진화와 평등의 진화는 불가분의 관계다. '정치적 통일체'인 우리는 가장 기본적인 정치 수준에서, 즉 우리가 속한 지역사회에서 서로의 삶에 깊이 연관된다. 우리의 공감적 참여, 즉 생명애 의식은 우리가 살아가는 지구 생물권의 작은 부분과 그 생명력에 대한 단순한 관리에서 그치지 않고 그것을 돌보는 감수성으로 승화한다.

진보의 시대에 우리는 개인의 주권을 민주주의의 근간으로 여겼지만, 무리 없이 맞아떨어지는 논리는 아니다. 만약 모든 사람이 진정한 주권자고 독립적인 섬과 같은 존재이며 타인에게 종속되지 않는다면 그들이 어떤 관계로 민주주의를 보유할 수 있는가? 그리고 다른 주권자의 의지에 굴복해야 할 이유는 어디에 있는가? 민주주의를 살아 움직이게 만드는 것은 다른 사람을 통해 자신을 인식하는 능력이다. 공감은 민주주의의 결합 요소다. 공감이 평등의 가장 심오한 표출이라면 그것은 또한 당연히 민주주의의 감성적 촉발제가 되는 것이다.

공감적 접근은 민주주의 발전의 모든 단계에서 그것의 진화와 발맞춰 왔다. 공감하는 문화일수록 사회적 가치와 통치의 관습이 민주적이다. 문화적 공감력이 떨어질수록 사회적 가치와 통치 제도가 전체주의에 가깝다. 이 모든 것이 명백해 보이기에 사회를 다스리는 데 공감과 민주적 과정의 관계에 거의 주목하지 않는다는 사실이 더더욱 불가해하다. 대의민주주의에서 분산된 동료 시민 정치로, 주권적 거버넌스에서 폭넓은 생태 지역 거버넌스를 향한 확장은 성공 가능성이 크다. 단, 정치적 통일체인 국가가 공감적 생명애 의식을 어느 정도 수용하느냐에 그 성공의 범위가 결정된다.

공감 면에서 회복력 개념은 우리가 익숙해져 있는 이 단어에 대한 과거의 사고방식과도 상당히 다르다. 거듭 강조하지만, 전통적으로 회복력이 있다는 것은 불행과 개인적인 비극을 딛고 일어나 자율성을 회복하는 도덕적 특징을 의미했다. 달리 말하면, 타인이나 환경에 속박당하거나 그저 표류하는 것이 아니라 자아를 되찾을 수 있는 신체적·정신적·감정적 내구력을 갖추는 것이었다. 회복력은 그렇게 출처가 무엇이든 불안정한 외부 환경에 취약하지 않고 오히려 강해지는 것을 의미했다.

하지만 관계적 자아를 위한 회복력은 자립성과 자율성이 아니라 오히려 '타자'에 대한 개방성과 취약성에서 비롯한다. 그것은 삶의 긍정적인 경험을 공유하는 것에 대한 개방성을 의미하는데, 삶의 긍정적인 경험은 풍부한 관계망을 만들고 풍부한 관계망은 다시 회복력을 강화한다. 생명애 의식은 자연계 전체에 대한 우리의 참여의 폭을 넓히고 삶에 대한 긍정의 힘이 우리를 떠받칠 수 있도록 하며 삶의 여정이 흘러가는 것에 발맞춰 우리를 안내한다.

이 회복력 개념은 최근에 등장한 것이 아니다. 윌슨이 생명애 의식의 개념을 소개하기 200년 전, 독일의 위대한 철학자 요한 볼프강 폰 괴테(Johann Wolfgang von Goethe)가 죽음과 이성, 기계론적 우주를 상상한 뉴턴의 메마른 전망에 대한 반대 서사로 생명애 의식을 제시했다. 괴테는 자아와 회복력이 우리를 삶의 구조에 짜 넣는 경험적 관계의 종합이라고 믿었다. 그가 이렇게 썼다. "우리는 그녀(자연)에게 둘러싸여 그 안에 자리한다. 그녀에게서 빠져나올 수도, 더 깊이 침투할 수도 없다."[44]

괴테는 모든 피조물이 고유한 존재이면서 단일한 통합체에 연결되어 있다는 단순한 사실에 경외심을 느끼며 "그녀(자연)의 모든 창조물은 저마다 고유한 특성이 있다. …… 전부가 모여 하나가 된다"고 했다. 괴테가 경험한 자연은 끊임없이 변하고, 지속적으로 유동하고, 항상 진화하고, 언제나 새로운 현실을 창조했다. 당대의 이성적 과학자들의 사고와 달리 괴테는 자연이 고정불변이 아니라 새로움으로 고동치고 놀라움과 시너지로 충만하다고 생각했다. 요컨대, 생기가 넘치는 자연으로 본 것이다. 그는 자신이 관찰한 바에 대해 이렇게 썼다.

"영원함은 그녀(자연)에게 아무런 소용이 없다. 정지된 모든 것에 저주를 건다. …… 그녀는 아무것도 없는 것으로부터 피조물을 뱉어 내고 어디서 와서 어디로 가는지 알려 주지 않는다. 그들을 움직이게 하는 그녀는 경로를 알고 있다."[45]

괴테는 그 느낌에 그 이름이 붙기 몇 세기 전에 공감적 경험을 느꼈다. 그가 이렇게 썼다. "타인의 조건을 이해할 방법을 찾고 인간이 존재하는 특정한 방식을 감지하고 기꺼이 그것에 참여하는 것은 곧 삶의 일체성을 확인하는 것"이다.[46] 자신의 삶과 시대를 돌이켜보며 그는 "함께하는 인류가 진정한 인간이고 개인은 스스로 전체의 일부로 느끼는 용기를 가질 때 비로소 즐겁고 행복할 수 있다"고 단언했다.[47]

괴테에게 '하나가 되는 것'은 우리 인간 종에서 그치지 않고 모든 자연으로 확장되는 것이었다. 괴테는 이렇게 (오늘날 우리가 생명애라고 부르는) 모든 생명체와의 공감에 관해 훌륭한 글을 남겼다. 개인의 회복력은 생명애의 착근성에서 도출된다. 다가오는 불행에 대해 회복력을 갖게 하는 그 불멸의 유대감의 실현에서 나온다는 뜻이다.

공감이 단순히 감정적 느낌이 아니라 존재의 본질과 그것과의 관계에 대한 우리의 사고를 체계화하는 인지적 경험이라는 점을 잊지 말아야 한다. 우리는 타인을 경험하면서 자신의 존재에 대해 알게 된다. 타인이 없다면 비교할 대상이 없는 것이고, 자신이 살아 있으며 실존한다는 것을 이해할 수 있는 기준이 없는 것이다. 우리의 존재는 오직 타인을 통해 입증된다.

우리의 공감 신경 회로는 자신을 초월하고 삶을 경험하며 그 경험을 활용해 연결을 생성하고 주변의 세상에 적응하도록 끊임없는 자극을 보낸다. 우리는 공감의 중요성을 알고 있다. 우리의 신경 회로에 공감 능력이 부재한다면 타인의 삶의 취약성과 번성하고자 하는 그들의 욕구를 느낄 수 없을 것이기 때문이다. 바로 그런 순간에 우리는 존재에 대한 경외감을 이해하게 된다. 경외감이 없다면 놀라운 일도 없을 것이다. 놀라운 일이 없으면 상상력도 없다. 상상력이 없으면 초월을 경험할 수 없을 것이고, 자신을 초월할 수 있는 능력이 없으면 타인에 대한 공감도 있을 수 없을 것이다. 이것은 위대한 상호작용의 앙상블이며 우리는 이것을 통해 우리 존재를 알게 된다. 이 상호작용의 앙상블은 선형적으로 경험할 수 있는 것이 아니라 전체로서 경험하는 것이다. 공감 욕구의 촉발에 따라 경험하는 경외감과 놀라움, 상상, 초월은 우리가 존재의 의미를 찾아 끊임없이 스스로를 넘어서도록 만든다. 이것이 공감 충동과 밀접하게 연관된 근본적인 자질이며 우리를 인간일 수 있도록 만든다.

어떤 의미에서, 의미의 추구는 의식적으로 그렇게 생각하든 그렇지 않든 상관없이 삶의 매 순간 우리와 함께한다. 공감 충동이 양육되는 정도에 따라 우리가 삶을 경험하고 영위하는 수준이 달라진다. 그것의 양육 수준이 높을수록 우리가 완전하게 삶을 경험하고 영위하게 된다는 뜻이다. 그것이 진실임을 아는 것은 생의 끝에서 지나온 삶을 되돌아볼 때 가장 생생히 떠오르는 경험, 즉 적어도 우리의 삶에 의미를 부여한 경험은 공감적 포용의 순간이기 때문이다. 그것이 바로 개인적 의미 추구의 지표다.

육체적 경험이란 기껏해야 하찮은 것이며 최악의 경우 사람을 타락시키는 것으로 여긴 계몽주의와 현 시대의 위대한 철학자들을 생각해 보라. 그들은 인간 존재의 가장 중요한 특징인 공감적 초월이 아니라 수학적 확실성과 순수 이성에 자신의 운명을 맡기는 쪽을 선호했다. 인간성의 본질에 대한 이 그릇된 견해는 우리의 집단적 정신에 엄청난 손상을 불러일으켰으며 자연계와 우리의 동료 생명체들의 장래성에 끼친 해는 그보다 훨씬 더 크다.

감사하게도, 인간 본성의 본질에 대한 이 삐뚤어진 생각은 오늘날 빠르게 그 통용성을 상실하고 있다. 그것이 우리의 문명을 어디로 인도해 왔는가에 대한 우리의 인식이 깨어나고 있기 때문이다. 우리 인간 종의 여정을 앞으로 어떻게 이어 나갈 것인가에 대한 사고의 전환이 시작되었다는 확실한 신호다. 존재의 의미와 우리 인간 종이 어떻게 그것과 조화를 이룰 것인가에 대한 가장 심오한 질문에 접근하는 최선의 방법을 자기 성찰적으로 재고하려는 과학계의 움직임에서도 그것을 확인할 수 있다. 어떤 면에서는 복합 적응형 사회·생태 시스템의 규정에 따른 과학적 탐구와 해석의 새로운 접근법이 우리가 인지적 사고를 재조정하는 방식에 대한 증거가 되고 있다. 복합 적응형 사회·생태 시스템을 주창하는 사상가들의 사고방식에 대한 최근 연구는 그들이 "인지적, 정서적 공감의 타인 중심적 구성 요소에 대해 향상된 수용력을 보여 준다"는 것을 발견했다.[48]

회복력 시대에 우리는 공감 욕구를 심화하고 공감 확장의 다음 단계, 즉 우리 인간 종을 생명 가족의 일원으로 되돌려 놓을 생명애 의식에 닿아야 한다. 우리가 우리 아이들과 그다음 세대를 어떻게 양육하며 준비 태세를 갖추도록 돕느냐, 다시 말해 우리의 후손들이 경외심을 갖도록, 심지어 가공할 방식으로 요동치는 지구를 향한 경외감을 자각할 수 있도록 준비시키는 방법이 그 시금석이 될 것이다. 그 새로운 경외감은 두려움이며 잠재적 해방감이다. 정면으로 마주한다면 그것은 더 포용적이고 새로운 경이로움을 유발하고 우리의 집단적 상상력을 촉진할 것이다. 그에 따라 우리는 자연의 소명에 적응하는 새로운 경로를 탐색할 준비를 하고 확장된 진화적 가족과 함께 단순히 생존만이 아니라 예상치 못한 방식으로 번성할 수 있는 회복력의 존재로 거듭날 것이다.

<hr />

집으로

우리는 육지와 바다로 향하는 무수한 여정에 내던져져 절정에 이른

온갖 혼돈과 위험을 무릅쓰고 이 세상에서 우리의 장소와 애착 대상을 끊임없이 탐색하는, 역사의 위대한 방랑자다. 두 발로 보행하는 몸체 위에 올려져 있는 우리의 거대한 두뇌는 해악인 동시에 축복이었다. 지구상의 생물 중에서 변칙적 존재로 여겨야 마땅한 종이 있다면 분명 우리 인간 종일 것이다. 우리가 아는 한, 다른 어떤 생물 종도 '왜 그런가?'라는 질문에 사로잡히지 않는다. 우리의 모든 친족 생물 종은 '전개 상황'을 관리할 준비를 하고 있을 뿐이다. 공감 충동이 우리의 신경 회로 깊숙이 내재하는 이유가 무엇인가? 모든 생명체 중에서 왜 우리 인간 종만이 경외심과 놀라움을 경험하고 존재의 유한성을 알고 있는가?

우리는 우리 자신을 제외한 나머지는 단순히 불완전한 물질, 즉 우리의 쾌락주의적 욕구와 만족에 연관될 때만 그 존재의 중요성이 부여되는 자원이라고 믿게 되었다. 그럼에도 공감 충동은 여전히 우리의 신경 회로를 가차 없이 두드리며 개인의 일생에 걸쳐 반복적으로 표면화하고 역사시대에 전례 없이 수가 늘어난 인간 종을 포용하기 위해 외부로 확장되었다가 다시 물러나며 우리를 어둠으로 몰아넣고 있다.

이 세상에서 확실한 애착 대상인 장소를 찾는 일이 아니면 무엇이 우리를 계속 나아가게 하는가? 그런 불안에 짓눌린다는 것은 무엇을 의미하는가? 만약 외계의 존재가 있어 우리의 역경을 목도한다면 보편적 친밀감을 추구하는 것이 바로 우리의 가장 특이한 성질임을 알게 될 것이다. 보편적 친밀감이라는 표현이 모순처럼 보일 수도 있다. 어떻게 보편성과 깊은 친밀감을 동시에 경험할 수 있다는 말인가? 어쩌면 그것은 우리가 짊어져야 할 십자가일지도 모른다. 바꿔 말해, 헤아릴 수 없는 무게의 초월적 선물일 수도 있다.

지금까지 여정은 길고도 짜릿하면서 우여곡절이 많았다. 그리고 지금, 지구상 존재의 종말을 감지하는 바로 이 순간에 이르러 우리는 집으로 돌아가는 길을 찾기 시작했다. 하나의 생물 종으로서 보편적 친밀감을 느끼고 경험하며 지구 생명력과 하나가 되는 생명애 의식을 자각하고 있는 것이다.

20세기 영국의 철학자 오언 바필드(Owen Barfield)는 인류가 써 온 무용담의 본질과 극적 성질을 포착해 결정적인 세 단계로 구분했다. 각 단계는 새로운 세계관의 채택과 함께 인간 의식의 근본적 변화를 특징으로 한다.

우리의 수렵 채집 조상들은 동료 생물 종과의 차별성을 거의 느끼지 못했다. 그들은 지구의 리듬과 계절, 주기의 직접성에 지속적으로 적응하며 자연계에 깊이 참여하는 삶을 영위했다. 위계가 아닌 집단으로 사회생활을 조직하며 공동체 생활을 하고 정령숭배의 시각으로 세상을 바라보고 자신들과 별로 다를 바 없고 깊이 뒤얽히기까지 한 영체로서 동료 생명체를 경험했다. 연간 주기, 계절 주기의 영원한 회귀에 만족하던 정령숭배 의식은 다음 세대가 '역사'라고 본 것에서는 설 자리가 허용되지 않았다.

하는 일의 차이가 거의 없고 공동생활이 공유되었으며 구별과 위계를 일으킬 만한 잉여물이 없었기에 자아도 크게 발달하지 않은 상태로 있었다. 그들은 개별적 자아의 집단이라기보다 공동체적인 '우리'로, 오늘날의 심리학자들이 "분화되지 않은 거대한 일체감"이라 부르는 것 안에서 살았다. 그들의 의식은 자연에 대한 깊은 참여와 걸맞게 생명애와 자연공포증의 이중성 안에서 구체화되고 표출되었다.

그 이후 여정은 우리 인간 종을 원시 농경 및 목축의 신석기시대로, 다음에는 거대한 수자원 기반 농업 문명으로 데려갔고, 최근에는 산업화 시대로 접어들게 했다. 산업화 시대에 인간 종은 자연을 인간의 손에 들어와 유용한 물건이 되기 전까지는 거의 무가치한 자원의 수동적 저장고로 생각하게 되면서 궁극적으로 자연으로부터 분리되었다.

오늘날 우리 인간 종은 그 어느 때보다 세분화된 사회에 살고 있다. 나머지 세계와 갈수록 격리되어 밀집된 환경에서 살아가는 수십억 명의 인류에게 이바지하는, 광범위한 인프라에 내재된 더 차별적인 기술과 분업으로 이루어진 세분화 사회다. 현대의 평균적인 미국인은 (인간 종이 지구상에 존재해 온 시간의 95퍼센트 이상에 해당하는 기간 동안) 우리의 조상들이 수렵 채집을 하며 집이라 부르던 자연계로부터 멀리 떨어진 채 하루의 90퍼센트를 인공적으로 냉난방을 조절하고 전기 조명을 밝히는 실내에서 보낸다.[49]

인공적으로 고안된 환경 속 생활이 주는 안정감은 언제나 환상에 지나지 않았고, 이제 가상 세계와 메타버스의 생활도 별반 다를 게 없음이 드러나고 있다. 우리는 조상들의 거주지로부터 스스로를 소외시키며 자율적 존재를 확보했다는 착각에 빠져들었고, 결국 이제 그 어리석음의 대가를 치르게 되었다. 지구온난화 배출물의 엔트로피 청구서와 지구 역사상 여섯 번째 대멸종이라는 대가 말이다. 그래도 우리가 얻을 교훈은 있다.

기후변화와 점점 증가하는 글로벌 팬데믹은 이 세상에서 우리가 하는 모든 행동이 다른 모든 것에 밀접한 영향을 미치고 그 반대의 경우도 마찬가지라는 사실을 우리에게 가르치고 있다. 이제 우리는 어떤 인간도 혼자만의 섬이 될 수 없고 완벽한 자율적 행위자도 될 수 없으며, 어떤 식으로든 다른 모든 생명체와 지구 권역의 역학에 의존하는 존재가 될 수밖에 없다는 사실을 깨달았다. 타협의 여지가 없는 이 현실은 생명애 의식, 즉 생명에 대한 심오한 공감적 공명의 느낌을 촉진하는 원동력이 되었으며 우리의 미래가 걸린 지금은 더더욱 그렇게 되고 있다.

바필드는 우리 인간 종이 인간 의식의 세 번째 단계, 즉 자연계와의 친족 관계를 재확인하는 전환점에 이르렀다고 믿었다. 이번에는 행성의 나머지 생명체와 보편적 친밀감을 경험하기 위해 전적으로 거리낌 없이 그들에게 '재관여하는 자각적 선택의 방편으로' 생명애 의식의 도약을 이뤄 내야 한다는 것이다. 이는 맹목적인 미신에서 도출되는 것이 아니라 생명을 향한 우리의 변치 않는 애착에 대한 공감적이고 사려 깊으며 인지적인 깊은 이해에서 비롯되는 것이다. 우리는 앞에 놓여 있는 거대한 투쟁에 새로운 자세로 나서기 위해 다시 집으로 돌아가는 장도에 올라야 한다. 생명의 숨결을 되살리기 위한 전투태세를 제대로 갖춰야 한다. 지구가 어서 오라고 손짓하고 있다.

감사의 말

2013년에 『회복력 시대』의 주요 주제에 대한 조사를 시작한 이후 8년이라는 시간의 대부분을 이 책의 원고를 완성하는 데 몰두했다. 집필은 언제나 협력이 필요한 모험이다. 따라서 이 책을 집필하는 데 필요한 갖가지 노력을 모두 진두지휘하며 편집을 지원한 클라우디아 살바도르(Claudia Salvador)에게 특별한 고마움을 전한다. 클라우디아의 공헌은 문자 그대로 수천 편의 잡지 기사와 연구 및 보고서 자료를 조사하고 분류하고 정리하는 것에서부터 방대한 미주 정리 작업을 총괄하는 것까지 이루 헤아릴 수 없다. 편집 과정 중 클라우디아의 현명하고 통찰력 있는 제안은 책 전체에 그대로 드러나 있으며 최종 결과물을 다듬는 데도 큰 도움이 되었다.

초기 조사 단계에 힘을 보태 준 우리 사무실의 전 비서실장 대니얼 크리스텐슨(Daniel Christensen), 마지막 단계에 도움을 준 조이 빌리크(Joey

Bilyk)에게 고마움을 전한다. 원고의 구조를 깊이 있게 파고들어 내용 전달의 능률을 끌어올릴 수 있도록 편집 제안을 해 준 존 콕스(Jon Cox)에게도 고마움을 전한다.

책이 출판되기까지 모든 과정에서 지원과 현명한 조언을 아끼지 않은 국내 저작권 대리인 메그 톰슨(Meg Thompson)과 이 책이 많은 해외 독자들을 만날 수 있도록 해외 출판사들과 연락하는 일을 맡아 준 해외 저작권 대리인 샌디 호지먼(Sandy Hodgman)에게도 고마운 마음을 보낸다.

작업을 열정적으로 지원하고 이 책의 핵심 주제를 일반 독자들에게 반드시 알려야 한다는 일념하에 개인적 헌신을 보여 준 세인트마틴출판사의 담당 편집자 팀 바틀렛(Tim Bartlett)의 수고에 감사한다. 우리 인간종 역사의 이렇게 중요한 지점에서 인류가 직면한 실존적 위기에 대해 깊이 공감하는 편집자와 함께 일할 수 있었던 것이 나에게는 격려와 용기의 원천이었다.

마지막으로, 항상 그렇듯이 아내 캐럴 그루네발트에게 고맙다. 무엇보다 이 책의 줄거리와 내용에 대한 그녀의 의견 그리고 몇 년 동안 그녀와 나눈 많은 대화가 이 책을 쓰는 내 생각의 틀을 형성하는 데 큰 도움이 되었다.

주석

서론

1 Vivek V. Venkataraman, Thomas S. Kraft, and Nathaniel J. Dominy, "Hunter-Gatherer Residential Mobility and the Marginal Value of Rainforest Patches," *Proceedings of the National Academy of Sciences* 114, no. 12 (March 6, 2017): 3097, https://doi.org/10.1073/pnas.1617542114.

2 Marie-Jean-Antoine-Nicolas Caritat, Marquis de Condorcet, *Outlines of an Historical View of the Progress of the Human Mind* (Philadelphia: M. Carey, 1796), https://oll.libertyfund.org/titles/1669%20 (accessed May 11, 2019).

3 *The Bible: Authorized King James Version with Apocrypha* (Oxford: Oxford University Press Oxford World Classics, 2008), 2.

4 Nicholas Wade, "Your Body Is Younger Than You Think," *New York Times*, August 2, 2005, https://www.nytimes.com/2005/08/02/science/your-body-is-younger-than-you-think.html; Ron Milo and Robert B. Phillips, *Cell Biology by the Numbers* (New York: Garland Science, 2015), 279.

5 Wade, "Your Body Is Younger Than You Think."

6 Helmut Haberl, Karl-Heinz Erb, Fridolin Krausmann, Veronika Gaube, Alberte Bondeau, Christoph Plutzar, Simone Gingrich, Wolfgang Lucht, and Marina Fischer-Kowalski, "Quantifying and Mapping the Human Appropriation of Net Primary Production in Earth's Terrestrial Ecosystems," *Proceedings of the National Academy of Sciences* 104, no. 31 (2007): 12942–12947, https://www.pnas.org/doi/pdf/10.1073/pnas.0704243104; Fridolin Krausmann et al., "Global Human Appropriation of Net Primary Production Doubled in the 20th Century," *Proceedings of the National Academy of Sciences* 110, no. 25 (June 2013): 10324–10329, https://doi.org/10.1073/pnas.1211349110.

7 Krausmann et al., "Global Human Appropriation of Net Primary Production Doubled in the 20th Century."

1장 마스크, 인공호흡기, 화장지: 적응성이 효율성보다 중요한 이유

1 Adam Smith, *An Inquiry into the Nature and Causes of the Wealth of Nations* (Oxford: Oxford University Press, 1976) (original work published 1776), 454.

2 Alex T. Williams, "Your Car, Toaster, Even Washing Machine, Can't Work Without Them. And There's a Global Shortage," *New York Times*, May 14, 2021, https://www.nytimes.com/2021/05/14/opinion/semiconductor-shortage-biden-ford.html?referringSource=articleShare.

3 "Enhanced Execution, Fresh Portfolio of Exciting Vehicles Drive Ford's Strong Q1 Profitability, As Trust in Company Rises," Ford Motor Company, April 28, 2021, https://s23.q4cdn.com/799033206/files/doc_financials/2021/q1/Ford-1Q2021-Earnings-Press-Release.pdf.

4 Williams, "Your Car, Toaster, Even Washing Machine, Can't Work Without Them."

5 William Galston, "Efficiency Isn't the Only Economic Virtue," *Wall Street Journal*, March 10, 2020.

6   Ibid.

7   Marco Rubio, "We Need a More Resilient American Economy," *New York Times*, April 20, 2020.

8   Ibid.

9   "Rethinking Efficiency," *Harvard Business Review*, 2019, https://hbr.org/2019/01/rethinking-efficiency.

10   Roger Martin, "The High Price of Efficiency," *Harvard Business Review* (January–February 2019), 42–55.

11   Ibid.

12   Annette McGivney, " 'Like Sending Bees to War': The Deadly Truth Behind Your Almond Milk Obsession," *The Guardian*, January 8, 2020, https://www.theguardian.com/environment/2020/jan/07/honeybees-deaths-almonds-hives-aoe; Selina Bruckner, Nathalie Steinhauer, S. Dan Aurell, Dewey Caron, James Ellis, et al., "Loss Management Survey 2018–2019 Honey Bee Colony Losses in the United States: Preliminary Results," Bee Informed Partnership, https://beeinformed.org/wp-content/uploads/2019/11/2018_2019-Abstract.pdf (accessed June 23, 2021).

13   Tom Philpott and Julia Lurie, "Here's the Real Problem with Almonds," *Mother Jones*, April 15, 2015, https://www.motherjones.com/environment/2015/04/real-problem-almonds/; Almond Board of California, About Almonds and Water, n.d., https://www.almonds.com/sites/default/files/content/attachments/about_almonds_and_water_-_september_2015_1.pdf.

14   Almond Board of California, California Almond Industry Facts, 2016, https://www.almonds.com/sites/default/files/2016_almond_industry_factsheet.pdf.

15   Hannah Devlin and Ian Sample, "Yoshinori Ohsumi Wins Nobel Prize in Medicine for Work on Autophagy," *The Guardian*, October 3, 2016, https://www.theguardian.com/science/2016/oct/03/yoshinori-ohsumi-wins-nobel-prize-in-medicine.

16 "The Nobel Prize in Physiology or Medicine 2016," Nobel Assembly at Karolinska Institutet, 2016, https://www.nobelprize.org/uploads/2018/06/press-34.pdf.

17 Pat Lee Shipman, "The Bright Side of the Black Death," *American Scientist* 102, no. 6 (2014): 410, https://doi.org/10.1511/2014.111.410.

2장 테일러주의와 열역학법칙

1 Charlie Chaplin, *Modern Times* (United Artists, 1936).

2 Samuel Haber, *Efficiency and Uplift: Scientific Management in the Progressive Era, 1890–1920* (Chicago: University of Chicago Press, 1965), 62; Martha Bensley Bruere and Robert W. Bruere, *Increasing Home Efficiency* (New York: Macmillan, 1912), 291.

3 Christine Frederick, "The New Housekeeping: How It Helps the Woman Who Does Her Own Work," *Ladies' Home Journal*, September–December 1912, 13, 23.

4 Christine Frederick, *The New Housekeeping: Efficiency Studies in Home Management* (Doubleday, Page, 1913), 30.

5 Mary Pattison, *The Business of Home Management: The Principles of Domestic Engineering* (New York: R. M. McBride, 1918); Haber, *Efficiency and Uplift*, 62.

6 Haber, *Efficiency and Uplift*, 62.

7 William Hughes Mearns, "Our Medieval High Schools: Shall We Educate Children for the Twelfth or the Twentieth Century?" *Saturday Evening Post*, March 12, 1912; Raymond E. Callahan, *Education and the Cult of Efficiency: A Study of the Social Forces That Have Shaped the Administration* (Chicago: University of Chicago Press, 1964), 50.

8 Maude Radford Warren, "Medieval Methods for Modern Children," *Saturday Evening Post*, March 12, 1912; Callahan, *Education and the Cult of Efficiency*, 50.

9   Wayne Au, "Teaching Under the New Taylorism: High-Stakes Testing and the Standardization of the 21st Century Curriculum," *Journal of Curriculum Studies* 43, no. 1 (2011): 25–45, https://doi.org/10.1080/00220272.2010.5 21261.

10   Samuel P. Hays, *Conservation and the Gospel of Efficiency: The Progressive Conservation Movement, 1890–1920* (Pittsburgh: University of Pittsburgh Press, 1999), 127.

11   "Open for Business and Not Much Else: Analysis Shows Oil and Gas Leasing Out of Whack on BLM Lands." Wilderness Society, n.d., https://www.wilderness.org/articles/article/open-business-and-not-much-else-analysis-shows-oil-and-gas-leasing-out-whack-blm-lands.

12   "In the Dark: The Hidden Climate Impacts of Energy Development on Public Lands," Wilderness Society, n.d., https://www.wilderness.org/sites/default/files/media/file/In%20the%20Dark%20Report FINAL_Feb_2018.pdf (accessed April 16, 2021); Matthew D. Merrill, Benjamin M. Sleeter, Philip A. Freeman, Jinxun Liu, Peter D. Warwick, and Bradley C. Reed, "Federal Lands Greenhouse Gas Emissions and Sequestration in the United States: Estimates for 2005–14. Scientific Investigations Report 2018–5131," U.S. Geological Survey, U.S. Department of the Interior, 2018.

13   Chris Arsenault, "Only 60 Years of Farming Left If Soil Degradation Continues," *Scientific American*, December 5, 2014, https://www.scientificamerican.com/article/only-60-years-of-farming-left-if-soil-degradation-continues/.

14   "Fact Sheet: What on Earth Is Soil?" Natural Resources Conservation Service, 2003, https://www.nrcs.usda.gov/Internet/FSE_DOCUMENTS/nrcs144p2_002430.pdf.

15   Robin McKie, "Biologists Think 50 Percent of Species Will Be Facing Extinction by the End of the Century," *The Guardian*, February 25, 2017, https://www.theguardian.com/environment/2017/feb/25/half-all-spe-

cies-extinct-end-century-vatican-conference (accessed August 22, 2020).

16   Yadigar Sekerci and Sergei Petrovskii, "Global Warming Can Lead to Depletion of Oxygen by Disrupting Phytoplankton Photosynthesis: A Mathematical Modelling Approach," *Geosciences* 8, no. 6 (June 2018): 201, https://doi.org/10.3390/geosciences8060201; "Research Shows Global Warming Disaster Could Suffocate Life on Planet Earth," University of Leicester, December 1, 2015, https://www2.le.ac.uk/offices/press/press-releases/2015/december/global-warming-disaster-could-suffocate-life-on-planet-earth-research-shows.

17   Abrahm Lustgarten, "The Great Climate Migration," *New York Times Magazine*, July 23, 2020, https://www.nytimes.com/interactive/2020/07/23/magazine/climate-migration.html (accessed August 22, 2020).

18   James E. M. Watson et al., "Protect the Last of the Wild," *Nature* 563 (2018): 27–40, http://dx.doi.org/10.1038/d41586-018-07183-6.

19   John Herman Randall, *The Making of the Modern Mind* (Cambridge: Houghton Mifflin, 1940), 241; quotation by René Descartes in René Descartes, *Rules for the Direction of the Mind* (1684).

20   Ibid., 241–242.

21   René Descartes, *Treatise of Man*, translated by Thomas Steele Hall (Cambridge, MA: Harvard University Press, 1972).

22   Daniel Everett, "Beyond Words: The Selves of Other Animals," *New Scientist*, July 8, 2015, https://www.newscientist.com/article/dn27858-beyond-words-the-selves-of-other-animals/ (accessed July 31, 2020).

23   Gillian Brockwell, "During a Pandemic, Isaac Newton Had to Work from Home, Too. He Used the Time Wisely," *Washington Post*, March 12, 2020, https://www.washingtonpost.com/history/2020/03/12/during-pandemic-isaac-newton-had-work-home-too-he-used-time-wisely/ (accessed July 20, 2020).

24   "Philosophiæ Naturalis Principia Mathematica (MS/69)" (University of Cambridge Digital Library, n.d.), https://cudl.lib.cam.ac.uk/view/MS-ROY-

ALSOCIETY-00069/7.

25 National Aeronautics and Space Administration, "More on Newton's Law of Universal Gravitation," *High Energy Astrophysics Science Archive Research Center*, May 5, 2016, https://imagine.gsfc.nasa.gov/features/yba/CygX-1mass/gravity/more.html (accessed July 20, 2020).

26 Isaac Newton, *Newton's Principia: The Mathematical Principles of Natural Philosophy* (New York: Daniel Adee, 1846).

27 Norriss S. Hetherington, "Isaac Newton's Influence on Smith's Natural Laws in Economics," *Journal of the History of Ideas* 44, no. 3 (1983): 497–505, http://www.jstor.com/stable/2709178.

28 Martin J. Klein, "Thermodynamics in Einstein's Thought: Thermodynamics Played a Special Role in Einstein's Early Search for a Unified Foundation of Physics," *Science* 157, no. 3788 (August 4, 1967): 509–513, https://doi.org/10.1126/science.157.3788.509.

29 Mark Crawford, "Rudolf Julius Emanuel Clausius," ASME, April 11, 2012, https://www.asme.org/topics-resources/content/rudolf-julius-emanuel-clausius.

30 National Aeronautics and Space Administration, "Meteors & Meteorites," *NASA Science*, December 19, 2019, https://solarsystem.nasa.gov/asteroids-comets-and-meteors/meteors-and-meteorites/in-depth/ (accessed August 23, 2020).

31 Brian Greene, "That Famous Equation and You," *New York Times*, September 30, 2005.

32 Nahid Aslanbeigui, "Pigou, Arthur Cecil (1877–1959)," in *The New Palgrave Dictionary of Economics*, edited by Steven N. Durlauf and Lawrence E. Blume (London: Palgrave Macmillan, 2008).

33 Erwin Schrödinger, *What Is Life?* (New York: Macmillan, 1947), 72–75.

34 G. Tyler Miller, *Energetics, Kinetics and Life: An Ecological Approach* (Belmont: Wadsworth, 1971), 293.

35 Ibid., 291.

36 Elias Canetti, *Crowds and Power* (London: Gollancz, 1962), 448.

37 "James Watt," *Encyclopedia Britannica*, https://www.britannica.com/biography/James-Watt (accessed August 23, 2020).

38 Margaret Schabas, "Alfred Marshall, W. Stanley Jevons, and the Mathematization of Economics," *Isis, A Journal of the History of Science Society* 80, no. 1 (March 1989): 60–72, http://www.jstor.com/stable/234344.

39 William Stanley Jevons, *The Progress of the Mathematical Theory of Political Economy* (J Roberts, 1875), https://babel.hathitrust.org/cgi/pt?id=ien.3555 6020803433&view=1up&seq=22&skin=2021 (accessed July 25, 2022).

40 William Stanley Jevons, *The Theory of Political Economy*, 3rd ed. (London: Macmillan, 1888).

41 Ibid., vii.

42 Frederick Soddy, *Matter and Energy* (New York: H. Holt, 1911), 10–11.

43 Ilya Prigogine, "Only an Illusion," *Tanner Lectures on Human Values*, December 18, 1982, https://tannerlectures.utah.edu/_resources/documents/a-to-z/p/Prigogine84.pdf (accessed August 23, 2020).

44 Ibid., 46.

45 Ibid., 50.

46 Ibid.

3장 현실 세계: 자연의 자본

1 "Historical Estimates of World Population," U.S. Census Bureau, July 5, 2018, https://www.census.gov/data/tables/time-series/demo/international-programs/historical-est-worldpop.html (accessed August 24, 2020).

2 Helmut Haberl, Karl-Heinz Erb, Fridolin Krausmann, Veronika Gaube, Alberte Bondeau, Christoph Plutzar, Simone Gingrich, Wolfgang Lucht, and Marina Fischer-Kowalski, "Quantifying and Mapping the Human Appropriation of Net Primary Production in Earth's Terrestrial Ecosystems," *Pro-*

ceedings of the National Academy of Sciences 104, no. 31 (2007), https://www. pnas.org/doi/pdf/10.1073/pnas.0704243104.

3   Fridolin Krausmann, Karl-Heinz Erb, Simone Gingrich, Helmut Haberl, Alberte Bondeau, Veronika Gaube, Christian Lauk, Christoph Plutzar, and Timothy D. Searchinger, "Global Human Appropriation of Net Primary Production Doubled in the 20th Century," *Proceedings of the National Academy of Sciences* 110, no. 25 (June 13, 2013), https://doi.org/10.1073/pnas.1211349110.

4   "What on Earth Is Soil?" United States Department of Agriculture Natural Resources Conservation Service, n.d., https://www.nrcs.usda.gov/wps/PA_NRCSConsumption/download?cid=nrcseprd994617&ext =pdf (accessed August 25, 2020).

5   Prabhu L. Pingali and Mark W. Rosegrant, "Confronting the Environmental Consequences of the Green Revolution in Asia," International Food Policy Research Institute, August 1994, http://citeseerx.ist.psu.edu/viewdoc/download?doi=10.1.1.80.3270&rep=rep1&type=pdf (accessed August 25, 2020).

6   Anju Bala, "Green Revolution and Environmental Degradation," *National Journal of Multidisciplinary Research and Development* 3, no. 1 (January 2018), http://www.nationaljournals.com/archives/2018/vol3/issue1/2-3-247.

7   "The Hidden Costs of Industrial Agriculture," Union of Concerned Scientists, August 24, 2008, https://www.ucsusa.org/resources/hidden-costs-industrial-agriculture (accessed August 25, 2020).

8   Ibid.

9   Boyd A. Swinburn et al., "The Global Syndemic of Obesity, Undernutrition, and Climate Change: *The Lancet* Commission Report," *The Lancet* 393 (2019): 791–846, https://doi.org/10.1016/S0140-6736(18)32822-8.

10 Ibid.

11 Ibid.

12 Ibid.

13   Ibid.

14   Kevin E. Trenberth, "Changes in Precipitation with Climate Change," *Climate Research* 47 (March 2011): 123, https://doi.org/10.3354/cr00953.

15   Kim Cohen et al., "The ICS International Chronostratigraphic Chart," *Episodes* 36, no. 3 (September 1, 2013): 200–201, https://doi.org/10.18814/epiiugs/2013/v36i3/002.

16   "Healthy Soils Are the Basis for Healthy Food Production," Food and Agriculture Organization of the United Nations, March 26, 2015, http://www.fao.org/3/a-i4405e.pdf (accessed August 25, 2020).

17   David Wallinga, "Today's Food System: How Healthy Is It?" *Journal of Hunger and Environmental Nutrition* 4, no. 3–4 (December 2009): 251-281, https://doi.org/10.1080/19320240903336977.

18   Ibid.

19   Peter Dolton and Mimi Xiao, "The Intergenerational Transmission of Body Mass Index Across Countries," *Economics and Human Biology* 24 (February 2017): 140–152, https://doi.org/10.1016/j.ehb.2016.11.005.

20   Michelle J. Saksena et al., "America's Eating Habits: Food Away from Home," U.S. Department of Agriculture, September 2018, https://www.ers.usda.gov/webdocs/publications/90228/eib-196_ch8.pdf?v=3344.

21   Ibid.

22   "Antibiotic Resistance Threats in the United States, 2019," Centers for Disease Control and Prevention (2019), 18, http://dx.doi.org/10.15620/cdc:82532.

23   Ibid., vii.

24   Susan Brink, "Why Antibiotic Resistance Is More Worrisome Than Ever," NPR, May 14, 2020, https://www.npr.org/sections/goatsandsoda/2020/05/14/853984869/antibiotic-resistance-is-still-a-top-health-worry-its-a-pandemic-worry-too (accessed August 25, 2020).

25   "Drug-Resistant Infections: A Threat to Our Economic Future," World Bank, March 2017, viii, http://documents1.worldbank.org/curated/

en/323311493396993758/pdf/final-report.pdf.

26 Ibid., 18.

27 Ibid.

28 "Bacterial Pneumonia Caused Most Deaths in 1918 Influenza Pandemic," U.S. National Institutes of Health, August 19, 2008, https://www.nih.gov/news-events/news-releases/bacterial-pneumonia-caused-most-deaths-1918-influenza-pandemic#:~:text=Bacterial%20Pneumonia%20Caused%20Most%20Deaths%20in%201918%20Influenza%20Pandemic,-Implications%20for%20Future&text=The%20majority%20of%20deaths%20during,the%20National%20Institutes%20of%20Health (accessed August 25, 2020).

29 Morgan McFall-Johnsen, "These Facts Show How Unsustainable the Fashion Industry Is," World Economic Forum, January 31, 2020, https://www.weforum.org/agenda/2020/01/fashion-industry-carbon-unsustainable-environment-pollution/ (accessed August 31, 2020).

30 Kirsi Niinimäki et al., "The Environmental Price of Fast Fashion," *Nature Reviews* 1 (April 2020): 189–200, https://doi.org/10.1038/s43017-020-0039-9.

31 Ibid., 190.

32 "How Much Do Our Wardrobes Cost to the Environment?" World Bank, September 23, 2019, https://www.worldbank.org/en/news/feature/2019/09/23/costo-moda-medio-ambiente (accessed September 1, 2020); Rep. *Pulse of the Fashion Industry 2017*. Global Fashion Agenda & The Boston Consulting Group, 2017.

33 Niinimäki et al., "The Environmental Price of Fast Fashion."

34 Ibid., 191–193; "Chemicals in Textiles — Risks to Human Health and the Environment," Report from a Government Assignment, KEMI Swedish Chemicals Agency, 2014, https://www.kemi.se/download/18.6df1d3df-171c243fb23a98f3/1591454110491/rapport-6-14-chemicals-in-textiles.pdf.

35 Ibid., 195; Ellen MacArthur Foundation and Circular Fibres Initiative, "A New Textiles Economy: Redesigning Fashion's Future" (2017), https://emf.thirdlight.com/link/2axvc7eob8zx-za4ule/@/preview/1?o.

4장 대혼란: 지구의 시간과 공간에 대한 인클로저

1 "What Hath God Wrought?" Library of Congress, May 24, 2020, https://www.loc.gov/item/today-in-history/may-24 (accessed September 1, 2020).

2 Sebastian de Grazia, *Of Time, Work, and Leisure* (New York: Century Foundation, 1962), 41.

3 Ibid.

4 Reinhard Bendix, *Max Weber: An Intellectual Portrait* (Garden City: Anchor-Doubleday, 1962), 318.

5 Lewis Mumford, *Technics and Civilization* (New York: Harbinger, 1947), 13–14.

6 Daniel J. Boorstin, *The Discoverers* (New York: Random House, 1983), 38.

7 Mary Bellis, "The Development of Clocks and Watches over Time," *ThoughtCo.*, February 6, 2019, https://www.thoughtco.com/clock-and-calendar-history-1991475.

8 Jonathan Swift, *Gulliver's Travels: The Voyages to Lilliput and Brobdingnag* (Ann Arbor: University of Michigan Press, 1896) (original work published 1726), 48.

9 Alfred W. Crosby, *The Measure of Reality: Quantification in Western Europe, 1250–1600* (Cambridge: Cambridge University Press, 1996), 171.

10 Encyclopedia Britannica, "Linear Perspective," https://www.britannica.com/art/linearperspective (accessed April 30, 2021).

11 Galileo Galilei, "The Assayer," in *Discoveries and Opinions of Galileo* (New York: Anchor Books, 1957) (original work published 1623).

12 Philipp H. Lepenies, *Art, Politics, and Development* (Philadelphia: Temple University Press, 2013), 48–50.

13 Walter J. Ong, *Orality and Literacy* (London: Routledge, 1982), 117.

14 Eric J. Hobsbawm, *Nations and Nationalism Since 1780: Programme, Myth, Reality* (Cambridge: Cambridge University Press, 1990), 60.

15 Tullio De Mauro, *Storia Linguistica Dell'Italia Unita* (Rome: Laterza, 1963).

16 Charles Killinger, *The History of Italy* (Westport, CT: Greenwood Press, 2002), 1; Massimo D'Azeglio, *I Miei Ricordi* (1891), 5.

17 Bob Barton, "The History of Steam Trains and Railways," Historic UK, n.d.,https://www.historic-uk.com/HistoryUK/HistoryofBritain/Steam-trains-railways/ (accessed September 1, 2020).

18 Eric J. Hobsbawm, *The Age of Revolution, 1789–1848* (New York: Vintage Books, 1996), 298.

19 Warren D. TenHouten, *Time and Society* (Albany: State University of New York Press, 2015), 62.

5장 궁극의 약탈: 지구의 권역, 유전자풀, 전자기 스펙트럼의 상품화

1 John Locke, *Two Treatises on Civil Government* (London: George Routledge and Sons, 1884) (original work published 1689), 207.

2 Ibid.

3 "The Critical Zone: National Critical Zone Observatory," The Critical Zone | National Critical Zone Observatory, https://czo-archive.critical-zone.org/national/research/the-critical-zone-1national/ (accessed April 30, 2021).

4 Renee Cho, Joan Angus, Sarah Fecht, and Shaylee Packer, "Why Soil Matters," State of the Planet, May 1, 2012, https://news.climate.columbia.edu/2012/04/12/why-soil-matters/.

5 Ibid.

6 Food and Agriculture Organization of the United Nations, *Livestock and Landscapes*, 2012, http://www.fao.org/3/ar591e/ar591e.pdf (accessed March 23, 2019), 1.

7   Ibid.

8   Geoff Watts, "The Cows That Could Help Fight Climate Change," BBC Future, August 6, 2019, https://www.bbc.com/future/article/20190806-how-vaccines-could-fix-our-problem-with-cow-emissions (accessed July 12, 2021).

9   Nicholas LePan, "This Is What the Human Impact on the Earth's Surface Looks Like," World Economic Forum, December 4, 2020, https://www.weforum.org/agenda/2020/12/visualizing-the-human-impact-on-the-earth-s-surface/ (accessed April 30, 2021).

10 "What's Driving Deforestation?" Union of Concerned Scientists, February 2016, https://www.ucsusa.org/resources/whats-driving-deforestation.

11 *USDA Coexistence Fact Sheets: Soybeans.* U.S. Department of Agriculture, 2015.

12 Wannes Hubau et al., "Asynchronous Carbon Sink Saturation in African and Amazonian Tropical Forests," *Nature* 579 (March 2020): 80–87.

13 Ibid.

14 Ibid.

15 Ibid.

16 Research and Markets, *World—Beef(Cattle Meat)—Market Analysis, Forecast, Size, Trends and Insights,* 2021.

17 Reportlinker, *Forestry and Logging Global Market Report 2021: COVID-19 Impact and Recovery to 2030,* 2020.

18 IMARC Group, *Soy Food Market: Global Industry Trends, Share, Size, Growth, Opportunity and Forecast 2021–2026,* 2021; Reportlinker, *Palm Oil Market Size, Share & Trends Analysis Report by Origin* (Organic, Conventional), *by Product (Crude, RBD, Palm Kernel Oil, Fractionated), by End Use, by Region, and Segment Forecasts, 2020–2027,* 2020.

19 M. Garside, "Topic: Mining," Statista, https://www.statista.com/topics/1143/mining/ (accessed April 30, 2021).

20 Marvin S. Soroos, "The International Commons: A Historical Perspective,"

Environmental Review 12, no. 1 (Spring 1988): 1–22, https://www.jstor.org/stable/3984374.

21 Sir Walter Raleigh, "A Discourse of the Invention of Ships, Anchors, Compass, &c.," in *Oxford Essential Quotations*, edited by Susan Racliffe (2017), https://www.oxfordreference.com/view/10.1093/acref/9780191843730.001.0001/q-oro-ed5-00008718.

22 "The United Nations Convention on the Law of the Sea (A historical perspective)," United Nations, 1998, https://www.un.org/depts/los/convention_agreements/convention_historical_perspective.htm.

23 R. R. Churchill and A. V. Lowe, *The Law of the Sea*, vol. 1 (Oxford: Oxford University Press, 1983), 130; U.S. maritime limits & amp; Boundaries, https://nauticalcharts.noaa.gov/data/us-maritime-limits-and-boundaries.html#general —information (accessed August 21, 2021). Continental Shelf (Tunis. v. Libya) (International Court of Justice February 24, 1982). http://www.worldcourts.com/icj/eng/decisions/1982.02.24_continental_shelf.htm (accessed July 25, 2022).

24 Clive Schofield and Victor Prescott, *The Maritime Political Boundaries of the World* (Leiden: Martinus Nijhoff, 2004), 36; Food and Agriculture Organization of the United Nations, "The State of World Fisheries and Aquaculture 2020. Sustainability in Action," 2020, 94; "United Nations Convention on the Law of the Sea (UNCLOS)," Encyclopedia. com, https://www.encyclopedia.com/environment/energy-government-and-defense-magazines/united-nations-convention-law-sea-unclos (accessed May 20, 2021).

25 "Ocean Governance: Who Owns the Ocean?" *Heinrich Böll Stiftung: Brussels*, June 2, 2017, https://eu.boell.org/en/2017/06/02/ocean-governance-who-owns-ocean.

26 Enric Sala et al., "The Economics of Fishing the High Seas," *Science Advances* 4, no. 6 (June 2018); David Tickler, Jessica J. Meeuwig, Maria-Lourdes Palomares, Daniel Pauly, and Dirk Zeller, "Far from Home: Distance Patterns of Global Fishing Fleets," *Science Advances* 4, no. 8 (August 2018),

https://doi.org/10.1126/sciadv.aar3279.

27   "Trawling Takes a Toll," *American Museum of Natural History*, n.d., https://
www.amnh.org/explore/videos/biodiversity/will-the-fish-return/trawl-
ing-takes-a-toll (accessed September 4, 2020).

28   Ibid. Andy Sharpless and Suzannah Evans, "Net Loss: How We Continu-
ally Forget What the Oceans Really Used to Be Like [Excerpt]," *Scientific
American*, May 24, 2013, https://www.scientificamerican.com/article/
shifting-baselines-in-ocean-fish-excerpt/ (accessed July 25, 2022).

29   Hilal Elver. "The Emerging Global Freshwater Crisis and the Privatization
of Global Leadership." Essay. In *Global Crises and the Crisis of Global Leader-
ship*, edited by Stephen Gill (Cambridge: Cambridge University Press, 2011).

30   Ibid.

31   Maude Barlow, *Whose Water Is It, Anyway?* (Toronto: ECW Press, 2019), 18.

32   "1 in 3 People Globally Do Not Have Access to Safe Drinking Water—
UNICEF, WHO," World Health Organization, June 18, 2019, https://
www.who.int/news/item/18-06-2019-1-in-3-people-globally-do-
not-have-access-to-safe-drinking-water-unicef-who (accessed September 3,
2020).

33   "Water Privatization: Facts and Figures," Food and Water Watch, August
31, 2015, https://www.foodandwaterwatch.org/print/insight/water-pri-
vatization-facts-and-figures (accessed September 3, 2020).

34   Ibid.

35   Diamond v. Chakrabarty, 447 U.S. 3030 (1980).

36   Ibid.

37   Ibid.

38   "Genentech Goes Public." Genentech: Breakthrough Science, April 28,
2016, https://www.gene.com/stories/genentech-goes-public.

39   Keith Schneider, "Harvard Gets Mouse Patent, A World First," *New York
Times*, April 13, 1988, A1.

40   Association for Molecular Pathology et al. v. Myriad Genetics, US 12–398

(2013).

41 Kelly Servick, "No Patent for Dolly the Cloned Sheep, Court Rules, Adding to Industry Jitters," *Science*, May 14, 2014, https://www.sciencemag.org/news/2014/05/no-patent-dolly-cloned-sheep-court-rules-adding-industry-jitters.

42 "Monsanto v. U.S. Farmers," a report by the Center for Food Safety (2005), 11, https://www.centerforfoodsafety.org/files/cfsmonsantovsfarmerreport11305.pdf.

43 Sheldon Krimsky, James Ennis, and Robert Weissman, "Academic-Corporate Ties in Biotechnology: A Quantitative Study," *Science, Technology, & Human Values* 16, no. 3 (July 1991).

44 Association for Molecular Pathology et al. v. Myriad Genetics.

45 Sergio Sismondo, "Epistemic Corruption, the Pharmaceutical Industry, and the Body of Medical Science," *Frontiers in Research Metrics and Analytics* 6 (2021), https://doi.org/10.3389/frma.2021.614013; Bernard Lo and Marilyn J. Field, *Conflict of Interest in Medical Research, Education, and Practice* (Washington, D.C.: National Academies Press, 2009), 84; Sharon Lerner, "The Department of Yes: How Pesticide Companies Corrupted the EPA and Poisoned America," *The Intercept*, June 30, 2021, https://theintercept.com/2021/06/30/epa-pesticides-exposure-opp/; Jack T. Pronk, S. Lee, J. Lievense, et al., "How to Set Up Collaborations Between Academia and Industrial Biotech Companies," *Nature Biotechnology* 33 (2015): 237–240, https://doi .org/10.1038/nbt.3171.

46 Carolyn Brokowski and Mazhar Adli, "CRISPR Ethics: Moral Consideration for Applications of a Powerful Tool," *Journal of Molecular Biology* 431, no. 1 (January 2019), https://www.ncbi.nlm.nih.gov/pmc/articles/PMC6286228/pdf/nihms973582.pdf.

47 Jon Cohen, "CRISPR, the Revolutionary Genetic 'Scissors,' Honored by Chemistry Nobel," *Science*, October 7, 2020, https://www.sciencemag.org/news/2020/10/crispr-revolutionary-genetic-scissors-hon-

ored-chemistry-nobel#:~:text=This%20year's%20Nobel%20Prize%20 in,wheat%20to%20mosquitoes%20to%20humans (accessed October 12, 2020); Martin Jinek, Krzysztof Chylinski, Ines Fonfara, Jennifer A. Doudna, and Emmanuelle Charpentier, "A Programmable Dual-RNA–Guided DNA Endonuclease in Adaptive Bacterial Immunity," *Science* 337, no. 6096 (2012): 816–821, https://doi.org/10.1126/science.1225829.

48   Cohen, "CRISPR, the Revolutionary Genetic 'Scissors' Honored by Chemistry Nobel."

49   Dennis Normille, "Chinese Scientist Who Produced Genetically Altered Babies Sentenced to 3 Years in Jail," *ScienceMag*, December 30, 2019, https://www.sciencemag.org/news/2019/12/chinese-scientist-who-pro-duced-genetically-altered-babies-sentenced-3-years-jail.

50   Katelyn Brinegar, Ali K. Yetisen, Sun Choi, Emily Vallillo, Guillermo U. Ruiz-Esparza, Anand M. Prabhakar, Ali Khademhosseini, and Seok-Hyun Yun, "The Commercialization of Genome-Editing Technologies," *Critical Reviews in Biotechnology* 37, no. 7 (2017): 924–932.

51   Brokowski and Adli, "CRISPR Ethics: Moral Considerations."

52   Mauro Salvemini, "Global Positioning System," in *International Encyclopedia of the Social & Behavioral Sciences*, 2nd ed., edited by James D. Wright (Amsterdam: Elsevier, 2015), 174–177.

53   Greg Milner, *Pinpoint: How GPS Is Changing Technology, Culture, and Our Minds* (New York: W.W. Norton, 2016).

54   Ibid.

55   Thomas Alsop, "Global Navigation Satellite System (GNSS) Device Installed Base Worldwide in 2019 and 2029," Statista, 2020, https://www.statista.com/statistics/1174544/gnss-device-installed-base-world-wide/#statisticContainer.

56   "Global Navigation Satellite System (GNSS) Market Size," Fortune Business Insights, 2020, https://www.fortunebusinessinsights.com/global-navigation-satellite-system-gnss-market-103433.

57   Ashik Siddique, "Getting Lost: What Happens When the Brain's 'GPS' Mapping Malfunctions," *Medical Daily*, May 1, 2013, https://www.medicaldaily.com/getting-lost-what-happens-when-brains-gps-mapping-malfunctions-245400 (accessed November 1, 2020).

58   Ibid.

59   Milner, *Pinpoint*.

60   Patricia Greenfield et al., "Technology and Informal Education: What Is Taught, What Is Learned," *Science* 323, no. 69 (2009).

61   Stuart Wolpert, "Is Technology Producing a Decline in Critical Thinking and Analysis?" *UCLA Newsroom*, January 27, 2009, https://newsroom.ucla.edu/releases/is-technology-producing-a-decline-79127.

62   Ibid.

63   Joseph Firth, John Torous, Brendon Stubbs, Josh A. Firth, Genevieve Z. Steiner, Lee Smith, Mario Alvarez-Jimenez, John Gleeson, Davy Vancampfort, Christopher J. Armitage, and Jerome Sarris, "The Online Brain: How the Internet May Be Changing Our Cognition," *World Psychiatry* 18 (2019): 119–129.

64   Ibid., 119.

65   Ibid., 121.

66   Ibid.

67   Firth et al., "The Online Brain," 123; N. Barr, G. Pennycook, J. A. Stolz, et al., "The Brain in Your Pocket: Evidence That Smartphones Are Used to Supplant Thinking," *Computers in Human Behavior* 48 (2015): 473–480.

68   Donald Rumsfeld, "Press Conference by U.S. Secretary of Defense, Donald Rumsfeld," NATO HQ, June 6, 2002, https://www.nato.int/docu/speech/2002/s020606g.htm.

69   John Cheney-Lippold, "A New Algorithmic Identity: Soft Biopolitics and the Modulation of Control," *Theory, Culture and Society* 28, no. 6 (2011): 164–181.

70   Lee Rainie and Janna Anderson, "Code-Dependent: Pros and Cons of the

Algorithm Age," Pew Research Center, February 8, 2017.

71   Ibid., 9.

72   Ibid.

73   Ibid., 12.

74   George W. Bush, "President Bush Delivers Graduation Speech at West Point," The White House, June 1, 2002, https://georgewbush-white-house.archives.gov/news/releases/2002/06/20020601-3.html.

75   Svati Kirsten Narula, "The Real Problem with a Service Called Ghetto Tracker," The Atlantic, September 6, 2013, https://www.theatlantic.com/technology/archive/2013/09/the-real-problem-with-a-service-called-ghetto-tracker/279403/.

76   Ian Kerr and Jessica Earle, "Prediction, Preemption, Presumption: How Big Data Threatens Big Picture Privacy," Stanford Law Review, Symposium 2013—Privacy and Big Data, https://www.stanfordlawreview.org/on-line/privacy-and-big-data-prediction-preemption-presumption/.

6장 자본주의의 딜레마: 효율성의 증가, 노동자의 감소, 소비자 부채의 증가

1   Bennett Harrison and Barry Bluestone, The Great U-Turn: Corporate Restructuring and the Polarizing of America (New York: HarperCollins, 1990), 38.

2   Isadore Lubin, "The Absorption of the Unemployed by American Industry," In Brookings Institution Pamphlet Series 1, no. 3 (Washington, D.C.: Brookings Institution, 1929); Isadore Lubin, "Measuring the Labor Absorbing Power of American Industry," Journal of the American Statistical Association 24, no. 165 (1929): 27–32, https://www.jstor.org/stable/2277004.

3   Henry Ford, My Life and Work (London: William Heinemann, 1923), 72.

4   Charles Kettering, "Keep the Consumer Dissatisfied," Nation's Business 17, no. 1 (January 1929): 30–31.

5   Committee on Recent Economic Change, "Report of the Committee

on Recent Economic Changes of the President's Conference on Unemployment," in *Recent Economic Changes in the United States*, Volumes 1 and 2 (Cambridge, MA: National Bureau of Economic Research, 1929), xviii.

6   Will Slayter, *The Debt Delusion: Evolution and Management of Financial Risk* (Boca Raton: Universal Publishers, 2008), 29.

7   Christopher Lasch, *The Culture of Narcissism: American Life in an Age of Diminishing Expectations* (New York: W.W. Norton, 1979).

8   Frederick C. Mills, *Employment Opportunities in Manufacturing Industries in the United States* (Cambridge, MA: National Bureau of Economic Research, 1938), 10–15.

9   Benjamin Kline Hunnicutt, "Kellogg's Six-Hour Day: A Capitalist Vision of Liberation Through Managed Work Reduction," *Business History Review* 66, no. 3 (Autumn 1992): 475, https://www.jstor.org/stable/3116979.

10   Robert Higgs, "The Two-Price System: U.S. Rationing During World War II Price Controls and Rationing Led to Law-Breaking and Black Markets," *Foundation for Economic Education*, April 24, 2009, https://fee.org/articles/the-two-price-system-us-rationing-during-world-war-ii/ (accessed August 21, 2020).

11   Louis Hyman, *Debtor Nation: The History of America in Red Ink* (Princeton, NJ: Princeton University Press, 2011), 136.

12   "Number of TV Households in America: 1950–1978," *American Century*, November 15, 2014, https://americancentury.omeka.wlu.edu/items/show/136 (accessed August 21, 2020).

13   "Television and Health," California State University Northridge Internet Resources, https://www.csun.edu/science/health/docs/tv&health .html (accessed June 24, 2021).

14   Hyman, *Debtor Nation*, 156–70.

15   Ibid., 270; Michael A. Turner, Patrick Walker, and Katrina Dusek, "New to Credit from Alternative Data," *PERC*, March 2009, https://www.perc.net/wp-content/uploads/2013/09/New_to_Credit_from_Alternative_

Data_0.pdf.

16 Norbert Wiener, *The Human Use of Human Beings: Cybernetics and Human Beings* (New York: Avon Books, 1954), 278.

17 Ibid., 162.

18 Betty W. Su, "The Economy to 2010: Domestic Growth with Continued High Productivity, Low Unemployment Rates, and Strong Foreign Markets Characterize the Expected Outlook for the Coming Decade (Employment Outlook: 2000–10)," *Monthly Labor Review* 124, no. 11 (November 2001): 4, https://www.bls.gov/opub/mlr/2001/11/art1full.pdf.

19 Michael Simkovic, "Competition and Crisis in Mortgage Securitization," *Indiana Law Journal* 88, no. 213 (2013): 227, https://dx.doi.org/10.2139/ssrn.1924831.

20 Stefania Albanesi et al., "Credit Growth and the Financial Crisis: A New Narrative," National Bureau of Economic Research Working Paper 23740 (2017), 2, http://www.nber.org/papers/w23740.

21 "Median Sales Price for New Houses Sold in the United States," U.S. Census Bureau, July 1, 2020, https://fred.stlouisfed.org/series/MSPNHSUS (accessed September 17, 2020).

22 Susanna Kim, "2010 Had Record 2.9 Million Foreclosures," ABC News, January 12, 2011, https://abcnews.go.com/Business/2010-record-29-million-foreclosures/story?id=12602271 (accessed August 21, 2020).

23 Meta Brown et al., "The Financial Crisis at the Kitchen Table: Trends in Household Debt and Credit," *Federal Reserve Bank of New York Current Issues in Economics and Finance* 19, no. 2 (2013), https://www.newyorkfed.org/medialibrary/media/research/current_issues/ci19–2.pdf.

24 "GDP-United States," n.d. World Bank National Accounts Data, and OECD National Accounts Data Files, https://data.worldbank.org/indicator/NY.GDP.MKTP.CD?locations=US (accessed August 23, 2021).

25 Felix Richter, "Pre-Pandemic Household Debt at Record High," Statista, July 22, 2020, https://www.statista.com/chart/19955/household-debt-

balance-in-the-united-states/ (accessed August 21, 2020); Jeff Cox, "Consumer Debt Hits New Record of $14.3 Trillion," *CNBC*, May 5, 2020, https://www.cnbc.com/2020/05/05/consumer-debt-hits-new-record-of-14point3-trillion.html.

26   James Womack et al., *The Machine That Changed the World: The Story of Lean Production — Toyota's Secret Weapon in the Global Car Wars That Is Now Revolutionizing World Industry* (New York: Harper Perennial, 1991), 11.

27   Charles House and Raymond Price, "The Return Map: Tracking Product Teams," *Harvard Business Review* (January–February 1991), https://hbr.org/1991/01/the-return-map-tracking-product-teams#.

28   Christopher Huxley, "Three Decades of Lean Production: Practice, Ideology, and Resistance," *International Journal of Sociology* 45, no. 2 (August 2015): 140, https://doi.org/10.1080/00207659.2015.1061859; Satoshi Kamata, Ronald Philip Dore, and Tatsuru Akimoto, *Japan in the Passing Lane: An Insider's Account of Life in a Japanese Auto Factory* (New York: Pantheon Books, 1982); Mike Parker and Jane Slaughter, *Choosing Sides: Unions and the Team Concept* (Boston: South End Press, 1988).

29   Ibid., 140.

30   Ibid.

31   Hayley Peterson, "Amazon's Delivery Business Reveals Staggering Growth as It's on Track to Deliver 3.5 Billion Packages Globally This Year," *Business Insider*, December 19, 2019, https://www.businessinsider.com/amazon-package-delivery-business-growth-2019-12#:~ (accessed August 20, 2020).

32   "Forbes 400: #1 Jeff Bezos," *Forbes* (September 2020), https://www.forbes.com/profile/jeff-bezos/?sh=1d26aa0a1b23; "The World's Real-Time Billionaires," *Forbes*, 2022, https://www.forbes.com/real-time-billionaires/#3bfb2bde3d78 (accessed March 8, 2022).

33   Áine Cain and Hayley Peterson, "Two Charts Show Amazon's Explosive Growth as the Tech Giant Prepares to Add 133,000 Workers Amid Re-

cord Online Sales," *Business Insider*, September 15, 2020, https://markets. businessinsider.com/news/stocks/amazon-number-of-employees-work-force-workers-2020-9-1029591975 (accessed August 20, 2020).

34 Jodi Kantor and David Streitfeld, "Inside Amazon: Wrestling Big Ideas in a Bruising Workplace," *New York Times*, August 15, 2015.

35 Ibid.

36 Jay Greene and Chris Alcantara, "Amazon Warehouse Workers Suffer Serious Injuries at Higher Rates Than Other Firms," *Washington Post*, June 1, 2021, https://www.washingtonpost.com/technology/2021/06/01/amazon-osha-injury-rate/.

37 Emily Guendelsberger, *On the Clock: What Low-Wage Work Did to Me and How It Drives America Insane* (Boston: Little, Brown, 2019).

38 Esther Kaplan, "The Spy Who Fired Me: The Human Costs of Workplace Monitoring," *Harper's Magazine*, March 2015, https://harpers.org/archive/2015/03/the-spy-who-fired-me/ (accessed August 21, 2020).

39 Johan Huizinga, "Homo Ludens: A Study of the Play-Elementin Culture" (Boston: Beacon Press, 1950), 46.

40 Jennifer deWinter et al., "Taylorism 2.0: Gamification, Scientific Management and the Capitalist Appropriation of Play," *Journal of Gaming & Virtual Worlds* 6, no. 2 (June 2014): 109–127, http://dx.doi.org/10.1386/jgvw.6.2.109_1.

41 Ibid., 113.

42 "Stone City: Learn the Relationship Portion Sizes and Profitability in an Ice Cream Franchise," Cold Stone Creamery Inc., http://persuasivegames. com/game/coldstone.

43 Anna Blake and James Moseley, "Frederick Winslow Taylor: One Hundred Years of Managerial Insight," *International Journal of Management* 28, no. 4 (December 2011): 346–353, https://www.researchgate.net/profile/Anne_Blake/publication/286930119_Frederick_Winslow_Taylor_One_Hundred_Years_of_Managerial_Insight/links/5670846c08aececfd5532970/

Frederick-Winslow-Taylor-One-Hundred-Years-of-Managerial-Insight. pdf.

44   Jill Lepore, "Not So Fast: Scientific Management Started as a Way to Work. How Did It Become a Way of Life?" *New Yorker*, October 5, 2009, https:// www.newyorker.com/magazine/2009/10/12/not-so-fast (accessed August 21, 2020).

45   Edward Cone and James Lambert, "How Robots Change the World: What Automation Really Means for Jobs and Productivity," *Oxford Economics*, June 26, 2019, https://www.oxfordeconomics.com/recent-releases/how-robots-change-the-world; Susan Lund, Anu Madgavkar, James Manyika, Sven Smit, Kweilin Ellingrud, and Olivia Robinson, "The Future of Work After COVID-19," McKinsey and Company, 2019, https://www.mck-insey.com/featured-insights/future-of-work/the-future-of-work-after-covid-19; John Hawksworth, Richard Berriman, and Saloni Noel, "Will Robots Really Steal Our Jobs? An International Analysis of the Potential Long-Term Impact of Automation," PricewaterhouseCoopers, 2018, https://www.pwc.co.uk/economic-services/assets/international-im-pact-of-automation-feb-2018.pdf.

46   Henry Blodget, "CEO of Apple Partner Foxconn: 'Managing One Million Animals Gives Me a Headache,' " *Business Insider*, January 12, 2012, https://www.businessinsider.com/foxconn-animals-2012-1 (accessed August 21, 2020).

47   Cone and Lambert, "How Robots Change the World."

7장 생태적 자아: 우리는 저마다 흩어지는 패턴

1   Erich Kahler, *Man the Measure: A New Approach to History* (Cleveland: Meridian Books, 1967).

2   Lewis Mumford, *Technics and Human Development* (New York: Harcourt Brace

Jovanovich/Harvest Books, 1966), 101.

3   Mircea Eliade, *The Myth of the Eternal Return* (Princeton, NJ: Princeton Classics, 2019), originally published in English in 1954.

4   Jeremy Rifkin, "The Risks of Too Much City," *Washington Post*, December 17, 2006, https://www.washingtonpost.com/archive/opinions/2006/12/17/the-risks-of-too-much-city/db5c3e65-4daf-465f-8e58-31b47ba359f8/.

5   Ludwig von Bertalanffy, *Problems of Life* (New York: Harper and Brothers, 1952), 134.

6   Norbert Wiener, *The Human Use of Human Beings: Cybernetics and Society* (New York: Da Capo Press, 1988), 96.

7   Alfred North Whitehead, *Science and the Modern World* (Cambridge: Cambridge University Press, 1926), 22.

8   Ronald Desmet and Andrew David Irvine, "Alfred North Whitehead," *Stanford Encyclopedia of Philosophy*, September 4, 2018, https://plato.stanford.edu/entries/whitehead/.

9   Alfred North Whitehead, *Science and the Modern World: Lowell Lectures 1925* (Cambridge: Cambridge University Press, London 1929), 61; Alfred North Whitehead, *Nature and Life* (Chicago: Chicago University Press, 1934) and reprinted (Cambridge: Cambridge University Press, 2011).

10   Whitehead, *Nature and Life*, 65.

11   Robin G. Collingwood, *The Idea of Nature* (Oxford: Oxford University Press, 1945), 146.

12   Ibid.

13   Fritjof Capra, *The Tao of Physics: An Exploration of the Parallels Between Modern Physics and Eastern Mysticism* (Berkeley: Shambhala Publications, 1975), 138.

14   Whitehead, *Nature and Life*, 45–48.

15   Ernst Haeckel, *The Wonders of Life: A Popular Study of Biological Philosophy* (London: Watts, 1904), 80.

16   Whitehead, *Nature and Life*, 61.

17   Water Science School, "The Water in You: Water and the Human Body," U.S. Geological Survey, May 22, 2019, https://www.usgs.gov/special-topic/water-science-school/science/water-you-water-and-human-body?qt-science_center_objects=0#qt-science_center_objects.

18   H. H. Mitchell, T. S. Hamilton, F. R. Steggerda, and H. W. Bean, "The Chemical Composition of the Adult Human Body and Its Bearing on the Biochemistry of Growth," *Journal of Biological Chemistry* 158, no. 3 (May 1, 1945): 625–637, https://doi.org/10.1016/S0021-9258(19)51339-4.

19   "What Does Blood Do?" Institute for Quality and Efficiency in Health Care, InformedHealth .org, U.S. National Library of Medicine, August 29, 2019, https://www.ncbi.nlm.nih.gov/books/NBK279392/.

20   Water Science School, "The Water in You."

21   Alison Abbott, "Scientists Bust Myth That Our Bodies Have More Bacteria Than Human Cells," *Nature*, January 8, 2016, https://doi.org/10.1038/nature.2016.19136; Ron Sender, Shai Fuchs, and Ron Milo, "Revised Estimates for the Number of Human and Bacteria Cells in the Body," *PLOS Biology*, August 19, 2016, https://doi.org/10.1371/journal.pbio.1002533.

22   Kirsty L. Spalding, Ratan D. Bhardwaj, Bruce A. Buchholz, Henrik Druid, and Jonas Frisen, "Retrospective Birth Dating of Cells in Humans," *Cell* 122, no. 1 (July 15, 2005): 133–143, https://doi.org/10.1016/j.cell.2005.04.028.

23   Nicholas Wade, "Your Body Is Younger Than You Think," *New York Times*, August 2, 2005, https://www.nytimes.com/2005/08/02/science/your-body-is-younger-than-you-think.html.

24   Ibid.

25   Ibid.; Spalding et al., "Retrospective Birth Dating of Cells in Humans"; Stavros Manolagas, "Birth and Death of Bone Cells: Basic Regulatory Mechanisms and Implications for the Pathogenesis and Treatment of Osteoporosis," *Endocrine Reviews* 21, no. 2 (April 1, 2000): 116, https://doi.org/10.1210/edrv.21.2.0395; Ron Milo and Robert B. Phillips, *Cell Biolo-*

.gy by the Numbers (New York: Garland Science, 2015), 279.

26 Curt Stager, *Your Atomic Self; The Invisible Elements That Connect You to Everything Else in the Universe* (New York, 2014), 212; Bente Langdahl, Serge Ferrari, and David W. Dempster, "Bone Modeling and Remodeling: Potential as Therapeutic Targets for the Treatment of Osteoporosis," *Therapeutic Advances in Musculoskeletal Disease* 8, no. 6 (October 5, 2016), https://dx.doi.org/10.1177%2F1759720X16670154 ; Elia Beniash et al., "The Hidden Structure of Human Enamel," *Nature Communications* 10, no. 4383 (2019), https://www.nature.com/articles/s41467-019-12185-7.

27 Brian Clegg, "20 Amazing Facts About the Human Body," *The Guardian*, January 26, 2013, https://www.theguardian.com/science/2013/jan/27/20-human-body-facts-science.

28 J. Gordon Betts et al., *Anatomy and Physiology* (Houston: Rice University, 2013), 43; Curt Stager, *Your Atomic Self*, 197.

29 Ethan Siegel, "How Many Atoms Do We Have in Common with One Another?" *Forbes*, April 30, 2020, https://www.forbes.com/sites/startswithabang/2020/04/30/how-many-atoms-do-we-have-in-common-with-one-another/?sh=75adfe6a1b38 (accessed November 1, 2020).

30 Ibid.

31 Amit Shraga, "The Body's Elements," Davidson Institute of Science Education, April 1, 2020, https://davidson.weizmann.ac.il/en/online/orderoutofchaos/body%E2%80%99s-elements; Davey Reginald, "What Chemical Elements Are Found in the Human Body?" *News Medical Life Sciences*, May 19, 2021, https://www.news-medical.net/life-sciences/What-Chemical-Elements-are-Found-in-the-Human-Body.aspx#:~:text=The%20human%20body%20is%20approximately,carbon%2C%20calcium%2C%20and%20phosphorus.Body.aspx#:~:text=The%20human%20body%20is%20approximately,carbon%2C%20calcium%2C%20and%20phosphorus.

32 Elizabeth Pennisi, "Plants Outweigh All Other Life on Earth," *Science*, May

21, 2018, https://doi.org/10.1126/science.aau2463; Yinon M. Bar-On, Rob Phillips, and Ron Milo, "The Biomass Distribution on Earth," *Proceedings of the National Academy of Sciences* 115, no. 25 (May 21, 2018), https://doi.org/10.1073/pnas.1711842115.

33   Sender, Fuchs, and Milo, "Revised Estimates for the Number of Human and Bacteria Cells in the Body."

34   Anne E. Maczulak, *Allies and Enemies: How the World Depends on Bacteria* (FT Press, 2010); Molika Ashford, "Could Humans Live Without Bacteria?" *Live Science*, August 12, 2010, https://www.livescience.com/32761-good-bacteria-boost-immune-system.html.

35   Anil Kumar and Nikita Chordia, "Role of Microbes in Human Health," *Applied Microbiology: Open Access* 3, no. 2 (April 2017): 131, https://www.longdom.org/open-access/role-of-microbes-in-human-health-2471-9315-1000131.pdf; Ana Maldonado-Contreras, "A Healthy Microbiome Builds a Strong Immune System That Could Help Defeat COVID-19," University of Massachusetts Medical School, January 25, 2021, https://www.umassmed.edu/news/news-archives/2021/01/a-healthy-microbiome-builds-a-strong-immune-system-that-could-help-defeat-covid-19/.

36   Patrick C. Seed, "The Human Mycobiome," *Cold Spring Harbor Perspectives in Medicine* 5, no. 5 (2015), https://dx.doi.org/10.1101%2Fcshperspect.a019810.

37   Gary B. Huffnagle and Mairi C. Noverr, "The Emerging World of the Fungal Microbiome," *Trends in Microbiology* 21, no. 7 (2013): 334–341, https://doi.org/10.1016/j.tim.2013.04.002.

38   Mahmoud A. Ghannoum, Richard J. Jurevic, Pranab K. Mukherjee, Fan Cui, Masoumeh Sikaroodi, Ammar Naqvi, and Patrick M. Gillevet, "Characterization of the Oral Fungal Microbiome (Mycobiome) in Healthy Individuals," *PLOS Pathogens*, January 8, 2010, https://doi.org/10.1371/journal.ppat.1000713; Bret Stetka, "The Human Body's Complicated

Relationship with Fungi," MPR News, April 16, 2016, https://www.mprnews.org/story/2016/04/16/npr-the-human-bodys-complicated-relationship-with-fungi.

39 Kaisa Koskinen, Manuela R. Pausan, Alexandra K. Perras, Michael Beck, Corinna Bang, Maximillian Mora, Anke Schilhabel, Ruth Schmitz, and Christine Moissl-Eichinger, "First Insights into the Diverse Human Archaeome: Specific Detection of Archaea in the Gastrointestinal Tract, Lung, and Nose and on Skin," *mBio* 8, no. 6 (November 14, 2017), http://dx.doi.org/10.1128/mBio.00824-17.

40 Mor N. Lurie-Weinberger and Uri Gophna, "Archaea in and on the Human Body: Health Implications and Future Directions," *PLOS Pathogens* 11, no. 6 (2015), https://doi.org/10.1371/journal.ppat.1004833.

41 Graham P. Harris, *Phytoplankton Ecology: Structure, Function and Fluctuation* (London: Chapman and Hall, 1986); Yadigar Sekerci and Sergei Petrovskii, "Global Warming Can Lead to Depletion of Oxygen by Disrupting Phytoplankton Photosynthesis: A Mathematical Modelling Approach," *Geosciences* 8, no. 6 (June 3, 2018), doi:10.3390/geosciences8060201.

42 John Corliss, "Biodiversity and Biocomplexity of the Protists and an Overview of Their Significant Roles in Maintenance of Our Biosphere," *Acta Protozoologica* 41 (2002): 212.

43 Karin Mölling, "Viruses More Friends Than Foes," *Electroanalysis* 32, no. 4 (November 26, 2019): 669–673, https://doi.org/10.1002/elan.201900604.

44 David Pride, "Viruses Can Help Us as Well as Harm Us," *Scientific American*, December 1, 2020, https://www.scientificamerican.com/article/viruses-can-help-us-as-well-as-harm-us/#.

45 David Pride and Chandrabali Ghose, "Meet the Trillions of Viruses That Make Up Your Virome," *The Conversation*, October 9, 2018, https://theconversation.com/meet-the-trillions-of-viruses-that-make-up-your-virome-104105#:~:text=It%20has%20been%20estimated%20that,infections%20like%20Ebola%20or%20dengue (accessed November 1, 2020).

46   James Gallagher, "More Than Half Your Body Is Not Human," BBC News, April 10, 2018, https://www.bbc.com/news/health-43674270 (accessed November 1, 2020).

47   Ibid.

48   Prabarna Ganguly, "Microbes in Us and Their Role in Human Health and Disease," National Human Genome Research Institute, May 29, 2019, https://www.genome.gov/news/news-release/Microbes-in-us-and-their-role-in-human-health-and-disease.

49   "Biome," *Lexico: Powered by Oxford*, https://www.lexico.com/en/definition/biome (accessed November 20, 2021).

50   "Ecosystem," *Lexico: Powered by Oxford*, https://www.lexico.com/en/definition/ecosystem (accessed November 20, 2021).

51   Peter Turnbaugh, Ruth Ley, Micah Hamady, Claire M. Fraser-Liggett, Rob Knight, and Jeffrey Gordon, "The Human Microbiome Project," *Nature* 449 (October 2007): 804, https://www.nature.com/articles/nature06244.pdf.

52   Gallagher, "More Than Half Your Body Is Not Human."

53   Ibid.

54   Bertalanffy, *Problems of Life*, 134.

55   Dominique Frizon de Lamotte, Brendan Fourdan, Sophie Leleu, Francois Leparmentier, and Philippe de Clarens, "Style of Rifting and the Stages of Pangea Breakup," *Tectonics* 34, no. 5 (2015): 1009–1029, https://doi.org/10.1002/2014tc003760.

56   Stager, *Your Atomic Self*, 193–194.

8장 새로운 기원 이야기: 생명을 동기화하고 형성하는 생체시계와 전자기장

1   James D. Watson, *The Double Helix: A Personal Account of the Discovery of the Structure of DNA* (New York: Simon & Schuster, 1968).

2   Patricia J. Sollars and Gary E. Pickard, "The Neurobiology of Circadian Rhythms," *Psychiatric Clinics of North America* 38, no. 4 (2015): 645–65, https://doi.org/10.1016/j.psc.2015.07.003.

3   Joseph Zubin and Howard F. Hunt, *Comparative Psychopathology: Animal and Human* (New York: Grune & Stratton, 1967), https://www.gwern.net/docs/psychology/1967-zubin-comparativepsychopathology.pdf.

4   Ueli Schibler, "The Mammalian Circadian Timekeeping System," in *Ultradian Rhythms from Molecules to Mind: A New Vision of Life*, edited by David Lloyd and Ernest Rossi (Heidelberg: Springer Netherlands, 2008), 261–279.

5   J. O'Neill and A. Reddy, "Circadian Clocks in Human Red Blood Cells," *Nature* 469 (January 26, 2011): 498–503.

6   Michelle Donahue, "80 Percent of Americans Can't See the Milky Way Anymore," *National Geographic*, June 10, 2016, https://www.nationalgeographic.com/science/article/milky-way-space-science.

7   Abraham Haim and Boris A. Portnov, *Light Pollution as a New Risk Factor for Human Breast and Prostate Cancers* (New York: Springer Nature, 2013).

8   A. L. Baird, A. N. Coogan, A. Siddiqui, R. M. Donev, and J. Thome, "Adult Attention Deficit Hyperactivity Disorder Is Associated with Alterations in Circadian Rhythms at the Behavioural, Endocrine and Molecular Levels," *Molecular Psychiatry* 17, no. 10 (2012): 988–995.

9   Elaine Waddington Lamont, Daniel L. Coutu, Nicolas Cermakian, and Diane B. Bolvin, "Circadian Rhythms and Clock Genes in Psychotic Disorders," *Israel Journal of Psychiatry and Related Sciences* 47, no. 1 (2010), 27–35.

10 Russell Foster, "Waking Up to the Link Between a Faulty Body Block and Mental Illness," *The Guardian*, July 22, 2013.

11 G. J. Whitrow, *The Natural Philosophy of Time* (Oxford: Oxford University Press, 1980), 146.

12 E. T. Pengelley and K. C. Fisher, "The Effect of Temperature and Photoperiod on the Yearly Hibernating Behavior of Captive Golden-Mantled Ground Squirrels," *Canadian Journal of Zoology* 41 (1963): 1103–1120.

13   David Lloyd, "Biological Timekeeping: The Business of a Blind Watchmaker," *Science Progress* 99, no. 2 (2016): 113–132.

14   Ibid., 124.

15   Grace H. Goh, Shane K. Maloney, Peter J. Mark, and Dominique Blache, "Episodic Ultradian Events — Ultradian Rhythms," *Biology* 8, no. 1 (March 2019): 12.

16   Ibid.

17   B. P. Tu, A. Kudlicki, M. Rowicka, and S. L. McKnight, "Logic of the Yeast Metabolic Cycle: Temporal Compartmentalization of Cellular Processes," *Science* 310, no. 5751 (November 2005), and B. P. Tu and S. L. McKnight, "Metabolic Cycles as an Underlying Basis of Biological Oscillations," *Nature Reviews Molecular Cell Biology* 7, no. 9 (2006).

18   Maximilian Moser, Matthias Fruhwirth, Reiner Penter, and Robert Winker, "Why Life Oscillates — From a Topographical Towards a Functional Chronobiology," *Cancer Causes & Control* 17, no. 4 (June 2006): 591–599.

19   Thomas A. Wehr, "Photoperiodism in Humans and Other Primates: Evidence and Implications," *Journal of Biological Rhythms* 16, no. 4 (August 2001): 348–364.

20   Ibid., 349.

21   Nicola Davis and Ian Sample, "Nobel Prize for Medicine Awarded for Insights into Internal Biological Clock," *The Guardian*, October 2, 2017, https://www.theguardian.com/science/2017/oct/02/nobel-prize-for-medicine-awarded-for-insights-into-internal-biological-clock.

22   Ian Sample, "Nobel Prizes 2017: Everything You Need to Know About Circadian Rhythms," *The Guardian*, October 2, 2017.

23   Gina Kolata, "2017 Nobel Prize in Medicine Goes to 3 Americans for Body Clock Studies," *New York Times*, October 2, 2017.

24   Michael A. Persinger and Rutger Wever, "ELF-Effects on Human Circadian Rhythms," Essay, in *ELF and VLF Electromagnetic Field Effects* (New York:

Plenum Press, 1974), 101–144.

25 R. A. Wever, "Basic Principles of Human Circadian Rhythm," *Temporal Variations of the Cardiovascular System* (1992).

26 Richard H. W. Funk, Thomas Monsees, and Nurdan Ozkucur, "Electromagnetic Effects — From Cell Biology to Medicine," *Progress in Histochemistry and Cytochemistry* 43, no. 4 (2009): 177–264; R. Wever, "Effects of Electric Fields on Circadian Rhythmicity in Men," *Life Sciences in Space Research* 8 (1970): 177–187.

27 James Clerk Maxwell, "Inaugural Lecture at King's College London" (1860), http://www.michaelbeeson.com/interests/GreatMoments/MaxwellDiscoversLightIsElectromagnetic .pdf.

28 "Earth's Magnetic Field and Its Changes in Time," NASA, n.d., https://image.gsfc.nasa.gov/poetry/tour/AAmag.html#:~:text=The%20magnetic%20field%20of%20earth%20actually%20changes%20its%20polarity%20over,years%20according%20to%20geological%20evidence.

29 Karen Fox, "Earth's Magnetosphere," NASA, January 28, 2021, https://www.nasa.gov/magnetosphere; "Magnetospheres," NASA Science, https://science.nasa.gov/heliophysics/focus-areas/magnetosphere-ionosphere (accessed August 26, 2021).

30 Ronald Desmet, "Alfred North Whitehead," *Stanford Encyclopedia of Philosophy*.

31 Alfred North Whitehead, *Nature and Life* (London: Cambridge University Press, 1934), 15.

32 Ibid., 86.

33 "Morphogenesis," Encyclopædia Britannica, https://www.britannica.com/science/morphogenesis (accessed April 16, 2021).

34 A. G. Gurwitsch, *A Biological Field Theory* (Moscow: Sovetskaya Nauka, 1944); Daniel Fels, Michal Cifra, and Felix Scholkmann, *Fields of the Cell* (Kerala: Research Signpost, 2015), 274.

35 Paul A. Weiss, *The Science of Life: The Living System — A System for Living*

(Mount Kisco, NY: Futura, 1973), 19.

36   Ibid., 45.

37   Ibid., 47.

38   Harold Saxton Burr, *Blueprint for Immortality* (London: Neville Spearman, 1972), 30.

39   Ibid., 107.

40   Ibid.

41   Mats-Olof Mattsson and Myrtill Simko, "Emerging Medical Applications Based on Non-Ionizing Electromagnetic Fields from 0 Hz to 10 THz," *Dovepress* (September12, 2019), 347–368, https://doi.org/10.2147/MDER. S214152.

42   Daniel Fels, "The Double-Aspect of Life," *Biology* (Basel) 7, no. 2 (May 2018): 28

43   "The Face of a Frog: Time-Lapse Video Reveals Never-Before-Seen Bio-electric Pattern," *Tufts Now*, July 18, 2011, https://now.tufts.edu/news-re-leases/face-frog-time-lapse-video-reveals-never-seen#:~:text=%2D%2D-For%20the%20first%20time,where%20eyes%2C%20nose%2C%20 mouth%2C.

44   Ibid.

45   Ibid.

46   Denis Noble, Eva Jablonka, Michael J. Joyner, Gerd B. Müller, and Stig W. Omholt, "Evolution Evolves: Physiology Returns to Centre Stage," *Journal of Physiology* 592 (Pt. 11) (June 2014): 2237–2234.

47   Charles Darwin, "Difficulties of Theory — The Eye," in *On the Origin of Species*, https://www.theguardian.com/science/2008/feb/09/darwin.eye.

48   Patrick Collins, "Researchers Discover That Changes in Bioelectric Sig-nals Trigger Formation of New Organs," *Tufts Now* December 8, 2011, https://now.tufts.edu/news-releases/researchers-discover-changes-bio-electric-sign.

49   Ibid.

50   Ibid.

51   Vaibhav P. Pai, Sherry Aw, Tal Shomrat, Joan M. Lemire, and Michael Levin, "Transmembrane Voltage Potential Controls Embryotic Eye Patterning in *Xenopus laevis*," *Development* 139, no. 2 (January 2012): 313–323; Collins, "Researchers Discover That Changes in Bioelectric Signals Trigger Formation of New Organs."

9장 과학적 방법론을 넘어: 복합 적응형 사회·생태 시스템 모델링

1   Francis Bacon, as quoted in John Randall Herman Jr., *The Making of the Modern Mind* (Cambridge, MA: Houghton Mifflin, 1940), 223.

2   Francis Bacon, *The New Atlantis: A Work Unfinished* (London: Printed by Tho. Newcomb, 1983).

3   Donald Worster, *Nature's Economy* (Cambridge: Cambridge University Press, 1977), 30.

4   James Spedding, Robert Leslie Ellis, and Douglas Denon Heath, eds., *The Works of Francis Bacon*, vol. 3, *Philosophical Works* (Cambridge: Cambridge University Press, 2011), doi:10.1017/CBO9781139149563.

5   Francis Bacon, "Novum Organum," in *The Works of Francis Bacon*, vol. 4 (London: W. Pickering, 1850), 114.

6   "Pioneering the Science of Surprise," Stockholm Resilience Centre, https://www.stockholmresilience.org/research/research-news/2019-08-23-pioneering-the-science-of-surprise-.html (accessed April 4, 2021).

7   "Case," *Merriam-Webster*, n.d., https://www.merriam-webster.com/dictionary/cases?utmcampaign=sd&utm medium=serp&utm source=jsonld.

8   C. S. Holling, "Resilience and Stability of Ecological Systems," *Annual Review of Ecology and Systematics* 4 (November 1973): 1–23

9   Ibid., 17–21.

10   Lance H. Gunderson, "Ecological Resilience — In Theory and Applica-

tion," *Annual Review of Ecology and Systematics* 31 (November 2000): 425–439

11 Fiona Miller et al., "Resilience and Vulnerability: Complementary or Conflicting Concepts?" *Ecology and Society* 15, no. 3 (2010).

12 Hanne Andersen and Brian Hepburn, "Scientific Method," in *The Stanford Encyclopedia of Philosophy* (Winter 2020), edited by Edward Zalta, https://plato.stanford.edu/archives/win2020/entries/scientific-method/

13 Cynthia Larson, "Evidence of Shared Aspects of Complexity Science and Quantum Phenomena," *Cosmos and History: The Journal of Natural and Social Philosophy* 12, no. 2 (2016).

14 Rika Preiser, Reinette Biggs, Alta De Vos, and Carl Folke, "Social-Ecological Systems as Complex Adaptive Systems: Organizing Principles for Advancing Research Methods and Approaches," *Ecology and Society* 23, no. 4 (December 2018): 46.

15 "Where Is Frozen Ground?" National Snow and Ice Data Center, https://nsidc.org/cryosphere/frozenground/whereis_fg.html (accessed July 25, 2021).

16 Richard Field, "John Dewey (1859–1952)," *Internet Encyclopedia of Philosophy*, n.d., https://iep.utm.edu/john-dewey/.

17 "Adaptation and Survival," *National Geographic Magazine*, April 23, 2020.

18 Martin Reeves and Mike Deimler, "Adaptability: The New Competitive Advantage," *Harvard Business Review* (July–August 2011).

19 Ibid.

20 J. H. Barkow, L. Cosmides, and J. Tooby, *The Adapted Mind: Evolutionary Psychology and the Generation of Culture* (Oxford: Oxford University Press, 1992), 5.

21 Susan C. Anton, Richard Potts, and Leslie C. Aiello, "Evolution of Early *Homo*: An Integrated Biological Perspective," *Science* 345, no. 6192 (July 4, 2014).

22 Ibid.

23 Ibid.

24 Mohi Kumar, "Ability to Adapt Gave Early Humans the Edge over Other Hominins," *Smithsonian Magazine* (July 4, 2014), https://www.smithsonianmag.com/science-nature/ability-to-adapt-gave-early-humans-edge-hominin-180951959/.

25 "Quaternary Period," *National Geographic*, https://www.nationalgeographic.com/science/prehistoric-world/quaternary/#close.

26 Nathaniel Massey, "Humans May Be the Most Adaptive Species," *Scientific American* (September 25, 2013), https://www.scientificamerican.com/article/humans-may-be-most-adaptive-species/#:~:text =In%20the%205%20million%20years,climate%20has%20grown%20increasingly%20erratic.

27 Ibid.

28 World Bank Group, *Piecing Together the Poverty Puzzle* (Washington, D.C.: World Bank, 2018), 7.

29 Deborah Hardoon, "An Economy for the 99%," Oxfam International Briefing Paper, January 2017, https://www-cdn.oxfam.org/s3fs-public/file_attachments/bp-economy-for-99-percent-160117-en.pdf (accessed March 12, 2019), 1.

30 Indu Gupta, "Sustainable Development: Gandhi Approach," *OIDA International Journal of Sustainable Development* 8, no. 7 (2015).

10장 회복력 혁명 인프라

1 "Global 500," *Fortune* (August–September 2020), https://fortune.com/global500/;Brian O'Keefe and Nicolas Rapp, "These 18 Big Companies Made More Than $250,000 in Profit Per Employee Last Year," *Fortune*, August 10, 2020, https://fortune.com/longform/global-500-companies-profits-employees/.

2 "Number of Smartphone Subscriptions Worldwide from 2016 to 2027,"

Statista, February 23, 2022, https://www.statista.com/statistics/330695/number-of-smartphone-users-worldwide/; David R. Scott, "Would Your Mobile Phone Be Powerful Enough to Get You to the Moon?" *The Conversation*, July 1, 2019, https://theconversation.com/would-your-mobile-phone-be-powerful-enough-to-get-you-to-the-moon-115933.

3   Mark Muro et al., "Advancing Inclusion Through Clean Energy Jobs," Brookings Institution, 2019, https://www.brookings.edu/wp-content/uploads/2019/04/2019.04_metro_Clean-Energy-Jobs_Report_Muro-Tomer-Shivaran-Kane.pdf.

4   TIR Consulting Group, "America 3.0: The Resilient Society: A Smart Third Industrial Revolution Infrastructure and the Recovery of the American Economy," Office of Jeremy Rifkin, July 28, 2021, https://www.foet.org/about/tir-consulting-group/.

5   Harriet Festing et al., "The Case for Fixing the Leaks: Protecting People and Saving Water While Supporting Economic Growth in the Great Lakes Region," Center for Neighborhood Technology, 2013, https://cnt.org/sites/default/files/publications / CNT_CaseforFixingtheLeaks.pdf.

11장 생태 지역 거버넌스의 부상

1   Karla Schuster, "Biden Widens Lead, But Voter Mistrust of Process Runs Deep: Kalikow School Poll," Hofstra College of Liberal Arts and Sciences, September 29, 2020, https://news.hofstra.edu/2020/09/29/biden-widens-lead-but-voter-mistrust-of-process-runs-deep-kalikow-school-poll/.

2   Christopher Keating, "Quinnipiac Poll: 77% of Republicans Believe There Was Widespread Fraud in the Presidential Election; 60% Overall Consider Joe Biden's Victory Legitimate," *Hartford Courant*, December 10, 2020, https://www.courant.com/politics/hc-pol-q-poll-republicans-believe-fraud-20201210-pcie3uqqvrhyvnt7geohhsyepe-story.html.

3   Mario Carpo, "Republics of Makers," e-flux, https://www.e-flux.com/ architecture/positions/175265/republics-of-makers/ (accessed January 20, 2021).

4   Frank Newport, "Americans Big on Idea of Living in the Country," Gallup, December 7, 2018, https://news.gallup.com/poll/245249/americans-big-idea-living-country.aspx.

5   Robert Bonnie, Emily Pechar Diamond, and Elizabeth Rowe, "Understanding Rural Attitudes Toward the Environment and Conservation in America," Nicholas Institute for Environmental Policy Solutions, February 2020.

6   "Ford to Lead America's Shift to Electric Vehicles with New Mega Campus in Tennessee and Twin Battery Plants in Kentucky; $11.4B Investment to Create 11,000 Jobs and Power New Lineup of Advanced EVS," Ford Media Center, September 27, 2021, https://media.ford.com/content/ fordmedia/fna/us/cn/news/2021/09/27/ford-to-lead-americas-shift-to-electric-vehicles.html.

7   Kyle Johnson, "Ford F-Series Made $42 Billion in Revenue in 2019," *News Wheel*, June 25, 2020, https://thenewswheel.com/ford-f-series-42-billion-revenue-2019/.

8   "Ford to Lead America's Shift to Electric Vehicles with New Mega Campus in Tennessee and Twin Battery Plants in Kentucky."

9   Bill Howard, "Vehicles and Voting: What Your Car Might Say About How You'll Vote," *Forbes*, October 1, 2020, https://www.forbes.com/wheels/ news/what-your-car-might-say-about-how-you-vote/.

10   Craig Mauger, "Whitmer: Michigan Lacked 'Real Opportunity' to Compete for Ford Plants," *Detroit News*, September 29, 2021, https://www. detroitnews.com/story/news/politics/2021/09/29/whitmer-michigan-lacked-real-opportunity-compete-ford-plants/5917610001/.

11   E. Dinerstein et al., "A Global Deal for Nature: Guiding Principles, Milestones, and Targets," *Science Advances* 5 (2019): 1.

12 Ibid.

13 Ibid.

14 Sarah Gibbens, "The U.S. Commits to Tripling Its Protected Lands. Here's How It Could Be Done," *National Geographic*, January 27, 2021, https://www.nationalgeographic.com/environment/article/biden-commits-to-30-by-2030-conservation-executive-orders; "Fact Sheet: President Biden Takes Executive Actions to Tackle the Climate Crisis at Home and Abroad, Create Jobs, and Restore Scientific Integrity Across Federal Government," The White House, January 27, 2021, https://www.whitehouse.gov/briefing-room/statements-releases/2021/01/27/fact-sheet-president-biden-takes-executive-actions-to-tackle-the-climate-crisis-at-home-and-abroad-create-jobs-and-restore-scientific-integrity-across-federal-government/.

15 Matt Lee-Ashley, "How Much Nature Should America Keep?" Center for American Progress, August 6, 2019, https://www.americanprogress.org/issues/green/reports/2019/08/06/473242/much-nature-america-keep/.

16 Sandra Diaz, Josef Settele, and Eduardo Brondizio, "Summary for Policymakers of the Global Assessment Report on Biodiversity and Ecosystem Services of the Intergovernmental Science Policy Platform on Biodiversity and Ecosystem Services," *Intergovernmental Science-Policy Platform on Biodiversity and Ecosystem Services*(2019), https://www.ipbes.net/sites/default/files/downloads/spm_unedited_advance_for_posting_htn.pdf

17 Lee-Ashley, "How Much Nature Should America Keep?"

18 "Federal Land Ownership: Overview and Data," Congressional Research Center, February 21, 2020, https://sgp.fas.org/crs/misc/R42346.pdf;Lee-Ashley, "How MuchNature Should America Keep?"; Robert H. Nelson, "State-Owned Lands in the Eastern United States: Lessons from State Land Management Practice," Property and Environment Research Center, March 2018, https://www.perc.org/2018/03/13/state-owned-lands-in-the-eastern-united-states/; Ryan Richards and Matt Lee-Ashley,

"The Race for Nature," Center for American Progress, June 23, 2020, https://www.americanprogress.org/article/the-race-for-nature/.

19 "Forests Programs," U.S. Department of Agriculture, National Institute of Food and Agriculture, https://www.nifa.usda.gov/grants/programs/forests-programs.

20 A. R. Wallace, "What Are Zoological Regions?" *Nature* 49 (April 26, 1894): 610–613.

21 Karl Burkart, "Bioregions 2020," *One Earth*, n.d., https://www.oneearth.org/bioregions-2020/.

22 "Ecoregions," World Wildlife Fund, n.d., https://www.worldwildlife.org/biomes.

23 Peter Berg and Raymond Dasmann, "Reinhabiting California," *The Ecologist* 7, no. 10 (1977); Cheryll Glotfelty and Eve Quesnel, *The Biosphere and the Bioregion: Essential Writings of Peter Berg* (London: Routledge, 2015), 35.

24 David Bollier, "Elinor Ostrom and the Digital Commons," *Forbes*, October 13, 2009.

25 Kirkpatrick Sale, "Mother of All: An Introduction to Bioregionalism," in *Third Annual E. F. Schumacher Lectures*, edited by Hildegarde Hannum (October 1983); Regional Factors in National Planning and Development, 1935.

26 "Bioregions of the Pacific U.S.," USGS, https://www.usgs.gov/centers/werc/science/bioregions-pacific-us?qt-science_center_objects=0#qt – science_center_objects (accessed June 30, 2021).

27 "Ecoregions and Watersheds," Cascadia Department of Bioregion, n.d., https://cascadiabioregion.org/ecoregions-and-watersheds/.

28 "The Cascadia Bioregion: Facts & Figures," Cascadia Department of Bioregion, n.d., https://cascadiabioregion.org/facts-and-figures.

29 Ibid.

30 "About PNWER," Pacific Northwest Economic Region, n.d., http://www.pnwer.org/about-us.html.

31   P. Mote, A. K. Snover, S. Capalbo, S. D. Eigenbrode, P. Glick, J. Littell, R. Raymondi, and S. Reeder, "Northwest," in *Climate Change Impacts in the United States: The Third National Climate Assessment*, edited by J. M. Melillo, Terese Richmond, and G. W. Yohe for the U.S. Global Change Research Program (2014), 487–513, 488.

32   Alan Steinman, Bradley Cardinale, Wayne Munns Jr., et al., "Ecosystem Services in the Great Lakes," *Journal of Great Lakes Research* 43, no. 3 (June 2017): 161–68, https://www.ncbi.nlm.nih.gov/pmc/articles/PMC6052456/pdf/nihms976653.pdf.

33   Jeff Desjardins, "The Great Lakes Economy: The Growth Engine of North America," *Visual Capitalist*, August 16, 2017, https://www.visualcapitalist.com/great-lakes-economy/.

34   Tim Folger, "The Cuyahoga River Caught Fire 50 Years Ago. It Inspired a Movement," *National Geographic*, June 21, 2019, https://www.national-geographic.com/environment/article/the-cuyahoga-river-caught-fire-it-inspired-a-movement.

35   Erin Blakemore, "The Shocking River Fire That Fueled the Creation of the EPA," *History Channel*, April 22, 2019, edited December 1, 2020, https://www.history.com/news/epa-earth-day-cleveland-cuyahoga-river-fire-clean-water-act.

36   "When Our Rivers Caught Fire," Michigan Environmental Council, July 11, 2011, https://www.environmentalcouncil.org/when_our_rivers_caught_fire; John H. Hartig, *Burning Rivers: Revival of Four Urban Industrial Rivers That Caught on Fire* (Burlington, Ontario: Aquatic Ecosystem Health and Management Society, 2010).

37   Rachel Carson, *Silent Spring* (Boston: Houghton Mifflin, 1962).

38   *Strategic Plan for the Great Lakes Commission 2017–2022*, Great Lakes Commission.

39   "An Assessment of the Impacts of Climate Change on the Great Lakes," *Environmental Law & Policy Center*, n.d., https://elpc.org/wp-con-

tent/uploads/2020/04/2019-ELPCPublication-Great-Lakes-Climate-Change-Report.pdf.

40 Tom Perkins, " 'Bigger Picture, It's Climate Change': Great Lakes Flood Ravages Homes and Roads," *The Guardian*, September 3, 2019.

12장 분산형 동료 시민 정치로 대체되는 대의민주주의

1 James Madison, "Federalist No. 10: The Same Subject Continued: The Union as a Safeguard Against Domestic Faction and Insurrection," Library of Congress from the *New York Packet*, November 23, 1787.

2 John Adams to John Taylor, No. 18, December 17, 1814, National Archives, https://founders .archives.gov/documents/Adams/99-02-02-6371.

3 *The Candidate*, Redford-Ritchie Productions and Wildwood Enterprises, 1972.

4 Claudia Chwalisz, *Innovative Citizen Participation and New Democratic Institutions: Catching the Deliberative Wave*, Organisation for Economic Co-operation and Development, June 10, 2020.

5 "Edelman Trust Barometer 2020," Daniel J. Edelman, https://www.edelman.com/sites/g/files/aatuss191/files/2020–01/2020%20Edelman%20Trust%20Barometer%20Executive%20Summary_Single%20Spread%20without%20Crops .pdf.

6 "Beyond Distrust: How Americans View Their Government," Pew Research Center, November 23, 2015, https://www.pewresearch.org/politics/2015/11/23/1-trust-in-government-1958-2015/.

7 Ibid.

8 William Davies, "Why We Stopped Trusting Elites," *The Guardian*, November 29, 2018, https://www.theguardian.com/news/2018/nov/29/why-we-stopped-trusting-elites-the-new-populism.

9 Chwalisz, *Innovative Citizen Participation and New Democratic Institutions*.

10   "Case Study: Porto Alegre, Brazil," Local Government Association, December 12, 2016, https://www.local.gov.uk/case-studies/case-study-porto-alegre-brazil;Valeria Lvovna Gelman and Daniely Votto, "What if Citizens Set City Budgets? An Experiment That Captivated the World—Participatory Budgeting—Might Be Abandoned in Its Birthplace," *World Resources Institute*, June 13, 2018, https://www.wri.org/blog/2018/06/what-if-citizens-set-city-budgets-experiment-captivated-world-participatory-budgeting.

11   William W. Goldsmith, "Participatory Budgeting in Brazil," Planners Network, 1999, http://www.plannersnetwork.org/wp-content/uploads/2012/07/brazil_goldsmith.pdf.

12   Peter Yeung, "How Paris's Participatory Budget Is Reinvigorating Democracy," *City Monitor*, January 8, 2021, https://citymonitor.ai/government/civic-engagement/how-paris-participatory-budget-is-reinvigorating-democracy; "World," Participatory Budgeting World Atlas, https://www.pbatlas.net/world.html (accessed February 4, 2022).

13   "New Research on Participatory Budgeting Highlights Community Priorities in Public Spending," New York University, July 22, 2020, https://www.nyu.edu/about/news-publications/news/2020/july/new-research-on-participatory-budgeting-highlights-community-pri.html; Carolin Hagelskamp, Rebecca Silliman, Erin B. Godfrey, and David Schleifer, "Shifting Priorities: Participatory Budgeting in New York City Is Associated with Increased Investments in Schools, Street and Traffic Improvements, and Public Housing," *New Political Science* 42, no. 2 (2020): 171–196, https://doi.org/10.1080/07393148.2020.1773689.

14   New York University, "New Research on Participatory Budgeting Highlights Community Priorities in Public Spending."

15   Lester M. Salamon and Chelsea L. Newhouse, "2020 Nonprofit Employment Report," Johns Hopkins Center for Civil Society Studies, http://ccss.jhu.edu/wp-content/uploads/downloads/2020/06/2020-Nonprof-

it-Employment-Report_FINAL_6.2020.pdf.

16   Lester M. Salamon, Chelsea L. Newhouse, and S. Wojciech Sokolowski, "The 2019 Nonprofit Employment Report," Johns Hopkins Center for Civil Society Studies, 2019, https://philanthropydelaware.org/resources/Documents/The%202019%20Nonprofit%20Employment%20Report%20-%20Nonprofit%20Economic%20Data%20Bulletin%20-%20John%20Hopkins%20Center%20for%20Civil%20Society%20Studies%20_1.8.2019.pdf.

17   Brice S. McKeever and Sarah L. Pettijohn, "The Nonprofit Sector in Brief 2014," Urban Institute, October 2014, https://www.urban.org/sites/default/files/publication/33711/413277-The-Nonprofit-Sector-in-Brief—.PDF.

18   "The Nonprofit Sector in Brief 2019," Urban Institute, 2020, https://nccs.urban.org/publication/nonprofit-sector-brief-2019#the -nonprofit-sector-in-brief-2019; "Table 1.3.5., Gross Value Added by Sector at 'National Income and Product Accounts: National Data: Section 1-Domestic Product and Income,'" Bureau of Economic Analysis, n.d.

19   NCCS Team, "The Nonprofit Sector in Brief 2019."

20   Karin Chenoweth and Catherine Brown, "A Few Unique Facts About Chicago Public Schools," Center for American Progress, 2018, https://www.americanprogress.org/article/unique-things-chicago-public-schools/.

21   Dorothy Shipps, Joseph Kahne, and Mark Smylie, "The Politics of Urban School Reform: Legitimacy, City Growth, and School Improvement in Chicago," *Educational Policy* 13, no. 4 (1999): 518–545, https://doi.org/10.1177/0895904899013004003.

22   Chenoweth and Brown, "A Few Unique Facts About Chicago Public Schools"; Sean F. Reardon and Rebecca Hinze-Pifer, "Test Score Growth Among Chicago Public School Students, 2009–2014," Center for Education Policy Analysis, November 2, 2017, https://cepa.stanford.

edu/content/test-score-growth-among-chicago-public-school-stu-dents-2009-2014.

23   Denisa R. Superville, "Chicago's Local School Councils 'Experiment' Endures 25 Years of Change," *Education Week*, October 7, 2021, https://www.edweek.org/leadership/chicagos-local-school-councils-experiment-endures-25-years-of-change/2014/10.

24   "City of Los Angeles Open Budget," City of Los Angeles, http://openbudget.lacity.org/#!/year/2021/operating/0/source_fund_name/General+Fund /0/department_name/Police/0/program_name.

25   Abby Narishkin et al., "The Real Cost of the Police, and Why the NYPD's Actual Price Tag Is $10 Billion a Year," *Business Insider*, August 12, 2020, https://www.businessinsider.com/the-real-cost-of-police-nypd-actually-10-billion-year-2020-8#:~:text =In%202020%2C%20the%20NYPD%20had,billion%20dollars%20off%20of%20that.

26   Juliana Feliciano Reyes, "Philly Plans to Increase Police Funding While Cutting City Services. Critics Say That's a Mistake," *Philadelphia Inquirer*, June 2, 2020.

27   Scott Neuman, "Police Viewed Less Favorably, But Few Want to 'Defund' Them, Survey Finds," National Public Radio, July 9, 2020, https://www.npr.org/sections/live-updates-protests-for-racial-justice/2020/07/09/889618702/police-viewed-less-favorably-but-few-want-to-defund-them-survey-finds; "Majority of Public Favors Giving Civilians the Power to Sue Police Officers for Misconduct," Pew Research Center, July 2020.

28   Archon Fung and Erik Olin Wright, *Deepening Democracy: Institutional Innovations in Empowered Participatory Governance* (London: Verso, 2003), 120.

29   "Recommendations for Reform: Restoring Trust between the Chicago Police and the Communities They Serve," Police Accountability Task Force, 2016.

30   "Can Chicago Restore Public Trust in Police?" Institute for Policy Re-

search, April 26, 2016, https://www.ipr .northwestern.edu/news/2016/ skogan-chicago-police-task-force-accountability.html.

31   City of Chicago, Office of the Mayor, "Mayor Lori E. Lightfoot and Empowering Communities for Public Safety Pass Proposal for Civilian Oversight of Chicago's Police Department and Accountability Agencies," July 21, 2021, https://www.chicago.gov/content/dam/city/depts/mayor/ Press%20Room/Press%20Releases/2021/July/CivilianOversightChica-goPoliceDepartmentAccountabilityAgencies .pdf.

32   Janelle Griffith, "Is Chicago's New Layer of Police Oversight as 'Unique' as Sponsors Say?" NBC News, July 30, 2021, https://www.nbcnews.com/ news/us-news/chicago-s-new-layer-police-oversight-unique-sponsors-say-n1275414.

33   Fung and Wright, *Deepening Democracy*, 137.

34   Claire Mellier and Rich Wilson, "Getting Climate Citizens' Assemblies Right," *Carnegie Europe*, November 5, 2020, https://carnegieeurope. eu/2020/11/05/getting-climate-citizens-assemblies-right-pub-83133 (accessed August 20, 2021).

13장 생명애 의식의 출현

1   Lauretta Bender, "An Observation Nursery: A Study of 250 Children on the Psychiatric Division of Bellevue Hospital," *American Journal of Psychiatry* (1941).

2   John Broadus Watson, *Psychological Care of Infant and Child* (New York: W.W. Norton, 1928).

3   Robert Karen, *Becoming Attached; First Relationships and How They Shape Our Capacity to Love* (New York: Oxford University Press, 1988), 19.

4   Harry Bakwin, "Loneliness in Infants," *American Journal of Diseases of Children* 63 (1942): 31.

5   Karen, *Becoming Attached*, 20.

6   John Bowlby, foreword in M. D. S. Ainsworth, Infancy in Uganda: *Infant Care and the Growth of Love* (Baltimore: Johns Hopkins University Press, 1967), v.

7   John Bowlby, *The Making and Breaking of Affectional Bonds* (London: Routledge, 2015), 133.

8   Ibid., 136.

9   M Mikulincer, O. Gillath, V. Halevy, N. Avihou, S. Avidan, and N. Eshkoli, "Attachment Theory and Reactions to Others' Needs: Evidence That Activation of the Senses of Attachment Security Promotes Empathetic Responses," *Journal of Personality and Social Psychology* 81, no. 6 (2001).

10   Sophie Moullin, Jane Waldfogel, and Elizabeth Washbrok, "Baby Bonds: Parenting, Attachment and a Secure Base for Children," Sutton Trust, March 2014.

11   Huber, B. Rose. "Four in 10 Infants Lack Strong Parental Attachments." Princeton University, March 27, 2014. https://www.princeton.edu/news/2014/03/27/four-10-in fants-lack-strong-parental-attachments#:~:text=March%2027%2C%202014%2C%201%3A,according%20to%20a%20new%20report.

12   Ibid.

13   Nelli Ferenczi and Tara Marshall, "Exploring Attachment to the 'Homeland' and Its Association with Heritage Culture Identification," *PLOS One* (January 2013).

14   Ibid.

15   Pernille Darling Rasmussen, Ole Jakob Storebø, Trine Løkkeholt, Line Gaunø Voss, Yael Shmueli-Goetz, Anders Bo Bojesen, Erik Simonsen, and Niels Bilenberg, "Attachment as a Core Feature of Resilience: A Systematic Review and Meta-Analysis," *Psychological Reports* 122, no. 4 (August 2019).

16   Giuseppe Carrus, Massimiliano Scopelliti, Ferdinando Fornara, Mirilia Bonnes, and Marino Bonaiuto, "Place Attachment, Community Identifi-

cation, and Pro-Environment Engagement," in *Advances in Theory, Methods and Application*, edited by Lynne C. Manzo and Patrick Devine-Wright (London: Routledge, 2014).

17   Victor Lebow, "Price Competition," *Journal of Retailing* (Spring 1955).

18   Bum Jin Park, Yuko Tsunetsugu, Tamami Kasetani, Takahide Kagawa, and Yoshifumi Miyazaki, "The Physiological Effects of *Shinrin-yoku* (Taking in the Forest of Forest Bathing): Evidence from Field Experiments in 24 Forests Across Japan," *Environmental Health and Preventative Medicine* 15, no. 1 (2010): 21.

19   Yoshinori Ohtsuka, Noriyuki Yabunaka, and Shigeru Takayama, "Shinrin-yoku (Forest-Air Bathing and Walking) Effectively Decreases Blood Glucose Levels in Diabetic Patients," *International Journal of Biometeorolgy* 41, no. 3 (February 1998).

20   Roly Russell, Anne D. Guerry, Patricia Balvanera, Rachelle K. Gould, Xavier Basurto, Kai M. A. Chan, Sarah Klain, Jordan Levine, and Jordan Tam, "Humans and Nature: How Knowing and Experiencing Nature Affect Well-Being," *Annual Review of Environmental Resources* 38 (2013): 43.

21   Ibid.

22   Edward O. Wilson, *Biophilia* (Cambridge, MA: Harvard University Press, 1984).

23   Giuseppe Barbiero and Chiara Marconato, "Biophilia as Emotion," *Visions for Sustainability* 6 (2016).

24   Karen D'Souza, "Outdoor Classes and 'Forest Schools" Gain New Prominence amid Distance Learning Struggles," *EdSource*, October 1, 2020, https://edsource.org/2020/outdoor-classes-and-forest-schools-gain-new-prominence-amid-distance-learning-struggles/640853; Tina Deines, "Outdoor Preschools Grow in Popularity but Most Serve Middle Class White Kids," Hechinger Report, February 26, 2021, https://hechingerreport.org/outdoor-preschools-grow-in-popularity-but-most-serve-middle-class-white-kids/.

25   Ibid.

26   Ibid.

27   Ibid.

28   Ibid.

29   Tony Loughland, Anna Reid, Kim Walker, and Peter Petocz, "Factors Influencing Young People's Conception of Environment," *Environmental Education Research* 9 (February 2003).

30   Daniel Acuff, *What Kids Buy and Why: The Psychology of Marketing to Kids* (New York: Simon & Schuster, 2010).

31   David Sobel, *Beyond Ecophobia: Reclaiming the Heart in Nature Education* (Great Barrington, MA: Orion Society, 1999); Mary Renck Jalongo, *The World's Children and Their Companion Animals: Developmental and Educational Significance of the Child/Pet Bond* (Association for Childhood Education International, 2014).

32   Robin C. Moore and Clare Cooper Marcus, "Healthy Planet, Healthy Children: Designing Nature into Childhood," in *Biophilic Design: The Theory, Science, and Practice of Bringing Buildings to Life*, edited by Stephen R. Kellert, Judith Heerwagen, and Martin L. Mador (Hoboken, NJ: John Wiley, 2008), 163.

33   Veronique Pittman, "Large School Districts Come Together to Prioritize Sustainability," *Huffington Post*, February 22, 2016, https://www.huffpost.com/entry/large-school-districts-co_b_9279314.

34   "Stanford Analysis Reveals Wide Array of Benefits from Environmental Education," North American Association for Environmental Education, n.d., https://cdn.naaee.org/sites/default/files/eeworks/files/k-12student_key_findings.pdf.

35   Nicole Ardoin, Alison Bowers, Noelle Wyman Roth, and Nicole Holthuis, "Environmental Education and K–12 Student Outcomes: A Review and Analysis of Research," *Journal of Environmental Education* 49, no. 1 (2018).

36   Cathy Conrad and Krista Hilchey, "A Review of Citizen Science and Community-Based Environmental Monitoring Issues and Opportunities," *Environmental Monitoring and Assessment* 176 (2011).

37   "2021 Outdoor Participation Trends Report," Outdoor Foundation, 2021, https://ip0o6y1ji424m0641msgjlfy-wpengine.netdna-ssl.com/wp-content/uploads/2015/03/2021-Outdoor-Participation-Trends-Report.pdf.

38   Jeff Opperman, "Taylor Swift Is Singing Us Back to Nature," *New York Times*, March 12, 2021.

39   Opperman, "Taylor Swift Is Singing Us Back to Nature"; Selin Kesebir and Pelin Kesebir, "A Growing Disconnection from Nature Is Evident in Cultural Products," *Perspectives on Psychological Science* 12, no. 2 (March 27, 2017): 258–269, https://doi.org/10.1177/1745691616662473.

40   Edward O. Wilson, "The Biological Basis of Morality," *The Atlantic*, April 1998, https://www.theatlantic.com/magazine/archive/1998/04/the-biological-basis-of-morality/377087/.

41   Giuseppe Barbiero, "Biophilia and Gaia: Two Hypotheses for an Affective Ecology," *Journal of Biourbanism* 1 (2011).

42   Jeremy Rifkin, *The Empathic Civilization* (New York: TarcherPerigee, 2009), 2.

43   Martin Buber, *I and Thou*, (1923).

44   Johann Wolfgang von Goethe, *Werke, Briefe und Gespräche. Gedenkausgabe.* 24 vols. *Naturwissneschaftliche Schriften*, Vols. 16–17, edited by Ernst Beutler (Zurich: Artemis, 1948–53), 921–923.

45   Ibid.

46   Goethe, *Werke, Briefe und Gespräche. Dichtung und Wahrheit*, vol. 10, 168.

47   Ibid., 425.

48   Adam C. Davis et al., "Systems Thinkers Express an Elevated Capacity for the Allocentric Components of Cognitive and Affective Empathy," *Systems Research and Behavioral Science* 35, no. 2 (July 19, 2017): 216–229.

49   U.S. Environmental Protection Agency, Report to Congress on indoor air quality: Volume 2, EPA/400/1–89/001C, Washington, D.C., 1989; Kim R. Hill et al., "Co-Residence Patterns in Hunter-Gatherer Societies Show Unique Human Social Structure," *Science* 331, no. 6022 (March 11, 2011): 1286–1289.

옮긴이 **안진환**

경제경영 분야에서 활발하게 활동하고 있는 전문 번역가. 1963년 서울에서 태어나 연세대학교를 졸업했다. 저서로 『영어 실무 번역』, 『Cool 영작문』 등이 있으며 역서로 『스티브 잡스』, 『글로벌 그린 뉴딜』, 『한계비용 제로 사회』, 『3차 산업혁명』, 『넛지』, 『괴짜경제학』, 『빌게이츠@생각의 속도』, 『스틱!』, 『스위치』, 『포지셔닝』, 『전쟁의 기술』, 『부자 아빠 가난한 아빠』, 『마켓 3.0』, 『불황의 경제학』, 『팀 쿡』, 『실리콘밸리』 등이 있다.

회복력 시대

재야생화되는 지구에서 생존을 다시 상상하다

1판 1쇄 펴냄 2022년 11월 1일
1판 7쇄 펴냄 2024년 1월 9일

지은이   제러미 리프킨
옮긴이   안진환
발행인   박근섭·박상준
펴낸곳   (주)민음사

출판등록   1966. 5. 19. 제16-490호
주소   서울특별시 강남구 도산대로1길 62(신사동)
    강남출판문화센터 5층 (우편번호 06027)
대표전화   02-515-2000 | 팩시밀리 02-515-2007
홈페이지   www.minumsa.com

한국어 판 © (주)민음사, 2022. Printed in Seoul, Korea

ISBN 978-89-374-2736-7 (03300)